| 中国当代研学丛书 |

文化

明代反腐史料编年

陶明选 | 编

图书在版编目(CIP)数据

明代反腐史料编年/陶明选编. —北京:中央编译出版社,2020.3
ISBN 978-7-5117-3778-6

Ⅰ. ①明…
Ⅱ. ①陶…
Ⅲ. ①反腐倡廉—编年史—中国—明代
Ⅳ. ① D691.49

中国版本图书馆 CIP 数据核字(2019)第 285432 号

明代反腐史料编年

出 版 人:葛海彦
责任编辑:杜永明
执行编辑:周　毅
责任印制:刘　慧
出版发行:中央编译出版社
地　　址:北京西城区车公庄大街乙5号鸿儒大厦B座(100044)
电　　话:(010)52612345(总编室)　　　(010)52612339(编辑室)
　　　　　(010)52612316(发行部)　　　(010)52612346(馆配部)
传　　真:(010)66515838
经　　销:全国新华书店
印　　刷:三河市华东印刷有限公司
开　　本:710毫米×1000毫米　1/16
字　　数:404千字
印　　张:22.5
版　　次:2020年3月第1版
印　　次:2020年3月第1次印刷
定　　价:99.00元

网　　址:www.cctphome.com　　邮　　箱:cctp@cctphome.com
新浪微博:@中央编译出版社　　微　　信:中央编译出版社(ID: cctphome)
淘宝店铺:中央编译出版社直销店(http://shop108367160.taobao.com)(010)55626985

本社常年法律顾问:北京市吴栾赵阎律师事务所律师　闫军　梁勤
凡有印装质量问题,本社负责调换,电话:(010)55626985

前　言

一

2015年初，笔者申请并主持的课题《明代反腐史料编年》获得江苏省党风廉政创新基地自主研究课题立项，该年底提交了一万字的研究报告。2016年初，笔者又主持了创新基地之江南大学自主科研计划子项目《中国古代廉政文化的当代借鉴研究——以明清为中心》。两项课题的研究启发了我进一步研究中国历史上的反腐问题，初步设想重点研究明清反腐机制、廉政文化，并逐步扩展到近代（晚清、民国时期等）反腐相关问题的研究。

之所以以明清为反腐研究的重点方向，除了与笔者的专业方向有关外，还与明清之际的时代特点和反腐特色有关。在中国古代史研究中，明清距离当代尚不是很远，可借鉴的东西更多。以史为鉴，是当今反腐倡廉研究的重要课题之一。另外，明清时期，在反腐政策和功效方面矛盾并存，既是反腐机制较为完备、惩贪极其严苛的时期，又是在一定阶段内官吏贪腐层出不穷、难以遏制的历史时期。因此，以明清反腐机制为考察对象，分析其成效与弊端，对当代廉政建设具有深刻的借鉴意义。

本书原拟名《明清反腐编年与相关问题研究》，内容分为上下两篇。上篇三章，为明清反腐编年，下篇三章，包括明清监察制度、明清反腐特色与成效等相关内容。但是由于时间和篇幅所限，现只有原计划的三分之一，以明代反腐编年为内容成书。其他内容与相关的研究只能留待日后了。

资料搜集是深入研究的基础，本书是在明代皇家编年体史书《明实录》基础之上，参辑其他明代史书，经过广泛搜录、别抉与整理而成。这种梳理工作是极为繁杂而重要的任务，也是系列研究计划的第一步。

本书涵盖了明代反腐的主要方面，并将其细分为五个阶段：明初反腐编年（洪武至宣德年间，1368—1435年）、明代前中期反腐编年（正统至成化年间，1436—1487年）、明代中期反腐编年（弘治至嘉靖年间，1488—1566年）、明代中后期反腐编年（隆庆至万历年间，1567—1620 年）和明末反腐编年（泰昌至崇祯年间，1620—1644 年）。全书以编年的形式呈现出来，以此体现明代反腐发展的历程，尤其从上层展示出统治者的反腐制度与政策措施、反腐案例等诸多方面。

在上述两项课题的研究过程和本书的写作过程中，笔者得到了江南大学和本校马克思主义学院领导、专家和同行们的支持、鼓励和指导，在此致以诚挚的感谢。

二

明代各项制度和政策成于明初，尤其是奠定于明太祖时期。明代的反腐机制与反贪政策亦是如此。明太祖所制定的各项反腐法规和相关措施，对后世具有垂范作用，多为明代后世帝王所继承。

这里不妨对明太祖时期的各项反贪举措作一历史的考察。

首先，立国前与建国后的政策有明显不同。虽然说太祖朱元璋治吏多用重典，但是元末太祖起兵之际，其治狱还是以宽厚为本，所谓治新国用轻典刑也，故于犯赃者不予追究或重罪轻罚。元至正二十四年（1364 年），中书省有以铨选受贿者，太祖免其死，改以杖刑。可见，明代立国之前乃至立国初期，其举措与洪武四年（1371 年）以后逐步形成的严苛惩贪思想有着明显的不同，此乃太祖早期笼络人心之举。

当然，即便是在立国之前，明太祖对郡县之官也非常严格。他常对其进行训诫，不仅言明设置百官有司的重要性，而且要求郡县之官能够锄强扶弱、奖善去奸，切实做到勤于政事，尽心于民，尤其需要谨慎行事，不可贪赃枉法。

明太祖还重视贪官结局的警示作用。元至正二十七年（1367 年）八月，发生了官吏贪赃赴井死这一偶发事件，太祖因之以君子和小人对待义、利之不同态度，晓谕群臣，剖其利害，冀为世之贪污者戒。①

此外，在元至正二十七年（1367 年），朱元璋沿用了前代的监察机构御史台，直到洪武十三年（1380 年），太祖才正式废止御史台，并于不久之后创设功能相似的监察机构都察院。

其次，明朝立国后的各项反腐措施繁多，惩贪较为严苛。当然，严苛的反贪措施也是逐步形成的。太祖深知元末弊政之危害，迨其政权稳定之后，一改前期"宽厚为本"的做法，从而"重典治吏"成为明太祖为政之重要特点，此亦明朝统治者欲长治久安的必然选择。

---

① 《明太祖实录》卷24。

早在登基的洪武元年（1368年）正月初，太祖曾对刘基言生息之道，指出"不禁贪暴，则民无以遂其生"①，明确生息之道在于宽仁。因而，太祖不止一次告诫府州县之官，贪亦害民，贪亦害己，并多次总结元朝亡国的教训，重视生息之道，重视反腐惩贪。

明代对官吏的要求与惩罚较一般民众更为严苛，洪武年间更是如此。太祖屡次教导群臣百官，要求他们廉洁奉法，切不可贪污害民，违者将罪之不恕。太祖起兵之初，犯赃者免征；而洪武五年（1372年）则明确规定：官吏受赃遇赦免罪，赃并追纳。②洪武十四年（1381年），敕刑部："自今官吏受赂者，必求通贿之人并罪之，徙其家于边。著为令。"③ 可见，太祖于反贪之举措已趋严苛。

郡守县令，被称为牧民之官，倘若一变为毒民之贪官，其弊大矣。故太祖反复晓之以利害，冀府县官吏各尽其职，上下相安。④ 贪官污吏，爱财好赂，重利轻身，终致祸败丧身；爱身守廉，才是立命守身的为官之道。洪武七年（1374年），太祖以此教育群臣，深具警醒意义。⑤

作为"耳目之官"的风宪，极受太祖重视。为此，太祖提出用人唯才，尤重风宪之做法。当然，对风宪也提出了更高的要求，对其贪腐所作出的处罚更重。

明太祖重典治吏的重要表现是在法典的制定与执行上。洪武十八年（1385年）十月，颁行《御制大诰》；洪武十九年（1386年）三月，《御制大诰续编》，颁示天下；是年十二月，《御制大诰三编》成，颁示天下；洪武二十一年（1388年）七月，颁赐《武臣大诰》。《大诰》四编内容涉官吏贪赃受贿之罚例颇多，且牵连甚广，处罚多显严酷。洪武二十二年（1389年）八月，更定《大明律》。其中有受赃十一条，诸如规定官吏枉法受贿80贯，处以绞刑。一代法典始成。

另外，洪武二十五年（1392年）颁《醒贪简要录》于内外诸司。太祖认为，四民之中，士最为贵，农最为劳。然而，"今居官者不念吾民之艰，至有刻剥而虐害之"。于是，命户部臣备录文武大小官品岁给俸米之数，以米计其用谷之数，又计其田亩出谷之数与其用力多寡而为之书。至是编成，赐名曰《醒贪

---

① 《明太祖实录》卷29。
② 《明太祖实录》卷76。
③ 《明太祖实录》卷136。
④ 《明太祖实录》卷78。
⑤ 《明太祖实录》卷81。

简要录》，颁布中外，"俾食禄者知所以恤民"①。

明太祖虽然讲求重典治吏，但是他又讲求原情，而不是唯法是从。所以"原其情"而得宥之例亦不少见。洪武十六年（1383年），父行贿而为子求免，按洪武十四年（1381年）令"官吏受赂者，必求通贿之人并罪之，徙其家于边"②，理应处罚行贿之父，但是太祖认为父子至亲，其死而救，乃人之常情，赦免其父。③ 此"原情"之一例。当然，功臣或功臣之后、皇亲国戚等违法犯赃，常常仅得到象征性的轻罚或免于处罚。

明太祖认为，"原情"是针对君子，即"廉能之官"，偶有过错，可以宥免。而对于小人，即"贪虐之徒"，虽小罪亦不赦之。④

此外，对于官吏以下讦上，太祖亦不遽问处治上官。洪武十七年（1384年），四川成都府有吏诉其知府张仁受贿，对此太祖并未惩处受贿官员，认为"吏胥之于官长，犹子弟之于父兄，下讦其上，有乖名义，不足听也"⑤。可见，在太祖看来，与惩处贪官污吏相比，维护封建纲常准则更为重要。

除了重典治吏外，明太祖亦重视廉洁形象的积极意义，弘廉洁、去贪贿，将反贪与清廉教育相结合。要求新授之官，能够立志为善，如此方可永安禄位。但是，曾经多不循轨、收受贿赂，或是擅夺民利，可以增加禄秩的官吏，轻则失去了机会，重则终致身败名裂。

相反，曾有过失之被贬官吏前丹徒县知县李思迪，因"无贪"而再受起用，太祖认为其"为县无贪墨，其守可嘉"⑥，遂得以召还任用。

在官吏考核方面，勤廉无贪是考核官员的重要指标。刑部遂依太祖之意，拟七条详细的考核准则，冀以达到"试其能否，考其优劣"的目标。其中，有曰："若有公勤廉干者擢用之，庸怠贪鄙者罢黜之。"⑦ 而各地提刑按察司之职能范围，亦明确包括察吏治之得失、考官吏之廉贪等，以期"廉能者举之，贪鄙者黜之"⑧。

是否犯赃成为文官封赠的重要考核条件。洪武十六年（1383年），诏廷臣定拟文官封赠、荫叙之制，其中规定："凡职官曾有赃私者，不许申请；其封赠

---

① 《明太祖实录》卷220。
② 《明太祖实录》卷136。
③ 《明太祖实录》卷151。
④ 《明太祖实录》卷79。
⑤ 《明太祖实录》卷167。
⑥ 《明太祖实录》卷122。
⑦ 《明太祖实录》卷147。
⑧ 《明太祖实录》卷150。

之后但犯赃私者，并追夺。"①

在官吏俸禄方面，明太祖亦重视养廉银的作用。洪武十二年（1379年），诏中书："凡丁忧官，在任三年之上无赃犯者，依品级月与半俸，止于终制。在任三年者，亦依本品级全俸三月以养其廉。著为令。"② 明代增俸养廉措施，对于解决清廉官员的生活有一定作用，同时一定程度上亦有益于明代吏治。但是，养廉银无法从根本上解决贪腐问题。

通观洪武朝，明太祖重典治吏，严苛惩贪，所谓"旌廉能，黜贪酷"③。然惩处过严，乃至冤屈偶有发生，且宥或不宥，或重或轻，全在帝王之好恶，可见封建王朝最高统治者的主观随意性较大，亦即封建社会反贪之一大弊端。

洪武时期制定的反腐机制与政策对后代具有垂范作用，为明朝历代君王所遵从与沿用。治吏讲究宽猛之道，重视风宪官之监察百官功能，倡廉惩贪，冀以维护其清明统治。宣德年间，明宣宗不嗜杀人，常垂宽宥，但是对于赃吏，"虽贵近有犯必罚"④。明英宗在位时，"有过失必黜罚以示惩"，"尤恶赃吏，事觉必穷治之"，认为"贪风息则天下治矣"，但于武臣则弃短取长而任之，并不求全责备。⑤

事实上，明代成化、弘治以后，官吏贪腐现象十分普遍，贪腐贿赂事例层出不穷。正德年间，明武宗忙于佛事，政务较荒废，对于大臣们的奏折，"不报"居多，即对贪贿等不予处理。而万历中后期，对于各种奏章，明神宗不予理睬更甚，皇帝的长期怠政使万历中期成为明朝由盛而衰的转折。到了天启年间，官吏之间互相攻讦者、被诬陷贪赃者等现象十分常见。如被冤处死的辽东名将熊廷弼，东林人物高攀龙、杨涟、左光斗等，晚明徽州三案之汪文言、吴怀贤、吴养春，他们均被以各种罪名惩处，其中必有贪赃枉法之项，最后结局必是严行追赃，家破人亡，株连极广。迨至明末崇祯年间，因忙于战事，吏治已难见成效了。

三

明代的反腐机制涵盖立法反贪机制、监察制度和廉政教育与激励制度等方面。

---

① 《明太祖实录》卷154。
② 《明太祖实录》卷122。
③ 《明太祖实录》卷257。
④ 《明宣宗实录》卷150。
⑤ 《明英宗实录》卷361。

1. 立法反贪机制

反腐以立法为先。明代为避免重蹈前朝覆亡的教训，统治者立法反贪，从国家最高层面进行惩治贪腐。涉及反贪的法律文献主要有《大明律》和《大诰》等。

明朝建立之初，明太祖朱元璋就十分重视法律的作用，所谓"夫法度者，朝廷所以治天下也"①。他十分清楚法律对于惩治贪污腐败的威慑作用，因此，明初，朱元璋亲自主持制定《大明律》，试图以重典来治理贪腐问题。此外，他还主持制定《大诰》，加大对贪官的打击力度，使得明初的反贪立法达到严苛而残酷的程度。

事实上，早在明朝建立之前一年，朱元璋即着手制定"律令"："凡为令一百四十五条，律二百八十五条"，在洪武元年（1368年）正式颁布。《大明律》则是在洪武元年律令的基础上修订而成。迨至洪武二十二年（1389年）形成定本，颁行天下，凡30卷，460条。《明史》称其"日久而虑精，一代法始定"②。

作为有明一代的基本法典，《大明律》共分为7篇，包括《名例律》《吏律》《户律》《礼律》《兵律》《刑律》《工律》。其中，对官吏贪腐的惩处规定十分详尽。在《刑律》中设有《受赃》一门，将非法占有财物列出6种罪名：监守盗、常人盗、窃盗、受财枉法、受财不枉法、坐赃。并且将"受赃"细分为11种类型：官吏受财、坐赃致罪、事后受财、有事以财请求、在官求索借贷人财物、家人求索、风宪官吏犯赃、因公擅科敛、私受公侯财物、扣留盗赃和官吏听许财物。根据具体情节，给予不同的惩罚。而且，总体上较前代严苛，比如，对官吏受财80贯而枉法处断者，处以绞刑，体现了明初在惩治贪腐的量刑上"重典治吏"的基本原则。而《大明律》对监察官员则提出了更加严格的要求，其中关于监察官员犯赃罪的条款规定："凡风宪官吏受财，及于所按治去处求索、借贷人财物，若买卖多取价利及受馈送之类，各加其余官吏，罪二等。"③

此外，在《大明律》其他诸多篇章中均设置了惩贪条目。譬如，《户律》中的条例，对冒支官粮、挪移出纳、收粮违限、揽纳税粮、违禁取利、附余钱粮私下补数、多收税粮解面，均定以赃罪，以官吏监守自盗论处，进行严厉处罚。

---

① 《明太祖实录》卷116。
② 《明史》卷93《刑法一》。
③ 《大明律》卷23《刑律·受赃》。

为加大反腐治贪的力度，洪武十八年（1385年）开始，朱元璋亲自主持编成《大诰初编》《大诰续编》《大诰三编》及《大诰武臣》，统称《大诰》。《大诰》四编总计236条，其中专讲官吏贪赃受贿的内容占了160余条。

《大诰》中有很多的治贪案例，譬如，较为典型的有贪污税粮案、侵没贩济案、妄取扰民案、私吞商税案及其他各种类型的贪赃受贿案。这些案例，具有深刻的警示作用，也是判案的具体实例。

明代统治者对反腐立法十分重视，明代的主要法典有《大明律》和《大诰》四篇等。统治者不仅在国家法典中对惩治腐败的问题作出规定，而且还编制大量的法律法规和具体案例以示警示。从中可以看出，有明一代反腐立法的基本精神是重典治吏。譬如，明初太祖所杀贪官不计其数，甚至多处以各种酷刑；之后，几乎明朝历代统治者也都重视反贪工作，对贪腐分子的惩处一般较为严厉。

2. 监察制度

明代统治者建立了从中央到地方一整套严密的监察体系。这种独立的监察机制对王朝之初贪腐现象的预防与惩治，乃至吏治的澄清起着非常重要的作用。

（1）明朝的中央监察体制

明代都察院和六科共同组成了中央监察体制。都察院为专门的监察机构，而六科则属于言谏系统。明太祖为整治元末吏治之弊，总结了历代监察制度的经验，建立了从中央到地方的一整套纵横交错、上下交叉而又内外互控的监察网络，形成了严密的监控体系，对政府的反腐治贪、整肃吏治起到重要作用。

洪武十五年（1382年）明朝政府设置都察院。早在立国前的1367年，沿袭元朝的监察机构，置御史台及各道按察司。洪武十三年（1380年），太祖废御史台，洪武十五年（1382年）改置都察院。设置左右都御史、左右副都御史、左右佥都御史和十三道监察御史（初为十二道，明末增为十五道）。总数有110人之多。都察院总揽监察事务，是朝廷的最高监察机关。十三道监察御史即各道之监察御史，又称"巡按"，是专职监察官，可直接行使监察权；在组织上隶属于都察院，但具有较强的独立性，可以不受都察院的控制而独立行事，并可单独进奏皇帝。同时，监察御史与都察院御史既可以监察百官，又可以互相监察，他们同为皇帝耳目，共同监察百官。十三道监察御史，人数不定，他们可以小事立断，大事奏裁，对地方官员颇具威慑，由此加强了中央对地方的控制，形成了完整的中央监察体制。

明代所谓风宪之官，即指监察御史。以官察官，为我国古代监察制度的重要特色。作为"耳目之官"极受重视，因其于朝政纲纪至关重要。太祖常命人往司地方之风宪，要求他们做到"严明以驭吏，宽裕以待民"，并根据情况对于远地赋予风宪"先决后奏"之特权。① 明太祖对风宪官寄予厚望，同时亦要求更高，希望他们能够做到公正为心、廉洁自守。明代之风宪官，虽非贪贿，但有失风宪体者，亦须下狱惩治。②

太祖认为，御史台以及代之的都察院，及相关职官的设置至关重要，作为"察官之官"，朝廷纪纲尽系于此。为此，太祖要求他们必须起到表率作用，先"自治"才能"治人"。都察院代替御史台，成为明代中央的监察机构，直接对皇帝负责，其重要性不言而喻，在明初乃至整个明朝时期的吏治澄清、反贪倡廉中起着非常重要的作用。

六科的设置完善了中央反腐官制。六科即吏、户、礼、兵、刑、工。设都给事中、左右给事中、给事中等官职，负责规谏、稽察等六部百司之事，他们可以直接觐见皇帝，弹劾违法官员，其职权之重要性不言而喻。六科给事中属于言谏监察系统，其作用在于减少政治决策的失误，监控行政机关正确执法、司法，是封建专制主义政治体制内部的自我调节机制。

(2) 明朝的地方监察体制

明代的地方监察体制主要是提刑按察使司。设有按察使、副使和佥事，它是明代地方监察系统的主体，主管监察地方官吏，形成都、布、按三司共存的局面，相互制约。当然，提刑按察史司又受制于布政使司和都指挥使司，以此降低腐败发生的可能性。提刑按察使司作为地方监察机构，监察地方各级官员，它虽然隶属于中央监察系统，但又独立行使职权。洪武十五年（1382年）九月，明太祖特置天下府州县提刑按察分司，掌府州县刑狱之事，佥事则具有监察职能。太祖认识到"吏治之弊，莫甚于贪墨"，希望此举能够加强朝廷对府州县等地方官吏的监管，希望其"耳目之官"遍布各地，扬廉惩贪，改观吏治。然而事与愿违，吏治非但没有好转，反而带来新的问题："试佥事遍布郡县，所行多违戾。"因此，旋即于次年三月罢之，提刑按察分司仅仅存在半年即寿终正寝了。③

此外，中央委派于地方除了隶属于都察院的十三道监察御史（巡按）外，还有朝廷特派之重要官员总督、总理、巡抚等。巡抚，即巡视各地军政、民政的大臣。明中叶以后，巡抚逐渐成为行省事实上之长官，而各行省之"三司"，

---

① 《明太祖实录》卷54。
② 《明太宗实录》卷27载，陕西按察副使王煜，因娶属官司狱女为妻，失风宪体而下狱。
③ 《明太祖实录》卷148、卷153。

反受其控制。随着巡抚权力越来越集中，三司也负责监察巡抚，如有违法，三司可向中央进奏，使其互相制约与监督。此外，作为监察地方的军政大员的总督，其监察范围广于巡抚，既控制巡抚，又相互牵制，这样加强了地方分权。

3. 廉政教育与激励制度

明代统治者重视廉政教育。管理百官，德刑并用，常为封建统治者所采用。在明代，一方面建立了完备而严苛的法律体系，防范腐败，重典治贪；另一方面，统治者又非常重视道德教育的作用，尤其对官吏之品德与廉洁相当重视，对个人品行佳、能力强的官员进行褒奖，鼓励广大官员廉洁奉公。同时，他们要求知识分子在为官之前，就能树立儒家礼法纲常为核心，符合统治者需要的道德规范。统治者希望，在这种廉政教育的熏陶之下，官吏们能够清廉为政、尽心尽责地为其封建统治服务。

明政府还建立了一整套激励机制，重视对官吏的考核与奖惩。他们建立了较为完善的官员考核与奖惩制度，由吏部考功清吏司、兵部武选清吏司负责具体考核工作。在明代，一般分为一年、三年、六年、九年考核。每次考核结果根据政绩和廉洁与否进行奖罚，在处罚不合格官员的"八法"中，以对贪官的惩处最为严重，包括罚金、夺爵、免官、终身禁锢、斩首等。

此外，明代的激励制度还反映在对官吏的增俸养廉。洪武十七年（1384年）初，命吏部："凡文官居忧制，已在职五年，廉勤无赃私过犯者，照品秩给半禄终制，在职三年者给全禄三月。"① 这在洪武十二年（1379年）诏书基础上所制定，由任职三年之上改为五年，并由"无赃犯"更进一步要求"廉勤无赃私过犯"，提高了具体标准。在俸禄制度上，明政府采取增俸养廉之措施，在官吏岁俸偏低的当时，养廉银解决了一部分官吏俸禄的问题，一定程度上有利于吏治的好转。当然，养廉银并不能从根本上解决腐败问题。

总之，明朝建立的反腐体系，包括立法反腐和监察制度的建立，前者坚持重典惩贪，与激励机制、清廉教育相结合，后者则建立了从中央到地方的一整套严密的监察体系，形成了既可以对百官进行整体"监察"，又可以使得监察官员彼此牵制、相互监督的立体反腐网络。

四

明代反腐具有一定的成效，这给我们当今的反腐工作以深刻的启示。

明代重视立法反腐，并与激励机制、清廉教育相结合，同时建立独立的监

---

① 《明太祖实录》卷159。

察机构，这种独立于行政机构之外、从中央到地方的庞大监察体系，既有中央监察机构（都察院和六科给事中），又有地方上的监察机构（提刑按察使司），还有中央派往地方的监察官吏（隶属于都察院的十三道监察御史，总督、总理、巡抚等）。他们彼此牵制，相互监督，直接听命于皇帝，在防止官员贪污腐败等方面起到了重要的作用。

明代监察制度是封建统治者维护其统治地位，保证国家机器能够正常运作的工具。其组织较为严密，法规相对完善，职官选拔严格。但是，封建制度下的机构与官员仍摆脱不了皇权的牢牢控制，最终成为封建帝王的御用工具。亦因之，他们无法从根本上解决封建制度下的腐败问题。

明代反腐机制具有一定的成效，它对明朝前中期吏治的澄清乃至政权的巩固、社会的稳定，均起到了应有的作用。这为我们提供了以下两个方面的启示：

一是必须加大反腐败力度，完善反腐败立法，并将立法反腐与激励机制、廉政教育有机结合起来。

吏治清明与否直接关系到王朝的兴衰存亡，明朝立国之初的"重典治吏"在一定时期内取得较好的成效，使国家出现了兴盛局面。而贪腐盛行，治吏无方，法制废弛，导致王朝由盛而衰。强盛的明王朝拥有完备而严苛的反贪法律体系，却无法消除贪官，明代中后期开始贪贿盛行，并逐渐达到难以遏制的程度。

贪污腐败必然会对社会生活和国家政权产生严重的侵蚀，导致法制废弛，由此出现官员执法不公、有法不依、执法犯法、贪赃枉法，最终法制败坏，弊端百出，危害深重。因此，我们只有长期不懈地抓好反腐败工作，构建严密的法网，才能保证国家的长治久安。同时，加强廉政教育，积极预防腐败，消除腐败滋生的各种条件；采取多种手段、多种方式，标本兼治，建立真正高效、廉洁的防腐机制。

二是构建独立的监察体制，重视监察人员的选用标准和职责、职权范围之界定。

明代监察制度是独立于行政体系之外，作为皇帝的"耳目"而存在的，这种以皇权为中心的监察体制，基本实现了监察权与行政权的相对独立，进而基本保证了监察权的独立运作，使其能够充分发挥抑制官员腐败的作用。另外，监察官的地位较高，保证监察官能够高效地履行监察职能，而较为成熟完备的巡视制度也有效防范了地方官吏的腐败。

为此，现阶段预防腐败，我们应该在机构改革上下功夫，真正做到反腐机构与行政机构划清界限，使反腐机构与人员不再受制于同级或者上级部门，实现自身的独立运作。同时，加强监察系统的垂直领导体制的建立，切实做到不同级别、不同部门有相应的监察机构进行监督,从而构筑全方位的立体防腐体系。此外,在一定限度内相应提高监察部门级别、职权,使监察机构成为反腐倡廉的重要堡垒。

另外,明代对监察官吏的选择高于一般官吏选拔标准,尤其重视监察官的品德,以清廉为首要。固然封建统治者的做法是为王权服务的,有其必然的局限性,但也不无借鉴意义。今天,我们要构筑中国特色的社会主义监察体系,就要重视监察队伍的建设、监察人员的培养。在监察人员的选拔方面,要坚持高标准、严要求的原则,强调用人的刚正不阿,将德才兼备、廉洁奉公、正直敢为的人才推荐到监察第一线。

五

明代反腐机制既有一定成效,也存在诸多弊端。由于明朝反腐机制受制于皇权和封建制度,反腐的实际效果大打折扣,尤其是在王朝的中后期,腐败盛行,反腐收效甚微,兼以其他因素的共同影响下,反腐机制失去应有的作用。这些对我们今天的廉政建设具有一定的警示意义。

1. 反腐受制于皇权和封建制度

在明代,封建中央集权的强化达到了前所未有的程度,皇帝独揽大权,独掌最高监察大权。在这种情况之下,不仅监察官吏必须由皇帝亲自任免,而且监察官所奏事项的最终决定权亦在帝王。倘若触及皇权,言官就会受到严厉惩罚。因此,科道之官无不谨小慎微,以免获罪。同样,明朝反腐机构和其他机构的设置都是在皇帝的掌控和干预下作出的,监察制度是以维护皇权作为出发点,从中央到地方的监察机关和监察官员都直接对皇帝负责。由此,皇帝个人在反腐败上的决心和意志力决定了反腐立法乃至反腐败的实际效果。

同样,封建制度下的官僚集团,严重依附于封建帝王,并以帝王的意志为转移,因此,对官僚集团最本质的要求就是忠君爱国,廉洁拒腐只是其次的要求。所以,不管是皇帝本人还是负责监察的官员,都难有深入反腐的决心。同时,官僚集团为了维持自己的荣华富贵和社会地位,无法真正远离腐败,而皇帝与官僚集团之间既相互矛盾又相互依存的关系,导致任何吏治都不可能动摇封建体制这一根本。因此,腐败也不可能从根本上得到解决,从而明代反腐败机制在王朝中后期难有作为也就极为正常了。①

---

① 参看袁飞:《中国古代反腐机制研究及其现实意义研究》,山东大学硕士学位论文,2014年。

皇权控制下的封建社会无法解决其内在的矛盾，无法从根本上解决腐败问题。

2. 监察官员的制衡与掣肘

明代的监察机构和监察官吏地位很高，能够较好地发挥其监督百官的功能。但是监察机构、职官重叠的结果，一方面形成了立体反腐网络，并使得监察官吏与兼有监察职权的同级官吏相互监督，形成权力制衡；另一方面，也导致官员之间职权的交叠、协作的困难局面。这种因为机构庞杂，职权不明或重叠（即使监察机构也往往兼有行政、司法等其他权力），甚至相互掣肘，产生了许多复杂局面和社会问题。此外，明朝中后期特设之厂卫机构，其监察权不断膨胀，由此亦导致了非常可怕的结果。

我们要以此为戒，寻找权力制衡的黄金点，既要能够实现权力制衡，又要能够保证职权各有侧重、相互协作，既不至于产生权力失衡，也不能出现互相扯皮、无所作为之局面。权力制衡，既体现在不同机关或部门之间，又体现在同一机关或部门内部，同时还体现在监察机构与不同机构或部门之间。实现权力制衡的关键是加强相互监督，充分发挥监察机构的职能。

3. 没有民众参与的监督与反腐

在明代，"以官察官"的监察机制，靠的是皇帝和相关官员，是将广大民众排斥在外的。这种做法，导致王朝最终难逃封建社会腐败的周期律支配，因此使得明代成为贪官最典型的朝代。

为此，以史为鉴，我们不仅需要不同层面的相互监督，还需要广泛发动群众，实现全方位监督、多层面反腐。在治理腐败过程中我们必须自觉接受群众的监督，并发动广大的人民群众参与到反腐败斗争中去，最终实现监察机构、不同部门与全体民众之间监督与相互监督的立体化防腐网络。

简言之，从明代反腐机制与政策的正反两个方面总结，其借鉴之处主要在于：

其一，实现立法反腐与激励机制、廉政教育有机结合，当前，尤其要在激励机制上多作文章，切实保证踏实做事、廉洁奉公的官员有一个稳定的、实际的上升空间或利益空间；其二，建立独立的监察机构，完善监察机构或部门的垂直管理，重视其严格的用人标准和职责规范，并赋予一定限度内更大的监督职权；其三，构建新形势下的立体监督、防腐、反腐体系，涵盖监察机构、不同机关或部门、机关或部门内部、媒体、民众等全方位、多层面的参与机制，从而实现参与广泛、形式多样的全面监督与防腐、反腐体系，构筑符合国情的中国特色的防腐机制。

这也是有待进一步深入研究的问题。

目 录

第一章 明初反腐编年（洪武至宣德年间，1368—1435 年） ………… 1
　一、前编：立国前（元至正十二年至正二十七年，1352—1367 年）……… 1
　二、洪武年间（洪武元年至洪武三十一年，1368—1398 年）…………… 2
　三、建文、永乐年间（建文元年至永乐二十二年，1399—1424 年）…… 15
　四、洪熙、宣德年间（洪熙元年至宣德十年，1425—1435 年）………… 29

第二章 明代前中期反腐编年（正统至成化年间，1436—1487 年） …… 68
　一、正统年间（正统元年至十四年，1436—1449 年）…………………… 68
　二、景泰年间（景泰元年至七年，1450—1456 年）……………………… 99
　三、天顺年间（天顺元年至八年，1457—1464 年）……………………… 116
　四、成化年间（成化元年至二十三年，1465—1487 年）………………… 133

第三章 明代中期反腐编年（弘治至嘉靖年间，1488—1566 年） ……… 163
　一、弘治年间（弘治元年至十八年，1488—1505 年）…………………… 163
　二、正德年间（正德元年至十六年，1506—1521 年）…………………… 183
　三、嘉靖年间（嘉靖元年至四十五年，1522—1566 年）………………… 206

第四章 明代中后期反腐编年（隆庆至万历年间，1567—1620 年） …… 246
　一、隆庆年间（隆庆元年至六年，1567—1572 年）……………………… 246
　二、万历年间（万历元年至四十八年，1573—1620 年）………………… 253

第五章 明末反腐编年（泰昌至崇祯年间，1620—1644 年） ········· 296
一、泰昌、天启年间（泰昌元年至天启七年，1620—1627 年） ········· 296
二、崇祯年间（崇祯元年至十七年，1628—1644 年） ········· 311

附 录 ········· 313
一、《大明律》关于官吏受赃之法规条例 ········· 313
二、《大诰》四编之赃犯及其相关规定 ········· 317

第一章

明初反腐编年（洪武至宣德年间，1368—1435年）

一、前编：立国前（元至正十二年至正二十七年，1352—1367年）

元至正十八年（1358年）

三月

命提刑按察司佥事分巡①郡县录囚。轻罪释之，重罪轻罚；其有赃者，免征。

元至正二十四年（1364年）

八月

中书省掾史②，有以铨选受贿者，按察司劾其罪当死。上曰："受赃卖选，见利忘法，罪固当诛。但法令初行，人未周知，姑减死，杖之；若复犯，则不宥也。"③

至正二十七年（1367年）

七月

各郡县官既受赐，入谢。上谕之，有曰："命汝等为牧民之官④，以民所出

---

① 分巡道制度系沿袭元代，提刑按察司之佥事等职官具有刑狱职能。
② 因职权重要，需分曹治事，由部门长官自行举荐，称之掾史。
③ 朱元璋起兵之际，治狱以宽厚为本，犯赃者不予追究，当诛者亦得免死。这与洪武年间形成的严苛治贪思想截然不同，此乃其早期笼络人心之举。
④ 牧民之官，即郡守县令。

租赋为尔等俸禄,尔当勤于政事,尽心于民,民有词讼,当为办理曲直,毋或尸位素餐,贪冒坏法,自触宪网,尔往其慎之。"

八月

有吏受赃,人发其事,吏赴井死。上闻之,谕群臣曰:"知利之利而不知利之害,徒知爱利而不知爱身。人之愚,孰有甚于此者?君子闻义则喜,见利则耻;小人见利则喜,闻义不徙。是故君子有舍生取义,小人则舍生为利,所为相反。然其人既死有不足恤,但其事可以为世之贪污者戒。"

十月

置御史台①及各道按察司。御史台设左右御史大夫,从一品;御史中丞,正二品;侍御史,从二品;治书侍御史,正三品;殿中侍御史,正五品;经历,从五品;都事,正七品;察院监察御史,正七品。各道按察司、按察使,正三品;副使,正四品;佥事,正五品;经历,正七品;知事,正八品。上谕曰:"国家新立,惟三大府总天下之政。中书,政之本;都督府,掌军旅;御史台,纠察百司,朝廷纪纲尽系于此,而台察之任,实为清要。卿等当思正己以率下,忠勤以事上。盖己不正则不能正人,是故治人者必先自治,则人有所瞻仰,毋徒拥虚位而漫不可否,毋委靡因循以纵奸长恶,毋假公济私以伤人害物。诗云:刚亦不吐,柔亦不茹。此大臣之体也,卿等勉之。"自平武昌以来,即议定律,至是台谏已立,各道按察司将巡历郡县,欲颁成法,俾内外遵守。

二、洪武年间(洪武元年至洪武三十一年,1368—1398 年)

洪武元年(1368 年)

正月

天下来朝,上②谕府州县之官曰:"天下初定,百姓财力俱困,譬犹初飞之鸟不可拔其羽,新植之木不可摇其根,要在安养生息之。惟廉者能约己而利人,

---

① 御史台,或称宪台,是中国古代秦汉以来逐步确立的中央监察机构,其长官初为御史大夫,后为监察御史。此例太祖因之。洪武十三年(1380 年),太祖废御史台,洪武十五年(1382 年)改置都察院。御史台,以及此后的都察院,在明初乃至整个明清时期的吏治澄清、反贪倡廉中起着非常重要的作用。

② 明太祖朱元璋即皇帝位。

贪者必朘人而厚己，况人有才敏者或尼于私，善柔者或昧于欲，此皆不廉害之也。尔等当深戒之。"

洪武二年（1369年）

二月

上谕群臣，有曰："昔元时州县官吏多不恤民，往往贪财好色，饮酒废事。故今严法禁，但遇官吏贪污蠹害吾民者，罪之不恕。卿等当体朕言，若守己廉而奉法公，犹人行坦途，从容自适。苟贪贿罹法，犹行荆棘中，寸步不可移，纵得出，体无完肤矣。可不戒哉！"①

八月

临川守御千户胡朝宗受赇，法当死。上出幸三山门，朝宗父母拜伏道左涕泣，哀诉惟有此子，死则老无所依。上悯之，俾减死论，终养其父母。

洪武三年（1370年）

正月

各道按察司官来朝。因召御史台官并谕之曰："风宪之任②，本以折奸邪、理冤抑、纠正庶事、肃清纪纲，以正朝廷。而元末台宪，每假公法，挟私愤，以相倾排。今日彼倾此之亲戚，明日此陷彼之故旧，譬犹蛇蝎自相毒螫，卒致败亡而后已。如此则何以为台谏也？今卿等司风纪，当以大公至正为心，扬善遏恶，辨别邪正，不可循习故常，挟公以济私。苟或如此，不惟负朕委任，亦且失其职守矣。"

七月

以殿中侍御史寻适为广西按察使监察御史，王子启、胡子祺为佥事。上谕之，有曰："兹特命尔等往司风宪，须严明以驭吏，宽裕以待民。如有奸贪强暴虐良善者，尔等就逮其人鞫问③审决，然后以闻。若俟闻而后决，道里辽远，往复不无淹滞。"④

---

① 明太祖总结元朝败亡的教训，要求官吏廉洁奉公，否则必将自食其果。事实上，洪武年间，太祖常以前朝为例戒谕群臣。
② 风宪，原意指风纪法度，我国古代常以此代指监察部门或监察御史。提刑按察使，是明代地方部门之主要官职，包括按察使、副使、佥事，掌一省刑狱之事，并分司诸道。以官察官，是我国古代监察制度的重要特色。明代重视风宪官，同时对其要求亦更高。
③ 即审问。
④ 明代对于任职偏远之地的监察御史等职，赋予"先决后奏"之特权。

洪武四年（1371年）

正月

御史台进拟宪纲四十条。上览之，亲加删定，诏刊颁行。上因谓台臣曰："元时任官但贵本族，轻中国之士，南人至不得入风宪，岂是公道？朕之用人，惟才是使，无间南北。风宪，作朕耳目，任得其人，则自无壅蔽之患。"殿中侍御史唐铎对曰："闻元时遣使军抚百姓，初出之日，四方惊动，及至略无所为而去。百姓为之语曰：奉使宣抚，问民疾苦，来若雷霆，去若败鼓，至今传以为笑。今陛下一视同仁，任官惟贤，尤重风宪，明立法度，所以安百姓，兴太平，天下幸甚，臣等敢不一心，钦承圣意。"

闰三月

刑部搜狱中囚，得其私书以奏。乃吴兴王升以遗其子者，其言曰：凡为官，须廉洁自持贫者，士之常也。上览书，嘉叹良久。赐升手诏，并赐白金百两、绢十匹、附子五枚、川椒五斤，以旌其贤。

九月

江宁县民入役内库，盗出珊瑚珠罗斛香，于法当死。上以细民贪利无知，命杖之。库官失觉察者，亦杖而罢其职。①

十一月

上命自今官吏犯赃罪者，无贷。初，元末政弊，官吏贿赂盛行，邀买名爵，下至州县簿书、小吏，非赂亦莫得而进。及至临事，辄蠹政鬻狱，大为民害。上深知其弊，尝曰："此弊不革，欲成善治，终不可得。"故有是令。

洪武五年（1372年）

九月

先是，上谕中书省臣曰：凡犯赃罪者，罪虽已赦，仍征其赃。其在赦前犯赃，事发惧罪逃避，及革后事发，则依律追究。

洪武六年（1373年）

正月

上谕来朝守令曰："朕设置百官各司厥职，以分理庶务。苟县官贪虐以毒

---

① 明代对普通民众贪盗之惩罚相对较轻，而官吏贪贿或失职，即行严治，此即一例。

民，或怠弛以废事，民间利病，尸坐不闻，不惟民受其殃，府亦受其弊矣。为府官者知其弊能绳其奸贪，请更贤者而任之，则上下皆安矣。若知而不举，上下蒙蔽，虽苟且一时，终必为其所累。智人君子必能察于此矣。"

工部尚书黄肃坐法当笞。上曰："六卿之职，不宜以细故加辱，命以俸赎罪。"上谕御史台臣曰："人不可太刚，亦不可太柔。刚则伤物，柔则废事。二者相济，始克有成。往见贪饕之徒，常执谦下，不拂人意。盖缘所守不正，恐举劾其奸，故为此取媚之态。人喜其媚己，以为贤，则堕其术中矣。其不贪者自谓操守廉洁，无敢谁何，故与人言议，稍有不合，辄起争端，此虽刚强，人恶其拂己，以为不肖，则失人矣。夫以中而处，刚则必无矫激之情；以正而处，柔则必无畏佞之态，修其在己，人亦岂得而是非之也。"

江西行省有商民坐沮坏盐法，刑官拟以乱法罪，当死。上曰："愚民无知犯法，犹赤子无知入井。见者莫不怵惕，岂宜遽以死罪？"又谕法司曰："有罪而杀，国之常典，然有可以杀可以无杀，彼愚民沮坏盐法，原其情不过为食利耳，初无他心。"乃悉免死，输作临濠。

二月

上命御史台令监察御史及各道按察司，察举天下有司官，有无过犯奏报黜陟。且谕台臣曰："古人言，礼义以待君子，刑戮加于小人。盖君子有犯，或出于过误，可以情恕。小人之心，奸诡百端，无所不至，若有犯，当按法去之。不尔则遗民患君子过，误责之以礼义，则自知愧悚，必思改。为彼小人者，不识廉耻，终无忌惮，所以不得不去之也。故朕于廉能之官，虽或有过，常加宥免。若贪虐之徒，虽小罪亦不赦也。"①

四月

以监察御史茹太素、戴信、何文、郑思先为四川按察司佥事。上御谨身殿谕省臣曰："朕观唐太宗言，贾胡剖身以藏珠，惟知财利不惜性命。譬如贪官污吏，惟知好赂犯法而不爱身命，其与贾胡剖身藏珠不异。若使官吏爱身守廉，安得有丧身之事？只为任情恣欲，重利轻身，以致祸败耳。"

---

① 明太祖讲求重典治吏，同时他又讲求"原情"，而不是唯法是从。其"原情"是针对君子，即"廉能之官"，偶有过错，可以宥免。而于小人，即"贪虐之徒"，虽小罪亦不赦。可见，最高统治者的主观意志，决定了治吏或反贪的成效。

洪武八年（1375年）

二月

上敕刑官："自今凡杂犯，死罪者免死输作终身，徒流罪限年输作，官吏受赃及杂犯私罪当罢职役者，谪①凤阳屯种。"

三月

中书省臣奏："大都督府佥事吴复、曹兴、谢成，例应给公田一千石。吴复先任指挥，已赐公田二百石，今请以八百石益之。"上以曹兴居大同时，多不循轨。调福建，又受王驸马赂贿。谢成在山西擅夺民利，惟吴复禄秩如请，兴、成二人不给。

洪武十年（1377年）

十一月

新授有司官。上谕之曰："近者天下有司奏缺官，罢黜者众也。彼皆不思守法以保之，欺人欺天，竞为赃利，虽积钱充屋，一旦事觉，皆非己有。今汝等之官，宜鉴前非，勉于为善，则永安禄位矣。"

十二月

各道按察司官来朝。上谕之曰："朕以天下之大，民之奸宄者多，牧民之官不能悉知其贤否，故设风宪之官，为朕耳目，察其善恶，激浊扬清，绳愆纠缪，此其职也。凡任风宪者，宜体朕此意，以公正为心，廉洁自守，国家法律必务精详，用法有失，鬼神鉴焉。至于奸民犯法，吾所甚恶，必务除之，不可贷也。有司以抚治吾民为职，享民之奉而不思恤民，惟以贪饕掊克②为务，此民之蠹也，宜纠治其罪，毋以姑息，纵其为害。汝等安坐高堂，其视民相去远矣，不思问民疾苦，公其听断，将安用汝乎？今官以九年为考，非一日积也，汝当谨守法度，思称其职，苟或不然，鬼神鉴之。"

洪武十二年（1379年）

正月

诏中书："凡丁忧官，在任三年之上无赃犯者，依品级月与半俸，止于终

---

① 指官员降职，调往外方任职。
② 聚敛搜刮财富，有时也指聚敛者、贪官。

制。在任三年者，亦依本品级全俸三月以养其廉。著为令。"①

洪武十三年（1380年）

五月

命吏部铨次各处②，所举儒士及聪明正直之人，皆授以官。凡十一人，各赐夏衣一袭。上谕之曰："迩年以来，或贪虐挠法有伤吾民，朕甚忧之，故敕有司精慎所举。今尔等至京，初皆庶民，岁受官役，朝廷得失，有司利病，必尽知之。今授以官，当尽心所事，鉴前人之非，为朕福民，朕之望也。"

罢御史台③，及各道按察司。

九月

诏戒守令曰："朕荷天地之佑，祖宗之德，君主华夷，十有三年。其立纲陈纪，所以安民也。曩因奸臣弄权，恣行不法，内外之职，咸罔克忠，惟贪赃蠹政，以干邦宪。今尔等皆出编氓，深知稼穑艰难，民生疾苦，是用授以职任，相与图治。尔当竭诚报效，无蹈前非，其有旧任未代者，若仍蹈前非，慢神虐民，肆意妄行，则国有常宪。"

洪武十四年（1381年）

三月

敕刑部："自今官吏受赂者，必求通贿之人并罪之，徙其家于边。著为令。"④

---

① 一般认为，明代官吏的俸禄较低。据《明史·职官志》载，洪武二十五年（1392年）所定文武官岁给俸禄，最高正一品官为1044石，最低从九品为60石，未入流者36石。此际应该少于此数。实际上，明代俸禄均米、钞、本、折兼支，即每月只有少量的实物稻米（名为本色），其余部分则折银、钞、布发放（名为折色）；而且官位越大，折色越多。因此，增俸养廉，对于解决官吏的生活和吏治的问题有一定的作用，但是增俸养廉并不能从根本上解决贪腐问题。

② 铨选，为唐代以来选拔官吏制度，一般由吏部按照规定选补某种官缺。

③ 御史台乃沿袭元代之监察机构，而此前洪武十年（1377年），中书右丞相胡惟庸为左丞相御史台，至洪武十三年（1381年）以谋逆之罪被诛。御史台之被罢，个中缘由，此或有之。

④ 此令针对行贿者，不仅要对其本人查办治罪，而且还累及其家人。

洪武十五年（1382年）

八月

上谕礼部臣曰："天下郡邑申明亭，本以书记犯罪者姓名，昭示乡里，以劝善惩恶，使有所警戒。"于是礼部议上："自今犯十恶、奸盗、诈伪、干名、犯义、有伤风俗及犯赃至徒者，书于亭，以示惩戒。其余杂犯、公私过误非干风化者，一切除之，以开良民自新之路。其有私毁亭舍，除所悬法令及涂抹姓名者，监察御史、按察司官以时按视，罪如律。"

监察御史赵仁言官吏考核之重要，有曰："若有公勤廉干者擢用之，庸怠贪鄙者罢黜之，如此则官得其人，民被其泽矣。"

宥靖州卫指挥佥事庞虎等罪，调临安、沾益守御。遣使赍敕，谕之曰："人臣之怀忠义者，刚果正直，未有欺蔽其君者也。岂谓尔等潜通贿赂，卖弃其地入于蛮夷，乃饰词设谩，非欺君而何致？法司问拟如律，宥死，贬隶编伍。朕思尔等前劳既多，心所不忍，今姑释尔罪，调云南沾益、临安二卫守御，尚改过自新，毋蹈前非，符至即行。"

九月

特置天下府州县提刑按察分司①。以儒士王存中等五百三十一人为试佥事，人按治二县，期以周岁迁官。陛辞②，谕之曰："吏治之弊，莫甚于贪墨，而庸鄙者次之。今天下府州县官，于斯二者，往往有之，是以弊政日滋，民受其害，故命尔等按治其地。凡官吏贤否，军民利病，皆得廉问纠举，勿蹈因循。"

诏天下府州县："凡公署廨宇，颓弊者修葺之，隘陋不可居者更新之。若体制不及而可居者，皆仍其旧，毋重改作劳民。其几榻器皿，凡官所置者，去官之日，毋辄持去，违者以赃论。"

十月

更置都察院，设监察都御史八人，正七品，十二道监察御史正九品。③

---

① 提刑按察分司，掌府州县刑狱之事，佥事则具有监察职能，太祖希望此举能够加强朝廷对府州县等地方官吏的监管，希望其耳目之官扬廉惩贪，在促使吏治好转上发挥作用。但是显然事与愿违，旋即于次年罢之，仅仅存在了半年时间。
② 指官员离开朝廷，上殿辞别皇帝。
③ 都察院代替御史台，成为明代中央的监察机构，直接对皇帝负责，其重要性不言而喻。后监察御史的品级又有上升，从正二品到正四品不等。十二道监察御史，后改为十三道监察御史，为正七品，明末为十五道监察御史，人数不定，世称"巡按"。

十一月

命都察院以巡按事宜，颁各处提刑按察司，俾各举其职。修造、祭祀、察吏、理狱诸事宜，官吏廉能者举之，贪鄙者黜之。来朝之日，则条列以闻，著为令。①

洪武十六年（1383年）

正月

上谕刑部尚书开济、都御史詹徽等曰："凡论囚须原其情，不可深致人罪。盖人命至重，常存平恕之心犹恐失之，况深文乎？昨民有子犯法当死者，其父行贿求免，御史执之，并欲论罪。朕以父子至亲，其死而救，人之情也，故但论其子而赦其父。自今凡有论决必再三详谳，覆奏而行，毋重伤人命。"

三月

罢天下府州县提刑按察分司。初，言者多陈守令贪鄙不法，故于直隶府州县设巡按监察御史，各布政司所属设试佥事，皆以秀才为之，各有印章，布列郡县。既而所行多违戾，故悉罢之。

五月

诏廷臣定拟文官封赠、荫叙之制。封赠例十一，其八曰："凡职官曾有赃私者，不许申请；其封赠之后但犯赃私者，并追夺。"

洪武十七年（1384年）

正月

命吏部："凡文官居忧制，已在职五年，廉勤无赃私过犯者，照品秩给半禄终制，在职三年者给全禄三月。"②

七月

敕谕延安侯唐胜宗、靖宁侯叶昇，其有言："高丽今春使至，贿赂京官甚重，内有一单云，上等人若干，中等人若干，下等人若干。以此观之，甚无礼也。设使受其赂者少有所知，岂不赧哉？"③

监察御史唐铎言："致治在于任官，任官在于得贤。宜选德行廉能京官，遍

---

① 明代的提刑按察司具有多种职能，其中，举廉能、黜鄙是其作为地方监察机构的重要职能之一。

② 与洪武十二年（1379年）诏书相比，此处提高了任职年限和廉勤无赃的标准。

③ 来京使者，竟然分等贿赂京官，足见此际官场贿赂之风已盛。

历郡县，访求贤才，体察官吏，又于见任官内遴选历练老成兼通儒吏名望隆重者，俾居布政、按察之职，庶能镇静一方，民安盗息而治化有成矣。"①

十月

云南布政使司言："所属大小土官有世袭者，有选用者。世袭者世居本土，素有储蓄不资，俸禄养廉可也；选用者，多因流寓本土，为众所服，故一时用之，非给俸禄无以养廉，况《律·官吏受财》有禄、无禄分为二等，今土官犯罪，律条无所据依，乞加定议。"

闰十月

左都御史詹徽言："四川成都府有吏诉其知府张仁受贿，同知蔡良于公署设宴，放吏为民。请逮问之。"上曰："吏胥之于官长，犹子弟之于父兄，下讦其上，有乖名义，不足听也。"②

十二月

翰林院待诏朱善上言，有曰："今江西、两浙此弊尤甚，以致狱讼繁兴，贿赂公行，风俗凋敝，愿以臣所奏下群臣议，弛其禁，庶几刑清讼简而风俗可厚也。"

洪武十八年（1385年）

正月

吏部言："天下布政使司、按察司及府州县朝觐官，凡四千一百一十七人。考其政绩，称职四百三十五人，平常二千八百九十七人，不称职四百七十一人，贪污百七十一人，阘茸百四十三人。"诏称职者升，平常者复其职，不称职者降，贪污者付法司罪之，阘茸者③免为民。

福建按察使陶垕仲上表。福建多滞狱，吏贪缘为奸④，垕仲至，治赃吏数十人，尽革其宿弊。又兴学劝士，抚恤军民，俸禄虽厚，然自奉俭薄，有余悉以施贫者，其清介类如此。是时，布政使薛大方贪暴自肆，垕仲劾奏之，大方有词，逮垕仲至京。事既白，大方得罪，诏垕仲还官。闽人迎拜，为之语曰："陶使再来，天有眼；薛不去，地无皮。"

---

① 选官之要在于贤能德行，而选官之官的德行廉能尤为明代统治者所重视。
② 在封建帝王看来，维护封建纲常准则比惩治贪官污吏更为重要。
③ 阘茸者，指人品卑劣或者庸碌无能之人。
④ 也作吏缘为奸。夤缘，指攀附、拉关系。

十月

《御制大诰》①成,颁示天下。

洪武十九年(1386年)

三月

《御制大诰续编》②成,颁示天下。

五月

上闻嘉兴府崇德县知县毕辉、县丞齐搏刚正能官,遣行人赍敕往劳之曰:"朕观历代名臣流芳后世者,必能灼见于事几之先,智出于众人之上,故能竭忠事君,施惠及民,财利不能夺其守,威武不能怵其中,以故生不苟禄,死必立名。若区区小人,不学无术,节义罕闻,为政则贪墨无厌,遇难则逃避弗顾,死者含耻,生亦何为?视彼之流芳后世者,相去远哉。今嘉兴府崇德县知县毕辉、县丞齐搏,在官执法,不容奸恶,较诸有司,可不谓之出众者耶?特遣行人赍醴以劳,尔其竭尽心力,以光初志。"

常州府官范好古言,行人王良至郡奉职不谨,黩货无厌。上谕礼部臣曰:"朕观自古材智之士,不屈于无能之下,故克流芳于后。设使居官莅事之时,屈于常人之下,无补于君,无益于民,坏法乱政,何所不有?今好古乃能守邦宪以尊朝廷,发奸贪以安黎庶,其不屈于无能之下可见矣。"

十二月

《御制大诰三编》③成,颁示天下。

河南府卢氏县主簿徐存义上言。其有曰:"州县之职,于民最亲。若其廉能可称,则升赏之,贪污不才则黜罚之。赏罚既明,则天下自治。"

洪武二十年(1387年)

三月

有国子生,初任陕西知县,或告其尝受民财者,刑部逮问之。比至,上谓之曰:"所难得者爵禄,所易得者货贿,难得者守之则获福,易得者溺之则受祸。苟能思其所难得而保之,岂特为一身之福?施及父母妻子,其福莫大焉。乃不能廉洁以律己,受污辱之名,以为父母羞。朕念尔年少,更事未多,特宥

---

① 事涉官吏贪赃受贿之惩颇多。
② 事涉官吏贪贿之罚例颇不少。
③ 颇有官吏贪贿之条例。

还职，尔其改过自新，力行为善，庶有立于将来。"

八月

上闻大将军宋国公冯胜等，在军事多不律，遣使赍敕，往谕胜及左副将军颍国公傅友德、右副将军永昌侯蓝玉、左参将定远侯王弼右、参将武定侯郭英。有曰："古之名将，为国效忠，惟思彰君之德，故能摧坚抚顺，无所不克，勋名流于千载，戒贪暴，未尝贪财好杀，行一不仁之事，所以功成名遂。今有不法者，皆在不宥，姑容自新，以图后功，不然固执贪心，归即有议矣。"

洪武二十一年（1388年）

四月

命都察院遣人往谕按治江西监察御史花纶等："自今惟官吏贪墨鬻法及事重者，如律逮问，轻者但录其过，毋毛举细事，以兴大狱。如府县官，俱当逮问，必存署事者一人，俟代者至，然后逮之。"时纶初主江西，欲张威名，有司受逮者众。上闻之，故有是命。

五月

遣使赍敕，谕赣州征进指挥同知张泰、镇抚彭祥等曰："近者，送至降寇，特命法司讯之，咸言有司贪墨，守御官军扰害，以故逃窜山林，群聚为盗，原其情岂得已哉？今特宥之，给衣物放还，可遣往诸寨说余寇，使其自新，少壮者令赴京，老疾幼弱悉纵之，俾各复业，不从者然后以兵捕之。"

七月

颁赐天下《武臣大诰》①。

十一月

颁赐《武臣保身敕》。时广西都指挥耿良以科敛激变良民，江西都指挥戴宗以收捕山贼贪贿赂，致贼人纵逸，皆坐罪。上因述武臣受命守御之方，崇名爵、享富贵、福及子孙之道，为《保身敕》，颁诸武臣，使朝夕览观，知所鉴戒。

---

① 颇涉武臣贪赃条。所谓《大诰》四编，即《大诰初编》《大诰续编》《大诰三编》和《大诰武臣》，共计230多条，其中涉及官吏赃贪受贿有160余条之多。从中可以看出，明太祖对贪贿的惩处严厉，近乎残酷。

洪武二十二年（1389 年）

八月
更定《大明律》①。

洪武二十三年（1390 年）

七月
普定卫指挥使顾成蠹政受赃及借用玉器等物，为其下所告。上念成旧劳，诏勿问，但令都督府移文取其罪状，以戒将来。

洪武二十四年（1391 年）

二月
北平府吏民有坐收秋粮受贿者，论当死。上宥之，令输粟于边。

四月
以南雄府同知吉原为本府知府，赐钞百锭，命礼部宴遣之。时郡民有陈、曾二人互讼军役，原与差来镇抚陈艺，会理其狱，镇抚受陈贿，欲独坐曾，原不肯署案，镇抚反诬执原，赴京诉之，其后事得直。上以其执法无私，故升擢之。

洪武二十五年（1392 年）

八月
都察院右都御史袁泰卒。泰为副都御史时，尝鞫经历王爵受赃，更罪人姓名，锻成其狱。上以其老，宥之。②
颁《醒贪简要录》③ 于内外诸司，俾食禄者知所以恤民。

---

① 明代法典，共30卷，包括五刑、十恶、八议，以及吏律、户律、礼律、兵律、刑律、工律等，共460余条。其中有受赃十一条，其他类目中亦多有惩贪之条。
② 因年老而得宥，亦"原情"之一例。
③ 被称为中国历史上第一部反腐教材，书中详细计算各级官吏所得俸禄，折成稻谷需多少亩地产出、多少劳动力耕种。凭此认为，以俸禄养家，尽皆有余。由此，明太祖制定了极其严酷的惩贪措施，其中颇具震慑之酷刑曰：官吏贪赃六十两以上者斩首示众，并剥皮实草，以警后任。该书已佚，零散内容见于相关典籍。

闰十二月

免翰林院学士刘三吾官。时三吾诣吏部自陈:"婿户部尚书赵勉夫妇,坐赃罪,法当死,皆缘素失教诲,致负深恩。近被御史纠劾,虽蒙恩宥,窃思职居近侍,自当引退,以励廉耻。"吏部以闻,遂免其官。

洪武二十六年(1393年)

八月

刑部奏:泸州民坐侵盗官粮,罪当死。上曰:"远方愚民,但知贪利,不知有法。"遂命宥之。

九月

河南按察司佥事王平巡按至孟津,有司敛众财以赂平,平械其人,并所赂来奏。上嘉平得宪臣体,命赐平文绮袭衣及钞百锭,书吏衣钞减平之半。仍以敕书劳勉之曰:"古之有志者笃诚守己,事不苟为。及其仕也,竭忠以事君,务公以福民,声色货利皆不能动。盖其志已定于未仕之先,故生则富贵安荣,没则垂名史册。朕临御三十年矣,求贤之心,夙夜孜孜,而鲜有能副朕望,任风宪者无激扬之风,为民牧者无抚字之实。昨法司奏言,河南佥事王平同书吏高源按临属郡,其孟津宜阳官吏闻王平至,即敛财为贿赂计,平持法无私,不为利动。朕闻之喜,若平者,真有志之士哉。特遣人赐平钞百锭及衣被,高源赐钞五十锭。尔其益励初志,务公福民,则永有嘉誉。"

洪武二十七年(1394年)

正月

命都察院戒饬天下按察司官。时按察司官入觐,监察御史郑大本劾其不能肃纪纲,正风化,除奸屏蠹,激浊扬清,率皆备员窃禄,以致狱讼繁滋,枉直莫辨,有司病民,恬不加察,遂使廉者无激劝之方,贪者长侥幸之志,宜以各官付法司推鞫,非才者黜罢。诏勿问,命都察院为文戒饬之。①

二月

增递运驿夫粮额。初,递运驿传夫皆以民间田赋多者充役,久之,吏缘为奸,往往富者以贿免而贫者愈困。于是饶州府乐平县民方处渐上言:"乞令有司计每里杂役若干,验其丁赋轻重,以损益之,务令均一,定为图册,十年之内,

---

① 从这里可以看出,封建帝王的意志和态度决定了反贪力度的大小与最终成效。

以次更番，其余轻役则于每年里长之下闲户差遣，如此则吏无赇贿之弊，民无不均之患。"

九月

浙江布政使司右布政使杨允、左参政罗钟、右参政李文华、湖州府知府王祯俱以事被逮。上以其罪非贪墨，俱宥之，复其官。归安县丞高彬亦连坐，耆民为之言，以廉得释。

十二月

给赐扬州、高邮二卫捕寇有功将士钞有差。上谕兵部臣，严明军纪之训，受贿者治重罪。

洪武二十八年（1395年）

九月

五军断事官奏，清平卫千户曹迪受贿卖军。上命杖之，谪戍辽东三万卫。

闰九月

吏部尚书翟善以受贿当死。其父谦诉于朝，乞宥子死，从军终身以赎命。宥之，降为南宁府宣化县知县。①

洪武三十一年（1398年）

三月

上谕五军都督府臣，有曰："近闻守边将帅多不究心，如五开守御指挥、千百户私役军人，受贿弄法，以致军伍缺少，城寨不修，将帅怠弛。"

三、建文、永乐年间（建文元年至永乐二十二年，1399—1424年）

建文四年（1402年）

七月

按察司官并监察御史旧考满，将任内历问刑名、追过、赃罚录为事迹，惠

---

① 与洪武十六年（1383年）发生的父行贿救子之例，虽然性质不同，但是同属"原情"之类，故均能得宥。

帝①以建明政事、纠击奸贪、荐举循良、宣扬教化为风宪政绩。

永乐元年（1403年）

六月

遣监察御史袁纲、给事中朱亮等，分诣直隶府州及浙江等布政司抚按军民。诏有曰："尔等为朝廷耳目侍从之臣，熟知法度，故命以抚安之寄。遇害民及奸贪不法者，就执问如律，重事奏闻区处，务在军民狱安，公私不扰。"

九月

敕谕中外文武群臣，有曰："为治之道，在宽猛适中。尔文武群臣，尚思各共乃职，敬乃事，勿为朋比，勿事贪黩，勿恣情纵欲，以干匪彝。"

十二月

令巡按监察御史及按察司："凡府州县官到任半载之上者，察其能廉贪之实，具奏。"

永乐二年（1404年）

正月

巡按北京监察御史周干劾奏，都指挥张镛纵肆贪奸，受镇朔等卫白金，命鞫之。

都察院左都御史陈瑛劾奏，陕西按察副使王煜娶属官司狱女为妻，失风宪体，征下狱。②

陕西都指挥使孙霖，以私役军士，及逼索所部货贿致罪，谪戍宁夏。

四月

刑部右侍郎赵羾劾奏，都指挥使张远于北京贪赃虐民等事。上曰："朕每遣将臣于外，其陛辞之际，必戒之恤士卒、安百姓，以保爵禄。今此辈恃功犯法，肆无畏惮，不治之无以示惩。"命下之狱。

九月

都察院佥都御史王平有罪下狱。时监察御史郑中鞫狱受贿，变乱是非。冤者上诉，诏平辨之，平受中嘱，辨不公，事觉。上问平，平不以实对。刑科都给事中张信等劾奏平，并劾左都御史陈瑛等，明知平罪，不纠。法应连坐。诏

---

① 明惠帝朱允炆即建文帝，在位仅四年（1399—1402年）。
② 明代对风宪官的要求更高，此为一例。

下平狱，而释瑛等不问。

上谓吏部尚书蹇义等曰："往者，虑各处守令未必皆得人，故命御史分巡考察。比闻御史至郡邑，但坐公馆，召诸生及庶人之役于官者，询之辄以为信，如此何由得实？且询言之弊非一端，人好恶不同则毁誉亦异，若只凭在官数人之言以定贤否，其君子中正自守，小人赂遗求誉而即墨，及阿之毁誉出矣。故孟子论取舍必征诸国人。自今御史及按察司考察有司贤否，皆令具实迹以闻。"①

十一月

掌陕西都司事右军都督佥事王英劾奏，都指挥葛进受贿，纵军士不下屯。命法司追鞫之。

永乐三年（1405 年）

正月

谕天下文臣，有曰："朕惟治天下以爱民为本。尔等皆牧守之官，必思所以爱养之。毋殚其财，毋疲其力，毋为贪墨肆暴虐，教之务善，以远刑辟。"

谕天下武臣，有曰："国家置武御以卫侮卫民，不以治而亡备。尔等当竭忠效力，守法奉公。苟忘其所自，不循礼分，掊刻贪虐于下。朝廷之法，至公不私，后虽追悔，不可德矣。"

二月

北京刑部尚书额金以罪诛。都御史陈瑛等奏："金居官贪婪暴虐，擅作威福十数事，又纵其妻于所部郡县逼索财物，且日乘轿，于市中强买物货，市人畏之，不啻豺虎。金与其妻同恶，如此罪其可容？"上遣人复按得实，皆处死。

三月

大理寺等衙门奏："凡犯偷盗官物、殴骂本管官及尊长等依律处治；嘱托公事、求索取受财物等，则免决记罪，重者临时奏请。"

六月

山西行都司都指挥同知王恕坐赃罪，当死。特宥死②，谪为卒隶。

七月

福建都指挥使张鉴领兵捕倭，私受贼赂，又纵所部掠民财。谪戍永平。

---

① 这种御史考察地方官方法的弊端，在有明一代一直存在，亦一直未能很好地解决。
② 宥死没有一个客观标准，全凭帝王的好恶，即由统治者的意志决定。此为明代也是历代封建统治者反贪之一弊与"越反越贪"难见成效之根本原因之一。

八月

文武群臣交章劾奏："顺昌伯王佐镇守云南，擅作威福，赃贿巨万，宜明正其罪。"征佐下狱。

九月

擢甄庸为山西道监察御史。庸，尝为松江府知府，有廉名。

永乐四年（1406年）

正月

北京行部并天下文武官述职，凡千九百四十三人。赐敕谕，有曰："人君守成法以出治，人臣遵成法以辅治。官无废事，人无失所而已。其间能勤以集事，廉以律己，仁以恤民，公以治军旅，奉职守法，无所变易者，朕已褒赏之。其有以怠废事，以贪掊克，以私灭公，以苛劾励下，乱政坏法，无所顾忌者，朕已黜罚之。"

二月

都察院左都御史陈瑛等言："本院右佥都御史俞士吉、大理寺少卿袁复，苏州治水还，未见君复命。先趋私家，赍所重载，布列盈庭。且闻士吉等所至，贪受货赂，具有实迹。大臣黩货慢君，不可容恕。"命锦衣卫鞫之。

五月

先是，有告故驸马都尉富阳侯李让家人中盐虚买实收者。上命付锦衣卫鞫之。锦衣卫覆奏告者不实。上命六科给事中孙琳等共审之。既而琳等还奏："诘得富阳侯家人实贿锦衣卫官。"上曰："富阳侯之子朕外孙，孰敢诬之？朕但虑锦衣卫故抑告者，初不虑其纳贿。"命付都察院鞫之。上曰："法度于天下共之，岂为私亲废？尔曹政当奉法保恩，岂可恃恩挠法？夫欺谩以苟利，与贿赂以逃刑，虽尔曹亦不可得免，况尔家人乎？"遂召都察院臣谕曰："宥罪可施于疏贱，而贵近不可挠免；行法必先于贵近，则疏贱可以知警。富阳侯家人，其治之如律。"①

永乐五年（1407年）

五月

开平卫卒蒋文霆言："今后宜令有司除常赋外，妄取民一钱者以受财枉法论。"又言："旌表节义，所以励俗。今有州县吹毛求疵，吏胥需索钱物。今后

---

① 明成祖能够不徇私情，对驸马家人依律问罪。尽管这件事的警示意思明显，但封建帝王能做到这一点亦属不易了。

有当举者宜令所司核实，即与申达旌表。"

六月

监察御史蒋彦禄言："国家养军士以备攻战，暇则教之，急则用之。今各卫所官贪缘为奸，贿赂潜行，互相蔽隐。请严加禁正。"从之，命法司核治。①

十月

浙江等道监察御史凌昌等劾奏："都督谭青镇守仪真，肆为非法，强娶军民女子为妾，逼取知县李济货赂，拆民居为店肆，决濠水以取鱼，役军士百六十人耕种樵采，强夺僧地，及抵换官马，凡十余事。逮问，具有征验。昨蒙圣恩，宥罪。然宥之无以警众。"上曰："姑宥之。"召青，面谕之曰："尔昔有劳，高爵厚禄报之矣。当谨守国法，庶保长久。复尔，必不宥也。"②

十一月

广西按察司佥事杨廉劾启：广西布政司右参议吴翔，往龙州，受民货赂。皇太子③曰："参议方岳之臣不廉，何以率下？"命都察院追鞫之。

永乐六年（1408 年）

二月

都察院左都御史陈瑛等言："都督佥事王端、都指挥同知林泉、都指挥佥事牛谅，奉命督运材木，而纵恣贪淫，拆毁公馆，及多支廪给等事，宜治其罪。"命下锦衣卫狱。

四月

后军都督佥事王端贪纵犯法，谪开平立功赎罪。

六月

诏谕北京诸司文武群臣，言及营建北京，驱迫严苛，贪渔剥削。令以廉得其实，悉置于法。

永乐八年（1410 年）

六月

北京监察御史邹师颜劾启：监察御史白春巡视驿站，贪受贿赂，宜付法司

---

① 明代军中贪贿常见，且迄至明中后期愈加严重，弊端丛生。
② 永乐三年（1405 年），北京刑部尚书额金因贪婪暴虐等事，与其妻皆被处死。而此际谭青能得宥罪，在于其"昔有劳"。
③ 即朱高炽，永乐二年（1404 年）被立为皇太子。后即帝位，是为明仁宗。

论罪。皇长孙①命都察院鞫之。

十二月

都察院左都御史陈瑛劾奏:"隆平侯张信,素无汗马之劳,不思恭俭持己,以保禄位,乃恣肆贪墨,无有厌足。近强占丹阳县练湖八十余里,又占江阴县官田七十余顷,法当逮问。"上曰:"瑛所言良是也。昔中山王有沙洲一区,耕农水道所经,其家僮常据之以擅利。中山王闻之,遂归其地于官。今信何敢贪纵厉民如此。"命三法司②治之。

永乐九年（1411 年）

三月

先是,通政司言:有指挥佥天城卫千户犯罪,系刑部狱,其母致货,为赂部官求免。至是,法司奏:"指挥所居近刑部,绐言己与部官厚,可以赂免③,母遂致货旁。有欲发其奸者,指挥惧,遂自首而隐其实情,论法千户之母当准与赃律,指挥当罢职谪屯种。"上曰:"爱其子以赂求免,人之常情。且妇人乌知法律,其宥之。指挥始则欺人取货,终则隐情罔上,又污蔑朝臣,此不可恕。但罢职屯田,何以示惩?"即械送交阯充军。

直登闻鼓④给事中言:有县官以赃罪谪戍边、击鼓陈情者。上命三法司审之。三法司讯之,其人言实受赃,盖年踰七十,昏耗至此,不敢逃刑。惟上天地大恩,幸乖哀悯,当改过自效。上曰:"老而不戒,得无足恤?但临罪能悔,可恕。姑屈法宥之。然其年已七十,虽改过无所用,令还乡为民。"

---

① 即朱瞻基,后即位为宣宗。是年,明成祖亲征漠北,大获全胜。期间,皇长孙留守北京。

② 中国古代三个司法机关的合称,实际上明代真正确立。明朝以刑部、都察院、大理寺为之,遇有重大案件,由三法司会审,在一定程度上体现了职权分离、相互牵制的司法特色。

③ 母以赂为子求免,与洪武十六年（1383 年）父以贿救子一样,往往得以宥免。

④ 登闻鼓制度是一种直诉制度,是正常司法体制的补充。明代在继承前代基础上完善这一制度。官民通过击打设立在京城的登闻鼓,将案件上诉到最高统治者,再由统治者指定相关衙门复审案件。洪武元年（1368 年）,置于午门外,最初由一名监察御史负责,后改为六科给事中和锦衣卫一员轮流负责。通常由都察院负责登闻鼓案件审理工作,更多时候为避免新的冤案产生而由三法司会审。这一制度对平反冤假错案具有积极作用,但因其自身制度的局限性而不可能杜绝冤狱的产生。（［魏天辉:《明代登闻鼓制度》,《广播电视大学学报》（哲学社会科学版）,2009 年第 2 期]。

四月

都察院右佥御都御史史仲成劾奏：陕西按察使辛耀，副使徐道正、张泰，佥事姜荣、马骧、黄桢，挟妓饮酒，有玷风宪。上命都察院械置耀等于陕西按察司前，榜示警众。

五月

定交阯土官考核例。有曰："若贪污害民，劫夺仇杀，事有显迹者，听按察司举问如律。"

闰十二月

敕谕五府六部臣，有曰："今军民困毙，贪黩苛刻者不恤人穷，甚者牵于私意，颠倒是非。其耳目之官，所当纠举，率为身计，缄默坐视，民之不安。"

吏部尚书兼詹事府①詹事蹇义同六部尚书等官上言十事。有曰："在外诸司官吏，贤能廉干，堪任牧民，及居风宪者一人。吏部考验，如果贤能，量材擢用。其所保非才，或授职之后阘茸贪污，举主连坐。令虽有所辖上司及巡按监察御史考察，然率苟应故事而已。宜从吏部、都察院申饬，务在考察严明，贤否有别。若因循苟且，仍使不才者，侥幸在职，所辖上司以违制论。分巡按察司官及巡按御史，各以失职论。其所属官员，在任应考而夤缘推避，及所辖上司不依期考察者，事发，各坐以罪。刑部、都察院之职，必得其人，宜从堂上正佐官精加考核，庸劣不称者黜之，贪婪苛刻者罪之。"

谕都察院左副都御史李庆曰："为朕养民，其先在于守令得人。然守令贤否，在按察司考察惩劝。考察按察司又系于都御史。卿等不能举职，即按察司之职亦废。何望守令能尽职哉？其勉之。盖廉则无私，无私则举措当而人心服矣。更察各按察司官，但非廉明正直之士，皆罢黜之。"②

永乐十年（1412 年）

四月

都察院右副都御史王彰等言："监察御史陈孟旭受赇枉法，当绞，文献盗课银，当斩。"皇太子曰："御史执法而违法，如此罪之如律。"

---

① 洪武二十二年（1389 年）设詹事院，二十五年改名詹事府。置詹事 1 人，少詹事 2 人，府丞 2 人。詹事掌统府、坊、局之政事，以辅导太子。由于詹事府官员对太子的影响更为直接，所以明太祖及后世帝王慎择其人，常以勋旧大臣兼任。这一制度，体现了明代对太子教育的重视。

② 明成祖的治吏思想与明太祖时期的政策一脉相承，重视监察机构的监督与考察作用。

七月

巡按福建监察御史陈智劾奏，福建右布政使张拱辰赃罪。命都察院追鞫之。

八月

敕谕北京提督养马官曰："朕于马政，用心滋久，但尔等不体委任之重，恣意贪虐，务使背公，使军士疲于供给，不得休息。"

九月

都察院右副都御史王彰劾奏，山西布政司右参政何涣贪淫不律等事。皇太子令下之狱。

十一月

擢监生苗贯、谢庸、熊杰、童贞、吴铭、张达雷、恭角、羊昌、党衢、周尚宾为监察御史。上谕之曰："佐方岳任风纪皆要职，当慎操履，务长厚，戒刻薄，上不损国体，下有利于民，庶几不负所命。若逞贪虐民，瘝①官废事，身名俱丧矣，其往勉之。"

永乐十一年（1413 年）

正月

江西都指挥同知蒋忠卒。先是，守将多贪墨，为士卒所慢，纵恣为盗，民久苦之。忠至，申严军律，取其无赖者绳之以法，由是军士无犯，民赖以安。

八月

湖广按察司副使靳义劾启，按察司使吴公悦贪淫酷虐十二罪，皇太子命都察院追鞫之。

永乐十二年（1414 年）

八月

都察院左副都御史李庆劾奏："忻城伯赵彝，擅杀馈运民丁，盗卖官粮。都督谭青选军出征，精锐者以赂得免罢，弱者驱迫以行。又逼取指挥许真等金银马牛。都督朱崇，恣肆贪淫，又擅给千百户十余人驿马。请悉论如法。"上曰："大臣所为如此，不惩治将渐习成。"命三法司鞫彝、崇，下青锦衣卫狱。

---

① 瘝，指旷废官职。

十月

上谕行在①兵部臣,有曰:"今天下军伍不整肃,多因官吏受赇。宜先榜示禁约,队伍须实,军律须严,若复蹈前弊,必罪不贷。"

永乐十三年(1415年)

正月

遣监察御史吴文等分行天下,询察吏治得失及民间疾苦。文等陛辞,上谕之曰:"百姓艰难,有司蔽不以闻。尔等受朕耳目之寄,宜悉心咨访。凡朝廷所差人及郡县官有贪刻不律者,执之。郡县官有闒茸不职及老病者,悉送京师。惟布政司、按察司堂上官②以状来闻,毋枉毋纵,必合公道,军民利病,宜一一奏来,汝不恭命,汝则有罪。"

敕谕内外诸司官,有曰:"凡有军民利病及贪官污吏、作弊害民者,许诸人具实奏闻。"

六月

复中军都督郭义官。义,先坐受赇,免。上念其功,命复之,仍命户部还其所免月俸。

七月

上谕行在都察院左副都御史李庆曰:"朕切于爱民,屡戒郡县之官,不许横取一毫。前滦州知州何敬诛求剥削,赃贿巨万,已置诸法。近代州同知安损、武清知县李潜等仍蹈覆辙,饕餮贪残,无异于敬。神人不容,发其奸慝③,亦置以法。尔宜备录所犯,榜示天下,俾牧民者知所警惧。"

九月

行在都察院左副都御史李庆劾奏:"都督费瓛,前在甘肃,受驼靼马驼牛羊。事觉,皇上问之,不以实对,重为欺罔。都督梁福,贪淫暴酷,肆无忌惮,请悉正其罪,以警将来。"上命并录所劾章示之。

行在都察院左副都御史李庆④,以九载考满,复职。命宴于礼部,赐敕褒

---

① 永乐三年(1405年),明成祖始称北京"行在",亦称"行在所",指皇帝所在的地方。原指京城,后泛指皇帝所到之处。
② 指官署长官。
③ 奸慝,或邪慝,指奸邪、邪恶。
④ 洪武初,以国子生署右佥都御史,后授刑部员外郎。永乐初,召为刑部侍郎,后改任右副都御史。永乐十八年(1420年),升工部尚书,后兼领兵部事务。仁宗时,任兵部尚书,加封太子少保。宣德初病逝。《明史》有传,称其"清介有执"。

谕曰："都御史特宪纲总察群司，为朝廷耳目，其任重矣。推卿刚直有为，习于吏治。祇事我太祖高皇帝，克勤厥务，及朕即位，屡用廷擢，继受风宪，激扬纠察，咸得其宜。历任九年，不闻过举，可谓难矣。尚益懋忠勤，厉风节弼，成至治以永终誉。"

十二月

行在都察院左副都御史李庆劾奏："都督同知曹得，镇守德州，未及期年，贪婪之名彰著远迩。妄作非为，不止一端。为军民之害，失大臣之体。宜治其罪。"上命封所劾章示之，且谕得曰："如不悛改，将无及。"

永乐十四年（1416 年）

二月

浙江布政司左参议李彬，坐赃乞死，输作。

六月

巡按四川监察御史罗通言："四川行都司都指挥使郭赟，隐匿罪人家财、分受进贡马及诸不法事。点军监察御史汪淋中与赟交通，共为奸利，宜并治其罪。"命都察院并追鞫之。

七月

掌锦衣卫事都指挥佥事纪纲有罪伏诛。纲，时思骄横，朋比罔上。与指挥佥事庄敬等兴贩私盐，居处服食器皿僭拟上用，畜歌童舞女于家，出入迎导，诈传诏旨，役临邑之民营创，私擅作威福，受四方赂遗，及侵盗官物不可胜纪，气势倾中外。上命磔①纲、敬于市，籍其家，无少长咸谪戍边。

河南布政司左参议王征有罪，下狱。时命方面官②巡视民瘼，征所至恣肆贪酷，杖杀新郑等县吏民数人。刑科给事中李能劾启："征纵贪饕如豹虎，忽民命如草芥，宜治其罪。"皇太子命都察院追鞫之。

八月

刑科给事中丁珏有罪，谪戍边。珏因肆贪黩，放滥无耻，及母丧未期，起复辄随众人入大祀斋宫，复与庆成宴，为监察御史俞信等所劾。

九月

浙江左布政使章彦博卒。彦博，谨直有通才，居官以廉能见称。

---

① 肢解，古代的一种酷刑。
② 原指执掌一方军政之官。明清指地方政府长官（巡抚、都御史等）。

永乐十五年（1417 年）

二月

四川都指挥使郭赟有罪，罚工役。初，赟在任多不律。上遣监察御史罗通按之，赟以皮裘象笏赂通，并以闻，遂命罚役。

五月

巡按云南监察御史刘洁劾奏："云南布政司右参政姚肇，私受商人贿赂，坏乱盐法，左布政使周敉、右参政濮铭，坐视不举，俱应逮问。"上曰："藩翰大臣，贪黩如此，何以责郡县？"命洁鞫治。

上谕行在兵部臣曰："国家兵器，以御外侮。近有小人，贪图货利，私鬻出境，反以资寇。宜严止，犯者虽勋戚不宥。"

十一月

命行在礼部移文中外诸司，一遵成宪。有曰：有司官吏贪暴旷职者，监察御史、按察司具实纠举。

永乐十六年（1418 年）

正月

时天下布政司、按察司、各府州县及土官衙门官吏来朝。六部都察院及六科给事中交奏：其职业有废惰者，请付法司正其罪。上皆不问，赐敕谕之，有曰："今能改过自新，革贪为廉，革暴为仁，上体吾心，下抚百姓，使百姓皆得其所，则可以永享爵禄，保富贵矣。如复不悛而违命厉民，罪必不恕。"

二月

北京行部礼曹郎中秦政学有罪伏诛。政学，奸贪横被于八府。至是，有告其典科举受赇者，上咨于众，立命诛之，舆论称快。

十二月

申严官吏犯赃之禁。进法司，谕之曰："唐太宗恶官吏贪浊，有犯赃者，必置于法。故吏尚清谨，民免于掊克。朕屡敕中外诸司，不许妄役一夫，擅敛一财。而不才官吏，恣肆自若，百姓苦之。继今犯赃官吏，必论如法，不可贷。"①

---

① 永乐年间，随着社会的安定和经济的发展，贪腐现象更为常见。而明成祖对犯赃官吏的惩处力度总体上不及明太祖。不过，面对越来越突出的贪腐问题时，成祖不得不申严官吏犯赃之禁。

永乐十七年（1419年）

七月

遣镇远侯顾兴祖巡视吕梁。初，命忻城伯赵寻镇徐州，兼理洪道，而寻以贪纵废事。至是，复遣兴祖巡视，仍以敕谕寻曰："朕急于利民，尔乃溺于酒色货贿，坐视民患，恬不究心，得免于罪乎？今姑宥不问，宜改志易行，以盖前愆。"

十二月

监察御史邓真言十事，其涉及时弊曰："每年指以催征为名，纷然遣官在外，有一二年不回者，三五年不为者，惟务贪财好色，剥害良民，此户部之弊也。各卫通同弊，互相蒙蔽，贪赃坏法，非止一端，此兵部之弊也。官府买办物料，今贪利之徒，一概揽纳，不收本等物料，而行收钞贯等项，以一科百，以十科千，以百科万，恣肆贪残，吮民膏血，此皆工部之弊也。各卫所官吏，惟耽酒色货贿，军伍任其空虚，及致差人勾补，纵容卖放。又有勾解到卫，而官吏受赃放免，及以差使为由，纵其在外，不令服役，此军卫之弊也。乞令所司各举其职，如复故违，从监察御史、按察司纠举，治以重罪。"①

巡按交阯监察御史黄宗载上言，有曰："交阯人民新入版图，劳来安辑，尤在得人，宜令到任二年以上者，从巡按监察御史及布政司按察司严加考核，上其廉污能否实迹，以凭黜陟，庶几有所劝惩。"

永乐十八年（1420年）

正月

福建彰州府龙溪县掌县事知州刘孟雍卒。先是，为邑者多贪闇不职，吏夤缘为奸，徭役不均，民富者幸免，民贫者不胜其困，多窜徙。孟雍核其户之虚实，而等差其役，劝农务耕，邑以大治。

四月

湖广按察司副使蕲义卒。永乐初，出按北京，纠治贪墨，决疑狱滞讼，皆得其情。时皇太子居守北京，赐鱼尾以旌其廉，且语左右曰："蕲义可谓真御史也。"未几，升湖广按察司副使，首举正按察使吴公悦、都指挥王玉奸赃之罪，风纪肃然。

---

① 从户部、兵部、工部到军门，贪赃坏法，弊端丛生，甚至军备废弛，愈演愈烈，由此影响了明代中后期的历史走向。

五月

河南按察司佥事门忞,以贪黩诛。

永乐十九年(1421年)

正月

指挥谷祥有罪下狱死。曾备御倭寇,恣肆贪虐,掊克部属,杖死指挥梁海。事闻,命法司鞫治,死于狱。

大赦天下,诏有曰:"递年未纳各项赃罚,及贪官污吏,作弊害民,仍不改者,许人具实奏闻,以除民患。"

翰林院侍读李时勉、侍讲邹缉等言便民事。其略曰:"天下有司官吏不能贤,屡蒙敕监察御史、按察司考核黜陟,而所司不加详察。其重厚廉介、不能逢迎阿附者,多考平常。而贪墨奸诡、善于趋媚者,反考称职。人无惩劝。"

敕按察司廉正官遍历郡县,察其治行,仍命监察御史覆核具奏,果勤慎廉能,政绩显著,请加赉增秩,以励其志。贪黩掊克、怠政废职者,请即时黜罚,以警其余。如有善不举,有恶不纠,致贤否混淆,他日廉勘得出,罪坐所考之官。

诏告中外,有曰:"诸司官吏及差使人员贪赃害法,故将平民苦虐者,许所在按察司及巡御史就便擒拿赴京,连家小发边远充军。"

永乐二十年(1422年)

二月

敕法司:"凡考黜贪污官吏,具谪戍边,掩饰诉理者勿听。"

六月

太仆寺丞王忠以阅马受赇,皇太子令谪戍边。

永乐二十一年(1423年)

六月

江西布政司左参政王灵受赃,事觉,谪戍边。

永乐二十二年(1424年)

三月

都指挥使荣贵坐受赇,免。命隶神机营立功赎罪。

八月

大赦天下①,诏有曰:"其风宪官,有犯赃罪,不许复职,放回原籍为民当差。凡有贪污官吏,蠹政坏法,作弊害民。诏书到后,不即改悔,仍前贪虐者,巡按、监察御史、按察使,即拿问解京。"

黜刑部右侍郎杨勉为山东布政司使右参政。先是,指挥林茂畏避出征,又犯奸贪等罪,下锦衣卫狱,与勉同系。茂就狱中造虚词千百言,将诬告人以觊幸免。有言于上曰:勉导之也。故有是命。

令巡按监察御史及按察司明公廉察,凡贤材者留,其贪刻庸鄙及老疾者,悉送吏部罢之。自今吏部宜精选勿滥。

九月

上谕梁铭等曰:"宁夏,西北重镇,尔为首将,务抚绥之,且尔既有常禄,宜惇廉洁之行,果若服食所需不能继,当以告朕,慎无贪暴生事,以困军民。盖铭以贪贿致败,故申饬之。"

平江伯陈瑄上疏陈七事,其有曰:"乞命朝臣之公正者分巡天下,咨考百司政治得失,进廉能,黜贪鄙,如此则官使得人而天下理矣。"

十月

通政使司引兴化县民奏:"知县李逊,苛刻苦民,且有子贪黩,不可堪录,其赃有金银数百两、锦绮数百匹,他物称是,皆赦后所犯,并执以闻。"上命副都察院鞫之。谕都御史刘观曰:"朝廷择守令,使养民,乃厉民如此。父为之不足,又纵其子,民何以堪?且赦后不改,是终不改矣。必论之如律。"又曰:"近年人情敢肆行犯法者,恃有罚工作之令,故有财者悉得幸免。自今凡有罪者,死生轻重,一断如律。庶几有所惩劝。"

上命吏部:"令在京七品、在外五品以上文武及知县,于五品以下见任官及军民中,访举德性淳笃、行止端方,或才能出众、政绩显著,或文学有称、识见优远者,量才擢用。若有蔽贤及滥举者,论罪如律。所举之人后犯赃罪,举连坐。"又谕之曰:"朝建比年,数下诏举贤,而奉行者率多徇私背公,或以贿赂举,或以亲故举,所得实用十不三四,政事何由而理?生民何由而安?自今必严举主连坐之法,庶得实材。"

山东按察司佥事任敏,以受赃罢为民。

十一月

浙江布政使司左参议王忠、按察司佥事霍毅,以赃罪。上以在朝文武群臣

---

① 明仁宗朱高炽即位。

进言者寡，敕谕之，有曰："今人困于下而不得闻弊，胶于习而不知革，为国以得贤为重，事君以进贤为忠。今居官者或廉贪杂处，贤否无别，其何以望治效？"

太子宾客、都察院左都御史刘观等劾奏驸马都尉沐昕①。有曰："皇上嗣登大宝，俯念至亲，略其前过，命掌南京后军都督府事。所宜改过效职，乃更肆欲为非，擅拓官街，毁军士营房，拆都府仓廪以营其私第，砖瓦林木窃取于公家，工匠人力横索于军伍。又占据官地，役民耕种，贪婪无厌，法不可容。乞付法司，明正其罪，庶以为勋戚之臣不遵国法者之戒。"上命姑宥之，而封所劾章示昕，仍敕昕曰："尔比在皇考时不能守法，致有愆累。于今正宜悔过循礼，又不自谨，致御史有言，虽以亲亲之故，始宥不问，然非分之恩岂可数得？宜自修省，用保终吉。"

十二月

命刑部都察院通政使司："自今内外官贪赃者，并录其罪名，藏于官，以便稽阅。"

改工部员郎林和为南京光禄寺丞。和，初以员外郎权光禄寺丞，降贵州左布政使蒋廷苏瓒为司左参议，以风宪劾其贪黩故也。

四、洪熙、宣德年间（洪熙元年至宣德十年，1425—1435年）

洪熙元年（1425年）

正月

敕谕天下文武群臣，有曰："至于风宪，为朕耳目，朝政缺典、吏治得失、军民利病、百官有司，孰贤与否，悉宜廉察。必使官得其人，政无不举，人咸乐生，斯为称职。夫君臣一体，上下相须，朕勉于修德，尔尚励于忠贞，弼成治化，以跻斯民于雍熙泰和之盛，不其伟欤？朕代天子民，恪存戒饬，不以小

---

① 沐昕，明朝开国功臣黔宁王沐英之幼子，永乐元年（1403年）封驸马都尉，尚常宁公主。此时，沐昕可谓位高权重，时有违法行为，但因"亲亲之故"得以宽宥，明仁宗只作告诫而已。后洪熙元年（1425年）二月，沐昕被解除兵权，得到一定的惩戒。正统年间，仍宥其行。可见，因皇亲之故，沐昕的贪婪不法，均得皇帝宽宥，历五朝，得以善终。

人备任，使不以浮费伤财力，不以刑罚先教化，不以贪黩劳士卒。尔尚体予至意，以称职任，惟忠足以事君，惟仁足以恤人，惟勤则庶事集，惟廉则公道存。乃若骄盈纵恣，朋比用事，贪暴掊克，渔猎吾民，或阿谀从吏，务为容悦，庸庸保位，无补于时，黜陟之明，赏罚之公，典章具在，尔其钦哉。"

监察御史尹崇高等劾奏："福建左布政使顾鼎前犯赃罪，遇赦还职，仍不悛改，贪肆无耻。"命锦衣卫执付都察院治之。

上还御奉天门，颁诏中外，有曰："有廉洁公正、贤能翰济之人，未曾出仕，或屈在下僚，听所在官私荐举，务得真材实行，以凭擢用。仍戒徇私滥举，若考验不中，或后犯赃罪，举者连坐。文职官自永乐二十二年八月十五日已前有犯罪充办事官及吏典承差者，并送吏部随才授职，但犯赃罪不在此例。武职官子孙除应袭外，其余子弟果有德行才识可取者，听所在官司荐举，以凭擢用。如有滥举或后犯赃罪举者，连坐。"

陕西按察使陈智曰："按察司官受太仆寺提督牧马，是风宪受制于人。"上遂敕兵部曰："初群臣所议，本欲便民，今审思之，诚有未当。盖国家以禄待士，使牧民也。今以马责其孳牧，非惟失礼，臣之体将有亏折，贻害无已。遂使廉者难保其操行，贪者得假此扰民。"

二月

苏瓒，素贪鄙谄事，尚书吕震数誉于上，既升侍郎。

三月

福建布政司左布使顾鼎，以受赇罢。

敕宁夏参将保定伯梁铭曰："尔昔所为，屡犯宪纪，囚辱顿挫，难苦备尝。朕念守城旧劳，宥尔之过，加尔之爵，谓尔必能惩创为善，故授以边，寄期尔御遏外侮，靖安疆陲，庶几朝廷无西顾之忧。尔不思感恩报国，乃包畜贪心，诛无已。且古之为将者，与士卒同甘苦，暑不张盖，军灶未成，将不先食。今尔不恤军士之艰，不以防御为重，恣情贪虐，加以耽溺酒色，日不事事。自今宜深思前之过改易，所洁已恤下，尽忠务公，庶几副朕之委任。若复蹈前非，国有明宪，尔其省之。"

湖广布政司右参政李清坐受赇，谪戍边。

四月

广东按察司佥事罗贵，素以赃降福建都司断事。户科给事中程昭，以贪秽降县典史。

五月

上谕少师兼吏部尚书蹇义曰："御史，朝廷耳目之官。惟老成识治体者可任，新进小生遽受斯职，未达政治之体，而有可为之权，遇事风生，以喜怒为威福，以好恶为是非，甚者贪秽无藉，贤人君子，正直不阿，往往被其凌辱。小人阿顺从臾之，则相与为胶漆，其于政事得失，军民利病，略不用心，安在其为耳目也。尔吏部自今须慎选擢，以清风纪。"

六月

大赦天下①，有曰："自去年八月十五日以后，文官除犯贪赃及枉害人命已发落者不宥外，其余有犯发充吏役及承差者，悉还吏部量能授官。"

罢浙江布政司参议王和、袁昱，陕西按察司佥事韩善为民。和等时皆坐赃罪遇赦，行在吏部奏拟还职。上曰："士大夫当务廉耻，古人不饮盗泉，盖恶其名。三人者皆贪污，岂可复任方面？悉罢为民。"

浙江布政司左布政使孙隽、河南布政司左参议王征，坐赃罪，罢为民。时行在吏部奏："比蒙大赦，内外官有罪皆已宽宥。浙江布政使孙隽、河南左参议王征，俱犯罪经赦，例应复职，然所犯者赃罪。"上曰："犯赃污，丧廉耻矣。虽经赦宥，岂可复居民上？其皆罢为民。"

七月

行在太常寺卿王勉坐赃罪，罢为民。勉尝受贿保香匠丘信等。事觉，信等已伏罪，时勉出使陕西。至是，还，吏部尚书蹇义奏："勉贪婪，先帝尝欲罪之，今虽更赦，难以复用。"上曰："太常有罪，岂可事神明？其罢为民。"

遣中官云仙往云南镇守。上谕之曰："遇有警备则相机调遣，毋擅权自用，及肆贪虐。盖尔辈出外，鲜有不恃宠骄傲者，若稍违朕言，治以重法，必不尔贷。"

巡按福建监察御史彭谦奏："建宁知府同知皆鄙懦无为，推官以下或肆贪虐，或酗饮废事，宜加黜罚，悉以名闻。"

巡按四川监察御史何文渊奏："按察司副使张岳、佥事张铭，贪鄙不称。铭再犯赃罪，岳以瞌睡得名，佥事高瞱性质庸常，且善避事，皆宜黜降。"上谕行在吏部臣曰："按察司官如此何以律人，宜如御史言，别选贤者任之。"

巡按湖广监察御史赖巽言："布政司参议庄谦才、按察司佥事张善，皆庸懦不称。岳州府知府同知通判经历，检校安乡、平江二县官，皆非其才，或使酒贪虐，或怠废政事。宜加黜罚。"上命吏部如所奏，降黜。

命行在都察院右副都御史弋谦为交阯右布政使。时交阯布政使戚逊坐贪淫，

---

① 明仁宗在位仅1年即崩，其子朱瞻基即位，是为明宣宗。"仁宣之治"是明朝前期的一个盛世，但另一方面吏治并未好转，贪贿亦颇有不断上升之趋势。

黜。遂命谦代之。

行在都察院奏："北京行部工曹主事鲁宗儒，采木四川，求赇又盗官木，殴死民夫，强占人子女为妾，虽事在赦前而情犯深重。"上命杖一百，谪戍广西。

闰七月

复张干靖州知州。州耆民三十余人诣北京，诉于吏部曰："前知州在任久，一志贪利，吏弊滋生，民不胜其掊克。新知州廉洁公勤，一志保民，吏不能为奸。乞留新知州，以惠细民。"上曰："新知州可为君子，其留之，以慰民望。"

谕行在吏部尚书蹇义等曰："前命御史考察在外官，正欲任矣，退不肖。近闻考察之官少能着实，但信偏言，更不博询，纪纲不立，人所狎玩，或贪赃贿，低首下气，依阿度日，小人贪其易与，乃更保留，如此不当。宜严戒饬之，务尽至公，毋使正人受诬，小人得志，如或不当，责有所归。"

敕各布政司按察司、巡按监察御史，严加考核有司官。时山西布政司理问冯衡奏："朝廷遣御史同二司考察有司，多不以实，其清廉能干、处心公正、从容宽厚、不善趋承者，辄以为不胜任而退之。有贪鄙庸劣、不能抚字、善于趋走、巧于逢迎者，辄以为称职而留之。乞加戒饬。"

兴州左屯卫军士范济诣阙言八事，其中谨陈勾军①之弊，诸如："畏避征差之徒，重贿贪饕官吏，得往勾军，及至州县，专以威势，虐害里甲。既丰其馈馔，又需其财物，以合取之人，及有丁者释之，乃诈为死亡，无丁可取，是以宿留不回，及还则以所得财物，赂其枉法官吏。"又言："词讼繁多，民受其害，贿赂公行，刑狱淹濡，此皆官冗吏滥之所致也。"

广岳州府华容县儒士尹崧言三事，汰冗官有曰："为治之道，能择贤良，汰冗滥，去奸贪，则官清政举。今所任多以吏员，虽循资格出身，而其人素非良善，廉洁者少，贪鄙者多，生民被害，政事疏违。乞令吏部精其铨选，郡县之官，务在得人，吏之才识可称者任之，鄙猥无知罢之，额外之员则汰之，贪虐之徒则黜之，询察去取，一惟至公，则官可得人，治有其效。"又全俸禄有曰："乞优养忠贤，凡文武大小官员俸禄及师生廪膳全支于米，则居官者必能持廉守

---

① 明代的征兵制度。因明代军籍世袭，当在役军丁老疾或逃亡时，需于其原籍勾取家人（无家人则取族人）补役，是为"勾军"。但是，明代军丁地位低下，由此造成大量逃亡。政府则采取大规模"清军"（清理军籍）措施，然而，卫所贪贿横行，弊端百出，使之并无实际作用。

法。若仍贪秽受赃者，文官论罪加刑，武职降充军，永停袭荫。"① 上命行在礼部议行之。

令在京五品以上及监察御史给事中，在外布按二司正佐官及府州县正，各举所知："除见任府州县正佐官及曾犯赃罪者不许荐举，其于见任及屈在下僚官员，并军民中有廉洁公正才堪抚字者，悉以名闻，务合至公，以资实用，不许徇私滥举。如所举之人受职有犯赃罪者，举者连坐。蔽贤不举，国有明宪。"

八月

大理卿胡概、参政叶春，视应天及浙江诸郡。陛辞，赐敕谕之曰："凡官吏粮里及公差官员，有贪刻虐害军民，及土豪恃强侵欺小民者，悉皆奏来，务除凶恶，以安良民。尔等恪遵朕命，必廉必公必勤必慎，庶称委任之重。"

陕西按察使陈智奏："邠州知州李芳等二十余人，以贪浊考黜。咸宁县丞黄维潼、关驿丞樊庆等八人，公勤有才能，乞令户部擢以州郡之职。"上谓行在吏部尚书蹇义曰："用人须辨贤不肖，不肖者必退矣，贤者必进。智所言如询察果实，即擢任之。"

九月

巡按浙江监察御史戴诚奏："太常寺赞礼郎吕得真往湖州府买羊供祀，妄生嫌恶，索逼私贿，请治其罪。"上谕行在都察院臣曰："国家重祭祀，其牺牲诸物买于民间者，令酬实价，不许损民。今假此以求贿赂，人既兴怨，神岂歆享？就令御史治之。"

行在都察院奏："比者，广西故都指挥同知葛森妾许氏，告总兵官镇远侯顾兴祖耽色贪财，朘削官军，大修第宅，广柘园池，逼取故夫旧居，抑永故夫次妾，欺凌寡弱，情实难堪，请逮治之。"上曰："大臣总兵在外，欲其靖寇安民，若果所为如此，法亦难容。但朝廷当存大体，岂肯辄信一妇人言而罪边将？姑令自陈其实。"

十月

行在刑部尚书金纯奏："保庆府知府李裕先奏府吏犯法，会赦免吏。今告吏受赇事，亦在赦前，当免问。上此当问，非欲以罪加之，但事有当别白者。盖奸吏告讦未可辄信，如所告实则其不可复用，虚即当治其挟私妄告之罪，以为小人之戒。"

---

① 明代奉禄为米、钞、本、折兼支，只有部分是实物稻米，其余为折色，以银、钞、布等发放。所以"全支于米"不仅奢侈，而且在当时生产条件下也难以实现。再者，全俸禄亦难以成为有效的治贪之策。

浙江布政司右参议戴同吉言五事。有曰："慎守令之选。近年以来，多庸劣之才不堪任事，贪虐之人结为民害。乞以京官郎中员外主事及监察御史之有德量廉干达治体者为郡守，于进士监生儒士人才择其行止端庄谨守礼法者为县令。到任半年，令巡按御史按察司考察其臧否而去取之。士非禄无以养廉，故必厚禄以养之。士得所养，必无不足之叹，尽心所职，无贪黩之患矣。乞增其俸禄，若平常不称者，无问官品高下，仍旧支给。如是则廉勤者有所资，庸常者知所戒。"上谕之曰："古者除官则署举主姓名，贪秽则连坐，今亦当循此例。"①

行在兵部尚书张本奏："漳州卫千户甘斌来诉，永乐中以外戚推恩②，擢任锦衣卫指挥，坐事降千户，已经赦，乞复指挥之职。"上曰："贵戚豪横，鲜不致败。甘斌豪横多矣，强夺民田，诈传诏旨，无所不至，为御史劾奏。皇考天地之量，不置于法，但降黜之，以全其生。今尚敢希恩求进耶？法不可以私纵，恩不可以幸得，即押赴漳州。"

十一月

召王连等，谕之曰："尔在翰林久，故擢尔为御史。尔亦知御史之职乎？正其身，端其志，振肃宪纲，纠击奸宄，平反冤狱，庶几其可。或尸位素餐，或擅威虐下，或贪黩货贿，有玷风纪，必罚必黜，不尔贷也。"

四川成都府双流县知县孔友谅言六事。任风宪条曰："夫风宪者，朝廷耳目之官，上司谏诤，下职弹劾，所以肃纪纲、察奸慝、直言无隐、不避权贵者也。自古迄今，必遴选才学老成、德望夙着者任之。今监察御史暨按察司官，多有备员，清浊相淆，不能激扬，甚失委任之意。乞敕吏部同都察院堂上官，严加澄汰，慎重其选，则风纪振肃而奸邪敛迹矣。"重守令条曰："今居其职者多不知抚字之方，惟务贪虐，以失民心。间有廉干得民心者，又迁调不常，差遣不一，或固小事连累，朝夕营治，往来道路，犹且不暇，况能久于其任以施善政哉？"厚俸禄条曰："夫禄以养贤，苟养生不赡则饥寒切身，乌能保其廉哉？今内而京官外及方面，例增俸给，其余大小官折钞外，每月不过给米二石，其间仰事俯育与道路往来之费，奚所资取？贪者侥幸以苟安，廉者艰窘而不给。请乞户部勘实天下府州县所积粮储岁支之外，余者计议递增各官之俸，仍令分巡御史及按察司官采访有司，廉洁者具实以闻，量加旌赏，则善者知劝，而贪者

---

① 永乐九年（1411年），吏部尚书蹇义等上言举荐人才，授职后贪污，举主连坐。仁宗即位初，谕吏部，严举主连坐之法。宣宗因之，前令官员各举所知，不可徇私滥举，或蔽贤不举。此则重申举主署名连坐之法。

② 皇帝对臣属的封赠，以示恩典。汉武帝曾以推恩令为名削弱诸侯王势力。

知戒矣。"①

户科给事中沈宁以罪谪为驿夫。宁，初即赍诏往直隶诸郡，需索货贿，为巡按御史所劾。上命行在都察院鞫之，宁服罪，故谪之。

十二月

宥掌陕西都司都督佥事胡原罪。原，逼取指挥刘定金相香带等物。事觉，都察院论罪应徒。上曰："原，贪黩有素，但念其历事先朝而年已老，宥之，令致仕。"②

宣德元年（1426年）

正月

敕行在刑部都察院大理寺，有曰："若文职官吏犯赃者，不分轻重，运粮完日，黜罢原籍为民。"

上曰："今在外有司，从巡按御史及按察司官考察，贪婪不律者，即纠举之，最为良法。朝廷择守令，固为急务，而御史、按察司官，尤宜择人。御史、按察司官，得人则守令贤否，有不待于考绩而后黜陟者矣。"又曰："继自今御史及按察司官考满，亦须以考察有司贤否为功绩。"

上御奉天门，谕群臣曰："前日御史言，通政秦川往湖广督运饷受赃，川大臣何得全无知识？汉大司农田延年，贪求赃贿，一旦败露，自杀身命，为重财贿为轻此，乃以至重博至轻，况赃物法当入官，于己何益？川俸亦不薄，若清廉公正，尽忠为国，岂不长享富贵？今至此，罪岂可容？古人云：祸福无不自己求之。凡在官者，当以此人为戒。"

四月

罢交阯布政司右布政使戚逊为民。初，逊督事郡县，役民造船，买女子载以自随。巡按御史沈福劾奏治之，逊引伏，遇赦，当复职，吏部以闻。上曰："罪虽赦，前赃秽之人，岂可复居方面？其罢之。"

上令群臣议，有曰："若官吏犯受赃死罪，并闲吏犯徒流罪者，仍发北京地方为民命。"

五月

隆庆三卫指挥李景等劾奏："都督沈清镇守居庸关，不能约己恤人，奉公守

---

① 俸禄低成为明代不少官吏贪贿的理由，而史书所载的清官则往往生活窘迫。由此，官员进言全俸禄、厚俸禄当在情理之中。
② 辞官或退休称之。

法，惟务贪虐，百计诛求，剥削月粮，侵盗官物，私役军余，不分屯守，计名科需，或邀阻关口商人取其物货，或以死畜分给队伍，令纳价钱擅开已塞山口，役军伐木私用。凡十八事，行在都察院请治其罪。"上曰："都府大臣非有重过，宜存恩意，可先鞫所使之人，事果有实，别奏处置。"

行在大理寺奏："砀山知县于民贪污不道，县人段恭令侄赴京讼之，民恶恭，诬以他事，擒其父子三人于狱，皆致之死律。"上曰："县令，民父母，当爱民如子，今乃反道杀民。悉论如律。"

山东都指挥佥事掌青州左卫事王铭，坐受赇，及私役军。法司奏："于律应绞。"上曰："武人知利而不知法，姑宥其死，罚役以赎。"①

随驾御马监领勇士都指挥佥事薛兴，坐受赇，举罪人之子充勇士，得授副千户。事觉，行在刑部奏："兴，受财枉法，应绞。"上曰："愚人，姑宥死，罚役以赎。"

七月

监察御史石璞等劾奏："宁夏参将保定伯梁铭挟诈营私，放守边军士还乡买卖，又屡遣掾史敛士卒金帛入己。请下法司，明正其罪。"上曰："比都督陈怀言其过，又军士屡有诉其贪黩者，朕皆容之。谕使改过，而终不改，其治之。"

溧阳县民史英父子，恃富暴横，殴杀其乡人，乃贿有司，诬为劫盗。大理寺卿胡概廉察得实，械送英父子并受贿者二十余人至京。上命都察院鞫之曰："杀人必死，不可宥。但二十余人中，或有无辜者，宜推究情实，庶不枉滥。"御史鞫之，皆伏罪，应死。至大理寺审覆，亦无异词，遂引奏。上召至前亲问之，当英父子死，余罚输作，以无罪释者七人。

行在刑部奏："宛平县厢长收商税钞入己，比监临主守，盗仓库钱粮，律计赃当斩。"上曰："市井之民岂官吏比，况所收非仓库物，追赃罚输作足矣。"

八月

宥保定伯梁铭罪，复其爵。初，铭充参将镇守宁夏，御史劾奏铭纵军受财等事，下狱。至是，御史论铭应罚役降爵。上念铭旧勋，宥之，复其爵而罢其参将之任。②

九月

湖广布政司右参政田刚坐赃罪，罢为民。

行在都察院奏："陕西布政司参议潘弘，因督税粮受府州县官吏馈赂，计物

---

① 一般来说，明代对贪贿官吏的惩处，文官较武官更重。
② 除洪武年间特例，明代对功臣及其后代犯赃等罪的处罚相对较轻。

于律当死，于近例当运砖。"上曰："方面大臣不能持己，何以率下？姑使运砖赎罪而省过自新。"

十月

行在都察院左都御史刘观等奏："有告镇守宿州都指挥佥事胡贵擅役军士，及受赇纵有罪人。已奏请逮治，今贵言奉敕镇守，不就逮。如贵不就逮，法何以行？"上命锦衣卫遣人械赴京，罪之。

监琉璃厂内使，以钞令督工指挥买马，指挥因敛工匠钞万贯入己。事觉，悉下法司鞫之。内使论不应杖罪，指挥科敛受财枉法重罪。命杖内使一百，罚种蔬终身；指挥等治如律，钞悉给还工匠。

谪行在礼科给事中章云、马俊充吏交阯。斩行在锦衣卫百户刘彝、吴敏。时彝、敏往江西、松江提囚，受重囚贿，纵之逃。下法司鞫治之，得其实以闻。上曰："彝、敏卖囚，复面谩①，悉弃市②。给事中受私嘱不举，发交阯充吏终身。"

十二月

台州卫镇抚宫璞奏："指挥于昶、刘庆奸贪酷虐，兵政不修，前为士卒所告，奉旨令按察司逮问。昶等延玩不赴，又逼取军士金帛等物，遣人潜赴浙江贿问事者。"上谕行在都察院臣曰："为将不能抚士卒，修兵政，而肆贪虐，不才甚矣。"即遣人逮至，鞫之。

行在刑部都察院北京行部锦衣卫上所鞫狱囚罪状。上亲览，决真犯死罪，悉依律。监守自盗，受财枉法，亦免死追赃；及徒流以下，俱运砖赎罪、笞杖罚钞；情轻者释之。凡发遣三千余人。

武英殿待诏边文进以罪，罢为民。上屡命廷臣举文学才艺之士，冀得人为用。文进以绘事供奉内廷，举陆悦、刘圭有文艺。有言悦尝为御史，以受贿发戍边。圭，极刑刘诚之子，专事结交时贵，文进受二人金，故荐之。上召文进诘之曰："尔以小艺得官，敢恃恩贪纵？"文进叩头服罪，时文进年七十余，上以其老不可加刑，遂革其冠带令为民，命刑部逮悦、圭，治如律，命吏部揭榜示中外，以戒荐举之徇私者。

宣德二年（1427年）

正月

户部尚书师逵卒。先太宗皇帝间语左右曰："六部扈从之臣，不贪者惟逵。"

---

① 面谩，当面欺蒙之意。
② 弃市，死刑的一种，即于闹市执行死刑并将犯人暴尸街头。

行在刑部奏："直隶金山卫百户王铭，领军赴松江府支月粮，受军贿赂，纵贩私盐，所领军皆已承罪，铭当逮治。"上曰："武官领兵，当严纪律，今贪利而纵之为非，又拒捕伤人，论罪所由，铭岂得免？"令逮治如律。

行在吏部尚书蹇义奏："前奉诏旨，天下官未必皆贤，朝觐至京，宜与审核。有贪赃害民庸猥旷职者，令所管上司具报。今云南布政使曾坚等所报，凡八十二人，皆庸懦懒怠不称职，请黜之。"上曰："人才智不齐，其上官好恶，或未必皆当。宜取至京重审之，果不称黜之，其心亦服。"

二月

巡按四川监察御史裴俊奏："乞敕凡军民词讼必须自下而上，若官吏贪赃坏法，许赴巡按御史、按察司陈告，果有便于军民及机密重事者方许具本实封。违者乞以犯人于三司及府卫门外枷项示众，庶使奸顽悛革，良善获安。"

三月

福建按察司奏："平海卫指挥同知卜祥、指挥佥事朱铭，受军士贿赂，纵令闲逸不著伍，请执而罪之。"上谕行在都察院臣曰："朝廷养军，岂以为彼利？此不可不戒。"令罪之。

上谕行在兵部尚书张本曰："近闻军官多有受财，卖放者得财，目前暂快，事败身亦难保，此皆愚夫所为。自今凡差去人，卿等须严戒之，使知利害，亦是君子爱人之意。"

法司奏江西都指挥同知王钦，胁取属官白金等物，罪应徒。其年今七十有九，于例宜赎。上曰："武人不违既老贪得之戒，令赎罪后致仕。"

四月

行在都察院右都御史王彰卒。河南水灾，民多流亡，而长吏不恤，彰遂奏黜其贪克者百余人，罢不急之征十余事。

谕行在户部尚书夏原吉等曰："湖州粮长，侵盗秋粮，皆拟斩罪，朕为之恻然。小人贪利忘身，少有廉节，有司编立之际，不择良善，纵容此辈，得以为奸，虽加以刑，竟复何益？卿等宜令有司，凡设粮长，必择有恒产之家，有廉耻之人，则能爱惜身家，必无此弊。"

巡按广西监察御史汪景明劾奏总兵官镇远侯顾兴祖及指挥张珩等贪虐十五事。上曰："兴祖总镇一方，姑令自陈虚实，余人皆逮治之，果事干兴祖，具奏处之。"

初，江西都指挥同知王钦坐索属官财物，应徒。上悯其老，俾赎罪，罢职闲居。至是，钦自陈有功，乞复任。上曰："朝廷非薄于功臣，命尔官二品，所以报功。今既犯赃罪，且年近八十，尚堪用耶？若有子当袭则享禄养终天年足矣，何为尚不知止？"① 不许。

行在都察院奏镇守德州都督佥事郭义、听指挥关容、千户杨嵩等言："窃取逆党应没官赃物，虽义尝自首，然不可废公法，请并容等皆罪之。"上曰："义虽贪，然实容等诱导，义既自首，姑贷之。其执容等治罪。"

复陈渊浑源州知州。州耆民数十人诣阙②言："本州地临边塞，前为知州者多贪虐扰民，致其逃徙，惟渊爱民如子，科差均平，逃亡复业，税粮皆足，因备御千户陈贵纵军毁民室庐，占民田地，渊不忍民被害，尝列奏贵罪，故为所诬，乞仍复渊职。"

释行在刑部员外郎何回。为人诬受金，上命三法同核讯，还奏实无受金，事遂释回。因谕锦衣卫指挥李顺等曰："凡以赃得罪者岂但丧身，至其子孙犹被玷累，岂可不究实情而专事考掠？今后鞫狱必尽至公，不公而枉人，汝曹不有阳祸必有阴诛。"

宥总兵官镇远侯顾兴祖罪。先是，广西故都指挥葛森妾许氏诉兴祖欲夺其居宅，私役军造第宅，及贪虐不法五事。诏令兴祖自陈，至是，首实。上语都御史刘观等曰："既不隐实，姑宥之。令改过，如不改，仍不宥也。"

七月

巡按直隶监察御史姚震奏："北京行太仆寺少卿母祥寺丞王浚，于肥乡县阅马受群长白金之赂。请逮问。"从之。

行在刑部都察院奏定岷州、洮州、河州、临洮纳米赎罪例，官吏受赃犯死罪及闲吏犯徒流罪者仍发北京。

九月

行在工部奏："自通州至山海桥梁路道为雨潦所坏，驿站房宇亦多损漏，请遣锦衣卫能干官一员，驰驿往督军卫，有司量拨军民修治。"上曰："比闻锦衣卫官差遣在外，多贪虐厉民，只遣工部廉能官，庶几不扰。"

上御奉天门，谓尚书张本等曰："各处充军之人，皆令军卫递解，本图利便，比闻其为害不细，将所解之军拘囚困苦，非理凌虐，或受贿赂，纵之在逃，或逼迫致死，取其财物。"

宥浙江按察使林硕，命复任。先是，中官裴可力督事浙江，有赐千户者以贿结之，裴惟汤之言是信，汤因势渔猎百姓，驱迫郡县无不承顺。硕时初至，振举宪纪，旌别善恶，汤惧不容，谗于裴，裴亦惧，遂诬奏硕讥诽。

---

① 年老犯赃罪，虽对其免罚或轻罚，但多不复任用。

② 赴京之意。

十月

上御奉天门，谕少师吏部尚书蹇义等，有曰："比者一二大臣所举荐，或既受职即以贿闻，或以庸鄙旷位，大臣所举如此，朕何赖焉？卿以进贤退不肖为职，尤当为朕留意，举能其官。"

十一月

司礼监太监侯泰有罪，下狱。泰曾奉命于直隶选驸马，擅作威福，又受罪人赃贿，事觉。上曰："此人更不可用，亦不可贷。"遂下狱。

十二月

上问行在吏部尚书蹇义："今贪赃官遇赦者例罢为民。"对曰："是。"上曰："罪状明白者如例。若狱未具，虚实未明，改用之，使自新。"

逮镇远侯顾兴祖至。行在十四道监察御史吴启先等、六科给事中贾谅等劾奏："兴祖自镇守广西以来，暴虐贪婪，怠慢废事，上欺朝廷，下失边人心，请正国法。"上命执于午门外，三法司同公侯伯都督讯之，兴祖承伏。上命俟王通等至，通论其罪。

内官①张善伏诛。善，往饶州监造瓷器，贪黩酷虐，下人不堪，所造御用器多以分馈其同列。上命斩于都市，枭首以徇。

罢行在通政司右通政秦川、陕西布政司左参议潘弘为民。因行在吏部言川等皆犯赃，经赦，用否请自上裁。上曰："犯赃岂可复用？"故悉罢之。

宣德三年（1428年）

正月

直隶苏州府奏知府同知通判俱缺。上谕行在吏部臣曰："苏州大郡，公务繁剧，急选廉公有才干者任之，贪暴厉民者不可用。"

敕六科都给事中各道掌道监察御史曰："军政，国之所重。今欲遣朝臣周行天下，清理军伍，必得公廉干济之人。敕至尔等各推举给事中监察御史十有四人，具名来闻，用分理兹事。若所举之人，贪浊无能，有误军务，必并罪举者。"

---

① 明代设内官监，形成组织庞大的宦官体系，包括十二监、四司、八局，号称"二十四衙门"。其中，十二监地位较高，掌握印者为太监（指主管宦官，与清代统称内官、宦官为太监不同），正四品衔。明初太祖对宦官管理严格，以铁牌明示不许干政。后渐被重用，英宗开宦官专政之先声，此后宪宗、武宗、熹宗各朝，宦祸迭起，明代成为我国古代历史上宦官为害最烈之朝代。

二月

行在都察院各道及六科具所举清理军伍监察御史、给事中姓名以闻。赐敕谕之:"今命尔等往竟其事,必廉公勤明,乃克有济。或不恭命,怠慢贪黩,弃公务私废事而厉民,必罚不贷。"

敕谕三法司,有曰:"或播弄刀笔,轻重任情,甚至贪图贿赂,略无畏惮,此何心哉?尔惟恭朕命,惕然警省,追改前愆,以公道为心,以爱人为本,廉以持身,勤以从事,不惟国家有赖,尔亦永保禄位,贻福子孙。尔不恭命,明有国法,幽有神谴,尔其钦哉,勿贻后悔。"

南京户部尚书古朴卒。先是,主事刘良素行不检,满三载,朴考其绩下。朴曰:"贪侈之人,幸今未觉露,不改行,终当败。"良遂诬奏朴罪。良后果以赃败。朴在朝三十余年,自郎署至卿,确然守廉,人不得干以私,家无余资。

降福建按察使朱应祖为常州府江阴县知县。时应祖及所属府县官二十余人悉为巡按御史考不称职,吏部以闻。上曰:"按察使典方面宪纲,其任甚重,何可不称?此辈有赃否?"对曰:"无赃。"上曰:"无赃,可降七品州县官。"

三月

行在吏部尚书蹇义等引奏:"择退吏典,人品鄙猥,及曾犯赃私并不谙文移者二百余人,当罢为民。"上曰:"甄别贤否,为治之要。此辈无益于用,汰去诚是。但虑今次所当汰者未必止此,颇闻外间言:古人戒用吏,今日多用吏。民之不安,率由于此。卿等不可不慎择。"

敕谕行在吏部曰:"比年,吏典考满,岁以千计,不分淑慝①,一概收用,廉能几何,贪鄙塞路,其可不精择乎?数诏求贤,期得实才,与共兴理,而各司所举不论才德,或以亲故,或苟货利,徇私滥举,假公济欲,其可不核实乎?官之考满,绩最者升,有贪污无耻或罢。"

敕谕行在五军都督府及北京行后军都督府,有曰:"自今宜勉思国家所以委任之重,戒因循苟且之失,革宴安玩愒②之弊端,乃心敬乃职勤乃事实。勿为贪刻,以失士心;勿为欺罔,以失臣节。必廉必公,无慢无怠。"

逮掌彰德卫都指挥王友。友,在彰德狠戾贪虐,所为多不法。上数遣敕戒谕之,友不悛③。

敕谕北京行部,有曰:"朕惟京畿,国家根本所系。自今应有差科,尔宜审

---

① 善恶之意。
② 指贪图安乐,旷废时日。
③ 悔改。

度缓急，官吏有廉能爱民，或贪污不律，尔宜询察核实，以凭黜陟。"

四月

少师吏部尚书蹇义等奏，有曰："往时选用严慎，授官者少。比年，吏典考满，岁以千计，不分淑慝，一概收用，贪鄙塞路，廉能罕闻，诚亦臣等之过。"

行在兵部尚书张本有言："如有总兵镇守官之处，就令考较。如无，从巡按监察御史、按察司考较，勤谨廉能者旌之，怠弛贪鄙者罪之。"

禁军官虐害军士，时行在都察院奏："大宁中卫百户刘勉管军操练，受军士赂，纵遣还家，又冒支其马料，又殴病军，求财不得而诬奏其避操。于律当斩。"上曰："朕常戒约军官，谓古之良将能爱恤士卒，所以能成功名，令其用意抚绥，无横加害。今此辈纵恶，又复面谩，岂可贷也？"令械置教场，榜以示众，然后处决如律。都察院仍榜示中外管军官员，俾皆知警。

行在都察院左都御史刘观等劾奏："山西布政使白思谦、参议鲁璠、按察使张政、副使魏清等，蒙蔽赃污，怠慢不敬罪。"上命逮鞫之。

闰四月

少保行在工部尚书吴中奏："诸色工匠多有逃逸，当追捕问罪。"上曰："朝廷非是不恤，但管工之人贪虐害之，致其逃逸，凡事当究其本。即出榜禁约，管工匠官及作头有虐害工匠者，治以重罪。逃者许两月内自首，免罪，赴工，仍与粮赏。"①

掌河南彰德卫事都指挥佥事王友有罪，降指挥同知。友，先守彰德，骄纵贪虐。河南三司官亦奏友不法，遂执至京，命御史讯之，论罪，当杖，罢职戍边。上宥之，左迁指挥同知令，往宣府备御。

行在都察院左都御史刘观奏："比来，内外官员军民不循礼法，恃其豪横，凡物料当抽分者，或私隐匿，或妄称奏免请，悉禁止，违者罪之。场局官吏受贿纵容者，罪同。"上从观言，命揭榜晓示。

下镇远侯顾兴祖行在锦衣卫狱。初，监察御史劾奏兴祖贪财好色，失地丧师等罪。上命逮至法司，同公侯伯等讯之，兴祖引伏，命俟王通等还论其罪。至是，通还，左都御史刘观请并罪之，遂下锦衣卫狱。

六月

下内官裴宗汉行在锦衣卫狱。初，宗汉管木厂坐盗，市官木，又贿太监杨庆求免罪。事觉，付法司治，奏宗汉盗官物应斩。上命付锦衣卫狱，械系之。

---

① 明承元制，将手工业者编入匠籍，匠产不得脱离原籍，轮班匠则无偿劳作，且备受盘剥，致逃亡者时有发生。

黜行在北京道监察御史张鹗为良乡县知县。鹗，尝犯赃罪，虽经赦，犹黜之。

上退朝御左顺门，召三法司官谓曰："近来在外有司多以犯赃得罪，此固小人重利轻身，然其间亦有君子，奉公守法，不徇私情。奸究之徒，恶其不便于己，装饰诬之，法司昏懦，不能辩理而自诬，伏者亦有之矣。凡人一被污陷，子孙皆以为辱。卿等切须详慎是是非非，勿有所枉。"①

七月

敕行在都察院右都御史顾佐曰："都察院，受朝廷耳目之寄，掌国家纪纲之任，用得其人，则庶政清平，群僚警肃；用非其人，则百职怠弛，小人横恣，必尽公廉乃称斯职。近年以来，在京诸司，奸弊纷出，其司风宪者，非惟不能纠举，且实与之和同，若此所为，国何赖焉？尔佐刚直廉正，简在朕心。今特畀斯任，其竭诚尽力，必公必明。恪恭夙夜，毋惮勤劳，弹劾愆谬，毋避权要，毋枉良善，毋纵奸究。庶几人知警畏，弊以清革，副朕简任之意。其各道见任御史，宜审择之，凡廉勤公正老成惇厚者，俱留在职，其不达政体不谙文移贪淫无耻及曾犯赃罪者，悉送吏部降黜。公差给假丁忧者亦如之。务尽至公之道，所阙御史即行吏部慎选，自今不许滥授，尔其钦哉。"

八月

监察御史郑道宁言四事，其一曰："宣德元年秋，都察院右都御史王彰尝奏京仓官吏人等收支作弊，有旨命犯者即治之然后奏。近神策等卫仓官吏作弊，事觉，因俟奏请，各官愈肆奸弊，乞如彰所奉命，庶使奸贪畏惮，民不受害。"

辽东安乐州知州侯进奏："臣奉命赴任，携家以行，经山海关，已给行后军都督府出关勘合，守关指挥葛昇等稽留不遣，必索取贿赂始得放行。凡经过者皆苦其贪暴，请罪之。"上谕右都御史顾佐等曰："朝廷设关，本以御暴，今反为暴。其令巡按御史治之如律。"

谪降监察御史严暟等。先是，上以御史多不称职，敕右都御史顾佐明慎简择，凡贪污及不谙政体与老疾者，具以名闻。佐奏监察御史严暟、成林、韩瑄、缪让、张衡、赵琰、赵砺、赵伦、杨居正、宋准、张士贞，司务叚凯，贪淫无耻，污名尤甚，张观、王成、雷恭、王谕、司铎、胡晔、潘举、牟伦，贪污不律，俱宜黜降。上命贪淫不律者发辽东各卫充吏终身。

行在刑部奏："监察御史高昭犯赃罪应死，然今恩例当运砖，赎罪复职。"

---

① 犯赃者众多，其中又间有奉公守法被诬之官，可见其时吏治问题日见突出。

上曰："犯赃岂可复任风宪？其罢为民。"①

北京行部右侍郎苏瓒致仕，陛辞。上顾谓尚书蹇义曰："瓒，贪鄙以阿谄进，不可以玷朝行，故特罢之。"

黜云南道监察御史霍莘为庆云县知县，降福建按察司佥事徐隆为沭阳县知县。莘，以受赂事觉，虽遇赦仍黜之。

九月

行在河南道监察御史张循理等劾奏："都察院掌院事太子少保兼左都御史刘观，恃恩玩法，大肆奸欺，与贪淫无耻御史严暟等狎昵，赃秽狼藉，又每差办事官出外先需白金五两，谓之出批银，及还复需五两谓之销批银。嘉兴土豪冯本等坐杀人，监候覆勘观受赂，纵其逃逸，又纵其子辐开酒肆诱娼妇，恣意淫佚，盗用没官器物，及与书吏安申交通，为非不止一端。切详观职总风纪位列师臣，乃不守礼法，作奸犯科，宜正其罚，以清宪纲。"

太子少保兼左都御史刘观至，命左右以监察御史弹章示之。观自陈历事："今右都御史顾佐，妄指臣受赃等罪。伏望圣上怜悯察情明辩，庶无冤枉。"上曰："臣下密奏观罪者一人，朕以其旧臣未忍罪之，今尚欲文过耶？"遂出臣下密奏示观，盖言其前后鬻狱受白金者千余两，观不能隐，皆引伏。法司议，观所犯皆枉法，于律应斩。上命下锦衣卫狱。

行在广西道监察御史胡启先坐受贿，荐举不当，罢为民。

行在陕西道监察御史赵伦巡按湖广，需索官民罗绮等物，又收买人口等。事觉，上命谪戍辽东。

十一月

行在都察院右都御史顾佐奏："官吏人等贪赃者，原其害民之情非止一日，偶因一事而发耳，若止追一事之赃则彼为得计。今官吏贪赃者若受钞则仍追钞，受货物者估其直皆十倍罚钞，受银者每两罚钞一万贯，仍追免罪钞一万贯，庶可禁止奸贪，民间钞渐少必通行不滞矣。户部议从其言，臣窃见交易银两已有榜例，今欲追钞，并官吏受赃者，亦计物估价追钞，可从其议，其追犯人免罪钞一万贯，缘犯有轻重，罪有不同，难一概追罚，宜免追。"

命御史巡察皇城四门。时四门官军玩法怠弛，凡官吏工匠无关防牌者，恣其出入不问，而民间有进纳内府财物者，故生事留难，必得贿赂乃得入。

上御左顺门，谓行在礼部尚书胡濙等曰："训导生员嘱公事通贿赂，朕已令法司逮问。朝廷建学养士，望其成才以资任用，训导居师表之任，正当谨守礼

---

① 风宪官犯赃者不以赎罪论，而是罢为民。这类事例不在少数。

法以率诸生,使人皆如此贤才,何由得成?卿等宜申明旧章,严加戒饬,以副朝廷教养之意。"

宣德四年(1429年)

正月

敕谕南京都察院左副都御史邵玘曰:"都察院,乃朝廷纲纪之司,庶政之兴废,百僚之治忽系焉。近年南京都察院官委靡不立,颓坏宪纪,非惟不能纠正诸司,亦致各道御史恬无畏惮,巡仓库者通同监守纳户,恣为奸弊,巡钞法者通同市井商贾滥受货赂,甚者挟制诸司,肆行嘱托,贪利坏法,非止一端。今特命尔往振举之,务革前弊,尔其竭诚尽力,必公必明,纠正权邪,毋有畏避,毋纵奸宄,毋枉善良,庶几人知警肃,弊以清革,副朕简任之意。其各道见任御史,宜审择之,凡廉勤公正者俱留在职,若不达政体不谙文移贪淫无耻及曾犯赃罪者,悉送吏部降黜,有公差给假一忧等项亦如之,务尽至公之道,所阙御史,即行吏部慎选,自今不许滥授,尔其钦哉。"①

二月

广西按察司奏:"镇守龙州都指挥佥事张贵、黄宏,先以拥兵不进,失陷城池,蒙宥其罪,今不改过,日务贪婪,厚索部属供给,掊克财物,折毁民居,役军渔猎,激变蛮民,致多逃窜。"上命行在兵部臣曰:"黄宏,土民,令还思明。张贵,即遣人逮赴京师治之。"

敕谕三法司曰:"今在外有司往往贪受贿赂,宽纵不孝,吏之坏法,莫甚于斯。凡败伦伤化者,在外有司毋擅断决,悉令送京师,如律鞫治。若武官及其子弟有犯此者,不许复职承袭,永为定制。"

南京都察院左副都御史邵玘奏:"奉敕考察得御史沈善、刘烒、王懋等三人,皆贪淫无耻。陶圭一人曾犯赃罪,请悉如例降黜。又会同六部堂上官考察,得户部郎中黄玘等十七人贪污,亦宜黜降。"

三月

行在都察院奏:"山海卫指挥赵忠,领军备御开平,科敛军财,行赂求回原卫,而私有其半。事发,当降用。今所领军以忠能恤下告,乞复其职。"上曰:"彼能恤下,曷为科敛而私有其半?此必以贿求之,朝廷赏罚至公,有罪不惩,何以令众?小人敢以私情挠公法邪?"不听。

---

① 宣宗屡次敕谕,指出都察院干系重大,希望都御史能尽心审察,革除奸弊。

行在都察院奏:"辽东总兵官都督巫凯遣卫镇抚邹敏,促辽海卫未完军器指挥费,征敛众财,买马及貂鼠皮,赂敏,敏受赂,竟不责完征,敏皆当罪之。"上曰:"守边不可一日阙兵器,有阙则宜急造,其行赂求缓,受赂废事,皆不知边备为重,俱执而罪之,不可贷。"

免前北京行部侍郎金庠官。先是,庠受命清理军伍,至清丰县,知县梁罐等敛布帛羊豕菽粟赂庠,皆受之。为御史范循、给事中贾谅劾奏。上命三法司问庠,皆引伏。三法司奏:"庠受赃在赦前,余罪应杖,于例纳米赎罪。"上曰:"庠贪小利无大臣体,其免为民。"

行在锦衣卫舍人张恕有罪,诛。恕,奉工部差往江西,肆贪虐人,索银若干,有贫以所居易银与之不足,固执之而捶其妻至死。事觉,上命法司鞫问,得实以闻。上曰:"逃匠非有大罪,而肆毒虐如此,鬼神不容也。其斩于市。"

上退朝,御左顺门,谓吏部尚书蹇义曰:"今日都察奏,云南按察司吏受赂,洗改文案,脱免有罪,法当绞。今六部都察院政本乏地所用之吏,尤须择人,苟有赃私,必置之法。若九年考满应授官者,尤当考察,庶不滥用,以病百姓。"

四月

监察御史王翱等奏:"往年诸司官吏及公差之人,害民蠹政,赃犯滋甚。近蒙圣断,明正典刑,众心知戒,此风颇革。切见今运砖①之利,不问轻重罪名,工满皆还职役,是贪黩有财者幸免,廉洁无私者获罪,欲以劝惩,盖无分别,谨陈愚见,伏乞圣裁。凡犯赃官吏,见运砖未完及自今有犯赃私者,运砖之后,杂犯死罪,文职官吏原籍为民,军职调卫,应徒流者,文职降用,吏典改拨,军官还职,其笞杖罪名与非赃犯者皆还职役。庶几,贪者革心,廉者励节。"上谕三法司官曰:"御史所言良是,其从之。"

赃罚库副使王斌窃库物,律当斩,法司以闻。上曰:"君子近利而不没于利,乃为可贵。受命管库以防盗,乃自为盗,实犯而死何辞?"命如律。

诛常州豪民王昶等。昶,先以杀人系行在都察院狱,用重赂得免。既归不悛。上览概所奏昶等罪恶为甚,命行在都察院覆审,引伏,遂斩于市。

五月

罢河南按察司佥事赵纯为民。纯,先任监察御史,巡按山东,受县官银币

---

① 运砖赎罪,是明初针对犯赃官吏而实行的一条法令,向以刚正谦直著称的王翱指出这一制度的弊端:"明启贪污之路",根本无法有效惩治贪污。是年六月,宣宗下诏禁止了该条例。

娶妾，事在赦前，当运砖赎罪。上曰："风宪赃罪不可赎，其罢为民。"

六月

谪开封府知府刘进为吏。初，进受所属部粮官绮帛，遇赦还职。又犯不法，巡按监察御史言："进既犯赃罪，赦后又犯不法，不可以掌郡政。"上曰："御史言是，其罢为吏，用警守令之贪污者。"

命法司文职官有犯赃罪者，俱依律科断①。先是，监察御史言："比年因营建宫殿，官吏有犯，不问轻重，皆令运砖赎罪，复其职役。其间犯赃者，若概令复职役，是明启贪污之路，谁复为善？如使犯赃罪律应死者，运砖毕，罢为民；徒流者，官降用，吏改拨重历；非犯赃及笞杖者还职役。如是，庶有所劝惩，而人思勉于善。"至是，行在吏部尚书郭琎引奏："官之赎罪应降者，请降用。"上曰："例者，所以权一时之宜，岂可常行？若久行之，使贪污者益肆其志，廉公者无所激劝，其可乎？今后文职官吏犯赃罪俱依律。"仍命谕法司知之。

降行在兵部右侍郎曹本为山西布政司右参政。本，初督税粮浙江，催征颇勤，然挟势骄蹇，惟务便已，且恣肆贪求。至是，有告本恃恩，非法不改前过，遂降用之。

罢浙江按察司佥事王铉为民。铉，居母丧，受民白金，释死狱，论法当绞。法司言新例应纳米赎罪复职。上以风宪官犯赃，不可复，罢为民，仍追夺诰命。

七月

行在都察院右都御史顾佐奏："旧御史严暟等贪淫污滥，欺公卖法，臣尝奏之，已奉旨发辽东各卫充吏。今暟潜逃至京。"上命锦衣卫执之。

谪广东道监察御史沈润充军辽东。初，润受土豪黄金五两、白金百两、文绮十匹，出其杀人死罪。上命行在三法司鞫之，润引伏。法司奏："律应绞，但事在赦前应杖。"上曰："御史，朝廷耳目，受重赂，纵死罪，是耳目蔽矣。岂可轻贷？其免杖，发戍辽东边卫。"

宥刘观死罪，谪其子辐辽东充军，令观随辐闲住。观为都御史，贪赃狼藉，败坏宪纪，小人恃以纵恣，君子恒被挫辱。盖观尝为嘉兴知府，郡民豪富者咸通货贿。及为都御史，杀人及强夺人妻女、侵盗官粮等事，罪皆当死。观受黄白金动以千数，罗绮不可数计，阴庇佑豪民当死者，或援轻例赎罪，或纵其逃

---

① 实际上，宣宗禁止运砖赎罪例是不彻底的，首先，这仅是针对文职官吏；其次，运砖赎罪依然存在，只是不再官复原职，而是降用或罢为民；最后，另有纳米赎罪、运炭赎罪等存在，其作用与弊端相似。

逸得免。时与行在刑部郎中许性、御史严暟、李纶等，及办事官姚景彰、杨大旺等交结谋议："凡鞫重狱，悉此数人所为，其子辐尤无状，与暟等相为表里，各道御史悉听指使，浙江奸民伍辰、顾宗淳等皆犯死罪，辐受其白金数百两，白于观，皆听番异得免死，辐之所得，盖与观等辐贪淫狼愎，靡所不至。"上初有闻，犹以旧臣曲容观，及御史劾奏其父子之罪，备得实状，然后发之。至是法司论观斩罪，辐应流。上曰："刑不上大夫。观虽不善，朕终不忍加刑，命以辐及其党皆发辽东充军，俾观随其子居。"① 观，熟于法律，临事能断，但素无廉声，而愈久愈甚。

监察御史张衡巡按湖广擅鞫武昌卫指挥，又受罪人白金。法司上其罪状，且言衡素与刘观交结为非。上命追所受赃，谪戍辽东。

举四川按察司佥事李清为真定府通判。清以受贿虽会赦，皆降用。

八月

都指挥使李昌坐受赇赎罪，昌掌山海卫，逼取度关商人财物。事觉，行在都察院论徒罪。都御史顾佐言："昌老应赎。"上从之，因叹曰："昌为国大臣，虽得赎亦可耻，古之君子皆慎晚节。昌，武人，乌足知此。"

浙江道监察御史宋准奉命盘粮，至金华娶妾，又索府官白金。行在刑部以所犯在赦前，应徒。上曰："顾佐已劾，此人贪淫无耻，其追所受赃，杖之，发戍辽东。"

江西按察司佥事高第坐赃罪，罢为民。初，巡按御史奏第贪赃，行在吏部尚书郭琎言其经赦，例应改调。上曰："为风宪尚受赃，使居他职，岂不尤甚？"罢为民。

九月

宥镇远侯顾兴祖罪，给禄不命之事。兴祖，初镇广西，监察御史劾奏其贪财好色，失地丧师。逮至，皆引服，系锦衣卫。至是，上念其功臣子孙，特优容之。②

十月

敕南京六部都察院曰："南京诸司，所系甚重，其六部等衙门属官比年以来贪污淫秽不才者，多欺公虐人，其弊非一。尔副都御史邵玘，即与六部堂上官，共同遴选其中，果公廉勤慎者存之，贪污奸懒及不谙文理者即行黜退。具名来

---

① 贪赃狼藉、作恶多端的刘观，因是旧臣，宣宗不忍加刑，得以免死。可见，封建社会的反贪基本取决于最高统治者的主观意志。

② 顾兴祖因罪下锦衣卫狱，仅1年有余即得宥免，因其功臣之后而优容之。

闻，别选贤能任之。尔等必公必明，毋枉毋纵，若或徇私蒙蔽，悉论以法。"

巡按监察御史李叙奏："户部员外郎乐斌，盘点淮安卫屯田子粒，受官军白金等物，当治其罪。"上谕右都御史顾佐等曰："屯种以备国用，最为切要，命之盘点者，盖欲知其多寡之实而赏罚之，以劝农功。今既受赂有公道，其罪之勿贷。"

镇守龙州都指挥佥事张贵以贪刻害民被逮，论法当死，诏免死，杖一百，谪戍开平。

十一月

上御正朝，谓右都御史顾佐等曰："洪武中设立老人①，以其周知民事，凡乡人小有词讼，专令理断，必能办别是非，劝善惩恶。比数闻老人多营差遣，生事扰民，挟制官吏，贪赃狼藉，莫敢谁何。"

上御奉天门，谕行在刑部侍郎施礼等曰："昨日大理寺奏，尔等遣吏送强盗赴寺审录，中道受财，纵之逃逸，于律当绞，朕已可其奏。夫吏人心术已坏，惟知利耳。其中有廉耻者百无一二，尔等宜严饬之，使知守法畏刑，彼能保身。今彼陷入死地，非尔等宽纵之过乎？"

十二月

甘肃总兵官都督佥事刘广奏："汉中卫千户陈庸，告陕西管操都指挥赵恭取受所部赃物，及诸不法事，恭亦告庸私役军，请并治之。"上曰："都指挥苟能持身守法，何至与千户相讦？亦不知有廉耻矣。"命巡按御史同陕西按察司并鞫之。

宣德五年（1430年）

正月

行在六科给事中劾奏："天下来朝布政司按察司及府州县等官，治民事者不能承流宣化，加意抚绥。居风宪者不能激浊扬清，剔除奸蠹，致户口消耗，税粮逋负，狱讼繁滋，贪弊愈甚，未完之事数以万计。皆应执送法司，明正其罪。"

---

① 明代的老人制度，是其地方行政制度的一部分，是政府加强基层管理的措施。老人不是正式官吏，但却有处理纠纷、监督官吏、劝民为善等明确的职责。老人制度，有利于明代基层管理和社会的稳定，但随着吏治败坏，以贿求充、勾结官府等腐败现象盛行起来（王兴亚：《明代实施老人制度的利与弊》，载《郑州大学学报》（哲学社会科学版），1993年第2期）。

谪郡县官之贪污者戍边，老疾鄙猥者罢为民。初天下朝觐官至京，上命行在吏部廉察其贤否。又令方面官各具所属官，贪虐及不称职者，上名行在吏部。至是吏部奏，贪污者二十五人，当充边军。上曰："老疾者无过，鄙猥无能者无恶，皆罢归为民。贪污者，民之害，宜发戍边卫。"

江西按察司奏："饶州府同知张宪贪赃，在赦前合送吏部改用，今宪仍掌府印署事，不肯赴部。检校刘商于公堂詈辱之，夺其印，皆属违法，请治其罪。"上谕行在都察院臣曰："同官相处，事有不当，须以理论，何至詈辱乖争，以坏礼法。且此两人果为公，果为私邪？"令皆执而治之。

南京都察院考送贪污官郎中黄玘等十七人，懒惰不不治事郎中陈懋等十四人至京。上谓行在吏部臣曰："官无大小，皆务廉勤，况郎官尤重。此辈贪污懒惰，即如例降黜，自今当慎择人，不可滥授。"

二月

江西按察司奏："辽东金州卫指挥陶春取丰城等县军丁五人，皆受其贿放免。"上谕行在都察院臣曰："为将全赖军士立功，将之有志者常虑军伍缺人。今此辈受赇卖军①，是不复思立功，盖无志愚人，其治之如律。"

宥武定侯郭玹罪。时巡按直隶监察御史白圭劾奏："玹，令家人强夺沧州南皮县民十七家田土，拆毁民居，置立庄屋。天津右卫指挥吕昇阿附玹势，夺官军屯田一千九十余亩与玹，军民失业，嗷嗷怨嗟，玹等所为非法，请治其罪。"上曰："勋戚之家，正当谨守礼法，庶几长享富贵，乃敢纵恣贪暴如此，此非朝廷少恩。玹姑宥之，令其改过，吕昇及玹家人，皆执而治之。"

巡按监察御史章聪奏："德州左卫指挥千百户镇抚张鉴等三十五人，收山东平度州秋粮二万五千石，堆积延两月之上，每五十石索布三十匹方与上仓。又多收米入己。民受其害，至卖车牛以赂之，通计所受不少，请治其罪。"上谕右都御史顾佐曰："军民相资当互相爱，百姓勤苦，耕作艰难，馈运官军坐食不知感而又加虐害。武夫若此者多。"命御史悉治之如律。

三月

降行在监察御史龚遂为四川布政司副理问，山西按察司佥事刘敬为建平县知县。遂，受贿更赦。敬，不胜任。皆以风宪故降用之。

应城伯孙杰有罪下狱。初，杰受命往凤阳诸郡，所过贪暴。盱眙县官畏杰酷刑，敛牧马之家白金七十两赂之。江都县官亦敛白金二百余两赂之。巡按御史李叙廉得其实以闻。至是归，右都御史顾佐奏请鞫之。上曰："杰为大臣，受

---

① 指卖放军卒。

禄不少，当谨身率下，为国家恤小民，乃贪虐如此，计所至害人未必止此。"命公侯伯五府六部大臣鞫之，皆实。遂下狱，仍追其赃。

四月

释御史李骥①。初，骥巡视通州仓遇军斗高祥等盗粮，执而鞫之。祥父妄告祥同张贵等盗米，骥受贵等白金，纵之不问，而独问祥。行在刑部当骥绞罪，骥上章诉冤。上曰："御史既擒盗，岂有受赃之理？若其受赃，即此事皆泯灭不发，安肯尚存事端？"命尚书侍郎都御史等官同讯之，至是覆奏骥实冤，但应奏不奏，当杖。上曰："既实冤，并免杖，令复职。"

五月

敕行在吏部曰："朝廷诰敕②，本用褒勉臣下尽心职事，与夺皆须适当。凡应授诰敕官员其未授之先曾犯赃罪，已经赦宥者悉免追夺。若授诰敕之后犯赃罪，虽经赦宥，皆追夺，著为定例。"

监察御史金濂言："郡县官洪武间有政绩显著者，朝廷遣使劳赉③。近年贪浊者多，廉洁者少。乞令按察司、巡按御史询察其实，果有廉能者具奏，亦加劳赉，则贤否有别，人皆知劝。"上嘉其言，命行在户部、礼部行之。

公侯大臣徐景昌等奏："会问应城伯孙杰往直隶府县烙马，需要盱眙县丞刘安等白金事皆实，于律应流，如例罚役赎罪，复爵。"上从之，顾谓侍臣曰："君子务德，小人畏刑，彼以前人功勋，荣受爵禄，当修德畏刑，以图保守。今不修德，亦不畏刑，乃以贪赃获罪，将何面目视人？罚役，薄示儆戒，身如能改过，庶几长久。"

黜行在广东道监察御史苏霖为浙江萧山县知县。霖以犯赃，会赦。

升行在礼部郎中况钟等九人为知府。先是，上闻除郡守悉由资格多不称任，甚至有贪黩暴刻者。至是行在吏部奏郡守阙九员，上命行在六部都察院堂上官举京官之廉能者擢用之。

六月

永平卫兴州左屯卫及直隶河间府静海县各奏蝗蝻生，已遣官往捕。上曰："遣官之际亦须戒饬，颇闻往年朝廷遣人督捕蝗者，贪酷害人，不减于蝗。卿等须知此弊。"

---

① 李骥，洪武中秀才，洪熙年间被荐任御史。为人正直，素以正文绩著称。此际受诬，刑部竟拟绞罪，足见其时吏治之乱。
② 朝廷任命或封赠的文书。
③ 犹言赏赐。

行在都察院右都御史顾佐奏："水军右卫仓官宋忠应改调其所收粮旧，侵欺一万四千五百余石。户部郎中黄玘受忠贿免盘粮，事发，鞫讯明白。玘，律当绞。"上从之，曰："交盘粮米本以防奸，前人更事多立法详审，惟当遵守而行。彼用赂求免，正是有弊，官至五品乃见利忘身，临刑虽悔，何及哉。"

七月

江西按察司奏："横海等卫千户文庄等领旗军以公用为名，斫伐袁州府分宜县民纳税山木，及夺商人已买之木庄等，掠民家财，震惊乡村，搅扰商旅，所得木三万余根。又皆卖财入已，请治其罪。"上谕右都御史顾佐等曰："朝廷号令，屡戒官军安分，而违犯者不已。固是武人，但知贪利，亦由风宪之臣不能振举法度，纵其无所忌惮。其令巡按御史同按察司官鞫治如律。"

松潘卫指挥吴玮有罪伏诛。玮，守松潘大肆贪虐，激变。

上谕侍臣曰："今天下府州县官有贤能清正忠君爱民超出群类者，亦有不才贪酷坏法害民众所怨恶者。尔吏部即行各布政司、按察司、巡按监察御史，令体审明白，贤能者从实具名奏闻，不才者明具所犯，送赴京来，务在公当，毋或偏徇，以昧是非之正。"

巡按浙江监察御史都司按察司以考察浙江诸卫军职事实以闻。上曰："武夫虽难尽责以廉，然贪刻害军亦不可纵。果有犯者亦须惩治，庶使知戒。"

行在都察院奏："镇江府安港口巡检刘昇巡江，遇苏州府常熟县富民过达舟泊沙岸舟重载而操舟止两人，诬为强盗反接之，悉掠所载物，又殴死操舟者一人，其一人不死，昇畏事觉，即以强盗送刑部，又使同谋者以所掠财赂刑部司狱杨庆等使缢杀之以灭口，员外郎沈翚等亦不详致死之由，皆应问罪。"上谕行在都察院臣，令亟治之，不可纵恶。

八月

巡按陕西监察御史梁轸奏："旧制所在建按察分司专为风宪分巡而设，比来他官催督公务往往假宿其中，及所催督文移有妄作风宪抄案而行者，有于其中，肆情纵欲，贪饕淫靡，所不为污辱风宪，皆乞禁约。"上谕行在都察院臣，命速揭榜禁止，有犯者令所在有司具实奏来处治。

九月

更定在外罪囚赎罪例：除真犯①外，文职官吏犯赃者，送京师如律处治，

---

① 又称真犯死罪，指危害严重，不可原宥的死罪，一般因十恶不赦等而被依法处决。另有杂犯或杂犯死罪，常得以减刑或赎免（参见张光辉：《中国古代"杂犯死罪"与"真犯死罪"考略》，载《商丘师范学院学报》，2009 年第 2 期）。

军职犯死罪者令纳米赎罪毕日，送京师调卫。非赃罪则不分轻重俱令纳米毕日，还职役。

上临朝，谓尚书张本等曰："昨观都督山云奏，访察广西所属军官，其中能事者虽多然廉公而能者十有一二，贪婪而能常者八九。盖武夫悍将，唯知好利，不矜洁己恤军，保守名爵。今当正其赏罚，使廉能者加勉，贪暴者知戒，庶几军政修明，远人获安。"

罪人严暟伏诛。暟，初为南京御史，数受赇。监察御史刘弘道奏黜之。暟赂行在都察院左都御史刘观，得复职，又受赇，曲法纵肆不检，淫荡无度。右都御史顾佐劾御史之贪淫无耻者十数人，而暟为首，俱谪为吏，于辽东各卫，暟不受役，潜逃至京，仍造词胁取财物。上命三法司鞫之，奏暟所犯应死。上命戮于市。

十月

辩监察御史王绍赃罪。先是，都御史刘观与书吏庄彦琦交通受罪人蔡琳金，出其罪，令绍具文书遣宁家。时彦琦受琳金，多于观事觉彦琦指言，绍亦分受金，下狱，绍诉冤。上命三法司辩之，至是右都御史顾佐等辩，绍实不分金，惟不应从观指使，应杖，罚役复职。

浙江按察使林硕奏："考核郡县官，贪污及无能者金华府知府钱润等十七人。"上命行在吏部黜罚如例。

十一月

四川宁川卫指挥佥事陈忠等往嘉眉州捕贼，获其八人，皆受赂纵之，而执平民拷掠，诬之为盗，逼取贿赂，又纵之。按察司奏请罪之。上曰："纵真盗而诬平民，贪暴如此，岂知有国法？罪之如律。"

直隶苏州府知府况钟以经历传得贪赃害民，执送京师。上命付行在都察院治之，因语侍臣曰："知府，一郡之表率，而行之自廉始，钟必能持廉，能持廉而后能去贪。知府能去贪，则属官之贪者必自敛矣。"

十二月

行在户部言诸司积弊当清理者，凡三事。其一曰："比年各布政司府州县科征诸物，不量人户多寡、物之轻重缓急、地之远近难易，官执偏见，吏徇私情受贿受嘱，任意妄为，以一科十，为害百端。今后佥点务选殷实良善之民，每年终造册申缴上司以备查考，若官吏受赂，仍点无籍之徒，事觉，一体治罪。"

敕副总兵都督方政开平卫抚恤新军。有曰："近闻管军者悉贪暴，武人谓其初来必挟重资遂欲夺之，无则横加虐害，多致逃窜死亡。朕宽宥之意，尔等善加抚恤，凡官旗有肆贪虐者必罪之。"

闰十二月

江西按察副使李纶有罪，谪戍辽东。纶，先为监察御史，与都御史刘观子辐，及受海盐县豪民白金一百五十两、黄金五两、文绮二十余匹，出其杀人之罪。至是，事觉。行在都察院以闻。上命追所受赃及旧给敕命，发戍辽东边卫。

浙江处州府丽水县知县陈九鼎奏："本府知府李达，以私钞二百贯抑民买牛皮二十张，民益钞三千贯买纳，又以其家所畜小羊豕充祭祀，每羊豕一索民白金三两。又民告县主簿李孟麟取受粮长财物，达受赂不行，不可以为府正。"上谕右都御史顾佐曰："知府为诸县表率，县官不才者当治之，若不能自治，岂能治人？今以贪黩为县所奏，甚可耻也。其令按察司执而罪之。"

巡按直隶监察御史张琦，奏所考太平府贪赃、阘茸同知党睿等五人。上谓都御史顾佐等曰："比闻御史考官亦有以好恶为进退者，卿风宪之长，宜详审之，必有实迹，乃可黜罚。"

巡抚直隶侍郎周忱奏镇江民言："本府经历韩盟为政公勤，连岁部粮措置有法，小民获安，粮无亏欠。后为人诬其受贿，续蒙赦宥，乞复盟原职以慰民望。"

行在吏部奏："镇江府知府同知、苏州府吴县知县，皆以贪鄙，为巡按御史考黜。"上曰："守令当用廉正有才能者，毋拘循资格，此数人可用则用之，但旧官以贪鄙去，今所用胜彼则可，不然徒劳费无益。"

德清县丞张寿以科敛民财，浙江按察司问拟徒罪，送京师匿上林苑监丞郑颙家，一月不赴官。行在都察院奏，颙亦当问罪。上曰："观近臣以其所为主，颙庇贪人，颙之为人可知，并罪之。"

复应城伯孙杰岁禄。初，杰以贪淫得罪，停禄。至是，念其前人功，始复之。①

宣德六年（1431年）

二月

黜监察御史陈感为卫辉府推官，季采为建宁府推官，柴皋为太平府推官，严士安为浙江金华县知县。感、采、皋以不胜任；士安，以犯赃故也。

巡抚侍郎赵新言五事，有曰："巡按御史按察司职居风宪，所获奸贪官吏，

---

① 应城伯孙杰前因贪暴，三月下狱，五月定其罪罚役赎罪复爵，年底即复其岁禄，因其为功臣孙岩之后。

豪横军民，解发至京，彼皆忿恨，辄兴词诬告，陷以赃私。法司不审虚实即准提对，风宪受诬，顽猾得志。乞令法司，凡风宪及理问推官，问发囚徒有告讦者，必再三推究其情，果有赃私，方许提问。"又曰："各处军卫官公廉者少贪虐者多，或私役军丁，或占民田土，或广蓄僮奴，或贩鬻私盐，夺民财货，百计自营。乞令巡按御史按察司广加询察，有违法者奏请逮问。"上览新言，谓侍臣曰："此皆积弊，当尽革之，毋以苦民。"新又奏参议陈杰催粮至鄱阳县，取受粮长白金四十余两及他不法事，请正其罪。上曰："方面之臣而用此辈，何以示法下人？"命都察院治其罪。

三月

巡抚江西侍郎赵新奏："今方面官虽出身不同，皆由资格升擢，有临政略无施设者，有贪虐为非者，名与实异，行与言违。近吏部勘合，令其考察郡县官吏，己不能正，焉能正人？是以好恶不公，去取多谬。乞令吏部先察布政司、按察司官贤否何如，贤者留，否者黜。然后可以责令考察。"上谕尚书郭琎等曰："此言诚是，自今考察外官，必自布政司、按察司始。"

四月

行在户部尚书郭敦卒。曾奏请考黜贪吏、罢不急之务凡十数事。身没之日，家无余赀。

宥总兵官左都督陈怀罪。先是，御史王礼劾奏："怀，受赇庇罪人，纵家人夺官军屯田二百四十余丘，令军虚纳子粒等。"上命行在都察院臣封御史章示怀。至是，怀悉首实。上谕行在都察院臣曰："怀，武人，不学之过，姑宥之。"

五月

浙江右参议彭璟言："豪富人民，每遇编充里役，多隐匿丁粮，规避徭役，质朴之民皆首实，有司贪贿更不穷究，由是徭役不均，细民失业。"

巡按四川监察御史王翱言便宜五事，有曰："四川会川卫开设银场，布政司岁运粮八千余石供给军夫，往复数千里，若以四川三司及所属衙门所问罪囚，除文职官吏犯赃及真犯死罪外，其余皆依陕西囚人纳米赎罪例，自备粮米往彼纳足，依运砖例。"

六月

复都指挥佥事刘铭职，仍镇守天城卫。铭，先以受赃得罪，行在兵部奏当调。上曰："铭久在天城，习知边事，姑令复职，再不悛过，不贷。"

建昌知府陈鼎执广昌县丞徐政，械送至京。政，承府委摄南城县事令里长，供饮食诸物，计日费钞五十贯，鼎以其贪饕害民，执以闻。上命付行在都察院治之，顾侍臣曰："饮食虽小事，然廉节君子，务养大体。"

七月

广东布政司右参政杨勉卒。太宗时，曾巡抚福建藩宪及郡县官之贪浊者悉奏黜之，民称快焉。仁宗时，贪浊之行盖著。

释监察御史周安。初，命安往徽州等府督有司采木，金华同知吴洙以采木科敛，逮赴浙江道，洙诬安受白金百二十两，都察院逮安论绞罪。安遣人诉冤，且言未尝至金华。上谕右都御史顾佐等曰："御史出外必欲振举纲纪，而小人不便动诬以赃。卿宜与之辩，勿致受枉。"于是行勘皆如安所云，即释之。

八月

常州府知府莫愚奏："守令，亲民之官。而黜陟臧否，出自朝廷。迩时公差官倚势作威，假公营私，或失于迎送，或供给未备，稍忤其意，辄加鞭棰，或听信下人之言，以廉谨者为贪污，以谀佞者为正直，贤否不辩，是非倒置。乞加禁止，今后凡守令及佐贰官①，果贪虐老疾则起送吏部，果廉正有为秩满赴部考核，称职则赐敕书以褒之，庶善有所劝，恶有所惩。"上命吏部："凡公差官凌辱有司者，许指名陈奏，褒宠廉能者当考察其实，然后行之。"

上命三法司与户部议："今后万全都司及属卫所问罪因，除真犯外，其文职官吏犯赃者皆如律。若非犯赃，其轻重罪因，有力纳米者以近就近运赴独石等卫仓纳完，俱如运砖例。"

九月

行在工部侍郎罗汝敬奏："宁阳侯陈懋前镇守宁夏，令家奴鬻私盐，纵掾史祁杰等贪暴，棰死军人。宁夏卫指挥王真、镇抚韩成、千户杨杰等受财物，虚出通关，仓粮折耗浥烂者动以千万计。陈懋、王真等俱请罪之。"上命行在都察院遣御史一员同户部官追理仓粮，其宁阳侯事令巡按御史审察其实以闻。

降右副都御史胡㷆为福建布政司右参政。㷆，初往四川道伐木，贪虐自恣。事觉，法司当以死罪，命安置辽东。既而会恩例，得罚役复职，行在吏部以闻。上曰："都御史受赃，罪当加常人，岂可复入风宪？但以恤刑例不欲失信，姑从轻减，降外任，使自新。"

罢北京行太仆寺少卿王佐为民。佐，阅孳牧马受赂，法司以闻，命罢为民。

宥四川都指挥佥事万贵罪。贵，受赂，不严边备，三法司鞫问服罪，拟律杖一百，发边远充军。上曰："武夫知嗜利而已，然番夷之变亦非独贵所致。朕念其自小旗积劳六十年至此，姑从宽典，罚役赎罪，调赤城备御。"②

---

① 辅佐官，多专指地方政府的副职，官阶低于主官，但不从属于主官。
② 陈怀、刘铭、万贵等均以武职犯赃获宥或轻罚。

十月

上以内官袁琦等事觉，以其所遣在外者尚多，于是遣太监刘宁、御史张骏、李灏等往籍其赃，及执其从人宁骏灏往直隶、苏松诸郡，御史蒋彦广往福建，胡智往湖广，施信往江西，高超往广东，刘祯往广西，胡敬往河南，于奎往南京，郭原往河间，唐慎往直沽，梁轸往四川、云南，内裴可烈在苏松诸郡贪暴尤甚，特命械系至京。

汀州府知府许敬轩奏："参议陈羽至宁化县，用大杖击死无罪人，及逼取死者之家财物。"上谕行在都察院臣曰："布政司官，府县之表率，固当奉法循理。此人尝击杀皂隶，今复以贪暴，为属官所奏，稔恶不悛如此。"令巡按御史鞫治如律。

中官唐受以公差南京，纵恣贪酷，民不胜其害。事闻，上命锦衣卫遣人捕至，鞫讯，具伏。械赴南京，凌迟于市，枭首以示众。

十二月

内官袁琦、内使阮巨队、阮诰、武莽、武路、阮可、陈友、赵谁、王贵、杨四保、陈海等伏诛。初，巨队等往广东等处公干而以采办为名，虐取军民财物。事觉，下锦衣卫狱，究其所由皆琦指使。于是籍其家，金银以万计，宝货锦绮诸物无数，又所用金玉器皿僭侈非法，皆四保与海为之。法司议罪应死。上命凌迟琦而斩巨队等十人，时内官裴可烈亦以贪暴下锦衣卫狱死。①

上谕右都御史顾佐等曰："宦者袁琦以其自小随侍颇称，使令升太监管事，辄敢恃恩纵肆欺罔，假公务为名，擅差内官内使往诸处，凌虐官吏军民，逼取金银等物，动累万计，致吏民含冤无诉，归怨朝廷。虽方面风宪之官皆畏惮之，不敢以闻，鬼神不容，发露其事，已悉置极刑。尔都察院揭榜晓谕中外，凡先所差内官内使在外侵占官民田地，及擅造房屋，所在官司取勘明白，原系官者还官，军民者还军民，中外官民人等有受内官内使寄顿财物，许首免罪。若匿不首，事觉，与犯者同罪。自今内官内使出外敢仍前有犯，令所在官司具奏，治以重罪。知而不奏，罪同。若中外军民人等有投托跟随内官内使因而拨置害人者，悉处死罪。"②

---

① 在明代，一方面朝廷对宦官严格管理，贪赃枉法者终得重惩；另一方面，明成祖以来，历朝重用宦官，常致太监乱政局面出现。实际上，这反映了依靠宦官势力的最高统治者（皇帝）与官僚集团之间的矛盾。

② 宦官权力之大，甚至风宪官也对之畏惮。因之，明代屡现宦官之乱也就不难理解了。

宣德七年（1432年）

正月

福建布政司右参政彭慎有罪，谪充驿夫。慎，往汀州府清理军伍，受赂，事觉，故谪之。

二月

上亲阅三法司所进系罪囚状，谕曰："受枉法赃常人盗仓库钱粮诬告人致死，纳米赎罪。不能纳者罚输作。徒递减一年，纳米赎罪，不能纳者罚输作徒。一年者减从杖，纳米输作，凡纳米输作毕，各复职役。笞杖，皆宥之。若该追钱粮等物及为用银追罚钞未完者俱减半，其中有覆勘并待对未到能自服罪，及见问未完即为审录皆准此例。"是日决遣千余人。

三月

敕谕曰："在外文武衙门大小官员有贪虐无耻、蠹政害法致军民受害者，巡按监察御史按察司官从公考察，具实来闻，以凭黜罚。果廉干循良能为军民兴利除害者，亦具名闻，以凭奖劳。若徇私纠举不公者罪之。布政司、按察司官，及知府、知州，得其人则民安，非其人则民受害。吏部往往循贵升授，不免贤否混淆。自今布政司、按察司官及知府、知州有缺，吏部行移在京三品以上官举保，及布政、按察司堂上官连名举保，必取廉公端厚识达大体能为国为民者，吏部审其所保，果当具名奏闻，量授以职后犯赃罪，并罚举者。吏部近年每奏选官，其间吏员冠带率数百人，虽是循用旧章，亦当严加简择。今布列群县道理不通者有之，文移不谙者有之，贪污鄙猥比比皆是。"

宥广东都指挥使花英赃罪。初，英受宁川千户馈遗白金百三十两。事闻，命巡按御史陈汭体覆。至是，汭奏事实，法当罪之。上曰："朕闻其祖父有功先朝，姑屈法宥之。若武臣慢军功必不宥也。"

命行在吏部都察院选五城兵马指挥①。时监察御史揭稽言："五城兵马指挥，司讥察奸盗，禁革强暴，所系不轻。今各司官多柔懦无为，贪暴不律，有势之家奸弊不问，无势之人扰害不胜。乞敕行在吏部会官拣选胜任者留之，不称者别用，仍选廉干刚直之人除授。"上曰："御史言是，永乐中任兵马者多能用心，今不及矣。都察院即同吏部从公选择，阘茸不才者黜退别用，慎选廉公能干之人任之。"

---

① 永乐三年（1404年）设五城兵马指挥司，五城即中、东、南、西、北五城。正六品衙司，隶属兵部。各设指挥1人，副指挥4人，吏目1人，负责治安、火禁等事。

四月

降山东布政司右参议沉定为宁国府同知，定尝犯赃罪，虽会赦，犹降之。

六月

敕谕行在六部都察院曰："巡按御史按察司官廉察各府州县，官吏里老剥削贪酷，及官员军民之家，取索旧债，虐害复业之民，治以重罪。如廉察不严坐视民患者，罪同。其各勉之，以副朕怀。"

兵部箴曰："怠则隳政，贪则乱法。"都察院箴曰："历代建官，皆有御史任之耳目，委以纲纪，纠违绳愆，激浊扬清，用献嘉言。毋刻毋颇，必由中道，毋过不及，毋以贿迁，毋以势慑。"行人司①箴曰："朝有命令，肃肃用将，有容有章，必敬必饬，毋为奇衺，毋纵贪墨。"锦衣卫箴曰："宜廉宜慎，宜勤宜祗，惟义之遵，惟善之迪，敬恭勿渝，用保终吉。"各都指挥司箴曰："居安虑危，训励以时，勇智信严，仁则为大，毋纵贪戾，毋肆暴害。"

七月

以赃罪遇赦，降太仆寺丞纪文为山东胶州同知。

直隶苏州府知府况钟言："宪纲有云，御史所至之处，博采诸司官吏廉勤公谨者，礼之荐之，污滥奸佞者，威之纠之，劝惩得体，人自畏服。比来各处公差御史多有违越礼分，各府知府亦有自顾阘茸贪暴畏其纠劾者，接见御史謟谀拜跪，甘受詈辱，间有奉法持己，不肯阿屈，辄求小过，擅作威福，使贤良不安于位，而邪佞得以苟全，伏乞禁约。"

九月

降山东按察副使于庭颐为河间长芦盐运司同知②，广东按察副使潜溟为河东陕西盐运司同知，以犯赃罪故也。

十月

宥镇守宁夏宁阳侯陈懋罪。上遣监察御史凌辉等往核其实，辉奏懋与其子昭逼令仓官虚出通关而受其粮直，及乾没赃罚金珠纻丝纱罗马驴牛羊，皆累万计。又逼令卫镇抚曹昇等以积出附余米为己，中盐易卖金银物货入己，计懋所盗卖粮七千余石，盗官米中盐六千七百余引，又劾奏懋他罪非一端。上命都察院封所奏示懋，且召之还京。至是，监察御史程富、给事中年富等交章劾懋罪不可宥。上曰："懋罪固重，特念其勋戚大臣，姑曲宥之。"其子昭亦释不问，

---

① 洪武十三年（1380 年）设，置行人、左右行人官，后改行人为司正、左右司副，另设行人 345 人。掌传旨、册封诸事。

② 知府、知州等官的佐官。明代盐运司转运使的佐官亦称同知。

所盗钱粮赃物，命行在都察院悉追之。

宣德八年（1433年）

正月

常州府知府莫愚朝觐至京，有府吏告愚受赇等事。愚亦言："此吏尝盗用府印，及犯他罪、论徒而逃，方捕之急，所告臣事皆诬，请与质对。"上谕行在刑部臣曰："朕选用郡守，责其除奸，可使为奸人反噬？"即杖吏一百，发赤城充军，令愚复任。

二月

免征宁阳侯陈懋赃。初，懋镇守宁夏，所为多不法，侵盗官粮，受军民财物。上虑言者或过，遣御史密察之，御史还奏，皆有实迹。上命法司宥懋罪，但征其赃。至是，懋自陈牛羊马骡俱费无存。上念其旧劳，特免之。

命法司："凡军职犯赃者，死罪降等用，徒流罪罚输作①毕日，俱调边卫备御。非赃罪者不调。"时军职犯赃者，徒流死罪皆输作还职，奸顽玩法者愈多。

上亲阅三法司所上系囚罪状，命除谋逆等重罪外，其余杂犯死罪免死，南人谪戍广西边卫，北人谪戍辽东边卫。其监守自盗及受枉法赃者追其赃，有力者令运砖或米赎罪，无力者罚输作罪。

三月

山东按察使虞信言："今山东都司既有承差而又擅取卫所舍人差遣，往往凌辱官员，贪图贿赂，致令所属官吏乘此侵削军粮市物馈送。"

尚书蹇义等奏："今在外都司亦多贪婪无状，每假巡城视屯整点兵马，按行卫所骚扰，需索非止一端，其下官吏附权畏势，非敛军钱即克军粮，以奉承之，或侵入已，亦有驱其富者以为仆隶，收其月佣，而贫者役之不已，亡逸相继，职此之由，宜一概禁约。"上从之，命内外风宪举察，不恤军士者绳以法。

四月

行在监察御史王绍等劾奏："应城伯孙杰往蜀府行丧礼，受文绮白金。行在工部主事张鲁为沈府治坟，受鞍马金币。臣谓朝廷亲亲，加以恩礼，臣子受命，当体圣心，岂可纵肆，受其货赂。又闻比者朝臣以嘉礼诣王府者皆受馈遗，于宗室尚敢如此，若临州县其贪可知。当明正典刑，以励廉耻。"上曰："御史言是。昔皇祖尝言，凡朝臣以事至王府者惟酒食待之，不以财货。若与之，出于

---

① 劳役。

王意犹可，岂当需索？近颇闻有尚宝司丞至楚府，主已厚与钞币，又逼求白金，形之词色，王执礼终不与，此礼部不择人而遣也。然朕闻此语于一人更俟详察，而后罪之。今御史所奏者姑宥其罪，凡所受皆追入官，礼部仍移文各王府长史司使启王，今后朝廷凡遣人至，勿与财物。"

以南北直隶、河南、山东、山西旱，下诏，有曰："法司及各处见追犯人金银段匹米钞草束竹木等物，除正赃不宥外，其倍罚及追陪者俱减其半。诸司官吏有贪酷害民及阘茸者，直隶令巡按御史，在外令按察司审察奏来，以凭罢黜。其按察司贪酷害民及阘茸者，从巡按御史审察奏闻。"

五月

降广东都司都指挥同知李端为本司都指挥佥事。端，初以操军造舟，受广海卫指挥汪源等金银及马，又杖杀本卫总旗，蒙宥追赃罚俸。行在都察院按问得实，奏因公殴人至死，拟罚役复职。上曰："犯赃尚可恕，杖杀两人，虽因公亦是狠戾不恤下命，罚役后降其职。"

勋卫陈昭坐同父宁阳侯懋，侵欺官粮官盐入己，既宥罪，法司请革其冠带。上曰："昭安于豢养，今又以贪黩得罪；但念勋戚姑与之，令其省过，用保富贵。"

六月

镇守陕西行都司都督佥事王贵奏："掌肃州卫事署都指挥佥事吕昇，挟私杖杀军士二人、千户一人，又盗官木造私居，盗用官军俸粮钞四十五万有奇，及军粮二百八十余石，受财虚出盐仓钞，又索取所部金银驼褐布绢米麦牛羊诸物，及出境私通违禁买驼马中盐等事，请治之。"上命行在都察院遣廉正御史驰驿往鞫之。

行在广东道监察御史罗铨等言："刑部职司邦禁治奸慝，今右侍郎吴廷用、施礼位例亚卿，庸懦尸位。又体知本部近来纲纪颇弛，各司官吏往来交通，漏泄狱情，司狱官吏人等尤甚贪虐，逼取系囚财物，有得者虽重罪皆脱其械系，无罪者虽轻罪或桎系至死，皆由廷用等漠不加意，请正其罪。"召廷用、礼，谕之曰："凡为官长，当宽不至纵，严不至残，尔今纵矣。刑部掌天下刑罚，岂应苟且如此，继今宜免自饬励。"

八月

行在右军左都督陈怀有罪下狱。初，怀奉命充总兵官，镇守四川，以私憾杖杀官军，受赇纵有罪，强占军民田宅，致贼犯边，攻陷城寨。及是，至京，御史给事中交章劾怀，请治其罪。上命文武大臣同鞫之，至是成国公朱勇等奏怀所犯俱实，于律应斩，遂下行在都察院狱。

闰八月

降行在府军右卫指挥使丘赞为指挥同知,调边卫备御,坐受赃也。

监察御史郑夏、给事中蔡锡劾奏:"总兵官都督佥事陈敬,镇守官都指挥钱义、李英、萧敬、刘铭、马骥,指挥张镇等,镇守边疆而城垣不修,部伍不整。盖统领之人,或役于私家,或受财放闲,或克减月粮,困苦不支。请正其罪。"上曰:"陈敬姑宥之,钱义等六人俱罚俸三月,军逃者令兵部追捕,其所管官军逃二十名以下者记罪,五十名以下者罚俸三月,百名以下罚俸半年,一百以上罚俸一年。"

九月

永平府知府李文定奏:"总兵官都督佥事陈敬纵吏属,多支粮料,强取民马,夺民财物。"敕责敬曰:"胥吏贪虐,乃其常情,顾在驭之者有道耳,果能正己率之,其弊自革,掾史屈真等所为非法,皆尔不能正己以率之也。今录其所犯付尔观之,即收真等究治,自尔宜躬饬礼法,戒戢①下人,毋为民患。"

十一月

巡按山东监察御史张聪言辽东边务,谨陈所宜四事。有曰:"军士在戍者少,亡匿者多,皆因军官贪虐所致。"

陕西都指挥同知阎俊有罪,谪戍辽东。俊,掌宁夏卫事,坐受运粮民白金等物,虚出通关。事觉,御史论罪当斩。上曰:"边卫粮为此辈所侵,致军士乏食,论法岂可宥?但念其旧劳,可追粮及赃,宥其死,杖一百,发辽东边卫充军。"

宣德九年(1434年)

正月

命南京法司所鞫徒罪囚人,若文职官吏受赃应罢职役者,悉发金吾前等卫仓充脚夫,年限满日释放。

设江西赣州府安远县大墩、板石、信丰县新田、会昌县承乡四巡检司,置流官巡检各一员,土官副巡检各一员。以土人刘弘海为承乡,副巡检李梅五为新田副巡检。梅五受命之后,大肆奸贪,竟死于道。

三月

敕浙江等十三按察司及巡按监察御史并南北直隶州郡曰:"兵政国家重务。

---

① 警戒与禁止。

比者，内外都司卫所①官，惟务贪贿。凡有征调则差贫卖富，有征办则十倍需索，或占为从人，或使纳月钱，或纵其买卖，或侵其月粮，或减其冬布，科扰万端，致军士脱身逃窜。都司及亲临风宪官纵容不举，甚则与官军交结，受其贿赂，又取军官旗违限在外，恣肆非为者甚多。尝命风宪官督察，未见有所擒治。特谕尔等自今严加询察，有贪虐害军及取军违期者即擒问如律。若尔等仍纵恶长奸，知而不举，事觉，俱处重罪。"

巡按福建监察御史黄振奏："漳州卫指挥覃庸等私通番国，巡海都指挥张骜、都司都指挥金瑛、署都指挥佥事陶旺等，及左布政使周克敬，俱尝受庸金银帽带等物。庸已事觉，籍没。骜等原受之物，亦皆输官，但方面重臣，交通小人，受其赃贿，不可宥，请究治如律。"上曰："御史言当，但既以输官，宜从轻减，然亦不可不警之，悉停俸三年。"

中都留守左卫指挥佥事岳胜奏中都留守司署都指挥佥事杨兴，贪纵违法，揽纳民粮，虚出通关等事，命巡按御史执兴鞫之。

四月

上亲阅行在刑部都察院所进系囚罪状，命凡真犯死罪依律，情有可矜者宥之，发边卫充军，杂犯死罪监守自盗及常人盗仓库钱粮等物，宥死，文职官吏人等通州为民，武职及将军舍人旗校军人等例应罚役输作。该追犯人正赃钞物以十分为率，各减三分，倍追及追罚钞物以十分为率，各减七分。是日决遣千三百余人。

行在工部右侍郎罗汝敬坐受赇，免死，充为事官，仍提督陕西屯田。先是，汝敬承命，往陕西提督诸卫屯种，私令家人乘驿驴，及擅提问平凉卫指挥哈剌苦出，又受指挥传敏等金银器及貂鼠皮。事觉，都察院逮问，拟受财枉法当绞，赃物入官。上曰："为大臣而不洁如此，追所受赃，姑系于狱。"至是，蒙恩宥，充为事官，往陕西。杖其家人，发隆庆州屯种。

行在都察院右都御史熊概言："行在鸿胪寺丞刘清为乡人嘱事，于工部受其白金二两。事发，论绞罪。有诏恤，免死，通州为民。清，官近侍而嘱事受赇，不宜贷。"复系之。

---

① 明代在军事上实行卫所制度，卫有指挥使等官，所有千户等官。千户所下辖百户所，置百户、总旗等官。百户所管辖2个总旗、10个小旗。

五月

行在刑部奏贵州纳米赎罪事例①。议奏军民职官并民吏有犯赃罪者，若皆纳米赎罪不足以惩，请仍依见行事例。民官民吏发落军官犯赃罪当降调者，就彼发广西山云处立功。

七月

行在都察院右都御史熊概劾奏："山东按察司副使杜时先任御史，巡按浙江，赃罪请征，鞫之。"上曰："时，近以选举升徐方面，岂应有此，其先鞫干连者，若果涉时，具实以闻。"

十月

陕西行都司都指挥佥事纪胜奏："比有告臣，先任通州右卫指挥时殴伤知州王琬，及受馈赂，纵放军人。奉旨令臣自陈其实，臣胜初与王琬争论公事语相激，推琬仆地，实无伤，纵放军人受赂遗，臣实有之，请受罪。"上谕右都御史顾佐等曰："胜，武人，语直。既服罪，宥之。"

十一月

行在鸿胪寺右寺丞刘清以赃罪，谪戍边。

谪监察御史颉文林戍辽东。文林，于南京赃罚库检阅赃物，索铺户等衣物。各道御史劾奏之。上曰："贪秽无行，有玷风宪。"命杖之，并家属发充辽东边卫军。

十二月

行在太医院判韩叔旸卒。叔旸，自为院判，怙宠骄恣，贪黩虐下，众侧目焉。

宣德十年（1435年）

正月

上即皇帝位②，颁诏大赦天下，有曰："自洪熙元年六月十二日以后，犯枉法赃罪者罢归为民。"

黜监察御史宋原端为民。初，原端丁忧家居，夺民良田，收迷失妇，勒其夫货财乃还之，受民赂为嘱县官脱其徭役。事觉，下巡按江西监察御史鞫，论

---

① 明太祖时期制定的赎罪制度已包括纳米赎罪。宣德二年（1427年）的纳米赎罪例将杂犯死罪至笞四十，分十等纳米，从100石至2石不等。此际贵州纳米赎罪例，则分等从30石至4石不等。成祖以来，纳米赎罪逐渐成为贪官凭钱财和关系逃避惩罚的一种手段。

② 明英宗朱祁镇两次在位：正统年间（1436—1449年）和天顺年间（1457—1464年）。

枉法当绞。至是，遇赦，罢为民。

行在都察院右都御史顾佐言："前监察御史强敏，差往山东巡视驿传，受赃，已发为民。今遇赦，乞恩复职。缘敏有玷风纪，宜仍发为民。"

少傅兵部尚书兼华盖殿大学士杨士奇等言于上曰："京在外文职虚縻俸禄者多，宜通行考察，廉能者存之，贪懦者黜之。"上嘉纳其言，令悉行之。

三月

旧例典吏犯笞杖罪，每一十纳钞二千贯，一百纳钞二万贯，完日拨对品衙门参用。至是人有言："吏有贫富，赃难再役，请自今犯公私笞杖无赃者准律断决，著役，有赃者纳钞完日，俱发为民。"从之，遂著为令。①

四月

行在十三道劾奏吏部尚书郭琎等罪。先是，工部侍郎罗汝敬巡抚陕西，犯赃，宜死。宣宗怜其才不忍诛，俾冠带戴罪办事，而汝敬妄引诏书，擅自复职吏部尚书郭琎、侍郎黄宗载、郑诚等，上宥琎，逮汝敬，下宗载等于狱。

五月

敕谕行在都察院及各处按察司："朝廷设风宪，所以重耳目之寄，严纪纲之任。凡政事得失，军民休戚，皆所当言；纠举邪慝，伸理冤抑，皆所当务。比之庶官，所系甚重。近年以来未尽得人，或道理不明，操行不立，或法律不通，行移不谙，或逞小才以张威福，或搜细过以陷良善，甚至假其权位，贪图贿赂，以致是非倒置，冤抑无伸，而风纪之道遂至废弛。自今监察御史有赃滥及失职者，令都御史及各道御史纠举黜退，按察司官有赃滥及不称职者，令按察使及其同僚纠举黜退。仍令吏部今后初仕者不许铨除风宪，凡监察御史有关，令都察院堂上及各道官保举，务要开具实行闻奏，吏部审察不谬，然后奏除，其后有犯赃滥及不称职，举者同罪。尔等其钦承无忽。"

六月

应天府奏："上元、江宁二县坊厢长甲首，俱洪武间起取殷实户充役，后经年久有投充军匠厨役及官医等户者，每遇造册，辄赂官吏，俾应前役，以致负累失所逃亡者多。"

七月

行在大理寺卿徐初、少卿贺祖嗣，行在刑部陕西司郎中刘宽等下狱。先是，

---

① 洪武三十年（1397年）明太祖颁《赎罪事例》，其中有役赎（通过运粮、运砖、运炭、做工、哨嘹等无偿劳动形式赎罪）和物赎（纳米、钞等赎罪）。以笞罪为例，笞二十需纳钞4000贯，或纳米2石。

杨州府泰兴县选民人嵇盛九等充力士，主簿宋仲祥受赂脱之而以韩保伍等充选。保伍诉于县丞谢希哲，希哲不能理，保伍憾之，告希哲受财。希哲坐绞，遇赦为民。上宥礼，住俸三月，下初等于都察院狱鞠之。

行在刑科给事中年富奏："都指挥吕整坐杀降死罪，屡自陈为都督曹俭所诬。今总兵官都督方政奏俭怯懦贪黩，数违法，臣恐俭于整有衔，请宽整，令戴罪自效，庶不致忠良者被枉。"上命兵部同都察院讞整狱以闻。

命直隶怀宁县知县宋显复任。先是，巡按监察御史张清考阘茸不胜任，显诉冤状，复命巡抚侍郎等官公察其实以闻，遂复显职，论清之罪。上因谕行在吏部曰："考察有司本欲去贪存廉，以示劝惩，一或偏徇，则所枉多矣。卿等宜戒之。"

八月

浙江布政司右参政俞士悦言民情六事，有曰："粮长运秋粮赴观海龙山等卫仓交纳，被指挥等官持强揽纳。臣参详各官，虽犯在赦前，贪心不已，乞行巡按御史巡按纠举。"又有："在外各衙门吏典多系无籍之徒用财谋充，及着役之后营求差使于所属，需索财物以偿谋充之费，乞行巡按御史考察，但有前项谋充者编发北京为民。"

行在刑部尚书魏源等奏："江西按察司副使石璞言，洪武初年钞重物轻，所以当时定律官吏受赃枉法八十贯①绞。方今物重钞轻，苟非更革，刑必失重。皇上命臣等集议以闻，臣等看得浙江按察使林硕先是亦曾乞以银米为准，受枉法赃银四十两、米八十石者，死；不及者递减科罪。时右都御史顾佐等执议以为难行，臣等以为宜如璞、硕所言。"上令如旧行之。

九月

敕行在工部曰："各处府县岁贡彩段，近年以来徒见糜费民财而多不堪用，此皆有司通同工匠侵盗易换，且听人包揽解纳，及至京，该部该库官吏人等又从而求取贿赂，一得其利，遂不辨美恶，悉送内库，此积年之弊也。"

先是，广东右参议李永年言："雷廉海南等卫官贪墨虐下，而下复讦讼健讼，僻在海滨，未易控制，请委都指挥一人守之。"至是，升广东神电卫指挥佥事张演署都指挥佥事，以演熟知利弊，故有是命。

---

① 贯，原指穿钱的绳索，后以 1000 文为 1 贯。以物价而言，1 贯在明初太祖时期是 1000 文，在明末为 1400—1500 文，其他时期当在 1000—1500 文之间。物重钞轻，指钱钞贬值，因此才有朝臣提议以银米为准定罪，但并未被采纳。

十一月

行在刑科给事中陈枢,奉敕往辽东选运,还言九事,有曰:"盐商纳米多贿,所司滥恶兼收,乞差官盘验以革奸弊。"

十二月

行在礼部右侍郎吴政言:"湖广左布政使李旭、按察司副使许铭、佥事吴克聪、裴俊、周泰亨,俱昏耄庸惰,苛刻贪鄙。"上命行在吏部如例黜罚之。

第二章

明代前中期反腐编年（正统至成化年间，1436—1487 年）

一、正统年间（正统元年至十四年，1436—1449 年）

正统元年（1436 年）

正月

行在都察院右都御史顾佐等劾奏："广东布政司左参议黄翰徇私，用有过之吏，请治其罪。"上以翰罪固不可免，但无赃，姑宥之。

二月

诛行在户部郎中蔡毯、锦衣卫百户王兴。毯，初以粮储事差往广东，索求财物，为巡按御史金敬所发，命兴往执之。兴受其赂，在途迁延。上以毯等情罪深重，法司拟非其律，复命鞫之。法司覆以重罪。上曰："蔡毯、王兴受赇玩法，蔑视朝廷，其可容乎？"命斩之于市，以警其余。

罢贵州按察司佥事程远为民，以行在吏部言远尝点视驿传，受贿，侍郎郑辰等考其有玷风宪故也。

陕西按察司副使金濂言五事，从之，惟教官有犯贪淫者仍不许滥举。

三月

锦衣卫卒皇甫经冒称校尉行事，取人财物。事觉，下法司，词连兵部侍郎李郁、陕西参政李约，备边都指挥徐政云。约尝为兵部郎中，受经赂，编其伍于锦衣卫。法司执约等鞫之。

调万全都司都指挥佥事卞福、大宁都司都指挥佥事石得，往广西备御。先是，福等犯受财枉法绞罪，罚工完日还职。兵部请如例调用，故有是命。

宥镇守山西都督李谦罪。时，巡按山西监察御史陈璇奏谦贪婪不法等事，请治其罪。上以谦在边境亦曾效力，姑记其罪，俾图自新。若再犯，不宥。

谪光禄寺寺丞等官董正等戍甘肃。初，左副都御史吴讷奏正等大肆侵盗赃贿，以数百计。上命械至京，下狱鞫之，律当赎绞。至是，特命谪之。时同坐罪者自署丞而下，凡四十四人。

巡按陕西监察御史曹翼奏："太监王贵占种官田一百余顷，侵夺军屯水利，私役军余九百余名，又信用都指挥马亮、老军顾肆郎。亮强娶指挥妻为妾，肆郎受赂，冒报军功。乞敕该部定夺以除边患。"上以镇守官已有廪给，何得又夺边军水利，私役军人种田。命行在户部移文悉以田地水利拨与屯军耕种，亮姑记其罪，肆郎令翼鞫治。

四月

监察御史陈恕劾奏："光禄寺卿郝郁等纵属官受人贿赂，请治其罪。"上宥之。

增设内外所卫知事吏、目吏各一员，专理军政。时兵部尚书王骥等奏京卫及天下都司卫所，近年以来军士逃亡，差官等多受财不查。

黜浙江都指挥徐政为辽东卫镇抚。监察御史杨仕敏等劾之不法事，且及其署事锦衣时冒遣军士、诈取财贿之罪。下法司鞫问，律当斩。至是，宥死，黜之。

山东巡按御史任敬敏、参议杜子良、副使杜时、佥事杨润，俱有罪下狱。初，山东乡试，训导江振为帘外官①，受士子赂，代为答策。考试官教朱经亦受赂，托弥封官易卷。上命都察院逮敬敏等，下狱鞫之。

五月

逮广东按察使陈礼下刑部狱，以巡抚等官劾其贪婪怠政故也。

行在兵部尚书王骥②廉得辽东总兵官巫凯贪淫暴虐十有五事以闻，请究治之。上以凯在辽东屡效勤劳，况其事风闻未实，姑宥之。令凯自陈，自今文武官有过必询察僚属诸人得实方许奏闻，若偏徇诬毁，罪亦不贷。

罢广西布政司右参议胡永成为民，以巡抚等官劾其贪虐故也。

司礼监内使范听奉命往广东盘进贡方物，因而索取民白金线等物。事觉，追赃入官，付锦衣卫监禁。已而宥之。

---

① 明代会试设置帘内官和帘外官。帘内官包括主考官、同考官，负责出题、阅卷、取士等。帘外官包括印卷官、监试官、誊录官、弥封官等，负责考务等各项准备工作。

② 王骥，宣德年间任兵部尚书，刚毅有胆，主持边务，数次破敌。《明史》有传。巫凯，刚毅有谋，曾任辽东都指挥使，升荣禄大夫。正统初，为王骥所劾，并未获罪。后二年，病逝。

上敕，有曰：御史中有尝犯赃罪及暴酷枉人死者，尤宜一体降黜。

六月

罢行在工部主事董瑛为民。瑛，宣德间坐赃系狱，及往云南公干，又娶军人女为妾，至是吏部劾其过。

闰六月

行在四川等道监察御史郭原等奏，有曰："法司鞫问杂犯死罪以下有力者运砖，无力者输作赎罪，其军职受赇赎死者运砖毕调卫。"

抚河南山西行在兵部右侍郎于谦言十事，其接济边储有曰："乞将各处文武官犯赃运砖赎罪者定其粮数多寡，运赴大同宣府甘肃宁夏上纳赎罪。"

行在工部都水清吏司①主事陈中，坐本部尚书等官考劾罢职，饰词乞辩，行在吏部发其贪污事，请正其罪。上命执送刑部讯之。

七月

顺天府推官徐郁言四事。有曰："户口食盐令市民输钞乡民纳米，非旧制也，而贪官豪吏征敛不经，小民愈加困乏。"

罢云南左布政使殷序，湖广佥事吴克聪、裴俊为民。以巡抚等官考劾序贪而不检，克聪、俊刻而无为故也。

八月

行在福建道监察御史张忠、邢端有罪下狱。初，忠等引犯人福建平海卫百户王胜、傅保估赃低价，故出入人罪。事觉，上命法司鞫治之。

调工部都水司主事蔡云翰为广西平乐府通判，坐赃罪也。

广东都指挥佥事朱瑛贪赃恣肆，挟私杖杀百户人等，又失机致贼杀死官军数多，法司以闻。上命鞫实，斩之。

九月

分遣监察御史轩輗等十七人清理天下军政。陛辞，上赐敕谕之曰："作弊非止一端，推厥所由，皆以军卫有司及里老人等贪赇挟私，共为欺蔽，遂致妄冒者。"

命淮安府知府彭远复职。初，府知事陈道潜私敛当宥罪囚银帛，因有衔远者诬远与道潜俱得赃，又并诬远为豪民，毒其仇死于狱，及受贿不验殴死者尸。御史讯，坐远纵道潜之罪。至是，漕运总兵王瑜并淮安属邑民连章言远莅政勤慎，行己无私，乞复远官，故有是命。

---

① 明初工部设置四个清吏司机构，其中都水清吏司，设郎中1人，员外郎1人，后增设4人，设主事2人，后增设5人。掌川泽、桥道、舟车、织造、量衡诸事。

敕曰："近闻两淮、长芦、两浙盐运使司及各伤盐课司官吏，不遵成宪，肆志贪黩，或勒索或自贩，悉不可容。"

罢广东按察使陈礼为民。礼，以考满将赴京，贱估于所部市马牙香百斤以归，为巡抚侍郎吾绅所劾奏，比至京下狱，坐赎杖还职。至是，吏部以其怠肆贪求，有玷风宪，奏黜为民。

十月

都察院右副都御史朱与言奏："奉敕往两浙措理盐法，其运盐使司止有四十八万三千九十七引，客商应支数多，在官数少，支给不敷，欲将所获私煎私贩及受赃官吏情犯深重者抄提，其余请不拘常例，量情追盐，给与客商，庶刑罚不滥，盐法得清。"

十一月

太仆寺少卿郑复言往直隶河州烙马受牧户赂，事觉，命法司逮治之。

行在六科给事中劾奏右都御史陈智等罪。初，行在广东道监察御史李聪所问狱因，发大理寺审录，驳回。智怒，责掌道御史张勖。勖不服，智笞之四十，勖奏智不能整肃宪纲，惟肆贪暴。于是给事中劾智等有失宪体，请治其罪。上俱宥之，令改前失。

十二月

巡按山东监察御史孙纯劾奏："都转运盐使司同知封贵、副使李彦颖，惟务贪黩，乞正其罪。"上命法司执治之。

驸马都尉焦敬，令其司副李等于文明门五里建广鲸店，集市井无赖假牙行名，诈税商贩者，钱积数十千。又于武清县马驹桥遮截磁器鱼枣数车，留店不遣。又令阍者马进于张家湾、溧阳闸河诸通商贩处诈收米八九十石、钞以千计。事觉，下刑部。李等俱引伏，尚书魏源上其罪，请执敬治之。上曰："姑赦敬，李等征其赃，人杖八十，释之。"

正统二年（1437年）

四月

巡按广西监察御史唐慎言："今请令在外文武官吏犯赃者解京，余仍旧例。"从之。

巡按山东监察御史孙纯奏："德州左等五卫所，虽系直隶俱在山东，其各卫所官因巡按直隶御史少，至往往恣纵奸贪，靡所不为。"

监察御史王学敏巡视店房，奏工部郎中毛永震等奸淫、纵役、受赇诸事，给事中并劾少保工部尚书吴中等庇奸不举之罪。命都察院逮永震等鞫之。

行在吏部言："巡按河南监察御史陈颢同、布政司按察司堂上官考察归德州知州李志，存心媮薄①，贪暴著闻。今志称冤，宜移文原考官员详察辩理。"

行在刑部奏："大兴左等卫百户王宁等酷法挟取军士财物，律止徒罪，然比来军职，贪暴日肆，宜示重罚。"上命俱杖之，发戍边卫，著为令。

五月

敕有曰："总兵镇守都司官及备御都指挥，有贪虐荒淫不理边务寇至不能追剿者，具奏处治，其于军官即械系来京，付法司鞫之。军士有贿赂权要不入伍差操者，有豪猾健讼挟制上官者，发边墩，逃及误事者，斩。"

福建行都司都指挥佥事蒋贵受部属贿赂，及改官房为私室。事觉，行在刑部请械贵诣京。上命贵自陈其实，贵输罪，宥之。

七月

谪行在福建道监察御史王学敏戍边。学敏，纳巡检陈永证赂，挟势嘱行在工部郎中崔镛荐升知县。事觉，行在刑部论当赎绞。上命杖一百，枷示于各衙门三月，谪戍辽东边卫。

行在吏部言："前监察御史廖文昌、丁宁受贿，事觉下狱，服罪，当黜为民。会选充行人使广西安抚夷民，今事竣还部，乞为处治。"上以二人贪鄙，斥之可也。第有出使微劳，授以县主簿，俾图自新。

八月

行在都察院左副都御史李浚劾奏："守备辽东铁岭卫都指挥同知康福，屡受贿赂，私放军丁，闻知事露，邀阻实封，请治其罪。"上命姑宥之，罚俸半年，俾自改悔。

九月

谪行在户科给事中吴绘，戍辽东。绘，坐受举明经者赂，比考试辄入午门代为文字，罪当赎绞，诏枷示于长安门一月，谪戍边。

中都②留守司署都指挥佥事陈鉴先坐罪，谪调广西总兵官山云委鉴备贼，郁林州贼四出抄掠，鉴复安坐不捕，惟大肆贪暴，迫取商贩货物；不与，即诬以罪。

宥镇守淮安都督佥事王瑜罪。初，上谕瑜曰："比闻尔贪图贿赂，听信亲识小人，恣肆非为，言动失措，使群小得志，良善受害，甚乖大体。论法本不可容，今不即尔罪，尔其具实自陈，有当改正者正之，当举行者举之，毋怙终不

---

① 即偷薄，指浮薄、不敦厚。
② 明朝以朱元璋的出生地凤阳为中都。

俊，庶盖尔前愆，以副朕委任之意。"至是，瑜输罪，特宥之。

十月

宥独石署都督佥事李谦罪。谦，老而怯懦，不尽心边事，又私役兵士为之佃种，烧炼伪银，贪利无厌。给事中御史劾谦之罪，上竟宥之。

谪大兴县知县李观、主簿王斌戍边卫。初，观与斌俱犯赃罪，命杖一百，发保安州为民。观等托故不往，为校尉所察。上曰："观等无状如此，再杖一百，械发甘肃充军，敢复迁延，必不宥。"

行在都察院右都御史陈智等劾奏："少保兼行在工部尚书吴中，初以诏举山西高平县主簿张麓为定州知州，麓在高平赃状狼藉，及知定州，愈肆贪黩，乞正中滥举之罪。"上念旧臣，姑宥之。

十一月

监察御史丁俊下狱。先是，俊巡按福建，考其按察司经历沈文铭奸贪，文铭恳乞易为老疾，俊从之。巡按御史赵奎劾俊不能执法，请治其罪。从之。

十二月

诏逮都察院左副都御史吴讷、行在右通政李畛下狱。初，畛按讷不即奉诏收捕有罪，讷具陈未尝稽延。至是，十三道复言："畛材非忠直，讷职居台副，知畛贪墨乃徇情不举。请俱置于法，以正其挟诈容奸之罪。"遂下狱鞫之。

仆寺少卿庞埙有罪下狱。初，埙同本寺卿杨应春、寺丞刘璧分俵马匹受赂。事觉，应春、璧俱下法司狱。应春赎罪，调用；璧赎罪，罢为民。至是，埙始逮至，下狱鞫之。

山西按察司佥事巢安至高平，听其书吏庞章告归，致章受有罪者赂。事觉，下法司，拟安赎杖还职。上以安职风宪，乃见卖于下人，岂能发奸摘伏？命赎杖既黜之。

谪陕西都指挥佥事王信为为事官。初，信守备延安绥德，数受军士赂，纵之窜伍，下巡按，监察御史章聪执治之狱具当斩。上命谪之，立功以赎。

正统三年（1438年）

正月

神机营①把总指挥佥事庞得纵卒纳赂，怒其总旗不附己，辄假以伐薪公用困辱之，总旗不得已，鬻月粮军装买薪代输，无所继自经死。事觉，有司论赎罪还

---

① 明朝永乐年间创建的兵种，以火炮为主要武器，负责守卫京师和对外征战，在15世纪明朝对周边征战中显示了巨大的威力。

职调卫。上以得贪酷害人至死，不可以常律断，命于教场枷号一月，发遣戍边。

中都留守司都指挥田增岁帅所部军赴京操备，役数百人入山采薪作炭，有跌伤致死者，托言病死。上以增贪虐欺罔，姑宥其死，命以教场枷号一月，发遣戍边，仍榜谕以禁后来。

三月

江西按察司佥事夏时言，有曰："切惟今之守令，冒牧民之美名，乏循良之善政，往往贪泉一酌而邪念顿兴，不贪则酷，不怠则奸，或通吏胥以贾祸，或纵主案以肥家，殃民蠹政，莫敢谁何。"

四月

六科给事中、十三道监察御史劾："刑部尚书魏源，为御史时尝犯赃私及冒关诰命，请治其罪。"上嘉源效劳边境，宥之。

五月

都素蛮夷司①副长官周源，具陈都指挥何贵守御清浪之功，请还贵官。法司以贵荒纵酒色，贪酷不忠，幸已宥死，黜官。源乃妄奏，必素与同恶者，宜正其罪。上曰："源，蛮夷。未可全以文法绳，其宥之。"

复山东按察司副使韩玺官，令专捕越狱囚。谪司狱陈忠等戍大同。初，玺等以越狱囚不获，逮至京鞫之。盖忠等得囚赂，诡以盛暑恳玺释其械，囚因逸去。法司当玺赎徒，复职；忠等赎死，免官。上以忠等罪太轻，故有是命。

燕山左卫指挥使马诚侵夺士卒折粮银，事觉，刑部以诚贪黩，不宜论以常律。上命于兵部前枷号三月，谪戍威远。

六月

行在吏部文选主事②吴昉告归省祭，恃势纵恣，奴役乡人，辱詈有司，受贿赂无算。法司论当赎死，免官。上命谪戍大同。

谪行人李叙戍威远卫。初，叙为御史，坐贪酷，宥死，当输赎免官，叙不即输，屡构词告讦。刑部尚书魏源以叙刁谲累恶不悛，请勿以常律治。上然之，遂谪戍焉。

七月

逮广西都指挥佥事鲁义，以所部奏其畏贼不击，且曲法受赂故也。

---

① 明代对少数民族实行统治的土司制度，其武官职衔有蛮夷司等。朝廷对犯法"蛮夷"往往轻惩或免罚。
② 文选司，或称文选清吏司，属吏部，设郎中、员外郎、主事等职官，掌握考文官品级、选补与升调之事。

江西布政司参政掌临江府事朱得奏："按察司副使尹镗居风宪，宜纠奸弊，乃假隶兵，贪取民财，请治其罪。"上曰："姑宥之，令镗从实回奏，仍命行在兵部通行禁约。"

八月

罢陕西诸边提督收粮主事。先是，以诸边收粮多弊，各遣行在户部主事一员。至是有主事以赃败，遂革罢之。

保定伯梁珤有罪，下锦衣卫狱。珤纳贿诸事发，御史侯爵案其罪，六科十三道劾之，遂逮至京，法司论以赎绞，还爵。上特命监禁之。

命陕西都布按三司并巡按监察御史：将文职官吏有犯赃罪例该摆站者，自备马驴车牛走，递年限满日更替放免。从右副都御史陈镒奏请也。

九月

陕西行太仆寺少卿葛绍祖以阅马受赂，事觉，乃自首。上命巡按御史鞫之。

十月

云南定远县土人杨斌，初随南安州土官李保进贡，赂保，荐为冠带。通事吏部请下所司核之。上命姑与冠带，仍令三司及巡按御史廉其实以闻。至是，御史三司言州素无通事，斌实诈冒妄，请械赴京，法应斩。上曰："土人不谙礼法，宥其死，发戍威远。"

广西桂林中卫总旗唐肆见猺人潘才贤等家富田饶，意图之。因随都指挥胡成征进伪报才贤等隐贼当剿，成令百户章䏻、叶马廉之，䏻等从肆伪言率军杀虏，其人分有其产。后䏻等欲首，肆复纳赂使隐之。巡按御史等官以闻，兼劾成戒饬弗严。上诏："成自陈，余命御史擒治如律。"

巡按山东监察御史李纯奏："辽东广宁左屯卫典史赵琰、中屯卫司吏赵砺、前屯卫军牟伦，皆先任御史，以贪淫无耻罢职。今长恶不悛，请逮治之。"上命各杖一百，发肃州哨守。

十一月

上御奉天门，谕右都御史陈智曰："今武臣子弟多不思祖父立功得官之难，及赴京比试多有过期及觅人代者。所司俱不详审，甚或受其赂而容之违法。自今有犯者全家谪边卫充军，受赂及不审实官吏亦一体治罪。"

辽东都指挥同知邹溶备御开原三万卫，指挥王崇告其受军士盐商赃，卖法作奸。下巡按御史究之，御史逮溶子瑛等鞫得实，当追赃，溶乃自乞勿追。上谕都察院臣曰："溶在法难宥，独念其效力边境颇有年，姑贷之，仍戒其毋蹈前非。"

十二月

本部侍郎吴玺举吴轼为山东按察司佥事，给事中御史闻之，连章劾奏："轼见美色而起贪淫之心，居僚佐而污长官之妾，不可以任风宪，容奸滥举，俱合正其罪。"上命逮玺、轼下狱鞫之。

正统四年（1439 年）

正月

行在吏部尚书郭琎等奏："臣等奉命考察天下朝觐官，今布政使等官吴润等开报在任官老疾茸懦酗酒贪污者二百二十员，宜照前例，老疾者冠带致仕，茸懦者罢为民，酗酒贪污者置之法。"

二月

更定山东等处罪囚赎银例。有曰："军民官吏受赃该罢职役降调者解京，无力者俱照前例发落。"

闰二月

万全都司百户告巡哨都指挥佥事文弘广受财等事，上命弘广具疏回奏，弘广服罪，宥之，仍命法司移文①示戒。

三月

上御奉天殿，颁诏大赦天下，有曰："文武官吏人等有运砖运米纳米等项遇赦者，武官复其本职，文职官吏无赃者复其职役，有赃者放回原籍为民。诸司官吏务在得人，官有监察御史考察黜陟其吏典，宜从本衙门堂上官考察公勤，谙晓行移者用之，其贪暴无能及猥琐不堪者悉罢为民。"

下监察御史章圭于狱。初，工部主事孙雷守制归，夺人园地，杖人致死。事觉，论绞，后遇赦。圭言其当复职，既而又言其先犯赃罪宜罢黜。右都御史陈智等劾圭奏词先后不一，请治其罪。上命罢雷为民，而下圭于都察院狱鞫之。

五月

罢行在刑科给事中李原缙官。时云南中卫舍人童铭争袭堂弟童政职，原缙受铭赂，代为章疏，屡上不已。行在兵部奏，铭搅扰选法，必有使之者。下法司鞫问，乃原缙也，遂论赎徒罢职为民。

直隶淮安府同知吴璧索属吏白金及奸部民妻，坐赎徒为民。璧纳贿内使郭茂图复职。事觉，法司仍拟璧为民。上以璧所为如此，不可以常律论，命谪戍

---

① 不相统属部门（主要是平行官署）之间的公文。

大同，锢禁茂于锦衣卫狱。

六月

敕谕公侯伯五府六部都察院等衙门官曰："夫持廉戒贪者善身之本，致公绝私者善政之要。吏部擢用官员，宜精选贤才者任之，亦宜精详考察其贤否，但是贪污及庸懦无能并不谙文移者悉皆罢去，不许徇私滥用，糜费廪禄。各处管军头目，廉干者少，贪虐者多，以致军政不修，往往军受其害。都察院其行各处巡按御史按察司官严督操练，务在征调得用，若仍前怠慢无实效者，并风宪官一体论罪。都察院为朝廷耳目风纪之司，必能考察百僚，扶植良善，纠正奸邪，伸理冤枉，然后为称，若不能持公秉正，而任情恣意阿附，以致贤否混淆，贪廉不辨，冤枉不伸者，祖宗之法具在，朕不尔私。朝廷置六科给事中，出纳命令封驳章奏举正欺毙，职任最为清要，自今宜体朝廷选用之心，必公必正，必廉必勤。管军头目及各卫指挥千百户多不用心抚恤军士，或克减月粮，或占据私役，或纵容在外办纳月钱，或横加虐害骗要财物，以致军士逃窜，队伍空缺，甚非朝廷抚养军士之意，今后再不悛改，听监察御史给事中体访的实具奏拿问。在京在外官员皆受国家职任，凡公正廉勤者升迁，贪虐怠慢者黜罢。"①

七月

上命行在六科十三道廉在京诸不法事，监察御史周璟具得镇远侯顾兴祖，武安侯郑能广，宁伯刘安，都督李通、毛翔、罗文及都指挥刘法贵等受赇纵军诸事，交章劾奏，请治其罪。上念侯伯都督重臣，特宥之，令行在锦衣卫逮都指挥以下鞫问，比狱具，亦宥焉。

罢陕西署都指挥吕昇官，令于大同立功。初，昇掌肃州卫事，杖死士卒三人，又与赤斤鞑官交通，受其驼马，且数侵盗所部，及受争讼者赂。事觉，下法司鞫问，坐赎斩罪，还职。上以昇贪暴如此，岂可复职，故有是命。

行在都察院右都御史陈智等言三事，上以智等所言有理，其令内外文武大臣并巡按御史各举所知御史给事中，任满九年果廉干者，许都御史掌科给事中各连名奏保，吏部廉实具奏，升擢后坐赃罪，逮治举主，其无人保者仍如旧制。

九月

陕西行太仆寺少卿葛绍祖贪黩货赂，巡按御史发其事。寻遇赦，将还职。行在吏部言其素行不检，命罢为民。

---

① 明代公侯伯为文武功臣的封爵，只有岁禄，并无封邑。英宗在此对朝廷主要官员敕谕，涉及廉政、治贪、选官、军政多方面，尤对都察院、六科给事中赋予重任和厚望。

十月

工部右侍郎李庸奉命修通济河并固安等堤，逼取平谷等县民白金。事觉，逮下锦衣卫狱鞫之，皆实。上特宥庸，但罪其同行官吏分赃者。

巡按直隶监察御史李果言："成造军器各处卫所官吏视为泛常，甚至有恣肆贪婪侵克物料者。"

广东右参议李榖有罪下狱。初，榖乡人韦颖任梧州教授，以受赇属巡按御史陈浚逮治颖，以白金七十两嘱榖略浚求出之，榖受其金不以言，浚廉得榖受金，劾奏其罪。上命行在都察院逮治之。

十二月

敕谕巡抚南北直隶行在都察院右佥都御史张纯、大理寺右少卿李畛曰："其府县官及抚民官果有贪酷不才或罢软①无能不堪任事者，体审明白，即起送赴京别选贤良。"

正统五年（1440年）

二月

署都督佥事李谦、都指挥林丛，同帅亲军右十队，素不相能。丛以谦贪状诉于总兵。上特命谦、丛降为事官立功，俱发威远卫。

命左都督沈清、少保兼工部尚书吴中、提督官军匠作人等营建宫殿。谕之曰："尔等宜体朕爱养军民之心，毋掊克粮赏，毋假公营私，毋受财故纵，及生事害人。违者，许诸人陈诉，必罪不宥。"

陕西按察司佥事许资言："诏书文职无赃者复职，有赃者为民，赏罚公矣。且如武职犯该死罪徒流止于边卫，立功还职。而此等不知感激，愈肆害人。臣愚以为今后武职有犯科敛求索、侵欺陷害等罪者，降调极边操备，半其俸给，则奸顽有警。"上命所司酌量合宜以闻，刑部尚书魏源以资言深刻，况所犯数多则所黜者众，其说难行，寝之②。

监察御史魏淡言："南京诸司不贤者，多富而有势者私相朋蔽，贫而在下者孤立无助。若凭风宪考察，少合公论。守备太监刘宁忠直公平，乞令体访各官，或口谈仁义心存欺诈，或听信亲朋妄说是非，或假公营私，或以私灭公，或先贪后廉，或先廉后贪，或诡异以邀名称，或纵志不顾廉耻，月籍奏上以备圣览，

---

① 废沓软弱，无主见。
② 指停止，没有实行。从这里可以看出，武职贪赃枉法严重，严加惩治的建议因犯者众多而无法实施。

则臣知恐惧，官皆贤良。"上命行在都察院会官议之。

三月

谪提督燕河营等关都指挥萧敬戍甘肃。敬在营卖放①军士且私役军种艺孳牧采榛造器，又挟私拷逼人招承死罪。总兵官都督王彧以闻，下法司鞫之，拟敬赎罪还职。上曰："萧敬贪酷屡犯不悛，岂宜以常例处之？"命械发甘肃充军立功。

宁夏总兵官都督史昭奏："庆阳卫定边营署都指挥佥事张通，因追屯田榖草，肆为贪虐，致军士五百余人逃窜，乞治其罪。"上命巡按御史执问如律。

四月

初，巡按直隶监察御史吴昌衍奏：镇守山西偏头关都督李谦，擅更成规，增设军士，贪暴无厌。又受指挥李衡银马玉带，保其协同镇守，衡恃其威大肆贪婪。于是六科十三道交章劾之。上以谦累恶不悛，法本难恕，第守边方，姑不问。命都察院录状示谦，俾自陈情实。械衡来京，下狱，至是法司论衡绞。上宥其死，降指挥佥事，调甘肃边卫守备。

五月

行在兵部尚书兼大理寺卿王骥奏："各都司卫所官多非其人，玩愒苟禄，贪墨无耻。臣集在廷大臣议，宜分遣兵部属官往湖广、四川、云南、贵州，各委廉能都指挥一人提督。"

六月

镇守延安绥德都指挥使王祯、守备土门寨都指挥刘福，受舍人赂，妄奏功。事觉，上命祯自陈其实，余下巡按御史收鞫之。

湖广按察司副使曾鼎言："窃见内外庶官，廉能者少，贪刻者多，乞敕吏部别为裁处，使贪暴病民者无所逃，廉谨治事者有所劝。庶几官得其人。"上谓行在吏部尚书郭琎曰："朝廷累遣大臣考核有司，不职者黜罢之，今鼎乃谓容隐不实，鼎司风纪必知其人，宜令指陈姓名实迹来闻，若知而不以言亦不职也。"

敕谕六部、都察院、通政司、大理寺等衙门大小官员曰："如举官一事，于举知县作弊尤甚，贿赂公行，肆无畏忌。自今进士观政一年者，监生历事考中并坐监三年以上有学识者，由吏员出身授官，曾历两考能廉洁守身忠厚爱民才识相称者，悉听举保送，吏部照例考用。后犯赃罪并连坐举者。凡在别处办事而带俸者，不必责其举官，由技艺出身与曾犯赃罪官员，俱不许举。"

蜀府良医正钮豫、仪卫副田禾，奏右长史刘仲珩贪赃，仲珩亦奏豫、禾险

---

① 受贿私放。

猾多端，亲密王府。上命巡按御史执对，具实以闻。

七月

遣官修备荒之政。其中曰："如或贪酷虐民，验有实迹，就便挐问。本为恤民选择，命尔须先正己，惟廉则公，惟公则明。"

武安侯郑能统五军右掖于通州各草场牧马，受赂纵官军四百余回。六科十三道交章劾之。上命多官鞫问，法司论律赎斩例，当发充军。上曰："能于法难恕，但念前人之劳，姑降为事官，发独立功赎罪。"

谪广东右参议李縠成保安。縠，初坐贪贿，为御史陈浚所劾，诬浚按广西不法事奏之。下法司，论縠奏事不以实，当赎杖罢为民。上曰："縠官方面而肆为贪诈如此，不可论以本律。"特命编成保安卫。

八月

免追镇守山西左都督李谦所受赃物。初，谦坐受所部白金玉带诸物，六科十三道交章劾之。上曲宥其罪，命巡按御史追取所受赃物入官。至是，谦以窘迫诉，且乞以俸禄米钞抵还。上乃免之。

巡抚大同宣府右佥都御史罗亨信言："大同宣府诸边仓，比年以来官攒斗库多受输纳者赂，虚出仓钞，奸弊百出，乞严禁之。"

宁夏总兵官右都督史昭等奏，守备都指挥刘源擅役军骑出猎口外，及贪暴不法罪状。上命巡按御史执治之。

九月

宥广西巡按监察御史陈浚、都指挥佥事胡成、右布政使孙曰良、按察副使胡智罪。初，广西都指挥佥事陈鉴坐失机贪暴罪，当斩，会赦，亡命至京，诉为都指挥田真所诬。至是浚等服罪。上俱宥之。

太仆寺丞陈汭坐赃，当赎徒罢职。上命徙边为民。

十一月

敕南京六部都察院大理寺等衙门曰："比闻六官之属，下至吏胥，纵横放肆，全无忌惮，甚至贪淫无耻，堂上官阳若不闻，御史闻而不举，御史亦或纵恣不守礼法，目睹邪慝缄口不鸣。祖宗宪纲，凡风宪纠举之事，必要指陈实迹。"

行在工科给事中吴昇建言四事。有曰："近例方面官令在京三品以上官举荐，县令令在京五品官举荐，然此可暂而不可常。若久则必有贿赂请托之弊，乞归吏部选用，庶杜奔竞①之风。"上曰："方面及府州正官仍遵先皇帝敕旨。

---

① 奔走竞争，指追名逐利。

余如所议，继今荐举人才吏部先秉公廉严考察，毋容朋比请托，苟或滥荐，即以奏闻。"

初有敕，凡官吏人等犯枉法赃者，不分南北，俱发北方边卫充军。至是，行在刑部都察院大理寺议称："洪武初年定律之时，钞贵物贱，所以枉法赃至一百二十贯者，免绞充军。即今钞贱物贵，若以物估钞至一百二十贯枉法赃，俱发充军，不无轻重失论。今后文职官吏人等受枉法赃比律该绞者，有禄人估钞八百贯之上、无禄人估钞一千二百贯之上者，俱发北方边卫充军，其受赃不及前数者，照见行例发落。"①

十二月

福建永宁卫指挥佥事高璿，尝役所督海舟贾利，其余违法受赂不一。事觉，覆之，具有验。上命再辨，不枉即斩。

宥行在工部左侍郎李庸罪。初，顺天府知事朱孟端举庸贪墨事。上命庸自陈状，庸对不以实，六科十三道交章劾其欺罔，刑部尚书魏源等亦请逮治其罪。上特宥之，戒庸勿蹈前非。

陕西都指挥佥事刘福私取冒报边功者赃，法司逮治，坐斩赎罪还职。

敕南京守备及五府六部等衙门官曰："自今尔等守法奉公者宜益加勉，用称厥职②；贪刻不律者改行为善，用弭灾咎。毋狥私瞒公，毋虐人取利，严戒家人，并守国法，庶几鬼神佑尔长保禄位。"

山西署都指挥佥事李庸逮，既至，具得都督李谦贪酷状，庸亦引伏。右都御史陈智劾："谦曩受赂，举升指挥，李衡署都指挥佥事幸置不问，乃今贪酷复尔，不宜再宥。"上曰："然"，命严系庸，征谦下狱。

正统六年（1441年）

正月

行在光禄寺大官署署丞张冕奏："本寺卿奈亨，指以供祀郊坛为由，掩取猪鹅肉及面食，以为私用。"上命亨具实以闻，亨惶愧服罪。上曰："尔为堂上官，乃贪饕若此，论法本难容，既服罪，姑宥之。"

神武中卫小旗高益，素恃健讼，诈人财物。至是，诬本卫指挥韩英等谋为不轨，下锦衣卫，又诬指挥刘源逼己虚招。上怒命斩于市，籍其家。

---

① 明代官吏犯赃，分"有禄人"与"无禄人"区别对待，后者的处惩稍轻，详见《大明律》。
② 尽职之意。

二月

命陕西按察司副使陈斌协赞延安绥德军务。先是，镇守陕西右副都御史陈镒奏："延安等处指挥郑宣等，大肆贪婪酷暴，乞仍推选副使或佥事一员，往与祯相兼莅事。"

巡按山西监察御史曹泰奏："乞敕廷臣会议量，为增益俾足养廉，其仍贪污冒法者置之重典，则贪风息矣。"上命行在户部详议以闻，尚书刘中敷等言："官员俸禄已有定制，难以增益。"① 从之。

四月

山西都指挥王友，为卫卒发其奸贪罪，下巡按御史，论当赎徒还职。

监察御史计珩、马谨下狱。先是，兴州后屯卫正千户洪政以罪械至行在都察院，政使其弟鉴持白金赂珩，珩受之，为言于该道御史马谨，谨从之，减政斩罪为绞。事觉，行在刑部尚书魏源等请逮珩、谨验治。

赐监察御史张骥等之敕曰："方面三司并卫所府州县见监轻囚，有捏故饰词缠绵纠结，所司不能剖断者，有官吏人等欲求贿赂不得不与剖断者，又有偏受贿赂徇私迁延不决者，如此之弊，非止一端。为政以持廉为本，能廉则公，能公则明，如有一毫贪欲之心不能自戒，殃祸之来，必所不免。"

五月

行在刑部郎中林厚奉诏四川审狱言八事，有曰："各处有贪酷官员，或挟私怨故禁勘平人，或受赇故入人死罪者，除军职及文职五品以上官奏请外，其六品以下即彼逮问，械京处之。"

宥镇守偏头关左都督李谦罪。谦以贪暴下行在都察院，论当斩。至是，亦以谳狱②宥之，但令不视事。

七月

罢监察御史周轪、陆璲、章圭、成规、方洙为民。时敕各衙门堂上官考其属。右都御史王文言，轪、璲贪墨无守，圭、规佻薄生事枉人，洙庸劣不任，请皆罢黜。

巡按江西监察御史李俊言："天下各卫所军士多援例诡称老病亡归，究其原皆各处漕运诸船军士受赂载归，沿河巡司不加诘察所致。"

巡按山西监察御史曹泰言二事。有曰："乞敕该部自后御史贪淫不法者治以

---

① 明代官吏的实际俸禄不高，因有养廉之议，冀以息贪风。当然，不管养廉银是否实际，明代官场乱象难以从根本上改变。

② 审理案情。

重罪，庸懦阘茸者罢归为民，平常不胜任者即行贬黜。其他小过，量加宽贷。"

宥两淮都转运盐使司运使严贞罪。初，巡按御史张棐案贞倍公务私，盐课不理，送吏部处分。既而诸守支者，复连发其索赃状，棐具以闻，行在都察院请下贞狱，贞诉言所索之物皆为公用，已无所私。上特宥之，令复职①。

八月

行在兵部奏："沿边各关隘守把官旗多受赂，纵放逃军，今后宜惩治。"

调陕西署都指挥佥事张通、李谅于边卫。初，通得庆阳军旗赂而停其刍束之征。谅役军士盗商铁以治私第，逼取富商金。上曰："通、谅既负重罪，复诬风宪官，不宜论以常律，其仍调之。"

十月

宥守备庄浪都指挥魏荣、西宁卫都指挥陈斌、指挥袁通罪。荣等交通贿赂，互为不法，为巡按监察御史孙毓等举奏。上命法司记其罪，俾效力守边，再犯不宥。

十一月

上御奉天殿，颁诏大赦天下。有曰："其风宪官贪暴不才及文职官吏犯枉法赃罪状著明者，虽宥其罪，仍发原籍为民。在内六部都察院等衙门、在外布政司、按察司等衙门并各府官其属官有廉能称职者，宜优待之，不许轻易凌辱，若有贪酷不才及庸懦无能老疾不勘任事者，各府具实奏，送赴京吏部验实，如例致任罢黜。中外风宪系纲纪之司，尤须慎选识量端宏才行老成者任之，其有不谙文移不识大体用心刻酷者，并从都察院堂上官考察降黜。"

罢监察御史计珩官。珩，犯赃，遇赦。法司以珩系风宪官，虽宥其罪，当罢为民。

监察御史郑禧，初坐赃罪下狱，当赎徒，逃匿者久之。至是，遇赦方出，刑部奏罢为民。

闰十一月

湖广左布政使李旭卒。旭，贪婪无厌，积至钜富，屡以厚赂获高擢。卒获老死牖下，幸矣。②

正统七年（1442年）

正月

命吏部左侍郎魏骥往顺天、永平二府、通政司右参议王锡往凤阳、淮安、

---

① 索取赃物为公用，在今天看来依然是索贿，但当时官吏可以因自己无私而获宥。
② 为官贪婪无厌，却能善终，可见明代官场之弊。

扬州三府等。赐敕谕之曰："尔等深体朕怀，必廉必勤，如有贪暴不律及纵容下人扰害军民，则尔罚匪轻。"

二月

先是，以天下朝觐官至，命吏部考察，都察院劾其徇私者。至是，都御史王文等检阅考后犯赃等项，并吏部尚书郭琎等考选不公。上曰："所言诚是，吏部堂上官宥之，余等姑记其罪，仍住俸①三月，再犯不宥。"

大同总兵官武进伯朱冕、巡抚右佥都御史罗亨信、参将都指挥石亨奏："管屯军官数更则廉干者不能久职，贪婪阘茸者得以肆志偷安，宜慎选其人专。"

巡按广东监察御史张善言："今后县令有缺，仍从六部、都察院、通政司、大理寺、六科、十三道等衙门及布政、按察二司巡按御史提调学校佥事荐举铨补，其授职之后有贪墨不律者连坐举主，如此则进贤之路广，滥举之弊绝，而长治久安之道得矣。"上谕吏部臣曰："按察司巡按御史严加体察，有贪刻害民者逮治之，阘茸无为者具以闻，朕自裁处。"

河南署都指挥佥事邓铎坐枉法受财绞罪，赎还职。

三月

兵部奏陕西署都指挥佥事李谅坐赃罪，发甘肃，听总兵官调遣。今遇赦例注行都司掌事。上曰："谅既贪墨难任方面，其革署职，仍为指挥同知。"

都察院右都御史王文等奏："河间长芦都转运盐使司同知桂安，尝受赇枉法。贵州道逮问罪绞，依诏例发原籍为民。今本司运使邓仑妄为陈言，欲以安作未结正之例还职。"上曰："安既犯赃罪遇赦为民，如何又要还职？邓仑党比赃官，徇私妄奏，论法难容。今姑宥之，尔都察院还移文使知省过。"

命监察御史吴瑜专理两淮盐课，陛辞，赐之敕曰："运司及各场官有罢软旷职者，起送吏部；贪酷徇私者，连人具实来闻。"

四月

山西太原左卫卒张敬言："顷者，山西获贼官校之升多非实功，有所司受赂阴与擒获者，有私赂狱贼诬平民于官后乃擒获者，宜令公廉御史究之。"

镇守洮州都指挥李信率所部征茶马，受番人赂，且私有所货，镇守陕西都督郑铭请治信及所部罪。上命先逮信所部鞫治，如涉信更处之。

六月

尚书郭琎等言："今后御史知州缺，宜从广东高州府茂名县儒学教谕傅璇奏

---

① 停支俸禄。

言，暂停举保之例①，仍移文各处宪司廉察，有贪求幸进者，即论罪罢黜，以警将来。"

八月

先是，巡按云南监察御史等官言："云南都司及各卫所军官数多正副千户及百户等官，其间老成历练者少，贪暴柔软者多。乞加精选调补。"

掌兵科事给事中薛谦言："乞命巡按监察御史，将各都司卫所原定掌管军政官，每年稽其事迹，三年一次造册，分注廉勤能干、贪酷柔懦于其名下，一一备书，以凭稽考黜降，别选能干官补管，庶使军官知儆，兵政修举。"

九月

直隶保定府定兴县耆民七百八十余人疏陈，本县知县张磷廉能，被刁民诬其贪酷，法司以为未实。上曰："百姓保磷，必其有德政。"宥之。

事按察司佥事刘翀以贪暴为民陈冤。上不允，命法司识之，如再妄疏，发戍边卫。

十月

广东按察使郭智言："在外文职官吏人等犯赃死徒流杖，并无赃流徒诸罪，旧例俱送在京法司处之。广东去京余八千里，乞继今文职官吏人等犯无赃徒流并有赃当杖者，就遣灵山等县仓纳米，满日各还职役为民；有赃当流者，就遣沿海碣石等边卫仓，满日亦疏遣为民。庶管押者免累，而边用饶足矣。"事下刑部议以为文职官犯赃虽微，亦当除名，仍送法司奏处，其无赃诸罪可如所言。

命直隶清苑县知县屈义复任。义屡为刁民所诬，辄以众诉留，得伸。至是，复有诬其受财枉法，坐械刑部。其民二千余人诣阙具陈义在任廉勤，招徕有方，并被诬状。刑部尚书魏源等讯之具验。上命杖诬告者，编戍辽东，而复义官②。

十一月

福建都指挥同知孙安为所部指挥奏其贪婪不法数事。都察院请下巡按御史先收诸所连者，鞫状果及安，具闻，请逮。上命既执安鞫之。

监察御史时纪有罪下狱。上敕谕三法司、锦衣卫曰："朝廷以纪纲为首，御史职纪纲之任，不可不慎择也。如监察御史时纪，背违礼法，有玷风纪，已付法司问罪。自今尔等差官出外必精选知礼义廉耻，明达大体，无贪污淫秽之行，然后遣之。仍严加戒饬，庶几纪纲以正，不辱朝廷之使命。如所遣及在任敢有

---

① 会官举保制度，主要在宣德、正统年间实行。其目的在于多官举荐廉能，但随之出现贪弊乱象。

② 明政府重视民愿，因民众为之请而复职之官时有出现。

不遵戒饬违礼犯法者,尔堂上官即具实举奏,以凭降黜;若堂上官徇情,并罪不宥。"

时有例,指挥千百户犯科敛罪者运砖赎罪还职。刑部议:"都指挥系方面官,若犯贪酷害军徒罪以上者,调缘边都司,余罪复任管事。"

十二月

直隶苏州府知府况钟卒。以往郡多宿弊,钟铲除之,首黜贪污。

正统八年(1443年)

正月

敕广东按察司按察使郭智曰:"广东缘海地方设卫所,比闻都司卫所官不得其人,贪污暴虐,玩法欺公。尔为方面风宪重臣,素谙边事,宜体朕付托之重,持廉秉公,恪勤所务。"

吏部尚书郭琎有罪,令致仕。先是,六安州知州游璧夤缘本部郎中苏镒、员外郎夏瑜,赂琎子亮,求升方面。事觉,璧、瑜充军,镒为民。监察御史孙毓等言:"琎贪婪庸鄙,不宜污玷铨选,请行黜免。"上贷琎罪,特令致仕。

二月

巡按山东监察御史郑观奏:"登州营总兵官李福贪贿作弊,贪取灵山卫银三十两、大布一百疋,已为按察副使钟禄所劾。"上曰:"兑换官军兵部准行,李福役占军人,速令改正,其受灵山卫赃物,都察院究实以闻。"

湖广道监察御史丁俊巡按福建,鞫治参政颜泽赃罪,为之掩覆。上命调俊为河南府推官。

调南京留守后卫带俸都指挥佥事胡宽于边镇。宽,守把石城门,以贪贿被逮。都察院拟宽徒罪,如方面官例送调。都御史王文以为,宽虽未任都司,终系方面职事,请京卫带俸管操,都指挥有犯徒以上者俱合如宽例。

四月

巡按山东监察御史徐璟劾守备都指挥李弼受赂,纵军杖死军职,命执而鞫之。

六月

敕云南大理府知府刘烈曰:"尔之称所属官员,果有贪淫不法,蠹政害民情状昭著者,五品以上具实奏闻,其余尔即提下差人解京。一应公差之人,但有生事,需索为民患者,即举问如例。尔以风宪官往任郡寄,须宽猛得宜,以安民为本。"

户部右侍郎焦宏奏："福建永宁卫指挥使阚玉、珪、镇抚解智及军旗，贪赃失机等事。上命玉调山西行都司边卫带操，听调杀贼，住俸二年；智发宣府边卫充军；军旗调宣府缘边守墩哨，但逃处死不宥。"

七月

福建都指挥同知孙安坐索所部赂，论徒，会赦，调万全都司。

敕福建布政司右参政周礼曰："尔受朝廷委任，尤须廉勤公正，勉称任使，不可徇私受贿。"

山东都指挥佥事江原索所部赃坐罪。会赦，都察院请如例，调沿边都司。

八月

诸银冶巡检边通受赃纵贼，杖一百，连家小发戍广西边卫。

敕南京六部都察院堂上官曰："往因南京刑部都察院纲纪不振，今广西道监察御史王复欺公坏法，接受赃私，恣肆贪淫，不顾廉耻，其堂上官若罔闻，知逮其发露方才纠举，盖由平日因循宽纵，自处不严所致。王复已令锦衣卫遣官逮取，堂上官姑记其罪。自今尔等宜各严饬乃属，俾其持廉秉公，谨遵法度，以保禄位。若仍钤束不严，徇私不举，及风宪官互相党比者，皆罪不贷。"

辽东都指挥佥事李弼先坐失机，谪为为事官，立功以赎。未几，复有发其受赃及杖死军职状者。巡按御史徐璟奏逮之，会赦，赎徒，都察院请发辽东总兵官都督曹义处，听调立功。

九月

命陕西都司署都指挥佥事邢端往辽东听调，以甘肃总兵官、宁远伯任礼劾奏其贪酷也。

十月

敕谕在京文武群臣曰："朝廷建置百官，分理庶政，必能奉公守法。近者在京内外官员，或贪贿赂，遇有事务私相嘱托，以致文武铨选不公，风宪官党比不言，论罪皆不可容，今姑宥不问，继自今素守礼法者益加谨畏，以保名节，毋为贿赂所诱，毋相党比，以私灭公。敢有不知改悔，仍蹈前非者，必治以重罪不宥。"

户部侍郎焦宏①言："臣承命巡视直隶苏松及浙江福建海道，遍历各处卫，所见其官吏奸贪而不恤军士。乞敕廉干御史二员，一巡两浙，一巡福建，以戢奸顽。"

---

① 永乐年进士，历任监察御史等职，正统六年（1441年）为户部侍郎。为官23年，平冤狱，抗倭寇，颇有作为。

陕西都司署都指挥佥事邢端受赃，坐绞，会赦，调行都司。

十一月

南京监察御史王复以贪淫械至锦衣卫，鞫之有验，谪戍铁岭卫。

十二月

六科十三道劾驸马都尉焦敬，受留守卫舍人赃，纵之征私债于外。命枷敬于长安右门。

广东巡海都指挥佥事高迪坐失机受赃，会赦，巡按监察御史赵忠奏其难居方面。上命征其赃而宥其罪。

调山东都指挥佥事江原于山西行都司，以犯赃也。

正统九年（1444年）

二月

左军都督佥事曹俭奏："广东东莞县河泊所官罗通有文武才，乞收置京师以备任使。"吏部尚书王直等覆奏："通先为兵部郎中，往甘肃整理边务，以贪淫谪官，今俭徇私妄举，不宜从。"上曰："通既贪淫，不可复用。"

敕兵部官："今后贪暴害军官，果有功复职，就于立功卫所操备，但逃及再犯，必杀不宥。"

三月

府军前卫指挥佥事鹿麟，受枉法赃，卖放操军三十九名。事觉，上命以百斤枷，枷于教场号令，仍发辽东铁岭卫充军，后有犯者悉准此例。

四月

江西道监察御史俞本等言三事。有曰："乞敕大臣各率其属，咸加修省，不悛者许令言官指实纠劾，以凭黜罢；仍乞考核天下贪酷官吏，庶几感召天和。"上纳其言，因谕吏部尚书王直等曰："在廷群臣，务俾恪共乃职。在外府州县官，令巡按御史、布按二司官廉察，有不职者，具名以闻，贪酷病民者，黜罢之。"

巡按山西监察御史吉庆、太原府知府袁海，互以不法讦奏。事下，巡抚河南山西大理寺左少卿于谦等覆实："庆令舍人林广赍公文往河南，因而顺带家书至庆原籍荥阳县，海既受赃又诬奏风宪，俱宜究治。"上命锦衣卫官执至京师，下法司鞫之。

五月

刑部郎中郭恂、员外郎陆瑜奏："蒙推选臣等审南北直隶狱囚，乞令法司录付重狱原词，以凭详审。若理刑官有受财枉法者，文职五品以上亦乞许臣执问。"上俱从之。

六月

宥云南总兵官都督沐昂、按察使赖巽罪，谪指挥陶昇戍广西。初，巽案昇纳赃纵贼，昇遂奏昂尝纵家奴与麓贼通，昂拥兵不救，又受降贼赂。至是，巡按者验之昂罪虚实相半，昇罪不诬。上曰："昂总兵，乃容夷贼与家人通，选风宪何得？论法皆难宥，今姑记其罪，昇受赃纵贼罪觉，反诬告人，其宥死充军。"

七月

云南道监察御史计澄等奏："开科取士，务得实才，今南北直隶凡遇开科多有诈冒，各衙门吏典承差人等不由学校不经考验，其间奸盗贪墨，无所不有。"

开原备御都指挥使裴俊奏："参将都指挥同知胡源，役占军余二百余，侵盗官刍，取部属女子，纳军士粮豆之赂。"上命责源罪状，特宥之，且命究其役占军余以代巡哨军士之贫苦者，所侵刍所纳赂悉征焉。

闰七月

巡按直隶监察御史江玉琳案池州知府叶恩，贩鬻子女，而妄以在赦前出之，又匿其纳受财物之罪。都察院请收治玉琳。从之。

八月

大理寺卿俞士悦等言："例文职受财枉法满贯当绞者充军，其不满贯者俱赎罪为民。武职出百死一生得官，今坐流徒杖者概充军，则前功尽弃，而罪反重于文职。乞令武职受赃私满贯当死者充军，其余不满贯当流徒杖者如旧赎罪还职，则不惟优待武臣，抑且宽恤刑典。"① 从之。

义勇后卫带俸署都指挥佥事巩贵为人发其受所部官赂，且冒为领赏赐银。法司论当赎斩还职。上特命枷示教场，揭榜谕众。

浙江台州府知府李性坐杖死府吏、侵盗赃银诸罪。法司论杂犯死赦前免科。上以其性贪暴，特命谪戍边卫。

九月

都察院录京卫指挥千百户二百二十二人受赂放军。上曰："此属论罪俱当死，姑宥之，再犯不宥。"

---

① 一般明代对官吏受财枉法的惩处，文职重于武职。正统五年（1440年），有官员建议加重对武职犯科的惩治，没有采纳。这里又有进言减轻对文职的处罚，以优待之。可见，在对官吏犯赃的惩治尺度上，明政府存在着两难选择。

十二月

陕西按察司佥事陈斌，先奏守备延安绥德署都督佥事王斌贪虐，王斌亦具条陈斌赃污。事下，镇守官右都御史陈镒、都督同知郑铭覆核，各有虚实。上命王斌改过守边，执陈斌下锦衣卫狱，坐杖赎罪还职，调湖广按察司。

正统十年（1445年）

正月

巡按陕西监察御史张文昌奏："都指挥杨信贪淫废事，寇至境虏掠，逡巡不敢出，请治其罪。"从之。

吏部奏："奉命考察天下朝觐及在任官，浙江处州府等衙门同知等官曹纮等一十八员俱贪污，俱当罢为民。"上悉从之。

黜福建左布政使方正为民，坐贪淫等罪被劾也。

三月

敕谕镇守陕西右都御史陈镒、巡抚河南山西左少卿于谦曰："闻各卫所官，多不爱惜军士，往往剥削克害，其职居方面风宪者亦皆同流合污，视官吏贪污民生疾苦，若不相干。尔等为国重臣，受朕委任，其有司官果有贪暴不才及阘茸无能者，起送赴京。"

四月

巡按贵州监察御史虞祯奏："都指挥佥事张景诛求所部白金等贿无厌，因而杖守御千户至死，请究其罪。"从之。

五月

广东按察使郭智下狱。初，广东都指挥姚麟诸军官奏智侵官守，作威索赂。左参议杨信民亦奏智败坏风宪，克害军民诸不法状。都察院请下其事，巡按御史覆之，且言俟智考满至收系，故有是命。

七月

参赞云南军务刑部侍郎杨宁劾奏："云南楚雄卫指挥佥事彭佐贪赃，因而逼人致死。"上命杖一百，谪戍边卫，但逃，处死不宥。

八月

广东都指挥佥事姚麟受罪人赂，嘱按察司副使王增佑释之，为千户钱惠所奏。上命都察院移文巡按御史廉其实，奏闻处治。

户科掌科给事中一弼言："天灾时降，伏望验灾异之本，戒谕官吏，洗心涤虑，若有贪暴者命御史具实奏闻，以凭罢黜。"上嘉纳之。

山西按察使曹习古以贪淫事觉，法司鞫论，赎徒为民。上命充辽东铁岭卫军。

巡按直隶监察御史韩雍劾奏："山东按察司副使王裕索部下犯罪遇赦者贿，巡按御史计澄与裕有旧，欲掩其罪，上章荐之，俱难任风宪，宜置诸法。"上命都察院逮治之。

山东民奏按察司副使钟录问刑受赂，事下法司，请行巡按御史廉实，具奏区处①，从之。

十月

降山东按察司副使卜谦为布政司参议。右都御史王文言谦推奸避事，难居风宪。谦诉枉，上曰："谦既无赃私，其改授参议，俾图自励，若仍避难，必罪不宥。"

江西备御都指挥佥事刘顺受所部赂，复还之，为巡按监察御史何永芳所奏，顺输罪，宥之。

十一月

湖广五开卫指挥使王通有枉法受赂诸事，论赎绞还职。上曰："通情重难以例论，命为为事官，发广西杀贼立功，满三年复之。"

十二月

参赞宁夏军务大理寺右寺丞罗绮奏："守备广武营都指挥使种兴，贪黩不法，左参将都指挥使丁信尝安奏兴擅改军政，乞皆治其罪。"上曰："信姑不问，兴令从实自陈。"

正统十一年（1446年）

正月

贵州都指挥佥事张景坐索赂诸罪，当赎徒复职。上特命降为为事官，发广西杀贼立功。

二月

敕谕五府、六部、都察院、大理寺等衙门官曰："方面知府必选用得人，然后民受实惠。今后该保官须访察素有清誉才行堪任者，从公举保，敢有徇私受贿滥保贪婪不律之徒，听六科十三道体实劾奏。各府州县果有贪官污吏及强横豪民挟制官府欺压小民为一郡一邑之害者，御史按察司官即便拿问究治，应奏

---

① 处理，安排。

者具实奏来，庶使奸顽敛迹，良善获安。"

三月

山西都指挥佥事王友坐役军索赂诸罪，当赎徒调用总兵官，武进伯朱冕请免调，从之。

四月

陕西宁夏前卫指挥佥事任信奏："参赞军务大理寺右寺丞罗绮，妄费财力以建淫祠，受官吏赇，违法纵肆，不可胜言。"上命巡按御史、按察司核实以闻。

吏部言："近有旨，令巡按御史、布按司官询察府州县官，老疾者冠带致仕，罢软不能仕事者罢为民，贪暴害人者问罪。其布按司官从御史举劾，若再遣官未免劳扰。"上曰："今后考满官令该管上司考察实行送吏部覆考，见任者令风宪等官照近例考黜，果有治行超异者具奏，俟考满时量加升擢。务要黜陟公明，人知惩劝。若考察官任情好恶，颠倒是非，俱重罪不宥。"

五月

湖广布政使萧宽奏："近年民间户婚田土斗殴等讼多从粮长剖理，甚至贪财坏法，是非莫辨，屈抑无辜。乞严加禁约，今后不许粮长理讼。"

福建汀州府知府陆征言："天下卫所军，往往假称欲往原籍，取讨衣鞋，分析家资，置备军装，其官旗人等贪图贿赂，从而给与文引遣之。请行各处都司卫所及清军御史①严加禁革，今后不许擅给文引。"

保成国公朱勇奏："左军都督府左都督刘聚之子，以马鞯及扇散给营中官军，征求银货，且役军人造私居第。"命执其子下狱，聚自陈失于教训，六科十三道交劾其贪虐欺罔。上命宥聚不问。

六月

复浙江钱塘县知县陆枢官。然枢实贪酷，其后卒以赃败，死都察院狱。

宥直隶苏州府吴县知县叶锡，还职。锡剖民争产者，民不平，诉锡贪酷枉己。法司请罪，锡耆民百余人诣阙，言锡清廉，乞留之。上曰："民既欲留，其毋罪之，令视事。"

南京监察御史陆俦巡石灰山关，副使黄颐受盐徒赇，俦廉知，发其奸。颐诬评俦常取民池小鱼十数尾及蔬菜一束供馔，遂俱下锦衣卫狱。俦当罢官，上命宥之。

湖广按察使孔文英奏："楚府仪宾葛隆，以沔阳州同知曹瑛有赃罪系狱给受其赂，请治隆罪。"上命巡按御史鞫之。

---

① 清军，即清理军籍。明代定期清军，检查勾补事项，负责的官员即清军御史。

七月

驸马都尉赵辉掌南京锦衣卫优给营,索取百户子当优给者贿,南京刑部请究其状。上命宥辉,但收鞫其所连者。

九月

总督浙江备倭都指挥使李信等奏:"巡海都指挥同知王瑛纳贿,纵所部出海捕鱼,请下巡按御史究问。"从之。

正统十二年(1447年)

二月

陕西绥德卫为事指挥刘让,奏镇守右佥都御史马恭受赃、娶妾等事。上曰:"恭居风宪,何以纳妾?于镇守处法本难容,第即遣回,亦无赃私重情,姑宥之,再犯不宥。"

浙江都司运粮都指挥佥事萧华,奏本司运粮署都指挥佥事刘鼎索取绍兴卫军士赂,命巡按御史逮问之。

礼科给事中余忭言铨选之典:"旧例但有犯赃罪并罚举者,盖以防其奸弊,使知所儆,毋妄举也。近者按察使曹习古,副使李立,佥事李在修、陈善,参议鲍时,知府叶恩、李性、袁海、袁旭,知州张需,或贪赃或酷刑或闺门不洁,皆已按举其罪,未闻连坐举保之人,所以互相仿效,略不知惧。"上曰:"保举官既称职者多且依旧行其间徇私滥举者,朝廷自有裁处,今后果有蝇营狗苟者,许御史给事中指劾。"

四月

增置广东布政司右参政一员,升山东按察司副使钟禄为之。赐之敕曰:"尔当廉洁公正,以身率人。若徇私受贿,党蔽恶人,妨废军政,贻患边方,尔罪非轻,其敬慎之。"

闰四月

十三道监察御史陈璞等奏:"山东湖广等布政司、直隶淮安等府州县,连被水旱,人民艰难,令所司官员果有贪酷不才,坐视民患者,亦各究治。"

五月

湖广都指挥佥事常敬坐赃,赎罪,调广西。

中都留守司都指挥张斌以操备赴京,为下人告其伐木于皇陵及贪污诸罪。下狱鞫之。

六部诸大臣奉命会审广东按察使郭智,有赃,黜为民。

六月

序班祁全招抚番僧，坐索赂诸罪。掌茂州事参议陈敏受全馈而酬以金，都察院请并敏执问，从之。

镇守陕西右副都御史马昂劾署都指挥佥事张通贪虐等状，执问具伏。上命革其管军，于甘肃总兵官处随操兵部，择廉洁者往代之。

七月

宥刑部尚书金濂，右侍郎丁铉、薛希琏、杨宁罪。时舞阳县丞白刚有赃罪，刑部主事洪绳论无赃，止坐徒，濂等皆审允。大理寺奏绳受刚赇，六科十三道劾濂等不能禁奸。上命皆宥之。

湖广按察司劾都指挥佥事吉世英，贪求无厌，具有左验。上命巡按御史会按察司逮治之。

九月

江西永新千户所副千户故敏，为部卒诉其贪酷奢借，与京官朋结，刑部请下巡按监察御史逮治。上命锦衣卫官械敏，并籍其家来京鞫治。

十一月

灵丘王逊烇令教授米禄选县主仪宾，禄与校尉刘通、范信受张会、谢森金币，以其名启王允之，既而禄忿通、信受贿多，以状呈都察院，逮治有验，禄除名，通、信还役，会、森赎杖。上特宥会、森，释之。

监察御史胡拱辰下狱。时盗窃山西道赃罚库金币，拱辰掌道事，坐提督不严故也。

十二月

湖广按察司奏："都指挥佥事胡海以百户凌瑛巡捕贪利，殴之致死，妄奏瑛自缢。"上命鞫其罪，当赎徒还职。

贵州署都指挥同知常智坐因公索赂，徒罪赎还职，调缘边都司。

正统十三年（1448年）

正月

吏部尚书王直等奏："臣等奉命会同都察院考察天下司府州县等衙门朝觐及在任官员，知府等官骆暹等五员俱贪污，当黜为民。"

二月

广东都指挥佥事干羽奏："乌撒军民府同知张逊嗜酒贪贿诸罪，覆勘不实。"上命羽自陈，为都察院所劾，命巡按御史逮鞫之。

云南按察司副使萧晅，初为刑部山西郎中摄河南司事时，本司主事洪绳受有赃，县丞贿而出其罪，未结，以忧去。晅不究，但据成案与结。法司论晅当赎杖完官，从之。

先是，鸿胪寺丞祁全同右佥都御史寇深，抚治松潘等处，深因衔全忤己，发其受番僧马索所部贿，又诬其尝通百户杜志纲妾及受贿。全亦讦深令指挥李璇征得所部金砚，受都指挥孙敬金银壶盏、参议陈敏金银笔墨诸器。上命治全，宥深不问，但令往勘其事。全负诬，诉不已。时按察使曹泰亦以忤深坐事，言深怀奸害人不法诸状。上皆不听。至是法司坐全索所部贿，拟赎徒为民。深受璇、敬、敏等贿，威逼志纲死。上曰："全罪如所拟，良以付巡按御史治之，深、敬、敏等姑不问，下三司御史掌印官，收璇鞫审，深受贿及志纲死状，具闻处治。"

三月

四川都指挥佥事魏英坐索所部贿，巡按御史张洪鞫验当赎徒。

山西威远卫指挥同知孙敬弃职潜住山西等处六年，且诈称巡捕官索所经居民贿，为巡检官所获。法司论当赎徒还官。上命杖一百，编充本卫军。

五月

敕刑部右侍郎丁铉："近闻河南山东地方旱蝗相仍，人民艰食，特命尔巡视，但有蝗蛹生发量起军夫扑灭，或有贪官污吏、暴虐小民，即挐问惩治。"

七月

四川都指挥使徐海、都指挥佥事朱忠，为人发其盗鬻粮钞，下巡按御史鞫。至是，复有告忠纳赂及诬人为盗者，遂令并鞫之。

湖广辰州卫指挥同知潘海大肆贪暴，且数诬奏陷人。巡按监察御史候爵言："海之恶不可以常例论。"上命充腾冲卫军。

八月

广西按察司副使万节，为族人发其为御史巡按时贪污事，诏逮之。

福建都指挥佥事邓安，为所属百户发其贪淫罪，命巡按御史远问之。

十月

工部右侍郎王佑致仕。贪淫不检，上令调除外任，佑自诉病体难胜繁剧，乞赐骸归以延残喘。

正统十四年（1449 年）

四月

福建行都司都指挥佥事蒋贵，擅止所部当调官军而索其贿，及因而逼其指挥高镛自缢死。巡按监察御史陈员韬按奏其状，请俟贼平逮鞫。从之。

命大理寺左寺丞李奎巡抚河南及直隶真定等四府，吏部右侍郎赵新巡抚山东及直隶凤阳等四府。各赐敕谕之曰："贪官污吏，豪猾军民，众所怨恶者，拿问处置，廉能抚民人心悦服者，以礼奖劝，尔尤须以公正廉谨，存心行事。罪必不宥，尔其慎之。"

四川松潘镇平等堡守备指挥吴谦等以贪淫激变番人，致伤官军。镇守右佥都御史冠深鞫谦罪当斩。上命罪谦等如律。

陕西延绥龙州寨戍卒因修理城堙得铜钱金盏等物，把总守备署都指挥佥事陈聚收贮之官，因而侵欺其半。事觉，下陕西按察司，论当征赃赎斩还职，从之。

五月

四川松潘等处军民指挥使司指挥使石俊等，屡奏镇守都指挥佥事王杲贪贿不法诸事，且岁索茜草酥油等物于诸番，因而激变番民。上遣锦衣卫官往执之。

户部奏："遣主事张斌同巡按监察御史刘文查册，斌遇疾乃奏文等恐已发其奸弊因毒已成疾。"上命法司逮治更遣主事陈汝言往究之，汝言奏："盐运使耽九畴等受贿重冒支给盐钞，俱下法司论罪。"九畴等陈诉，上特命谪斌戍辽东铁岭卫，文及九畴等皆宥之。

命镇守福建浙江刑部右侍郎薛希琏、大理寺右少卿张骥，候贼平之日，访察贪污官吏，逮送京师。从巡按监察御史史罗澄奏请也。

吏科给事中包良佐言："吏治得失者，民生休戚之所系。今吏部虽有考课之典，而黜陟必待九年，是其法未严也。御史虽有访察之例，而巡历不过一年，是其责未专也。乞慎选才德素有清誉大臣一人，前去考察，廉勤者存之，老疾罢软者黜之，贪墨害民明有实迹者依律究问，重加贬斥。"又言福建司府县官，平日酷虐下民，贪黩无厌。

六月

浙江仁和县民诉本县人诬告其父为逃军子。丁忧主事夏时正为之嘱清军御史盛琦，掠其父补军役已，因以白金二十两赂布政司参议李源，得移勘诬者，复重赂时正为之嘱，且言已泄其赂于外，以激怒琦，遂并己系狱掠之。上命锦衣卫官执时正、源并所连者，鞫于京，琦俟巡按还，鞫之。

有民诈称办事官，征广东诸县河泊所鱼课，因索其贿。河源县官械送惠州府，同知沈宣不理。械送布政司，参议左璿复不理。诈者竟亡去，巡按广东监察御史沈衡请逮璿等究治。

敕谕两京文武群臣，有曰："或刑罚滥及于无辜欤，或谄谀幸进于有位欤，或征敛之横加欤，或贿赂之肆行欤，或用度奢侈而民力凋弊欤，或官吏贪黩而政务废弛欤，凡此皆致灾之由也。"①

诏曰："自正统十四年六月二十一日以前，有为事见问及做工运灰等项，悉宥其罪。文职犯枉法赃者罢归为民。"

八月

都察院右都御史陈镒合诸大臣廷启曰："司礼监太监王振，误蒙圣上眷顾，恃宠狎恩，卖官鬻爵则贿赂大行，恣毒逞凶则诛杀无忌。恬不知畏，怙奸稔恶，愈肆贪婪，广置塌房庄所田园马坊，侵夺民利不输国课。"②

九月

六科十三道劾僧录司右觉义、龚然胜，道禄司右玄义、王道宏，锦衣卫镇抚周铨，匠人沈诚，小旗张伯通，俱赂指挥马顺，引进出入王振家，漏泄机密事情，以致人皆畏惧，请托盈门，家道巨富。上曰："趋振门求进者不少，若尽加穷究，不可胜诛，其姑置之。"

诏天下，有曰："天下有司官员有廉能干济善抚百姓者，所在上司巡抚风宪等官以礼奖劝，毋或凌辱；贪酷无耻害民者，拏问解京；按察司官巡按御史俱系朝廷耳目，凡有刑狱冤枉，悉与伸辩；官吏贪污，悉从纠举，不许推避，致陷无辜；纵容有罪违者罪之。"

镇守大同太监郭敬下狱。初，敬素与王振厚，递年多造钢铁箭头，用瓮盛之以遗瓦剌使臣。也先每岁用良马等物赂振及敬以报之。

礼科给事中金达奏："近奉敕往独石公干，访得都指挥杨俊怙势贪侈，无勇无谋，不堪任用事。"

南京都察院右副都御史张纯言十三事。考察文官条有曰："中间多有不才者，惟贪己之富贵，不顾民之疾苦，间有廉以律身，公以莅事者，因无激劝之典，视彼贪墨之徒，安享富贵，久则亦不免为私欲牵制，而日习为污下矣。乞命廉能公正御史给事中，分往浙江等布政司及南北直隶，将司府州县大小衙门官员从公考察，果有廉能干济深得民心者存留管事，开具上闻朝廷，加以褒异之典。其贪酷不才罢软无为者黜退为民，老疾者许令致仕。近年以来，管军头目不思朝廷养兵待用之意，大肆肥己贪暴之心，或侵欺其月粮，或科敛其财物，剥削之弊，非一言能尽，及至事发，问断不过赎罪复职。乞令内外风宪官用心

---

① 明代重视天灾的警世作用，故政府因灾整顿吏治，言官因灾弹劾官员乃至乞罢等时常出现。
② 宦官王振专权，朝政败坏，终致"土木之变"，英宗被俘。时明代宗朱祁钰在位。

体访,如军职中平昔贪酷不才,剥削小军,起盖房屋置买庄田者,或体访得出,或因人告发,重则挈送法司,明正其罪,全家发边远充军,轻或量情决打,枷项羞辱。惟盗贼之兴,其实有所自也,大抵管民者侵渔克害管军者,贪暴豪猾,军民窘于衣食,不得已而为盗。乞命内外风宪官,用心详察激劝,其文武官有能守己以廉御下以恩者,奏闻升赏;其残忍贪暴不能恤人者,文职为民,武职充军。"增禄养廉条曰:"臣闻人皆患吏之贪而不知去贪之道,人皆喜吏之清而不知致清之本,必欲去贪致清在乎厚其禄、均其俸而已。乞将内外大小官员除月俸六十石以上者其余量添一二以给身家之用,如此则国家有养廉之资,臣下励守廉之志矣。"

总督军务靖远伯王骥奏:"都督宫聚贪暴不仁,累次失机,陷官军一万六千有余,请治其罪。"帝曰:"今苗贼势众,宫聚且不问,令尽心杀贼以赎前罪。"

十月

应天府江宁县前任主簿王冕言:"南京快马船供送官物,船夫岁食粮米,近者每供送辄贿其官,将一船所载官物散十余船,甚至暴露船仓之外,而以仓承揽客货。"

翰林院侍讲刘定之言,有曰:"至如大臣举官有犯赃私者,必连及举主。夫恩不加于贪吏则贪者寡,罚不贷于举主则举者慎。庶乎民蒙其惠而邦本固矣。"

十一月

大宁前卫带俸都指挥佥事郭瑛坐分盗赃当徒,特释之。

湖广都指挥佥事吉世英坐赃当调广西,诏暂令率湖广兵讨靖州苗贼赎罪。

命湖广按察司按察使孔文英复职。先是,巡按监察御史阎宽劾文英受贪污知县夏琛等白金四百两,故出其罪,逮系都察院狱,论罪,遇赦。至是,复自陈得白,故有是命。

尚宝司司丞夏瑄言二事。有曰:"任循良之吏,黜贪酷之徒,务行实惠,则民志有定,变故不生矣。湖广、贵州苗贼寇扰,原其祸始于频岁征伐,云南往来供役,不胜其苦,又因互争田土,有司受其贿赂,判与不公,亦因边将及有司剥削侵凌,激其为变。"

十二月

兵科给事中刘斌奏:"乞分遣公正御史巡行天下,会同巡抚等官,考察府州县官之庸奸贪酷者,黜削有差,以慰民心。"

敕谕右副都御史王来曰:"尔为风宪重臣,受朕一方之寄,务须持廉秉公,宽猛得宜,举措不偏,使人有所惩劝。毋惑贪酷怠忽,有负委托。"

二、景泰年间（景泰元年至七年，1450—1456年）

景泰元年（1450年）

闰正月

十三道监察御史华鸾等言三事。有曰："慎用刑官，此辈多不畏法，惟图贿赂，颠倒是非，出入罪名，又有暴虐者，不问情之轻重，一概加之鞭挞，以致刑狱不清，人心嗟怨。"

二月

镇守河南内官李琮陈兵出入，取民白金、彩段等物无算，日索猪肉五百余斤；家奴俱依声势，贪暴害人。为巡按御史陈玠所奏，命执下锦衣卫狱鞫之。

黜广东按察司黄翰、佥事韦广为民。初，左参议杨信民奏翰取官军歌者为妾，纳县官银五百余两为出其罪，盗贼罚钱三万六千构事，逼取富军赂，广敛民钱。翰、广亦各奏民纵囚畏贼诸不法事。俱逮至京下狱，已而民信得白，服职。至是，都察院论翰当充军，广当为民，然已遇赦免科，特命俱黜为民。

三月

直隶枣强县知县张纪坐事为民。以银百两赂长随李臣儿求平反，臣儿托奉御舒良良，不从。又托长随高达转恳之，复不从。乃还纯赂三之二，纯怀出北安门为宫军所诘奏，送锦衣卫鞫之。诏司礼监监征臣儿赃，杖五十，降。纯，杖一百，充辽东边卫军。余悉宥之。

四月

十三道监察御史四箴等言："锦衣卫以及各卫皆朝廷之牙爪也，体察事务巡捕盗贼多冤滥于无辜，卖放挨军，克减粮赏，每贪婪而无厌，以至太常寺、光禄寺、鸿胪寺、太仆寺、钦天监、太医院等衙门官员率皆任非其人，徒有固禄保身之计，全无爱君忧国之心，荐举人才则假公营私不畏清议而贪污之竞进，计议国事则妒贤嫉能不持公论，文武大小群臣官吏交构贿赂公行，武备不修。"

翰林院编修周洪谟言有曰："各处武职，或治产业宅第而私役军丁，或货钱以赂上司而偿以军粮，宜令巡按御史纠察而加降黜。"

五月

南京龙虎卫管操指挥周珍索贿于操卒，南京都察院劾之，并劾把总都指挥修真，铃束不严。诏姑宥真，南京刑部但执珍鞫之。

六月

监察御史谢琚言："知州张廉、燕云知县李瑀，皆廉能著称。知州徐纲、知县牛俊、董宗显，皆贪婪显著。宜加黜陟，以示劝惩。"诏吏部廉察其实而进退之。

谪中书舍人沈瓛戍威远卫，坐奏保生员陈贤等试中书受贿，为尚书兼学士陈循所奏也。

先是，十三道监察御史张子初等言："宣德年间始有会官举保①之例，行之既久，奔竞成风，所举岂能得人？臣等切惟方面郡守既以请托而得进，身其居官也，岂不以赂贿而害民乎？臣愿陛下停举保之新例而复洪武、永乐之旧制。"诏从所言，令今后方面郡守御史有缺，吏部从公推选，务在得人，若有不公，六科十三道其劾奏之。

肃府仪卫司余丁聊让言五事，有曰，近年以来，污吏贪官残虐纵横于郡邑。

七月

都督同知宫聚坐罪征赃未完，会特恩，降指挥佥事。刑部请仍收其子悉征之，使贪墨者知戒。从之。

巡按贵州监察御史黄镐，劾奏都指挥佥事张任傅纲贪淫诸状。时贵州边警未息，诏镐俟事平后逮鞫之。

陕西宁夏左屯卫指挥同知周瑛，具疏镇守太监来福擅权贪暴诸不法状以闻，诏都察院移文巡按御史覆之。

八月

谪直隶淮安府知府程宗成辽东，坐擅集民船六十余艘，为太监金英家奴李庆等载货，且事后受其贿也。

太医院院判张敬受诸处保送医官贿辄试中之，事觉，下法司，敬自陈罪状。诏特释之，刑科都给事中林聪等劾敬贪墨无耻，难再录用，请罢黜为民，以戒方来。不从。

镇守陕西左副都御史刘广衡，先是奏都指挥同知张俊，枉法索操卒贿、歇其役盗、修城木以营私第诸罪，诏巡按御史鞫之，至是奏当赎斩还职，诏送甘肃杀贼立功。

颁诏大赦天下诏，有曰："官吏有犯曾经正统十四年九月初六日赦免，该还职役因有窒碍申诉未曾还职役者，俱还职役。有赃犯者不在此例。文武官吏监

---

① 会官举保制度在宣德至正统实行，景泰初废除。

生生员旗校军民匠作人等有为事问发见做工运粮等项者，悉宥其罪，官吏人等复还职役，军还原伍，匠仍当匠，民放宁家，其文官有犯赃罪者发还原籍为民。"

九月

初，太监金英家奴郭廉、赵显，多支浙盐，已谪戍边卫。都察院劾奏两浙运使吴方大，畏势受赂听嘱。诏械方大至京，至是追赃毕，发原籍为民。

十月

命内外法司：今后问拟笞杖罪囚，其有力当输赎者，免其运粮悉纳钞。笞一十，二百贯，余以二百贯递加，至笞五十，一千贯。杖六十，一千八百贯，余以三百贯递加，至杖一百，三千贯。其贪赃官吏除金银珠宝仍追本色，余物亦照今例折钞。①

监察御史白仲贤等，劾工部尚书陈恭、周忱，都察院左副都御史孙曰良、刑部左侍郎丁镠，太常寺卿蒋守约等，俱老疾不堪、贪冒无厌，乞即罢归。

十一月

初，锦衣卫指挥佥事吕贵，因达贼侵境升署都指挥佥事出征，及还贵恐调出失势，托太监金英家人锦衣卫百户金善，以赂英得辞升职，仍旧官，又索营缮所官砖瓦等料万余以造私室，赂管海子内使叶景荣，景荣以石及草与之。事觉，下都察院，论贵、善、景荣，俱应斩。英宜究治，诏斩善，降调贵于边卫，景荣送司礼监别用，赃物俱追入官，执英付都察院鞫之。

降右军都督佥事陈友为都指挥使，协同守备倒马关。友奉命提督牧马官军于东安等县，纳贿。事觉，下刑部狱，坐以受财枉法赎绞，故有是命。

十二月

给事中金达等劾奏淮府长史王彰，受有过民人刘垕赂选为仪宾，事觉，遇赦复职，不行改正，命法司究问之。

景泰二年（1451 年）

正月

吏科都给事中张让等言："在外司府州县官，假以朝觐为名，肆行科敛，剥民膏脂，舟车盈载，馈遗权门，希觊迁擢。乞敕该部会同都察院堂上官，先将来朝官员从公考察，令各该上司开具在任官员廉贪事迹在部，仍推选廉正有为

---

① 该令实际上改役赎为物赎，将运粮赎笞罪改为纳钞赎笞，并有具体数量规定，且物赎也有本、钞规定。

京官，分往天下，重加廉访，以凭去留。"诏吏部只遵旧行，所言以朝觐为名科敛者，其指实来闻。于是让等以高州府知府易輗、梧州府知府诸忠、高唐州知州唐泰、吉水县知县刘晟科敛数事上之，诏輗等候朝觐毕究问。

罢知府白琮等一十三员为民。先是吏部都察院考察天下来朝并在任官员，当黜退者七百三十余人，朝廷虑其未当，仍命集诸大臣更考察之，琮等年未及五十五有疾并阘茸贪淫不才者，俱革冠带，黜为民。

二月

山西行太仆寺主簿蔺让，以御史左鼎案其多役皂隶求索财物等罪，让亦讦奏鼎尝以军人家属擅宿馆驿。鼎遂令州官查臣多役皂隶诬坐赃罪事，下法司，请行巡抚巡按官廉让等情状以闻，从之。

复孔公堂山东曲阜县知县，仍命致仕。公堂，先坐赃，罢为民，至是其侄袭封衍圣公彦缙为白其枉，故命复原职致仕。

少保兼兵部尚书于谦言："臣又惟今日天下之事莫重于兵，而为兵之害莫重于受贿卖军。宜令在京各营总兵官武清侯石亨等并各营坐营都督都指挥等官，各尽公心抚恤军士，保全名位，毋蹈前非，今后敢有受贿卖放操军回还原籍原卫所三名以上者，自都督以下至试百户所镇抚，不分官职大小，俱降三等，调发边卫哨守，候有功具奏定夺。"①

三月

广东广州府耆民奏："前参议杨信民，为政公平，不用刑威，爱民如子，嫉贪如仇，兴利除害，以举奏贪吏为其反噬，逮赴京师，军民遥乞留者前后万人，寻以朝命还镇于广，劳瘁成疾。今没已期年，民心哀慕不已，请为之立祠，春秋奉祭，以旌贤德。"

都察院左都御史陈镒等言："浙江都转运盐使司运使吴方大，以贪赃坏法为民累，饰词求复职，似此奸诈，难照常例处之。"命发戍边卫。

大同总兵官定襄伯郭登奏："左都御史沈固在边年久，法令不行，致边城经收粮草官吏大肆奸贪。乞别选廉明刚正之人以代固。"

四月

初，镇守福建太监廖秀，奏巡按御史许仕达专权失机及耽溺游乐、需索供奉等事。诏镇守福建右侍郎薛希琏等案其状。至是，仕达亦奏希琏贪婪不法等事。诏遣给事中御史公正者往按之。

---

① 一代名臣于谦极言兵政之重要，受贿卖军危害之大。"土木之变"后，京师能够稳定，于谦功不可没。

巡按直隶监察御史全智言："各处镇守军职滥受词讼，得贿者泯之不行，无贿者转发送问。乞通行禁约，军职止许操军御寇，毋蹈前非，违者治罪。"

五月

贵州都指挥佥事傅纲，因抚安乌撒等卫，至永宁逼取诸军官赂。按察司佥事张淑以闻，命巡按御史执问之。

六月

陕西布政使许资为巡按御史，甘泽案其贪鄙好利，被逮。资遂奏泽枉道回家、过永兴王府不下轿诸罪。事下都察院，谓资妄奏请，命清军御史鞫之，泽不遵礼法，周妄覆请，俱俟代回问罪。

七月

先是，广东右参政戴弁奏官吏犯赃者解京，其他罪于钦州并灵山县纳米赎罪。朝议从之。至是，巡按监察御史钱昕又奏边储不足，请官吏犯枉法赃满贯应死者解京，其犯赃不应死者亦于二处纳米，完日发遣原籍为民。

礼部仪制司郎中章纶言十六事，有曰："臣惟天下之官，清谨者少，赃污者多。今各布政司并直隶先择御史十五人、大臣十五人，每三年一次，御史先往微行询察，大臣继往重复考验。果清谨者升之，赃污者黜之。"

镇守山海都指挥王整为所部发其受赂诸不法事。都察院请下巡按御史覆实以闻。

八月

户部奏："盐司官吏于收盐之际多倍其数，及至放支受商旅货贿，亦倍其数，其批验盐引，所监掣官员亦图贿赂。"

襄垣王逊辉复奏："提督军务左副都御史年富，受左都御史沈固、参将许贵，银共千二百两有奇。又受大同卫指挥知府驿丞赂。"都察院谓富先已按固贪冒不忠，按贵不律状，而襄垣王乃奏富受赂，如此宜更遣御史。

南京兵部尚书靖远伯王骥按河阳卫百户周忠枉法受财罪，因言忠尝欲独擅宝船厂事而诬退同事，是以愈暴横厂内外。法司具狱以闻，命发充口外①军。

九月

贵州协赞军务按察副使李睿纳所部指挥女为妾，索取土官巡检马匹。命总督军务右都御史王来治之，而都匀等长官司诸土官连奏保睿。都察院言风宪稍涉贪淫即难录用，请仍命来究状械京。

镇守浙江兵部左侍郎孙原贞奏，总督备倭都指挥佥事王谦等受滨海军民赂，

---

① 指长城以北地区。

纵之下海捕鱼及克减军粮等不法事，请治其罪。诏谦具实以闻。

十月

吏部言广东都布按三司官奏："巡按监察御史钱昕，风纪澄清，奸贪敛迹。乞令再巡按一年以慰民望。夫御史巡按，岁一更代，正以防上下稔情之故，而三司官乃违成宪，徇情市恩，请究治之。"诏各官从实输情以闻。

敕谕右佥都御史王竑曰："官员中有廉勤公谨致盗息民安、军政修举者，量加奖劝；其贪酷不才、害军害民者，除五品以上及军职具奏区处，民职六品以下并豪强把持官府刁泼军民人等，尔即拏问如律。尔为朝廷宪臣，受朕委任，必须宽猛适宜，于是乃克有济，盗息民安。"

十一月

山东右布政使裴纶言："临清县地当冲要，政务冗繁，前任知县贪污事觉而死，继今选补尤须择人，访得东平州判官萧忠，在任九年，公正廉能。乞升知县以补其缺。"命吏部定拟以闻。

景泰三年（1452年）

正月

巡按直隶监察御史郑韶、户部委官郎中汪浒奏："致仕户部侍郎刘琏总督边储，受输来米者贿勒诸仓官，为弊百端。又令家人刘琏等假输粝米，因而侵盗官银千余两，以致边储亏耗。乞正以法。"帝命都察院执琏并政鞫之，果验，悉征其所盗银入官。

二月

镇守福建右建丞戴细保奏："守备沙九等县都指挥同知秦敏索部卒贿，纵之歇役，请治其罪。"命镇守尚书薛琏及福建三司堂上官会鞫之。

刑科都给事中林聪奏："如大理卿蔡锡巡抚湖广，因劾副使刑端贪暴，反为端所讦。又如侍郎刘琏总督宣府边储，侵欺作弊。尚书周忱之在江南侵盗钱谷，动以万计。又如犯人徐南与其子中书舍人颐，俱坐结交太监王振，赂求官职。"诏忱固既已有罪，致仕不问。琏其辄都察院问结，南、颐其令刑部查原犯以闻。于是都察院论琏侵盗官银，罪在赦前，第坐枉法，赃满贯律绞例充军。且言琏原侵盗及枉法赃银计一千四百余两，征尚未既。诏琏在边岁久，特宥其罪，令致仕。赃银征未既者悉免征。刑部亦以南、颐狱上谳，诏并宥南死，释为民。

三月

释都督同知顾兴祖、署指挥佥事周晟。兴祖坐受所部贿，事觉，乃以给主而自陈不实。晟，坐受所部馈遗。法司论俱当赎徒还职，诏免。

命锦衣卫指挥同知毕旺采访事情，谕之曰："官吏受财卖法有显迹重情方许指实奏闻，点差御史覆体实方许执讯，其余事情止许受害之人告发，不许挟仇受嘱，诬害良善，受财致冤。"

镇守黄花镇口带俸都指挥佥事鲁瑄，初坐索贿所部，宥不问。未几，又私役守卒百余人采木营第，及令烧炭转货于京。都察院请治其罪，诏以关隘守备方急，复宥之。

五月

诏天下，有曰："今各处见在官员果有德行，政事优长，及官罢职委无赃犯重情而才学可用者，并听四品以上官员在外巡抚巡按方回并府州县正官指挥实迹为证举荐，赴京考用。所举之人犯有犯赃罪者连坐举主。"

升大理寺卿蔡锡为湖广布政司左参政。锡，巡抚湖广，奏按察司副使刑端、佥事陈斌贪暴。端亦讦奏锡不居公馆，锡下狱，论赎徒，会赦，当还职。诏以锡行检不谨，特降外任。

复王豪山东道监察御史。初，少保陈循尝奏乡人盗葬山坟，命豪往廉其事，而循事不得直，遂讦豪低价买物，复有诏风宪官被讦徇私不分，曾无参奏，虽经赦宥皆改外任。御史朱英言："讦风宪官者岂能皆实，若不究其虚实即罪而去之，不惟怨仇恩报者无所不至，为风宪者亦愈加缄口，而政事之失、臣下之过，无复敢言矣。"疏入，诏吏部会法司商确，皆言风宪被讦徇私，宜审实。诏以豪小过不足究，命复其职。豪素贪纵，又有张存正者，任太和县丞，豪尝委之按循事，至是亦坐赃罪，黜为民。

七月

直隶苏州府经历司奏："先诏有司成造军器皆用在官船车输运，而牧民贪污者，乃复给称借贷，敛取于民，潜以肥家。"事下工部，请令各按察司巡按御史廉其违诏之罪。

都督武毅在广西，往往以广东军不至为词不肯进讨，且闻毅贪墨玩事。

锦衣卫指挥佥事卢忠言本卫指挥同知毕旺受赂生事，下三法司鞫。忠赎杖还职，诏以忠、旺同僚不和，难居近侍，降忠为事官于广西。

操备千户等官胡镛等奏坐营都指挥田贵为其亲促债，致操军逃归。贵亦奏管操都指挥同知郑时通、镛等受赂，纵放操军。法司请先执镛等鞫问①。

---

① 同僚互讦，告讦之风盛行，足见其时吏治之乱，纲纪废弛。

八月

巡按广东监察御史周文奏佥事龙澄清军受贿，宜究问，从之。

九月

湖广都指挥佥事胡海坐枉法受财绞，会赦，当复职。海以苗贼未息，请捐己赀运常德府仓储，百石于贵州以酬恩意。

镇守浙江尚书孙原贞案都指挥使姜恭索海门卫新军赂诸罪。命逮问之。

敕总督漕运巡抚淮安等处右佥都御史王竑曰："运司及各场官吏，若贪图贿赂不用心提督煎办，致亏欠盐课，阻滞客商者，尔即执问。"

闰九月

福建巡按监察御史许仕达奏按察使陈璞受赂，且谓璞素贪懦不顾名节。命执问之。

广西桂林府知府吴惠奏称，都督佥事降为事官武毅，贪滥之状著于两广，乞令巡按御史究问。诏不问，移文谕之。

户科右给事中路璧言："往者宥天下朝觐官员之罪，令运米大同，此权一时之宜也。明年又当朝觐，所虑贪墨者假运米为口实，重敛害民。请命都察院预出榜禁约。"

镇守陕西刑部右侍郎耿九畴奏，都指挥杨得青受赂纵操军五百余。命降为事官，于王祯处立功。

巡按云南监察御史柳春奏："军官有犯受财枉法、因公科敛及监守自盗、窃发银矿，俱计赃犯当死者，亦为为事官立功，满五年各复职。"

十月

礼部右侍郎兼左春坊左庶子邹干言："近巡抚山西，右副都御史朱鉴奏称，告讦之风甚行，有司惧诬，不敢追督边储。此盖贪官污吏，畏发其私，假此耸动，幸免考察。夫民之豪黠诬构官司者固不能无，而官之不才蠹政害民者亦不为少，原其所自，皆由方面风宪之非人，故纪纲荡然，无所表率。乞敕吏部严选方面风宪之正员，以为诸司之表率，杜绝镇守巡抚之举保以归吏部之铨除。"

太子太保兼刑部尚书俞士悦奏："各营管操官有将军士受赂纵放者，乞选委监察御史四员，暗行体察，兵刑二部属官八员分行点视。"

太仆寺少卿黄仕俊言："近闻里老，多因前官纵容，往来嘱托公事，结揽收物，营求催办。间有持廉执法，此辈辄贻怨恨，兹因考察反将廉正官员一概具呈，其巡抚官不及覆实，因而黜罢，州县官员恐被诬陷，一闻考察将临，盛设酒席，邀求里老，垂泣对诉，贿以钱帛，以此多得保留，否则去之殆尽。乞敕该部移文各处巡抚官，将已考察黜罢之中，如有平日不阿里老而见黜者，即为复职，以励廉耻之风；如有贪懦等项实，尝贿求里老保留者，仍旧黜罢为民，以为贪懦之戒，并坐里老①诬告者罪。"

守备倒马关署都指挥邓斌，既为镇守右佥都御史祝暹案其罪，复为总兵官广宁伯刘安发其索军赂。命巡按御史收问之。

十一月

左副都御史刘广衡言："奉命考察湖广布政司等衙门左参政等官，蔡锡等凡七十余员，其老疾庸懦或贪污不才，悉具疏闻，起送赴京，乞令吏部如例黜遣。"

逮巡抚四川左佥都御史李匡下狱。初，四川镇守内官陈涓衔匡行事不与谋，匡索都指挥徐海赂不得，勒取土官金银累千百两，妄以功报。少保兼兵部尚书于谦、六科十三道，交章②劾匡。

十二月

提督宣府军务右佥都御史李秉，因宣府左副总兵杨能役千百户私从，遂劾能叨边寄，忽武备，肆贪饕。诏曰："今边境正当用人，如搜其细故，一一治之，有警谁当调用者？姑命巡按御史张鏊覆实以闻。"

兵科给事中谷茂劾驸马焦敬等略无忠厚，惟务贪饕。乞皆执付法司以治其罪。诏姑宥之。

十三道御史练纲等言："乞命吏部但遇三品以上大臣举用方面等官，每次置二簿钤以部印，备书举主与被举升者乡贯职名升任年月于上，一封进司礼监便御览，一送翰林院备顾问。俟抵任，一考后政绩卓异者赏其举主，如政绩无闻及犯赃事露，举主与同罪。"

提督宣府军务右佥都御史李秉劾宣府都指挥杨鉴索所部银，易进贡马，勒取贡使物货。又劾守备万全都督佥事江福贪淫，及纵人盗使臣马诸罪。诏俱俟来春覆治之。

景泰四年（1453年）

二月

巡按福建监察御史许仕达擅执漳州府知府马嗣宗解京，福建道御史杨贡等亦不之究。诏曰："风宪官不谙法律，罪固难免，但所执者赃官，姑宥之。"

---

① 里老即里长。明代实行老人制度，管理地方基层。所设里长，并非正式官职，但可以监督地方官吏，由此州县诸官反为所挟，致贿赂公行，吏治败坏。
② 官员相继上书奏事。

三月

监察御史左鼎言四事，有曰："太祖高皇帝定著律令，太宗文皇帝暂令有罪者赎，盖权一时之宜也，后来循袭为例，且如官吏受财枉法满贯者绞，军官纵军歇役者充军、受财卖放者处死。令纵军歇役者不充军、受财枉法者不处死，文官虽不处死犹令充军，武职既不充军复得还职。若此则何惮而不为？今仍举旧例行之，致使贪官污吏殆遍天下。"

黜山西右参议于泰为民，坐受部民赂，为脱其壮勇之役也。

吏科都给事中林聪言："宣德年间方面知府有缺，在京三品以上各举升用，奈廉者举廉，贪者举贪，以致奔竞风生，贤否杂进。六科十三道屡请革罢前例。乞令三品以上官连名共举，其余俱付吏部推选，著为定例。庶责有攸归。"

吏部言："巡抚河南等处右都御史等官王暹等，考察山东东昌府冠县主簿张稿等四十三员，俱罢软贪污，当罢为民。"

山东右布政使裴纶初以私奏黜历城知县熊观，观发其监乡试有私数受赃，补知印吏员，脱有罪囚，且纵其子索赂于诸县。都察院屡行巡按御史覆之，有验。至是，黜纶为民。

四月

广东参议左璿，平昔贪污，众所共知，以乡亲升参政。太子太保兼通政司通政使李锡，立心回邪，贪淫无厌，先受高唐州知州唐泰赃私，事觉，已蒙恩宥，今仍不改前非，令本司写本监生办事官当该吏典铺兵供应酒食，似此无耻贪饕之事，卒难枚举。帝曰："何文渊、俞士悦是朝廷大臣，尔等所言俱是疑似之事，非有大过，且令其修省，仍旧视事。张敏未有过失，置不问。李锡，念他在朝年久，令冠带致仕。"

巡抚四川左佥都御史李匡，初以太子少师左侍郎翰林学士江渊言其巡抚无益召回京。至是兵部右侍郎李贤被命覆匡贪污状，言其受尚平围主赘马二匹。三法司坐匡以犯赃，当为民。

五月

巡按江西监察御史原杰，劾按察司佥事张哲逼索所部银贿。时哲已致仕，命法司鞫之。

六月

巡按湖广监察御史张翰劾按察司佥事骆敏受赃。命执鞫之。

湖广按察司佥事董敬坐赃，会赦，特命黜为民。

初，守备大同西路左少监韦力转奏左副都御史年富侵盗官银、纵子芳往来所部受指挥等官贿诸不法事。至是，御史璩安言力转衔，富尝按己贪虐等罪，欲陷之。诏宥之，命都察院移文示戒。

八月

礼科给事中周监言："曩者太子太保王文建言，巡按公差御史回京复命，务举贪污方面官一人。不劾者论以不称。其方面及直隶府官公差考满到京，亦令举劾属官一人，臣惟方面之员有定，御史之差无穷，必至妄劾。皇上敕遣巡抚大臣考察明年朝觐，又该吏部会官考选，而方面官多自年深称职京官升授。是今日之方面官即前日之称职之京官也。岂有初为京官俱得称职，才升方面即被黜罢？况旧例御史巡按体察方面等官贪酷得实者，即时奏请拿问，岂可纵其蠹政害民、延至复命之时？乃纠劾以免己罪，其方面官所属有贪酷等项，亦当即时奏请执问，不必容其在任害民、直至公差考满到京举劾也。惟有廉能者，御史后复命方面候公差到京，具名上吏部，以俟旌擢。如此则廉能者有久任责成之道，贪酷者无苟延岁月之弊。庶几民生安而治道成。"①

九月

命陕西按察司佥事王纲冠带闲住，罢湖广佥事成始终为民。纲以考察为庸懦，始终为贪污故也。

十月

巡按陕西监察御史姚哲，奏布政司右参议张云翰清军受赂。云翰亦奏哲徇私出知县唐诚罪。命巡按御史王越核实以闻。

辽东都指挥使孙璟索所部军士银布谷粟，又受窃盗窝主赂。下巡按御史，论当赎绞，立功五年还职。

十一月

巡按湖广监察御史郑特，奏四川布政使蔡寿，先任常德府知府受赇出人重罪，当逮问。诏以事在赦前，宥之。

巡按四川监察御史李周，奏参议邵磐、佥事陈浩俱公干至涪州，受州官贿赂，宜究其罪。

巡按四川监察御史李周，奏都指挥佥事赵雄受卫吏赂，留充本司吏，宜照例降为事官，于松潘立功。

先是，辽东军奏巡抚副都御史李纯，令义男放债、倚势害人、侵匿赏军白金等事。至是，纯至京，六科十三道交劾其罪，特宥之。御史陈述复言纯贪淫久著，请置诸法。不听。

---

① 回京复命的巡按御史，必举贪污地方官一人，否则即为不称职。这种规定的弊端显而易见，所以"必至妄劾"。

十二月

巡按浙江监察御史庄歆奏，镇守右监丞阮随、都督同知李信，因吏评告嘉兴知府舒敬贪赇等事。诏都察院录状示之。

召镇守福建少监戴细保还京，命奉御来住代之。以巡按监察御史倪敬论细保贪虐扰害诸不法事也。兵部请治助细保为不法者，诏敬执鞫之，果连细保奏闻区处。

景泰五年（1454 年）

正月

贵州等道监察御史张琛等言："至于盐运司尤为污浊之甚，臣等访得四川右布政使蔡寿贪污显著。"

二月

巡抚淮安等处左副都御史王竑奏，两淮都转运盐使司运使苏肆假以朝觐为名，受各场贿赂，宜令巡按御史执问。

三月

万全都司署都指挥使周全，受赂释有罪者不问。事觉，法司请下巡按御史鞫治。

四月

巡抚广东左侍郎杨稷奏，巡按监察御史盛昶出应斩强盗充军，昶亦奏稷受赂、妄举官等罪。诏都察院锦衣卫各遣官覆之。

命守备万全都指挥同知李延掌万全都司事，以都指挥佥事孟玺代延守备。时掌都司事都指挥周全坐赃罪黜，故有是命。

守备贵州署都指挥佥事赵信受盗卖边储人赂，隐匿不举。事觉，法司请下巡按御史鞫治。

五月

巡按湖广监察御史郑时、按都指挥佥事朱缨，非法辱所属，索赂。命执问之。

六月

吏部言："各处巡抚官考察过府州县官，懦弱贪暴者一百三十三人，宜罢为民。"诏悉从之。

七月

四川按察司张淑案掌茂州事右恭政陈敏贪状。命覆而治之。

治僧录司有善世南浦等纳贿度僧之罪。时天下僧童数万，北京请度有定额，清让等令各僧童拈阄定数，过取银万余两。事觉，命法司擒治。南浦等分受其银，欲为掩护。无所忌惮，贪财纵欲，略不惭惶，俱宜擒送法司明正其罪。

湖广按察司佥事熊炼为所部告其受赇，脱有罪因。命巡按御史覆治之。

巡按直隶监察御史彭信奏，守备蓟州署都指挥佥事刘辅索军士赇，命执问之。

降顺天府通州知州夏昂为湖广靖州会同县典史。昂，以任满嘱州民奏保，既而又赂民奏保以升任京职。事觉，下狱，昂伏罪，吏部言其行检不谨，宜降边远叙用。故有是命。

守备白羊口署都指挥陆祥，巡按御史董廷圭案其受指挥等官赇。

巡按山西监察御史何琛，案按察司副使李俊索隶兵、扰民署，都指挥佥事郑王受军士赇。俱命执治之。

八月

陕西按察司劾奏署都指挥佥事康泰数索所部赇，巡按直隶监察御史张鹏劾泰守备马营堡都指挥黄瑄受所部赇。

黜陕西右参议张云翰为民。云翰，受渭源县知县唐诚赇，巡按御史戚宁鞫之。

按察御史王鼎催督山东河间盐课，为从吏疏其徇私受赇，命刑部执问之。

巡按广东监察御史盛昹先奏巡抚广东右侍郎揭稽，受赇举官、纵男贩番货诸不法事。稽亦奏昹妄释罪因等。命俱执下狱。

巡按江西监察御史项瑰按江西右布政司连均，纵隶兵索诈关库钞者赇，具有状，特宥之。刑科给事中王镇等言："比年污官吏颇多，朝廷虽严于考察，犹未能革。如宥均不问，则是自贪风于天下而官吏愈效尤矣，宜命巡按御史鞫问如律。"从之。

河南布政使王亮、副使尹礼，为有罪者发其受人赇，不与理。命巡按御史覆之。

守备靖虏卫都指挥佥事房贵，为镇守陕西右副都御史耿九畴奏其受赇纵军。至是自输罪，宥之。

九月

守备白羊口中都留守司署都指挥陆祥坐赃。命降三级调边卫立功哨守。

山东按察司佥事赵缙坐枉法受赃及因事非法杖人至死，会赦赎杖，黜为民。

贵州按察司奏左参议卢彬受所部争田者贿，不公剖理。时，彬已为巡抚都御史蒋琳以剩员起送吏部，命都察院收治之。

十月

吏部言："各布政司起送考察贪酷罢软知县等官二十余员到部候引奏黜罢，而各府辄逃匿请移文原籍原任执治其罪，照例黜罢。"

十一月

山东按察司佥事刘锴坐鬻廪米于所部，多取直论受赃，赎徒为民。

巡按直隶监察御史张鹏劾奏镇守独石内官弓胜、都孙安侵欺戍卒拾于河及掘地所得白金，贪秽无耻，宜究其罪。俱宥之。

十二月

都察院奏山西布政司参议祝灏，按察司佥事蔡汝忠、范瑢，纵吏卒索按属贿，命巡按御史执治之。

诏福寿、拱辰敏置不问，琳颙惠命都察院并鞫之。都察院言："福寿，武人，姑不论。其掺守拱辰敏，皆文职方面，若一概不问，恐天下贪官污吏藉为口实，无以警戒将来。宜命巡按御史执治。"从之①。

羽林前卫带俸指挥王琦盗内府服御物，法司论赎斩还职。命杖一百，谪戍广西极边。

命湖广按察司副使邢端致仕。先是，端以贪污不检送法司论断，自陈尝从总兵官征剿湖广贵州等处苗贼，获功乞宥过复职，故有是命。

景泰六年（1455 年）

正月

巡按直隶监察御史吴中奏："后军都督府军旗舍余人等，递送新军赴边卫者，多凌虐之，需其货贿，或拘留私室迁延累旬，或催逐倍程奔驰太急，或动辄棰骂甚至尽括其齐装。乞敕兵部严加禁约，如再犯者许被害之人赴所在官司具告，即发口外充军，庶奸贪知所警。"

二月

广西按察司副使刘仁宅索贿于所按部属，事觉，论赎徒为民。

贵州按察司佥事王贯，初为普安知州。许琳等诉其受馈金，当鞫问，适以丁忧去职。至是，起复来京，都察院劾，下狱鞫之。

两淮都转运盐使司苏肆坐赃，为巡盐御史所按，诉于京。既而复归原籍。法司请遣锦衣卫官执法送御史剖理。诏并其诸连及者执赴京鞫之。

---

① 此犯法者，与前连均受略例，同是因监察部门或朝臣上官才改宥为不宥的，可见言官与监察部门对吏治的积极作用。

三月

提督贵州军务右副都御史蒋琳，劾守备都指挥刘海受所部指挥赂金，命执鞫之。

有学官为生员诬陷赃罪，械至京，自经于逆旅。事闻，都察院请通行天下禁约："凡生员有以奉师束修贽见仪物为赃构词诬陷者，官司鞫实，即与分豁①，毋一概论赃。其生员诬陷师长，真情既白，仍械京治罪。"

都察院奏："广东巡抚兵部左侍郎揭稽、巡按御史盛昶，先以贪污不法等事相讦奏，令下本院狱，鞫之多无状，俱应坐奏不以实律赎徒还职。"②

都察院劾奏，广东按察司方员故入坐事巡检赃罪，命巡按御史鞫之。

五月

巡抚南直隶左副都御史邹来学奏："郡邑之官，忍心害理者十有八九，忧国爱民者百无一二，科敛银两不下千百，侵欺粮米动经数万，里间奸贪之徒包纳供应之物，以官钱为私货，以公廪为家资，民患宿弊不能枚举。"

六月

都察院左副都御史马谨巡抚河南。陛辞，敕之曰："官员之中，果有廉能著称当旌异者，奏来处置，其有贪酷不才不以公道行事事迹尤显著者，除五品以上及军职具奏，文职六品以下，尔即鞫问如律。重则差人解京，尔务在持廉秉公，宽猛得宜，举措不偏，使人有所惩劝，毋或因循怠忽，有负委任。"

山西行都司奏署都指挥佥事陈英掌云川卫事受军贿，私出批文与之越关买卖，命巡按御史执鞫之。

闰六月

吏部都给事中李瓒等言五事。有曰："各处所保儒士，或藉倚父兄之势而膺荐，或私通贿赂而得举，既非殊才骤致美职，乞暂停止。"

七月

巡抚贵州副都御史蒋琳奏："都指挥佥事魏英，初受操军赂私放之归，后惧事发，妄称其在逃。宜循例发英立功。"诏以逃军不及数，姑宥之。

九月

巡按云南监察御史年俸，奏镇守金齿胜冲南宁伯毛胜贪暴不法数十事。

巡按直隶监察御史伍善案监察御史胡端分巡畿内，纵其从吏索赂。命都察院执问之。

---

① 分辩。
② 同官互讦，多为无中生有。吏治之弊，可见一斑。

十月

福建建宁府通判萧环为佥事沈纳案其奸贪下狱,环遂讦其奏讪淫污事,诏巡按御史覆之。

福建备倭都指挥佥事赵钢,数纳备倭军贿,纵之休役。都察院谓纲宜惩,依惩治军职例降三级。

景泰七年（1456年）

正月

命陕西右参议张云翰复职。云翰,坐受渭源县知县唐诚赂,黜为民,连陈冤,下镇守右副都御史耿九畴覆之言,云翰无受赂状,故有是命。

三月

诏官吏坐赃当绞徒者,俱宥之,黜为民。

巡按陕西监察御史曹景,奏署都指挥佥事施云贪虐诸罪。命执问之。

江西永宁县主簿诸胜坐赃,黜为民。

四月

河南按察司奏都指挥陈昇索贿于属卫,命执鞫之。

五月

礼科给事中周鉴言:"近者各处乡试中式举人增广居多,盖因教官贪利无耻,悉为钻刺①贿赂者所夺。"

敕谕内外文武大小衙门曰:"奈何刑官任好恶而弄法,或避嫌害宁无累己以残人,或黩货赇惟务顺非而枉是。特敕谕尔等,务共体兹至怀,必廉以守法奉公,必正以扬清激浊,必言无不实言。"

敕谕中外大小文武群臣曰:"天下府州县官果有年老残疾罢软不能任事及贪婪酷暴生事科敛害民者,许巡抚巡按并按察司公正堂正官员会同考察,从实具奏黜罢。其布政司按察司官,悉听巡抚同巡按官,一体考察,具奏罢黜。其文职官吏人等有犯赃罪,原籍为民;若犯奸贪行提照勘未结者,仍候问理明白,依律照例发落;应给主入官未完赃物,不分远年近日,俱各免追。"

八月

都察院左副都御史年富言:"近年以来,朝变夕更,文职犯赃轻者为民,重者充军。军官犯赃轻者复职,重者立功。恃此轻典,略无忌惮。前者未还,后

---

① 钻营,谋求。

者继至。是皆法官之过也。"奏下，六部都察院大理寺六科十三道议："今后内外大小军职旗甲军吏人等，若犯自监守盗常人盗仓库钱粮该死罪者，并发遣立功，守了五年，满日复职役。有功者不拘年限，奏请放免，俱在本卫带操听调，不许管军。其犯该诓骗科敛求索，该徒流者照旧做工纳赎还职役，亦各带操听调。"①

九月

都察院鞫贵州布政司参议卢彬断田受赂，当赎杖，追赃为民。

先是，监察御史沈性照刷文卷劾奏："兵部武库司署郎中戴珉、署员外郎胡温、主事吴福，卖放皂隶②，以肥身家，违例滥拨，以媚权要，当究如律，以为贪污不法者之戒。"法司执珉等鞫罪，适遇钦恤例以闻，命俱复其官。

十月

先是，巡抚贵州左副都御史蒋琳，奏贵州参议陈恕、佥事李叔义受赂，脱人死罪。命巡按御史治之。至是，叔义奏琳擅捕系都指挥赵信死于狱，籍其家，杖杀指挥千百户军丁数十人，受指挥吴昇等赂，荐举之赃，贪淫酷暴，不可胜计。诏给事中公正者一人，会巡按御史核实以闻。

十二月

巡按福建监察御史夏埙劾奏，福建左布政使黄舆，以富民为马夫，收其银货。巡按四川监察御史黄用，劾四川右布政使高寅、参议史仪，受所属县官赂。

云南道监察御史沈性言："往年朝觐官多有往来公卿之门，奔竞形势之涂，贿赂公行，馈遗辐辏，公道由兹而蚀，政令以之而坏。"

山西道监察御史王越言："请将来朝及在任方面府州县官，廉其贤能有最绩者，量加赏劳擢用。"诏曰："今各处水旱盗贼流移饿殍者众，宜速令各官回任抚民后有政绩显著者擢用，贪污者罢黜。"

吏部奏："镇守陕西等处右副都御史等官耿九畴考察，老疾布政使等官许资等三十九员当致仕，罢软贪婪及年未及五十有疾病知州等官刘辂等二十员，当为民。"

---

① 同样犯赃，文职与武职不同；同为文职犯赃，可轻可重；轻可免罪，重则死刑。朝变夕更，吏治之大害也。

② 差役。

三、天顺年间（天顺元年至八年，1457—1464 年）

天顺元年（1457 年）

正月

十三道劾俞士悦等贪刻憸佞，乞黜逐之。上曰："汝等所言是，但朕初复位，首恶已就擒，余姑置之，以定人心。"①

诏曰："自天顺元年正月二十一日以前，法司该追入官及给主一应赃罚尽行蠲免，文职有犯枉法赃罪者俱发充军。"

二月

升山东按察司副使王裕为四川按察司按察使。裕在正统间任副使，贪酷害民，发充大同威远卫。后以总兵官石亨保举冠带立功，随亨办事，至是遇赦复原职。亨又荐之，故得是命。

靖远伯兵部尚书王骥奏："景泰年间各处总兵等官昌平侯杨洪等，开报杀贼有功官军，当时兵部止凭所报滥升，有未尝出门随征行贿妄报升官者。今以季支折俸银两每人止二两计之，每季不下十余万，每岁不下四十余万，宜查究妄报者，具奏追问革罢。"上曰："卿等为国忠计，言实有理，但事已往，朕今加恩于下，皆不必查究，只令其为国尽力，以赎前愆而收后效。"

三月

河南都指挥佥事赵贵初赴京管操，过河南卫索指挥同知王璇赂。已而璇赴京操后期，贵责之。璇恚面诬贵为于谦党②，贵惧以所得赂还璇，璇以白于官，且诬其尝赂谦。下锦衣卫鞫得实，送刑部，论贵赦后不自首，当赎杖还职。

时赦免运砖等项官吏各还职役，有建言欲将犯赃伸诉者俱还职役。刑部奏："犯赃官吏问拟明白，已经送发为民，虽不曾给引，已俱是民数，若复职役，恐中其奸计。宜免在逃迁延之罪，照原问拟议仍发为民。"

敕都察院右都御史耿九畴等曰："朕惟风宪之职，受朝廷耳目之寄，内而纠劾百司，外而按治一方。苟非其人，曷胜委任？近自景泰失政，纪纲荡然。任

---

① 明英宗朱祁镇复位。
② 于谦，名臣，曾指挥北京保卫战，击退瓦剌。英宗"夺门之变"后不久被杀。代党争，以贪污或谋以为名铲除异己，明代较为突出。

台宪者，或非公选，多出私门，或徇情以枉法，或通贿以鬻狱；言事者，或假公济私而回邪干誉，或附下罔上而比周作奸；出巡者，或虚张声势而无益于事，或擅作威福而有害于人，以致官邪不儆，国法不行。朕今命尔等以肃台纲，尔等其必勉图报称，正己奉法，督率各道御史，咸修厥职，痛革前弊。今后仍须严加察举，其间但有不谙宪体，不立名节，在内在外如前所为者，具名以闻，从公黜退，及有别无非为止，是不宜宪体者，亦从奏请改除，凡遇一应政务，悉依诸司职掌及宪纲施行，言事必以直道而务存大体，治事必以正法而务循旧章，御史不职责在尔等察举，尔等不职责在御史纠劾，黜幽陟明，国典斯具，朕不尔私，尔等其各如敕奉行，永为遵守。"

四月

上召翰林院等衙门武功伯兼华盖殿大学士等官徐有贞等，谕之曰："今各处百姓艰难，盖因有司多不得其人所致。卿等便公同询察在外先有犯赃复职，及见任操行不端政绩无闻年老有疾者具以闻。"及是，有贞等奏舆寅仪、陈恕鸾等十六员俱犯赃复职。

刑科都给事中乔毅、左给事中尹旻等言五事，有曰："黜贪污以励庶官。谓府州县官坐赃复职，及在任操行不端者，俱已有诏，斥归乡里。然京师乃端本澄源之地，四方所视效，诸官独未纠察，非所以严内而倡外。宜究在京大小官坐赃复职与操行不端者，一例黜之，以示至公。"

五月

巡按贵州监察御史杨贵等奏："都指挥使张锐等，附阿巡抚副都御史蒋琳。署都指挥王统、都指挥吴昇俱贿琳得升方面。"法司请移巡按御史鞠锐等罪，削所升统、昇之职。

复礼部署郎中事员外郎孙茂官。茂，索夷人朝贡者炭，法司坐以赃，当为民。兴济伯兼礼部尚书杨善奏其勤能，故有是命。

诏执问南京监察御史颜正、直隶巡按御史张祚，以滁州卫军丁告正受卫官贿，嘱祚脱罪也。

六月

工部主事等官屈铨等二百四十八员坐赃，会赦，命冠带闲住。

太监韦力转，以工部右侍郎霍瑄奏其罪，下锦衣卫狱，遂条奏瑄尝同都御史年富侵盗官物，且行贿于都督石彪，强娶所部女子十三人为妾。都察院请收瑄与力转质其有无。上命俱宥之。

七月

福建按察司佥事赵访奏："正统年间例，官吏坐赃枉法死罪者充军，徒流而下皆赎罪为民。近奉诏，凡文职犯赃枉法者俱充军，不无轻重失宜。乞仍如正统年间例行之为便。"事下法司议以为然。

诏曰："其文职官吏犯枉法赃罪例该充军者，发回原籍为民；若不枉法等赃例该为民并已问结曾诉冤枉者，自天顺元年正月二十一日至七月十二日止，及考退罢软等项见在京者，悉与冠带闲住，吏仍为民，后不为例。在京近侍风宪官，天顺元年以前，为事降除杂职无赃罪者，吏部查理，对品调用。文职有犯赃罪，曾诉冤枉行勘未报者，悉令复职。今后文武官员人等为事犯赃充军为民降调者，遇赦不宥，永为定例。"①

八月

复贵州按察司佥事李叔义职。先是，叔义以受赂，事觉，黜为民。诣京诉奏副都御史蒋琳挟私主使，巡按御史靳敏诬陷并讦琳擅作威福数事，命御史杨贡等廉之，适琳以他事败，贡遂体覆叔义所奏琳事皆实，故有是命。

九月

命复闲住浙江左参议李源职。源，先为吏科所劾，闲住，赂兵部尚书陈汝言，遂有是命。

升应天府府尹马谅为南京户部左侍郎，刑部郎中朱铨为南京刑部右侍郎，吏部郎中龙文为南京工部右侍郎。俱以赂石亨等得升，故时有"朱三千、龙八百、马中半"之谚焉。

十月

命浙江处州府知府万安复任。先是，丽水县典史周绍文尝受民赇，安发其罪，后绍文诬安科银入己，都察院移核未报，以例奏令安冠带闲住。至是，浙江镇守巡按三司等官具属民保安状，为白其情。吏部以闻，故复其职。

都察院左都御史寇深等奏："御史夏埙巡按福建考黜佥事宋洵，洵奏埙贪赃及枉道回家，宜讯埙罪。"从之。

十一月

锦衣卫百户陈以节因差遣还，言济宁州管闸主事陈溱勒受往来舟船赂遗，遂征溱下狱，谪戍边卫，溱诉冤，不允。

十二月

江西按察使等官原杰等奏御史胡炼守制回家，受乡人赂，与之嘱托官府解释人命事，都察院请下江西按察司，械炼至京鞫罪，从之。

---

① 严官员犯赃受惩、遇赦不宥之定例。但是，奇怪的是，此际以赂复职或升职之官员颇多。

都察院奏山西按察司副使李俊妄引恩例，故释有赃千百户罪，宜行巡按御史鞫治，从之。

广东按察司奏都指挥同知耿全，受强盗赂私释之，命巡按御史鞫治。

山西太原卫经历赵缙先任御史，巡按苏州府，有贪酷名。后升山东佥事，事露，坐罪为民。缙迁延京师屡陈冤，遇赦，有诏降经历，寻以考察例，令冠带闲住。至是，又令其子至京陈冤。上怒，命巡按御史收问之。

天顺二年（1458年）

正月

六科十三道劾："兵部尚书陈汝言恃宠憸邪，紊乱朝政，受总兵等官杨能、石彪等贿赂不赀，与都指挥卢旺结为腹心，大通贿赂，借居驸马第宅犹不足意，私役军匠千余人造舍违式，及诸不法事。请正邦刑。"文武群臣奉诏鞫实，议汝言及旺当斩。上命法司固禁汝言。

谪都督佥事林宏于甘肃立功，都指挥使湛清、陈善等于凉州等卫带俸差操，以其尝赂陈汝言求迁调管事也。

闰二月

河南磁州民奏，广西右参政罗绮，先任刑部侍郎镇守松潘，贪图货物，不计其数。上曰："罗绮贪利坏法，却怨谤朝廷，情罪深重。法司其固禁之。"仍命陈所籍绮赃物于文华门前示百官。

敕谕都察院十三道监察御史曰："朝廷设风宪之职，以任耳目之寄，绳愆纠缪，理枉伸冤，所系甚重，必先正己而后可以正人。且如罗绮，由监察御史历升副都御史，朝廷待之至矣。岂料其立心奸险，行止不端，及以枉人获罪，黜为参政，却乃在家延住，怨谤朝廷。一旦败露，赃以万计。盖由平日巡抚四方，镇守松潘，欺公卖法，惟利是图，科敛郡县，剥削军民，以致如此。由是观之，人固难知，今为御史者，岂尽得人？中间亦有操行不谨，任意妄为，及出巡于外，往往虚张声势，凌虐军职，贪图贿赂，颠倒事情，所任如此，朕将何赖？今后各宜痛加警省，勉图自新，夙夜懋修期称任，使敢有恬不知戒，仍蹈前非，国法昭然，必不轻恕。且都御史为风宪之长，尤须明大体略细故，律己以率人，务俾僚属安分守法，恪恭乃职，以副朝廷委托之重。"①

---

① 此际官场贿赂盛行，如兵部尚书陈汝言、总官兵石亨、副都御史罗绮等高级官员，均以赃败。众多官吏以赂复职或升迁，而天顺初因赂陈汝言而被降调者有十数人之多。

三月

吏部奏："巡抚广东等处左都御史等官马昂等考察南雄等府知府等官，林茂等十六员俱老疾，当致仕；永安等县县丞等官赵昂等四员，俱罢软贪婪，当为民。"

四月

镇守古北口都指挥佥事陈亮，坐赂兵部尚书陈汝言，求镇守。下巡按御史鞫，当徒，都察院以其事在赦前，奏请勿罪，从之。

副都御史林聪等奏："盐徒田琮、朱贤等拒巡捕。官军镇江卫指挥吴钦、陈胜，通州千户陈勋、姜忠，百户苏英，皆受琮等赂，纵其横逆。今籍没琮等赴京，钦等亦宜执问。"

命都察院右佥都御史叶盛巡抚两广，敕谕之曰："军卫有司官员能奉公守法、修举政务者，量加奖劝；其贪酷不才、害人误事者，从实黜罚。"

五月

复张楷为右佥都御史，命致仕。兵部尚书马昂等言楷以赃败，已经决继为民，亦无功迹可查，难以叙用。上以楷累次伸理，遂有是命。

调山东道监察御史欧廉为河南济源县知县。廉巡按南直隶，贪纵不检。至是，还京，本院考核其难任风纪，故调外任。

山西行都司都指挥使孔旺、都指挥佥事赵进，私役军士，又索所部赂遗。为卫经历所奏，下巡按监察御史，核得实，令监察御史鞫旺罪状。

降浙江都指挥使余春仍为都指挥同知，都指挥同知金能仍于金吾卫带俸。春、能坐赂陈汝言迁官理事，事觉，下巡按监察御史鞫实，当赎徒还旧职，故有是命。

下都督杜忠锦衣卫狱，以都指挥袁胜发其贪污诸不法也。

六月

调陕西都指挥同知陈杰署都指挥佥事，单广甘肃带俸差操。坐尝赂陈汝言得调故也。

七月

山西按察司副使李俊尝妄援赦减官军罪，为都察院所劾。至是，巡按御史陈璧复案俊出库官犯赃者。上命执治之。

陕西守备孤山堡都指挥同知杨政，先是行贿于尚书陈汝言，得征回都司理事。汝言败，事觉，特命调甘肃带俸差操。

广东带俸都指挥使干羽坐行赂于陈汝言，特命降指挥使，调广西南丹卫带俸。

会州卫带俸都指挥同知张麟赂陈汝言,得视事于广西都司。广西署都指挥佥事邓㪍已令子润代职,复赂汝言,得提督浔州等处。事觉,命罢㪍官,调麟于广西边卫。

命致仕都察院右佥都御史张楷督理陕西军饷。楷,景泰间以贪淫黜为民,赂中官曹吉祥得复原职,致仕。至是,又有是命。

八月

云南都指挥同知高远赂陈汝言,得以征贵州,功升都指挥使。事觉,法司论徒,特命赎毕革其升职,不得理事。

都督杜忠初镇守偏头关,为都指挥袁胜发其盗鬻官草数十万,纳杀降者赂为求升赏。上命给事中曹衡等往覆之,具有验,征忠下锦衣卫狱,复究得忠尝诬良民李清喜谋反,赂尚书陈汝言不下千金。狱具,太监曹吉祥为之祈恩。上特宥之。

南京后军都督佥事张通卒。初,通在大同与石亨同僚,亨迎驾南宫时,通以为事官家居,亨使人索赂于通,欲为通及镛报功升官。通曰:"吾实未效劳,敢欺君乎?且吾甚贫,无可以为献也。"卒辞之。

谪大宁都司都指挥使常广成甘州。初,广坐强娶故军妻为妾及诸贪淫不法,论绞,禁锢,至是乞辩明,左都御史寇深等为请,故有是命。

九月

湖广按察司奏都指挥佥事崔贵,假以选军,索所部赂。命巡按御史执罪之。

十月

国子监学正阎禹锡言二事。有曰:"国子监乃教化之原,礼义之地。奈何近年监生入监,多怀幸进之心,少有向学之志,往往通同厢房总掌脚色监生并各堂友长啖之以酒食,廉耻道丧,奔竞风兴。"

江西建昌府南城县考满知县陈升言三事,有曰:"臣见南京上新河、扬州淮安临清河西务等处,经过客船既要带砖又要输钞,其诸处量船之人,于船户有所赂者,减其船之丈尺钞,虽腐软亦收无嫌。于船户无所赂者,则增其丈尺钞,虽坚完亦择不受。"

十一月

四川都指挥佥事赵雄,在景泰时尝以金玉二带赂刑部左侍郎罗绮,绮坐事锦衣卫,鞫得其状,下巡按御史收雄,问之具伏。

巡抚两广佥都御史叶盛奏,守备德庆州都指挥同知马震数肆贪冒,命巡按广东御史白侃执问之。

十二月

镇守宁夏都督佥事马让已致仕闲居，其子隆以银二千两赂陈汝言，祈优给。事觉，下巡按御史，论罪。御史谓其盲，请释勿治。从之。

天顺三年（1459年）

正月

时狱讼繁兴，三法司锦衣卫多系囚未决，其狱情往往为该管官受贿漏泄，敕命严密禁之。

时有千户纳粟升指挥佥事犯赃罪，法司援旧例欲令还职。兵部言此等以货补官，比之军功得官者不同，况已犯赃，又令复职，不惟所得赃物多于纳米之费，亦且无以激劝征战之士。宜令本犯削指挥佥事，复还原职正千户，著为令。

命湖广按察司佥事沈庆复任。庆，先以犯赃冠带闲住，至是诉冤枉，且陈在任杀贼有功。吏部移文兵部及都察院覆勘，庆皆夤缘文饰之，故得复任。

二月

四川按察司佥事刘福等奏，都指挥佥事孙斌纳备边卒赂纵之，且侵其行粮。命巡按御史胡宽执治之。

山西右参议毕鸾坐赃罢官，数陈冤。锦衣卫鞫得其枉，命复职。

三月

四川都指挥佥事吴荣坐许陈汝言以赂，当杖，命赎毕，不许视司事。

四月

谪锦衣卫千户黄麟戍口外。时，巡按广西监察御史吴祯有罪，麟奉命往执之。至则欲得各官重赂，诈云奉敕旨闭城门，索狱具二百余副。由是，众情疑惧，遂得白金二千余两。至是，事觉，命镇抚司鞫问具伏，征其贿，谪之。

五月

巡按河南监察御史邢宥奏："河南卫都指挥佥事陈昇，先用白金百两赂兵部尚书陈汝言，得掌都司事，率兵操备大同。比汝言下狱，事连昇，论罪当赎徒还职。"上曰："昇奸诈若此，不可以常律处，调威远卫带俸差操。"

南京工部右侍郎龙文卒。在职谦谨，亦颇有能声。天顺改元以赂权贵得升侍郎，为时论所鄙①。

---

① 即使有能声，而以赂升职，同样为人鄙视。问题是贪贿对官吏的名声有如此重要的影响，而他们却前赴后继、不绝于途。这是十分值得探究的现象。

六月

河南封丘县为事知县陈善奏："按察使王概，纵侄于所部郡邑，需索货物，擅宿分司，私用脚力。布政使豊庆受已黜生员周伦赂，欲令参叙，臣不从，今臣被诬罢职，皆概、庆挟仇所致。"事下，都察院请行巡按御史覆实以闻。

十月

陕西凉州卫百户安洪与其庶叔争资产。事下巡按陕西监察御史郭文核之，洪因举人王谦以金赂文求脱罪，文执谦并所赂金以闻，请以洪付已鞫治。都察院左都御史寇深等劾文不振风纪，致谦敢以私谒且不避嫌而欲自鞫失风宪体，请执文等来京究问。从之。

降山西都指挥佥事王辅、庞昇为指挥同知，王钦为指挥佥事，俱调广西南丹卫带俸差操。辅等俱先任大同等卫指挥，以财赂石彪冒功升职。至是，彪事败，故降调之。

命忠国公石亨闲住，时三法司锦衣卫鞫石彪罪，因劾亨出自民间，袭荫军职，累蒙国恩，爵至上公，而乃招权纳赂，罪恶百端，难以枚举，且纵令侄彪肆为不法，宜正其罪。上曰："亨招权纳赂，窃弄威福，纵容彪奸贪坏法，欺罔朝廷。论法本难容，第念其曾效微劳，姑从宽贷，其令闲住，不许管事。"

降万全都司都指挥使李延为都指挥佥事，都指挥佥事李石、杜文、庞文为指挥同知，俱调广西边卫带俸差操。延等俱以赂石彪，冒功迁官。至是，事败下狱，故调之。

谪山西行都司都指挥使朱谅广东边卫守哨，坐纳赂于石彪，冒功也。

六科十三道劾忠国公石亨，怙宠作奸，招权纳赂，罪大恶极，不可胜言。乞正其罪。上曰："石亨违法事情，累次彰著，朝廷已从宽宥，而乃不知感激，心怀怨望，论法本难容，但已处置，姑已之。"

十二月

调辽东都指挥使夏霖，广西都司带俸差操，谪山东佥事胡鼎，隆庆州为民。霖，贪淫，受部属馈遗无算，至与建州卫及海西野人交通贿赂，且盗官木以建私居。上命内官张骥、锦衣卫指挥佥事郭瑛往核之，瑛等受霖赂，报鼎所疏事有诬，且言鼎尝索部属绢绘已像，乃执霖、鼎，俱下锦衣卫狱，鞫送都察院，左都御史寇深庇霖恶鼎，论霖赎徒还职，鼎不能振扬风纪，索所部绢而又增饰人过失，不可以常律处，故有是命。

调吏部右侍郎张用瀚为陕西右参政，降刑部右侍郎黄仕俊为广西右参议，罢长芦都转运盐使司同知李真为民。先是，用瀚等俱赂石亨，得引用。至是，亨败，为锦衣卫校尉所廉发其平素不检事，故有是命。

调南京吏部右侍郎萧璁为湖广右参，政刑部右侍郎朱铨为贵州右参政，俱仍支正三品俸。大理寺右少卿翟敬为广东惠州府知府，太常寺少卿王谦为四川夔州府知府。璁等先赂石亨得升前职，至是，以亨事败，故有是命。

天顺四年（1460年）

正月

吏部言："昨奉命考察天下朝觐并在任布政司右布政使等官，知县等官李勉等一十二员，俱犯赃。"命罢为民。

二月

致书宗室诸王曰："昔者朕托天地之眷、祖宗之灵以复大位，而犯人石亨，因缘幸会，掩以为功，特封为国公。不意亨卖官鬻爵，千百余众，冒升子弟，五十余人，招权纳赂，势倾中外，违法事情，难以枚举。"

三月

三千营①把总管队都指挥佥事刘庆生受军士赃，下刑部狱，论当赎绞还职，从之。

五月

直隶淮安卫指挥使张忠，因族人发其索所部赂，下锦衣卫鞫，送都察院，坐徒，命械充铁岭卫军。

辽东都指挥佥事李贵，为所部发其守备抚顺城勒取迤北贡使贿赂诸罪。命巡按监察御史陆平执鞫之。

七月

户部主事刘永通为校尉发其索输草者赂，燕锦衣卫鞫送刑部，论永通当充军。

金吾右卫指挥同知高文受所部为强盗者赃，事觉，自缢死。上曰："文指使所部为强分其赃，死有余辜，仍斩首枭以徇。"

三千营都指挥刘宽为所部及校尉发其贪黩诱奸军妻诸罪。锦衣卫鞫，送刑部论当斩。上命降为正千户，调辽东边卫。

八月

致仕通政司通政使李锡卒。锡，外和厚而内险，贪黩无厌。

命河南按察使王概复职。先是，概朝觐在京，为校尉发其受磁州知州李昭

---

① 永乐时京军三大营之一，由三千骑兵组成。嘉靖年改名神枢营。

金数百两，为脱其盗粮之罪。下锦衣卫鞫之，诬，既而复有发其纵子侄于所属索赂者，遣锦衣卫官同刑部郎中陈鸿渐往河南案之，亦诬，送都察院论概尝妄陈冤，赎徒复职。

十一月

南京都察院右佥都御史张楷卒。居官纵弛不检，所至无廉能声，其复见用又因赂近幸而得，士论薄之。

闰十一月

监察御史胡炼居丧于家，其姻戚有被事鞫于吉安府者，炼为嘱巡按御史。同知程鏸逮炼侄讯鞫得炼受赂状以闻，执下镇抚司狱，当赎徒为民。上曰："炼为御史而无耻若是，可以常例处邪？其发成开平卫。"

十二月

武进伯朱瑛卒。初，瑛镇守广西以病征还，兵部言其在镇奸欺贪墨，误事失机，请置于法。上命俟其病愈言之，至是卒。

天顺五年（1461年）

正月

四川左参政刘清卒。清，负才气善谈论，然贪墨自放，为人所鄙。

二月

巡按福建监察御史刘釪奏："都指挥佥事仲荣总督备倭，受官军贿赂，都督佥事桂福卖放军人办纳月钱。俱宜鞫罪。"

四月

命中都留守司留守穆盛复职。盛，与带俸都指挥何俊有隙，互奏贪暴诸罪。锦衣卫指挥同知逯杲密令校尉往缉之，还奏虚实中半，都察院请执盛鞫罪，论赎杖复职。

降浙江都司署都指挥佥事臧宁为指挥同知，广西奉议卫带俸差操，坐赂陈汝言得升署职故也。

六月

致仕河南左布政使徐义卒。义，在御史时颇能守职，比居方面贪墨无状，士论鄙之。

七月

以平反贼曹吉祥、曹钦等大赦天下，诏曰："近侍风宪，职当言路，凡朝廷政事得失、天下生民利病、文武百僚、贪暴奸邪，皆所当言。近年以来，多畏避权势，习为缄默。今后有当言者须直言无隐，言或不切亦不加罪。"

十二月

湖广按察司佥事萧鉴为黄州知府杨珏奏其受军官赂，执至京，会赦。都察院以珏所奏诬，但坐鉴违限赎笞还职。

天顺六年（1462年）

二月

内官弓胜奉诏捕虎，过代州崞县索赂于知县杨庆，怒其少，欲杖之。庆不服，斥其以虎害人。上怒命执庆，下锦衣卫狱。都察院奏其不安分，敢与内臣抗，宜重罪。上命姑禁之。①

五月

陕西按察司劾都指挥佥事刘瑛巧计拜见答应名色，受军人贿赂。上命巡按御史鞫治之。

六月

锦衣卫千户冯珰核镇守山海等处总兵官都指挥佥事马荣受所部指挥赂，及用赀物贸易夷人马匹。上以荣守边方，姑宥之。

御马监勇士指挥佥事张宣随太监帖木儿干往南京还，过凤阳夹沟驿，驿丞程端诣事帖木儿干，因以金帛赂宣。令端以马馈帖木儿干，许为迁官，又求金帛不已。端不与，宣数凌辱之。端忿恚，因发狂突入御用监言宣反。与宣俱下锦衣卫狱。上御玄武门楼命都指挥门达鞫之。命枷宣警众，竟死于枷；以端为狂，监禁之，寻罢为民。

七月

镇守居庸关都督同知李奇卒。奇，镇守无益边关，而贪黩诛求，反为行旅守卒之害。

京师有无赖子数十辈，常在吏部前觇听选官吏监生，或谋赂内外官求美除，而贫欲借贷者辄引至富家借金遂为之往赂。既又执凭与所除官偕往任所，取偿数倍。至是，有为缉事者所觉，下锦衣卫鞫得实，俱发边远充军，命都察院揭榜天下禁约。②

---

① 知县本难与内官抗争，况有上级为之撑腰。由此可见内官猛于虎的主要原因。
② 京师无赖与富家勾结，共同盘剥官吏监生，其结果到任官吏不贪则无以偿。如此生财与升官之道，尤证官场极其腐败。

十月

神机营把总都指挥陈景坐索所部贿,赎徒还职。

十一月

广东按察司劾守备惠州卫都指挥耿全受部卒为盗者贿,不究问。命巡按御史逮执治之。

十二月

锦衣卫带俸都指挥赵荣使土鲁番,索所部贿。下法司,论当赎流,会赦。特命降二级,调外卫。

顺天府尹王福为府卒发其诸贪淫事。福亦上章按卒罪,事下刑部,尚书升瑜等收其卒及诸所连染,讯之皆以为不验,奏请寝其事不治。

天顺七年(1463年)

正月

山西都指挥刘政为所部奏其私役边军牧马耕种诸罪,且言其目疾已笃,恋贿不求更代,巡抚等官覆之验,命巡按御史执治之。

吏部言:"昨奉命会同都察院考察朝觐并在任官左参议张琛等十三员俱犯赃。"上令有赃者罢为民。

三月

辽东右参将都督佥事刘端尝受赇,杖死所部军丁巳而惧罪,乃嘱指挥等官以财赂其家。事觉,上责令自陈,端上章伏罪,遂宥之。

初,广西总兵官都督过兴子得隆侍父病,归京师,道经湖广祁阳县,衔知县李翰,尝索贿,不与。并其子执杖之,俱死。至是,事闻,法司奏得隆恃势故杀职官父子,当斩。从之。

诏曰:"天下民情疾苦,多因有司官员贪酷不才所致,所在巡按御史不肯用心访察禁治。今后有司若有仍前贪酷不才,御史知而不举者,一体治罪不饶。朝廷今后差内外官员人等,各处军卫有司官员不许指以答应为由,科敛军民银两等物馈送而克落入己,亦不许以均徭为名,敛取百姓银两,托称答应费用。违者,重罪不饶。"

敕谕都察院左副都御史王竑命:"特命尔总督漕运,与总兵官右都督徐恭等同理其事务。卫所府州县官员有廉能公正者,量加奖劝;贪酷不才者,从实黜罚。"

四月

中都留守司都指挥佥事陈鉴坐贪淫,罢职。

谪锦衣卫总旗林本于广西南丹卫充军。本，尝附指挥逯杲、都御史寇深势害人，得贿赂以千计。

五月

致仕陕西左布政使许资卒。资，明习吏事，绰有能声，然在陕西尝以贪鄙为御史所劾。

六月

锦衣卫廉得陕西佥事李观受赂，为人脱死罪。上命锦衣卫遣官往执之。

锦衣卫旗校多诈称缉事，四出逼取军民官贿赂，门达自输钤束不严之罪，诏宥之。

七月

命锦衣卫执福建佥事包瑛至京鞫罪，以行事校尉廉其受财枉法也。

大理寺卿王宇卒。曾有黠吏通医官，盗库白金数千两，宇廉知，逮系于狱，悉追偿官。金溪知县刘绶，贪酷虐民，即日申法司黜之。

六科十三道劾奏："三千营总兵官怀宁侯孙镗，先因冒升官职，纵男接受金银，既荷宽贷，长恶不悛，仍役占官军，办纳月钱，巧受都指挥张雄等四十二司陆续馈送白金四千七百六十余两，及玉带等物，贿赂公行，奸弊百出，宜置诸法，以为大臣贪婪之戒。"镗奉诏输罪。上曰："镗受高爵厚禄，却贪得无厌，论法难容。第念其年耄，曾效微劳，姑屈法宥之，如再犯必重罪不宥。"①

罢浙江左参议张琛官。琛以劝借粮粟，受所部赂。法司鞫其罪，当赎徒为民，故有是命。

闰七月

巡按云南监察御史张祚、程万钟，以锦衣卫缉事者奏其贪淫，诏执问之。

执广东都指挥徐宁，以缉事者奏其有贪淫状也。时锦衣卫缉事者遍满天下，所至索贿稍不如意辄滥及无辜，百司皆战兢度日云。

镇远侯顾兴祖卒。兴祖素无将才，在神机营尤贪婪。

谪浙江宁波府知府陆阜充军。初，锦衣卫鞫阜，擅造大斛，多收粮米，积出附余之数，又侵盗卖银入己，克落木料价银。比事露，用银一千两与首已者求释。刑部论罪赎斩为民。上曰："陆阜贪婪虐民如此，不可以常例处，赎罪毕发广西南丹卫充军。"

调刑部署员外郎主事李直为福建兴化府通判。先是，有告百户刘俊盗仓库钱粮者，下刑部狱。直以实坐俊罪后，俊贿行事校尉，诬直听告者许赂故入其

---

① 受赃白金4700余两，英宗却念其年老，并效微劳，因而屈法宥之。

罪。下锦衣卫狱，狱成，故命调之。

十月

浙江右参议高崇以事挞衢州府知州唐瑜，瑜因奏崇贪酷数事，都察院请下巡按御史并执鞫罪。

十一月

命锦衣卫执湖广布政司参议李孟芳，从都指挥佥事门达言，校尉丁礼等访知其有贪淫迹也。

先是，有民诉金华府知府张瑄借张黄盖及贪淫酷暴十数事。上命锦衣卫遣官及校尉密察其事，若有僭分①即籍没之，有赃即追，否，亦械瑄以来。至是，副千户赵璟具报民诉多诬，仍械瑄至，遂下锦衣卫狱。

四川按察使钱博初鞫副千户张清掊克诸罪，清父惧得罪，重赂博，为不竟狱，校尉伺觉察之。上命锦衣卫遣官往追其赃并械以来，三法司锦衣卫会鞫之，论博受枉法财，当充军。命仍系之。

十二月

初以校尉言监察御史张祚巡按云南，受大理卫指挥使鲍昭赂。又受寻甸土官知府安晟等赂。执至京，三法司锦衣卫鞫，祚受枉法财，当充军，万钟受不枉法财，当为民。

三法司锦衣卫言："奉旨鞫问程万钟、张祚二人，俱受赂，御史魏瀚巡按云南有淫行，然皆风闻不知其实，宜执瀚等对理②"。

陕西按察司佥事李观素淫纵，有知县杨洪者挟私杖部民伤重死其家，诉于观，观受洪赂，报民病死，出洪罪。伺察校尉觉之，执观下狱，都察院论观当充军。

贵州左布政使许士达卒。达为人有才干，初任风纪颇有能声，及为方面历福建山东贵州三藩，贪婪奔竞，士论鄙之。

天顺八年（1464年）

二月

上③即皇帝位，所有合行事宜条列于后，有曰："自天顺五年七月初二日以后，文职官吏有赃者发回原籍为民，其犯赃罪见问未结照提未到并未发觉者，

---

① 超越本分。
② 犹言对质。
③ 明宪宗朱见深即位。

悉从宥免，俾图自新，所司毋得追究，违者罪之。内外法司囚犯见追赃物未完者，悉免追陪。给事中御史职当言路，今后凡朝廷政事得失、天下军民利病，许直言无隐，文武官员有贪暴奸邪者，务要指陈实迹纠劾，在外从巡按御史按察司纠劾。"

协同镇守宁远通州卫带俸都指挥佥事张俊坐赃，谪戍。上宥之，降为指挥同知，调山西威远卫带俸差操。

贵州都匀卫带俸都指挥佥事门达有罪论斩，系狱。达既被调科道官，以其罪不止此，交章劾之。有旨，命都察院会五府六部通政司大理寺六科十三道官廷鞫之。于是右都御史等官李宾等上其罪状，谓达素恃恩宠，不畏法度，又纵令诸子弟为奸利事，多纳贿赂，一一如科道所劾。上命达坐斩如所拟律，追其家私以万计，其党各有惩处。

降总督漕运署都督佥事牛循仍为都指挥佥事，前镇守临清金吾、右卫都指挥同知聂勇，俱发广东，听总兵等官调用。坐贿嘱门达升用也。

三月

颁诏天下，有曰："府州县官有廉能公正抚字勤劳深得民心者，上司以礼相待，仍具其政绩奏闻，以凭旌擢。若有老疾罢软不能任事者，从巡抚官考察；无巡抚官，从巡按御史考察，就彼放回冠带致仕；贪暴不才挐问如律。"

兵部臣奏给事中金绅建言八事，有曰："明黜陟以行新政，欲将天下布按二司官奸贪暴虐老疾无为者黜罢，而推举廉能堪任者补之。"

复浙江按察司佥事陈璧、台州府知府刑宥官。初，宥等俱以御史升前官，既而裕州知州秦永昌贪酷事败，宥等坐往年巡察河南不及举察，降宥福建晋江县丞。璧，长汀县丞，至是有诏，在京文职非犯贪淫降调及充军为民者，悉送吏部选用。

四月

治广东都指挥尹通罪，升龙川知县汪智为府通判。先是，天顺中盐徒刘清有罪，亡命龙川，知县汪智实获之，通掩以为功，又克留其赃银七百两。事闻，命监察御史冯定同锦衣卫千户梁杰往按之，具得其实，于是罪通如律，而升智通判。

南京监察御史郑安等上言八事。有曰，黜贪污以彰政化。

五月

翰林院编修张元祯上言。有曰："今吏部选是官，不论其为人何如，但取其人物言语。宜命六科十三道互相弹劾，其有贪邪素著无所建明者，即时黜退，以励士风。"

禁天下朝觐官科敛征求之为民害者。先是，给事中李森言："朝觐乃臣下述职之典，近年方面大臣未及朝觐，先务奸贪。或科敛民财，或征求土物，为害不可胜言。乞自今朝觐之时考其功绩完否，推其操行邪正，务公去取以凭黜陟，仍加禁治科敛征求之害，有犯者听巡按巡抚官逮治之。"事下，吏部尚书王翱等请如其言。遂有是命。

南京监察御史郑安等言："天顺八年正月诏书有曰，文职官吏其犯赃罪见问未结照提未到者悉从宥免，俾图自新。兹盖旷荡之恩，与民更始之意也。臣等虑此贪污之徒既受赇，又侥幸苟免于今日，岂可一概复职，俾得居官治人？乞敕内外法司查理前项官吏果系赃证未明事须对理者，宜从宥免。其赃证明事有显迹者，虽见问未结而即同狱成，虽照提未到而事发在逃，此等官员当令冠带闲住，不得食俸管事。则上不失朝廷普及之恩，下不失更贤育民之义矣。"

南京给事中王徽等言四事。有曰："近年以来，在京在外总兵官，或以勋戚而用，或以贿赂而得，率多鄙夫，曷当重任？"

户科给事中李森言三事。曰："考军官黜陟之典①，所以劝善而惩恶，文武一途，无分彼此，各处都司指挥并各卫指挥有立心贪污而剥害军士者，有操行不端而败坏风俗者，有年老无为而私役军士者，有骑射不识而暴虐害军者，今后宜令兵部将各处都指挥平日操行廉能武略精通者，存留管事，如或贪污等项革去管事。"上嘉纳之。

六月

广西指挥舒镛哨守荔浦、修仁等县地方，科取财物，遂复为乱。巡抚都御史吴祯等抚平之，以状闻，命逮治镛而追其赃给主。

七月

巡抚湖广左佥都御史王俭奏，黜老疾罢软贪暴官荆州府知府张崶等八十二员。

都察院臣奏："奉旨考察五品以下官，窃惟御史之职，所以振扬风纪、纠察百僚、断决狱讼、伸理冤枉，必须操履端慎通晓刑名，方可胜任。欲将本院御史先行考察，若有操履不谨贪酷庸懦等项及刑名欠通文移不晓者，送吏部照例定夺。"上曰："御史已经本院考通刑名，除授不必再考刑名，只考察实迹。"

兵科给事中秦崇言："民间差役不公，虽由奸豪民户自择利便，亦由贪污官吏听其指使。是以马夫皂隶多系投充，颜料钱粮类者揽纳征则多科纳过取。追及逃回，又加重敛，至于盐钞，其弊尤甚。初则不收本色而倍取重赀，末则仍

---

① 指武职官吏升降制度。

输本色而得皆烂钞，民受其酷害，官不得实用，此害民之尤，蠹政之大者也。"事下户部议，命巡抚宪臣痛革之。

巡按山东河南左副都御史贾铨奏，黜两布政司老疾庸懦贪暴官，山东五十六员，河南十二员。

八月

命工部右侍郎吴复致仕。天顺初，夤缘得升右通政，贿赂中贵，无所不至。

巡按山东监察御史常振劾奏，辽东都指挥佥事高飞挟势贪黩，多役军余，请治其罪。

升陕西富谷县知县秦纮为葭州知州。纮，以进士授监察御史，坐事谪驿丞。天顺初遇例进知县，以廉能闻，巡抚都御史徐廷章荐之，故有是命。

九月

太仆寺少卿李誉言，有曰："激劝武臣以恤军士，夫防奸御侮在于强兵。迩者内外都司卫所官员，罔知礼仪，惟有贪墨，军士饥寒，一不暇恤，是以逃匿者日多，在伍者日少。宜移文天下，察其廉能者擢用之，贪墨者罢黜之。"上取其言，命所司斟酌行之。

十月

巡抚湖广左佥都御史王俭奏，黜贪暴老疾庸懦官襄阳府同知林杲等一百二十八员。

宣府总兵官都督同知颜彪奏，宣府指挥黄瑾妖妄奸贪诸状，下其事于法司。

巡抚陕西右副都御史项忠奏，黜老疾庸懦贪暴官平凉府同知王圭等四十三员。

十一月

南京六科给事中王徽等言二事。曰明刑罚以正朝纲："贼臣牛玉，大肆奸欺，横贪贿赂，朦胧进退，其意欲固宠于内，擅权于外，包藏祸心，深不可测。怨不归于内官而归于朝廷，恩不归于朝廷而归于内官，贿赂日行，威权日盛，而内官之祸起矣。臣等所以劝陛下不许外官与内官交纳者，此也。内官弟侄人等授职任事，倚势为非，聚奸养恶，家人百数，赀货万余，田连千顷，马系千疋。内官因有此家产所以贪婪无厌，奸弊多端，身虽在内，心实在外。内外相通而祸乱所由起矣。"

四川左参议孙康诣京进表，求索所部贿赂，为巡抚都御史陈泰所劾，诏命巡按御史鞫治之。

十二月

巡按福建监察御史魏瀚言五事。有曰："择守令。臣伏睹皇上嗣位以来，廉察吏治，问民疾苦，凡郡县之官贪沓衰眊①以不称职闻者，悉令罢黜。斯诚惠养生民之要道也，但恐今日之进用者未必皆精力廉介，其边远郡邑之官以按察稀少，害民尤甚。乞敕该部今后守令之职，当加慎选，知府必以府佐县正素著声绩并京职材力堪任者为之。"

四、成化年间（成化元年至二十三年，1465—1487 年）

成化元年（1465 年）

正月

国子监助教李伸上言五事。有曰："益小吏之俸。惟吏不廉平则治道衰，今小吏皆勤事而俸禄薄，欲其无侵渔百姓难矣。今天下有司官员俱无全俸，每月支米有一石者有二石者，余皆折钞；若数口之家资一二石之米以为养赡，岂能足其衣食乎？衣食不足，自非有守者不能不苟取于民。宜其坐赃者相继不绝也。宜敕赐内外七品以下文职官员全俸，在外七品以上半俸，以优赡其家，庶有以养其廉矣。"② 上命该衙门议行。

二月

监察御史赵敔言："比奉敕，论御史出巡不许捶辱军职，私用军士，窃恐御史一概以为当然。遇有军职不公、不法贪贿、虐兵者，不敢惩治，请如旧例，重则参奏逮问，轻则量情惩戒。"事下刑部，议如所言。

宥福建上杭县知县黄希礼死，谪戍边卫。初，贼首阙永华攻破县治，希礼不能御而遁，及永华被执，乃言尝贿希礼，故纵之。法司坐希礼罪死，希礼遣人赴京诉，下巡按及三司，以永华已诛，言不可质，恐或诬善良，上宥希礼死，但身为县令不能以死守城，君臣之义安在？其谪戍边卫以警偷生苟免者。

三月

谪延绥总兵官都督佥事张杰戍边。初，廷章奏杰奸宿淫妇，求索贿赂，且听守制主事蔡麟私嘱纳马及守御无法等情。杰亦诬奏廷章私受部下旧识知县秦纮贿赂。上命刑部郎中罗淮、锦衣卫千户赵璟按访，杰事多实而廷章事多虚。有旨俱下狱，仍命官会问，拟杰罪当赎绞，谪戍边卫，廷章罪当赎徒还职，诏

---

① 昏聩，糊涂。
② 再言增俸以养廉，然增俸易，而依此养廉则难。

如所拟，廷章仍罚俸一年。

五月

反贼赵铎伏诛。铎，曾称贷于人，以赂县官。

都察院请逮治吏部尚书王翱，侍郎崔恭、尹旻，特宥之。初仓大使李添瑀官满考验不称例降，有陈名者五人为贷银千两赂内官郭聪，聪以手帖嘱托，后陈名等以分赂不均事发。翱上奏自解且认罪。有旨，既认罪，姑贷之。上俱贷之。

南京中军都督佥事赵伦卒。景泰甲戌言官劾伦贪墨淫邪，降都指挥同知，调广西柳州卫立功，天顺改元遇例复职。

八月

命工部右侍郎沈义、右佥都御史吴琛巡视民瘼。赐敕曰："若有坐视民患及贪酷罢软者，拏送巡按御史等官依律问罪发落，廉正有为者奏请旌擢。"

巡抚辽东左佥都御史滕昭言："辽东极边军士艰苦，其都司卫所军职多务奸贪，剥削军士，受害不胜疲弊。乞敕法司计议，通行于军职，有犯盗钱粮通贿赂等罪，虽当收赎亦必递削二级，徒之边远。"上命如昭所拟行之。

九月

浙江提督市舶内官福住居宁波，所为多不法，役占匠作人以千数，横取公私财贿无算，别筑公馆于杭州。上以住年老，悉宥其罪，但加戒饬而已。

十月

礼部奏："爪哇国使臣梁文宣等来朝，沿途恣肆贪暴，骚扰驿递，为有司所奏，已蒙皇上宽贷其罪。"

十一月

三法司会奏新颁诏条。上曰："人命故杀者不宥，其余皆宥之。犯在十恶者罪虽轻亦不可宥，官吏贪淫事无显迹证佐者且奏区处为民者，自天顺元年为始，于谪所成家业不愿回者听；其犯赃有未追完者，悉免之。"①

成化二年（1466年）

正月

吏部奏，黜浙江等十三布政司按察司南北直隶府州县来朝，并在任官一千七百八员。其贪暴参议孙康等十六员、罢软无为参议沈祥知府刘海等六百九十

---

① 从这里可以看出，封建社会的反贪是以维护其统治为最终目的，因此，对于十恶、违反封建纲常者，即使轻罪也不宽宥。

三员。上命老疾者致仕，罢软无为及素行不谨者冠带闲住，贪暴者除名为民。

上谕吏部臣曰："今布按二司缺员数多，令六部通政司大理寺三品以上堂上官各举所知二三员，二司正佐移文吏部，仍会同内阁从公定与职事。日后坐赃连坐举主，以后仍照旧例推举。"

二月

广西总兵官泰宁侯陈泾、提督军务右佥都御史吴祯俱有罪下狱，谪祯充辽东铁岭卫军，泾复爵停禄三年。先是，祯以御史巡按广西，既而为巡抚都御史韩雍保留协赞军务，寻升都御史巡抚，以丁母忧至京夺情提督军务。时陈泾领兵数千驻梧州城，不能御贼，致贼窃入城中杀死致仕布政宋钦及军民无数。泾拥兵自卫不敢动，恐祯发其事，讦祯贪婪淫乱违法等事。逮下法司鞫问得实，都御史李秉议祯例为民，泾犯在革前免科复爵停禄三年。上以祯贪淫欺诈，有玷风宪，谪充边卫军。泾如议。

巡按山东监察御史荆纶言备边七事。有戒贪图以谨边情。

下工部右侍郎沈义于狱，除其名。义奉敕巡视顺天保定等府民瘼，贪婪侈僭，不恤民隐。下都察院，拟罪为民。

闰三月

都察院右佥都御史吴琛以罪下狱。琛奉敕巡视淮扬民瘼，不能禁革奸弊，且擅作威福，军民饿死道路。六科十三道交章劾其借用导从，动众劳民，受赂妄荐属官。遂下刑部鞫治，拟罪当赎徒。上以琛情罪既当准拟。

巡按云南监察御史王祥言四事。都察院谓其言崇重风宪，宜移文各处都布按三司："今后各司堂上官除公宴公事许令会饮，无故会饮游戏亵狎，因而容奸长恶有乖宪体者，听巡抚巡按官参提。则体统不紊，贪暴知惧。"兵部谓其言推选军职谓武臣廉能谋勇者少，贪污酷暴者多，近以简选之例行，颇知警厉，乞定三年五年一行简选，量为进退，以昭示劝惩。其所言移文云南总兵巡按等官，就于本司按察官内推举老成廉能干绰有风力者，具名以闻。议上，皆允之。

四月

山东济宁州民雷瑛，奏管河主事何广御史彭昭贪淫等状，刑部请行巡抚都御史贾铨即彼鞫问。

兵部郎中杨琚劾奏，总兵官都督李杲、都指挥蒋泰、黄瑀、扶同等状。初百户张彪等买军人功，次冒作己功填报，杲及泰、瑀贪赂扶同，至是为琚所劾。都察院请下御史核实，议拟如律。

五月

宥都督同知白玉罪。初御史滕霄劾玉守备凤阳，沉湎于酒及纵麾下求索贿赂等。事下都御史林聪核实，聪请治如律。上宥之，戒勿再犯。

镇守山西署都督佥事王信等奏言："雁门、偏头二关各边城堡旧有民壮一万有奇，分调戍守，其后往往贿赂里书，诈为年老残疾，以致逃亡者什三。"

六月

改翰林院学士倪谦于南京翰林院。谦自谪戍复职闲住，至是诣阙谢恩，特命于东阁办事，言官劾其贪冒无耻，乃以疾辞。上以谦子编修岳同在翰林，改命南京。

七月

命礼部右侍郎倪谦致仕。六科十三道共劾谦奸贪邪佞，交结外藩，本当致于极典，幸而得戍边方。复蒙皇恩，复其旧职闲住。却乃不召而来，希求进用，玷污清班，仍令致仕。

镇守宁夏太监王清等奏总兵官都督佥事李杲，怀奸畏缩贪暴等罪状。杲亦奏清与副总兵都督佥事张营、巡抚右副都御史陈价等罪。上以杲所犯情重，命逮杲及其部下都指挥李玙等赴法司推问，清等姑置之，令改正回奏。

出使王府官母受宴馈，至有所为贪淫不法者，法司问拟如例。都察院因奏正统间有旨，使臣索取王府财物者罪至死，家属谪戍边。今宜申明旧例，犯者许巡按御史按察司举奏，或徇情不举，及王府辅导官不能以礼谏阻因而阿附听从者，均治以罪。

南京锦衣卫指挥同知刘敬侵克军士行粮，又数诈取人器物。其子錤尤奸贪纵恣，所为多不法。为御史董琳等所劾，至是法司推问拟敬斩罪立功，錤赎徒。命如所拟。

八月

给事中丘弘言十一事。有曰："有恃豪势而强占者，有因连界而吞并者，有已卖与人而重卖者，有见其耕荒而成熟争取者，有贿嘱牙保而称虚钱实契者。今也均徭既行，以十甲之人户定十年之差徭，官吏里书乘造册而取民财，豪富奸狡通贿赂以避重役。"

九月

宥刑部尚书陆瑜等罪，以刑部主事冯银等鞫狱受赂，瑜等上章认罪故也。

十月

中军都督佥事颜通下狱。通，奉命于草场牧马，部下有受赂，又纵军离伍而收其月钱者。事发，总兵官定襄伯郭登因劾通提督不严之罪。下刑部狱，论赎杖还职。

大宁都司都指挥常广为部下千户所奏，下巡按御史按治，尽得广赃污状，罪当立功五年。

四川富顺县知县孙璃贪虐害民，巡抚都御史汪浩下四川按察司逮问之。

十一月

山西布政司右参议孙昱于所部内受赂，且低价市物。巡按御史按其罪，坐赎徒为民。

总督辽东军务左都御史李秉奏，有曰："通行内外法司，于军职有犯除监守自盗受财枉法及败伦伤化重罪外，其受财不满贯不枉法与求索等赃该徒杖罪名者，俱得复职管事，则刑法适轻重之宜，军政无旷废之失矣。"

十二月

辽东都指挥使江福用官木构私居，并受所部贿赂。巡按御史按其罪当死例立功五年，都察院上其事，诏从所拟，发遣之。

都督佥事李杲有罪，谪充广西南丹卫军。杲，先为总兵官镇守宁夏，私用官物，索取货赂，且不设守备。为太监王清、都御史陈价所奏，刑部差官会勘，具得其状，乃逮杲及都指挥李玙等至京，付都察院鞫之。杲诉冤，令再问，于是法司会官于午门前审问，始引服。坐死当赎充军，命免赎谪之。

成化三年（1467年）

二月

宁夏副总兵署都督佥事林盛奏边事，有曰："今边卫贪官狡卒纠结成风，卖富役贫，抽强配弱，是以甲仗非素习之器，队伍无共难之心。"

都察院左副都御史贾铨等奏："云南楚雄卫军有奏，指挥李嵩等擅开银场，聚众为奸利者。云南县民有奏知府李逊、知县郭凯受赇枉法者。事下云南按察司，洱海、金沧二道分巡官不亲临按问，转委镇抚知县鞫之，且狱词多不明，按察司亦不驳正，但据成案呈覆。云南道御史觉其失，请皆治罪。仍通行天下布按二司遇有委任必须躬理，不许转委。"

分守肃州右参将都指挥王裕，成化二年七月行取赴京，求赂于所部，挟重货以行。既升职复之治所，所挟犹有余，至甘州为逻者所发。有司执其子及家僮鞫问，并得在道淫滥状，于是镇守巡抚等官连章劾奏，都察院请逮至京廷鞫之。

三月

钦天监监正谷滨受赇，滥举其属，为人所发，下刑部拟罪，当杖徒除名。特命赎罪降漏刻。

六月

巡抚甘肃右佥都御史徐廷章奏上边议三事。有曰："近日卫所官军官，或托病或营求，或贿嘱亲管官旗，托故隐蔽，却将本户或另补不堪贫弱军人辏数，及至到边验出，而卫所官因受其贿反将坐取之人挟制，莫敢谁何。"

兵部左侍郎兼翰林院学士商辂上言时事。有曰："汰冗滥。臣见得吏员考满冠带听选①有经十二三年未得除授者，贫苦无聊，志意衰退，将来授以政事，何以责其廉介哉。又况积累愈多，听选愈久，数年之后冗滥之弊有不可言，固已多方裁损，屏黜彼贪酷不才声迹显著者，固无足怪矣。"上嘉其言有理，命所司看详覆奏。

七月

四川天全六番招讨使司都事罗雍请修筑紫石碉门等城关，及论奏千户廖颙、刘洪受赇玩法诸罪状。上命巡抚宪臣及三司勘实处分。

谪遂安伯陈韶辽东边卫立功。韶奉命南京操江兼巡捕盐徒，至仪真时有发盐徒事者，韶因而询访得其同党六十人，俱纳赂而纵之。后盐徒有恐事露具首者，巡抚都御史滕昭以闻，械韶至京，命官会鞫得实，故谪之。

八月

南京监察御史李英等奏，有曰："应城伯孙继先、建平伯高远之贪暴剥削，都督同知吴良、都督佥事戚斌之老疾罢软，此皆纵欲偷安，不能弭灾而且致灾者也。"

河南为事按察使吴中奏，恳阳武县为事知县王佐诬其赃私该问，御史陈相偏入己罪。命三法司锦衣卫为中辩理，至是中赎杖还职，佐坐监守自盗，赎斩为民。

黜都给事中黄甄，左给事中董振，右给事中纪钦，给事中王秉彝、俟祥，御史魏瀚、滕霄、曹英、姚绥于外任。时巡抚延绥都御史缺员，吏兵二部以甄、瀚二人名上，请旨点用一人。十三道御史联署劾甄行止不端，瀚浮浅奸贪，难居重职。上曰："二人既不堪任，各官如何滥举？主之者谁，其具实回奏。"于是吏部侍郎崔恭等上章认罪。上命降瀚一级，与甄俱调外任。且曰："科道言官，其中岂无行止不端如二人？令各纠举来闻，敢有互相隐蔽者罪之。"于是御史纠振等四人，给事中纠霄等三人，下吏部。

九月

户部会六部等衙门官议漕运总兵及各处巡抚等官所言事宜条奏。有曰："朝

---

① 官吏已授职而候用称之。

廷设立仓粮预备赈济，官吏放给之际多不用心，里老书手夤缘作弊，贫难缺食不得其济，而殷实贿赂多得支给。乞敕该部出榜禁约，如有仍前作弊者，不拘赃数多少，概发口外为民，事属枉法者充军。"

十二月

提督军务右都御史李秉等言："守备抚顺城指挥萧旭、义州城指挥楚凤，皆贪懦不胜任，乞以都指挥白钦代旭，指挥徐珍代凤守备。"俱从之。

巡按江西监察御史赵敔言，有曰："每年征收户口盐钞，多被包揽，刁徒贿嘱吏胥里老先将已钞扣数代纳，然后带同里甲下乡照册多收。"①

成化四年（1468 年）

二月

佟昱、陈福等巡按御史按问裴显贪懦不职，宜逮系来京究治，别举堪任者代之。

镇守陕西左少监黄泌，奏都指挥同知司整侵欺官物，敛取军钱。整因奏沁占种田亩、折收廪给，并贪暴诸事。俱下巡按御史等官按问多实，并拟罪以闻。诏司礼监差人代沁还京，整令赎罪还职，调贵州属卫差操。

命山东巡视仓粮按察司副使刘敬兼提督海道修饬兵备，因巡抚右副都御史原杰奏沿海卫所官吏贪虐，而巡守等官经岁罕到故也。

五月

南京都察院右佥都御史高明奏罪囚六十二人皆下海贩盐强劫拒捕，并巡逻受贿私造军器为贼囊橐者，内当死者十四人，充边军者四十八人。

六月

陕西按察司副使王凯按部至高陵县，召富平县吏传言知县苏鉴市木修治公廨，鉴遂敛银四十两往馈，其子受之。事觉，巡抚都御史陈价并巡按御史俱归罪其子而薄凯罪，得还职。都御史林聪等以凯居风宪而子受赃私，亦当黜罚，以为失职之戒，宜令吏部降秩为当。

七月

巡按江西监察御史赵敔言："朝廷建置风宪以纠察百僚，振肃风纪，先须激扬有道，然后清浊分而公道明。切见江西小民俗尚健讼，有司官吏稍不顺其情者，动辄捏词告害，其风宪官之忠厚正大者必先察其贤否，若果贪酷然后就逮

---

① 仓粮赈济，里老从中作弊；盐钞征收，吏胥里老贪贿坏法。明朝的基层社会同样充斥腐败。

黜罚，若廉勤则极力扶持之。"

监察御史唐震守制家居，出入府县请托、及欺取官物、诬陷人罪，为其乡人所奏。刑部差官按之皆实，逮至京下狱，坐赃革职为民。

太子少保户部尚书马昂乞罢，不许。时六科给事中魏元、十三道监察御史胡深等言，昂受济宁知州于静馈女二人及受西僧劄实巴赂币，乞下法司明正其罪，诏不问。

九月

巡按直隶监察御史陈相奏劾："紫荆关守备都指挥佥事张瑛，主使贼犯妄攀平人，而枉法受财，及事发又捏词掩饰，若仍令守备则愈肆奸贪，有负重寄，乞治瑛罪。令带俸差操，别选智勇廉正都指挥守备。"

六科给事中魏元等言，有曰："今两京文武大臣，多奸贪蒙弊之徒。陛下勿谓其位高而不忍遽去，勿谓先朝旧臣而暂且宽容。宜令自陈休致以全大体，贪恋不去者令科道纠举，而臣等滥居言路无补于时，亦望罢归以戒不职。"上曰："所言有理，宫中事朕自处置，其余所司即拟行之，尔等宜勉于修职。"

监察御史胡深等六人言，有曰："礼部尚书姚夔用私灭公，贪财黩货，比因度僧，受银钜万，故京师有'反贼刘千斤、受赃官姚万两'之谣。太子少保户部尚书马昂不学无术，妨政害民，纳馈结势，四方水旱，赈救无方。凡此数人，皆足致变。"上曰："如今全才难得，取其所长皆有可用，况急切用人之际岂宜求备？"所言不允。①

有巡抚四川都御史汪浩等、守备永宁都指挥林晟罪。给事中张铎等劾浩罔上殃民，有乖宪体，晟恣肆奸贪，诬奏风宪，请各治其罪。上以浩任巡抚重寄，晟讦其罪，难以反坐，俱宥之。

十月

给致仕礼部右侍郎倪谦诰命，从其子编修岳之请也。岳三年考满，例得推恩。吏部尚书李秉等言："谦先任学士时曾犯赃罪充军，原授本身并封父母妻诰敕，俱已追夺焚毁，后虽遇赦陈情复职，又升任致仕闲住，终系犯赃之人，于例难以推封。"上曰："谦已升任致仕，因子推恩，亦何不可？其与之，不为例。"

吏科给事中毛志言："主事陈瑾、行人马桓之贪名素著，员外郎欧贤、徐敏之清誉无闻，皆所当黜。乞将五府六部等衙门堂上官曾与考核者，明正其罪，以为大臣欺罔之戒。仍敕吏部会同都察院再行公同考核，庶几事归一体，贤否

---

① 贪银钜万，宪宗却以"全才难得，取其所长皆有可用"而不愿惩治。

昭明，士风丕振，灾眚①可消。"诏："考察事已处置矣，但今后诸司官考满者，吏部都察院务遵成法，严加考核，不必一概纷扰。"

监察御史康永韶等言，如陈瑾、马桓、彭盛、余璞、余志、孙瑜，贪淫素著，侥幸被留。

十一月

南京十三道监察御史杨智等言，有曰："工部侍郎范理，外似纯朴，内实奸贪。凡此皆妨国病民，法所难宥者也。"

大宁都司都指挥使常广，尝纳部下重赂，且侵盗官物。为千户孛忠发其事，拟坐斩令纳米赎罪，会赦还职例当差操。

十二月

复遂安伯陈韶爵，闲住。韶，先以受赇枉法，谪辽东广宁卫立功。至是蒙恩宥还。

监察御史刘璧等奏，有曰："盖一时权宜之术而非经久常行之利，向使举之悉得其人，犹恐有政出多门之患，苟或受嘱徇私，各举其所亲厚，以分植其党，则请托之风益长，贿赂之门大开。其弊殆有不可胜言者矣。彼尚节义而崇廉退者，陛下安得而用之哉。"上以璧等徇私背公妄言，命自陈状，违者俱论以法。②

成化五年（1469年）

正月

南京吏部右侍郎章纶、都察院右佥都御史高明，会各衙门掌印官考察庶官，奏罢老疾罢软贪污官户部郎中潘孟时等九十六员。

巡抚贵州右副都御史陈宣奏："少监郑忠、南宁伯毛荣各带京官舍人随行，纵其役占军伴，办纳月钱③，奴辱有司营求货赂，大为军民之害。宜行令巡按御史严加禁治，不许数外多带，及禁约勿使仍前恣横为害。"

吏部奏黜浙江等十三布政司按察司，并南北直隶府州县来朝并在任官布政司左参政邓义等官二千五百六员，命老疾者致仕，罢软无为及素行不谨者冠带闲住，贪暴者为民。

---

① 灾患。
② 作为监察御史，刘璧上奏，即使无益于吏治，宪宗大可以置之不理，没有必要大发雷霆吧。
③ 按月支付的钱钞。

二月

太子少保兵部尚书兼文渊阁大学士彭时等，以衍圣公孔弘绪犯法，得旨械至京理问，上奏弘绪贪淫暴虐事已彰。上曰："宣圣子孙，朕素所优礼，今弘绪自罹于法，殊玷家声。"

闰二月

大理寺左评事申安言："旌异官员，朝廷激劝有司之良法。比来朝廷屡尝举行，令巡抚巡按并布按二司官询察有司之贤能者，具其政迹以闻，赐之诰敕，增其禄秩，激劝乎官，所以嘉惠乎民也。奈何所举多有不当廉能者，未必旌异旌异者，未必廉能如绍兴府知府吉惠，先为上虞知县由旌异而升，今官到任未及二年，贪酷百状，幸而败露。部使者方且庇之，令其复职，纵恶长奸。乞诏大臣议，自今旌异必待三年考满之后，若有举不公，后或以奸贪败者，连坐之。庶几吏称其职，民安其业矣。"下吏部覆奏，从其议。

四月

械正一嗣教大真人张元吉①至京，下刑部狱法司，拟罪凌迟，命监候处决。元吉，凶暴贪淫，专恣不法，上特命官往勘俱实，械送元吉等至，更命法司会官廷鞫之。

五月

宥都督佥事卢能罪。能，镇守松潘巡抚，都御史汪浩劾其贪懦无为，而泸州卫千户夏正讦其受属卫私贿诸状。

七月

钦天监监副吕庆、周昉以受赇枉法，下锦衣卫狱，具伏。刑部论罪当绞例减等充军，诏免之，但夺其官，仍充天文生。

陕西按察副使李玘，劾守备洮岷都指挥佥事韩春，失误军机之罪，春遂摭玘事讦奏之。事下，巡抚都御史马文升同巡按御史布政使司官鞫得其实，并得春贪婪不法状。玘亦处置颇失宜，各有罪，奏至，都御史林聪请行文升等究治如律。

四川总兵官右都督芮成，奏巡抚都御史汪浩专权贪暴，及巡按御史冯斐受赂害人共三十三事。命给事中虞瑶、刑部郎中何衷、锦衣卫千户金璋往按之。皆讦浩，浩遂奏成贪淫不法四十四事，诏锦衣卫差官逮之。

---

① 道教正一派大真人，逼取财物，贪暴不法，被逮至京，论死。后杖百充军，不久释为庶人。

八月

内官吴海守备永宁，私役边军，多纳贿赂，又令家人以布分所部而倍收其粟，指挥千百户刘谨等四十九人皆为之出纳，同守备指挥马刚实从。臾之，为千户邰铭所奏，事下，巡抚都御史郑宁委巡按御史逯治刚等，乃劾海等俱当逮治。都察院以闻，诏海自陈，谨等四十九人命会镇守等官，各杖三十，释之。

九月

南京光禄寺寺丞武安有罪除名。安，以厨役供私家使令，又多索贿赂，为给事中朱清等所劾，而署丞张礼亦奏其事。下南京刑部都察院会鞫之，具得其实，例赎杖为民。

巡抚陕西左副都御史马文升奏，有曰："乞令巡按御史并布按二司官，于所属官内廉名素著才能出众堪任知州知县者，各举所知三五员，具奏吏部，定拟授职，若有贪淫事发连坐举主。"

浙江都指挥佥事刘源以整点军器至海门卫，指挥使李定安敛所部内银二十两馈之。卫有前指挥李昇者，先以罪充边军，遇赦来归，与军舍买三等八人常以兵众泛海为奸利，定安不能制。事觉，遂及源受赂事，巡按御史会三司鞫昇等，以具狱奏，且请逮源等。都察院议拟以闻，诏李昇、买三依律处绞，余六人徒充边军，刘源、李定安等十二人逮治如律。

福建都指挥佥事王雄受所部赂，听其与岛夷奸阑互市，及领军出海遇番舶逗挠官军。下巡按御史鞫之，俱当绞例立功五年。都御史林聪等言其情罪深重，难以常例处分。上以为然，降指挥佥事，徙广东边海卫带俸差操。

成化六年（1470年）

正月

刑科给事中虞瑶等勘报巡抚四川右副都御史汪浩、镇守都督芮成讦奏事。上命三法司会多官重鞫得实，浩坐因公杖死二十人，任情滥赏官军银布，且伐楠木载回私家。成，纵子为非索取部内金银诸物甚多。上以浩酷暴杖死人命数多，免赎谪戍独石卫，成贪财无厌，降一级带俸差操。

二月

巡抚湖广右副都御史罗篪劾奏按察使项璁、佥事邵琮，不能约束典狱官吏，以致受赂纵囚，都察院请究其罪。命姑宥之，各停俸三月。

遣刑部左侍郎曾翚等循行天下，考察官吏得失。赐翚等敕，有曰："诸司官员奉公守法廉明仁恕者以礼劝奖，贪酷害民者为民，老疾罢。"

福建按察司奏琉球国使臣程鹏进贡方物，至福州，与委官指挥刘玉私通货贿，俱当究治。诏逮玉治之而宥鹏。①

四月

致仕南京工部尚书兼大理寺卿王来卒。廉明刚正，尝被荐擢监察御史，巡按直隶苏松常镇诸郡，风采凛然，寻奉命考核守令而下，贪暴者望风引去。

五月

巡抚永平、真定等处右佥都御史阎本奏，罢贪酷老疾罢软官行唐县知县李春等五十五员。

巡视山西右佥都御史李侃奏，罢老疾罢软贪酷官左右布政使王允等一百五十九员，都指挥朱忠等十八员。复上疏自陈："比奉诏考察官员，其间有年与臣相若而不堪任事者，有才倍于臣而贪暴不职者，臣皆退之。"

六月

守备偏头关都指挥使冯庆以贪酗罢，命都指挥使戴广代之。

巡抚山东右副都御史翁世资奏，罢老疾罢软贪酷官左参政马进等三百二员、都指挥吴勋等一十八员。

七月

巡抚淮扬右副都御史陈濂奏，罢老疾罢软贪酷官凤阳府知府张鄘等一百七员。

太仆寺寺丞沈铭分理保定府马政，行至博野，受群长赂。事觉，问拟为民。

监察御史郑已坐罪谪戍边。已，巡按甘肃颇矜傲。时定西侯蒋琬奏已与随行吏人受属卫赂遗诸事，因命官往勘，械已等至京，仍命法司会问。诏以已不遵宪体，特谪充边卫军。琬所奏受贿事皆诬，置不问。

巡视河南户部左侍郎原杰奏，罢老疾罢软贪酷官通判侯云等二百四十三员、都指挥吴迪等九十八员。

八月

巡抚陕西右副都御史马文升奏，罢老疾罢软贪酷官庆阳府知府张翔等九十一员。

巡视北直隶大理寺左少卿宋旻奏，罢广平顺德二府老疾罢软贪酷官通判柴让等四十三员。

巡抚荆襄南阳右副都御史杨璇奏，罢老疾罢软贪酷官德安府知府冯敬等九十员、荆州卫指挥郑玺等二十二员。

---

① 属国使臣犯赃违法，往往得以轻罚或免罚。

巡视浙江刑部左侍郎曾翚奏，罢老疾罢软贪酷官左右布政使张清刘钺等一百九十八员、都指挥朱亮等十六员。

九月

贵州按察司佥事李述有罪，革职闲住。述，任贵州佥事，分巡安庄诸卫，私令子婿于属卫卖茶，巡按御史戴缙发其事，吏部谓述贪官，不宜复用，责令冠带闲住。

十月

中都留守司正留守穆盛有罪免官。盛，在中都所为多不法，有千户告其贪淫酷暴十六事。巡抚都御史以闻，命给事中成实等往会巡按御史鞫之，且得其罪状，帐下卒吴鉴每为人通赂，因藉盛势为奸利。刑部会官重鞫于朝，盛事多赦前，独坐监守自盗律，当斩，减从流例赎复官，不得理军事。诏盛赎罪毕仍免其官，鉴徙充辽东边军。

十一月

巡抚南直隶右佥都御史邢宥奏，罢老疾罢软贪酷官安庆府同知李贵等一百一十一员。

巡视江西南京大理寺卿夏时正奏，罢老疾罢软贪酷官右布政使张轼等五十一员、指挥金润等十二员。

巡抚湖广右佥都御史吴琛奏，罢老疾罢软贪酷官左布政使陈安等三百一十员、都指挥孟刚等一百员。

十二月

巡视福建右副都御史滕昭奏，罢老疾罢软贪酷官左布政使张斌等二百二员、都指挥刘胜等三百二十二员。

湖广都指挥佥事武瑛以欺隐田粮求索贿赂，令下巡按御史逮治如律。

成化七年（1471年）

正月

都察院左都御史李宾言："乞敕在京文臣四品五品管事官，及六科十三道官各举所知，如知州缺则于州同知判官知县等官，知县缺则于县丞主簿教职等官内各举一人，该部再加详察，遇缺除用，仍各注举主职名，日后犯赃连坐。仍请通行各处巡按御史并按察司分巡官，照依宪纲事理，所至之处，广询博采守令廉勤公谨六事，若巡按御史按察司官不用心访察，颠倒是非者，俱坐以罪。"

守备洮河岷等处都指挥使黄钦受河州仓官赂，庇其罪。为陕西按察司所奏，都御史李宾等请下巡按御史逮治如律。

调南京监察御史沈源外任。初,南京佥都御史高明言守备军士宜时令给事中御史阅视,诏不从,后竟从给事中徐鉴等言,及源当阅视时队长受赂,军伍多缺。

二月

大宁都司都指挥张雄闻故清苑县丞刘浚妾美而多赀,欲娶以为妾,令其子勇强异之,勇掩为己有,并攘其赀。下巡按御史鞫之具伏,并得雄挟势受赂事,雄坐杖徒,勇坐绞。诏雄赎罪毕降官一级,不得理军事,勇如所拟。

福建右参政陈蕙巡海至烽火门水寨,备倭都指挥佥事王玉令所部钦银赂之。事闻,蕙已黜为民,去归其乡。都察院请行巡按御史先逮玉治罪。

陕西都指挥佥事董缙求赂于所部,得兰县土兵马十匹,留石城征进官军得银三十两乃遣之,又冒支官仓粮料,为部下百户所发。分巡按察司佥事孙逢吉劾奏其罪,都察院请下巡按御史逮治如律。

谪降前军都督佥事湛清于广东。清,镇守松潘未逾年,求取于所部,赃贿狼藉,又冒用官仓粮料。巡视侍郎黄琛廉得之以闻。命刑部郎中王范等往按之,具伏,追赃得金二百七十两、银五千两有奇、马骡缎匹他物。械清归京师,三法司会官鞫于朝以具狱。上以清大肆奸贪,情罪深重,特削官三等,降都指挥佥事,注调广东廉州卫带俸差操。

四月

给冠带知县黎庸半俸,就原任大冶县闲住。庸,交阯人,坐赃罪罢为民,后遇例冠带,先后陈情凡二十余次,故有是命。

巡视四川南京户部右侍郎黄琛奏,罢贪酷老疾及罢软官成都府仓大使谭澄等一百八十一员。

吏科都给事中程万里等言:"御史,朝廷耳目之官,顷年任是官者多新进之士,罔谙宪体。乞敕吏部,一依宪纲,选用不拘,内外官但科目出身三年考满者,一体考选,务在得人。若不甄别,贤否不责,举主则奔竞成风,行之日久,恐任台谏者率多庸流,司风纪者举非端士,而望其正己正人,扬清激浊以振肃纪纲难矣。今访得各处所举,知县王舆,则过名颇多,不敢给由;夏环则被人告讦,见有赃私;他如赖瑛、王秉彝、鞠镛之类,皆非廉吏,素乏善誉。"上命舆等仍旧职调除而各具举主名氏以闻,令自今外任满考应选用风宪者悉听吏部推擢,著为令。

七月

陕西都指挥佥事马聪坐守怀远堡,为部下军人讼其役占军士、侵克月粮及纳赂等事，巡按御史鞫得实，请逮聪于狱。

八月

守备洮河岷州等处都指挥黄钦受贿，事觉，巡按御史问拟律绞例立功五年。

十月

杀江西吉安府知府许聪。南京大理寺卿夏时正巡视江西，考察官员入寅等言考聪贪酷，黜为民，聪不服，而守御千户蒋庆具以其贪酷事呈禀。刑部以为宜尽受赃枉法例发充军，聪以已被傍等构陷亦具各人奸贪不法，并傍主使夏寅、蒋庆等情。

直隶深州知州韩儒言："臣闻人之荐举，各以其类。廉者举廉，贪者举贪。比年以来，官多不职，累廛①明诏，严于考察，然而贪暴愈多，奔竞滋甚，是则荐举不公而然也。乞谕巡抚巡按布按二司，并南北直隶各府正官，自今在外有司必待三年或六年之后，政绩卓异，民心悦服，察之如出一口，方许荐举。仍令吏部先察举主，举主廉所举者，政有实绩，因而用之，不必覆勘举主；非人所举者，虽有政绩，亦必覆勘，后或以奸贪败者连坐之。如此则欢惩有道，而庶官得人矣。"

成化八年（1472年）

正月

吏部以朝觐考察奏，罢天下老疾罢软不谨贪暴官云南布政司左参政王英等七百五十员。诏老疾者致仕，罢软不谨者冠带闲住，贪暴者为民。

六月

怀柔伯施鉴奉命统领京营官军下场牧马，多纳所部赂遗。都指挥阎斌发其事，总兵官抚宁侯朱永等以闻。命都察院逮治具伏，坐受财枉法论绞例，减死立功边方五年。诏："鉴追赃毕，发贵州立功，余把总等官兵部其通行戒约之，后或再犯，俱重罪不宥。"

八月

广东按察司佥事陈贵免为民。先是，贵奏总兵官平江伯陈锐玩寇纳贿诸不法事，锐亦奏贵贪酷不听节制数事。都察院详议以闻，上宥锐而下贵事于法司，令侯勘问处治。至是，巡抚都御史韩雍等勘贵事多实，遂坐免。

---

① 屡次接受。

十月

云南署都指挥佥事范宗守备永宁，纳部下赂。遣御史逮鞫宗左右，得实。既而遇赦，宥。都察院请仍追原赃给主，令还职，带俸差操。

成化九年（1473年）

正月

镇守淮安漕运总兵官平江伯陈锐奏漕运事宜，有曰："各都司运粮把总都指挥千百户等官，多有不畏法律，贪赃害军者，乞皆退回原卫带俸差操，别选廉干者代之。"

二月

陕西凤翔府同知毛琼奏："三年朝觐既已，考察官吏不一二年间复命大臣巡行考察，无非欲得其人以为治也。但奉行者考察未必皆公，去取未必尽当，奸贪逢迎者或以廉能见留，老成镇静者或以罢软见退，况考察太勤则人无固志，往往为身家之谋，行剥削之计，势使之然也。"

七月

南京六科给事中劾奏："掌南京左军都督府事应城伯孙继先，贪暴无厌，服用僭侈①。事下南京都察院兵部会鞫，得其占役军余，征收月粮，又索赂不足，杖人几死，至有卖女以赂之者，其器用违禁若金饰床帐之类颇多。"乃逮继先，坐受财枉法，当绞例减死立功五年。家僮孙弘等四人为之聚敛，俱坐杖徒。都察院以具狱请。上曰："继先贪暴僭妄，难再任用，可夺爵闲住；弘等俱发充广西边卫军。"

八月

漕运总兵官平江伯陈锐劾奏："把总运粮都指挥彭铸，岁令各船附载私货，及与指挥李瑄、铁琮等，交通贿赂，侵克官粮。请逮赴京师治罪。"刑部以路远人众，请下南京刑部取问如律。

九月

巡抚贵州右佥都御史宋钦劾奏都指挥佥事赵晟，私役部卒，多纳赂遗，并盗支廪米等罪。都察院请下巡按御史逮治如律。

四川行都司都指挥佥事宫恒贪淫无厌，恣肆妄为，为巡按御史所劾，命巡视等官核实且得其状，下巡按御史会按察司官逮治之，诏恒免死，押发云南边

---

① 即僭奢，指过度奢侈。

卫充军。

十二月

巡抚山西右副都御史雷复奏，罢贪懦老疾官太原府通判胡清等六十一员。

成化十年（1474年）

三月

巡视江西户部左侍郎原杰奏，罢老疾罢软贪婪官布政司经历赵麟等三十二员。

五月

监察御史聂友良奏："陕西、河南、山西先因北虏犯边，供馈不继，建议者请有司官考满免赴京，令于延绥一带依官品纳草，此一时济边之务而非经久之计也。且各官俸禄不过养赡家口而已，非大肆贪墨固无余积，今一概纳草，使廉者无资以从例而贪者乘机以害民，况西陲颇宁，粮储稍省。乞敕令停止。"①下吏部覆奏从之。

巡抚甘肃右副都御史朱英奏上预计安边十事，有申禁例以警奸贪。

南京监察御史金忠初巡捕仪真等处，发锦衣卫千户王兴巡捕纳赇罪，法司鞫兴左右得实，欲请旨执问。兴遂诬奏忠。俱械系赴京，至是南京御史李聪等十五人以忠无罪，奏请宥之，不从，且责聪等不知大体，各停俸半年。

十一月

辽东都司都指挥吴俊私役军卒或致死者，并发诸受贿不法事。下巡按御史按问得实，请逮治如律，都察院覆奏从之。

河南按察使何乔新劾奏都指挥金事高福贪淫等罪，刑科给事中批参乔新奏疏内有误字，都察院并请下巡按御史治罪，皆从之。

十二月

吏科都给事中徐英等言："三载黜陟，知人最难。明年又当举行，但好恶不同，难以遍察。虽有所司奏报御史考语皆未精详，故或端谨者以为无守，罢软者以为有能，谓酷暴为慈祥，谓廉介为贪滥。往者巡抚等官在外考察，虽遍观历览然后黜陟，亦为此弊所惑，况今日乎？乞申命吏部会都察院研审精详，察好恶别毁誉，一则以察小官之贤否，一则以考上司之公私。有徇情者许科道纠举。"诏进退人才，务合公论，毋得偏徇，所司其知之。

---

① 明代赎刑有很多方式，如纳钞、纳米、纳草、运炭、运砖、做工等，在实际执行中政府可以根据需要进行变更。

成化十一年（1475 年）

正月

吏部奏罢朝觐官左布政使杨文琳、吕困按察使王琳等一千八十一员。命老疾者致仕，罢软素行不谨者冠带闲住，贪酷及惧罪在逃者为民。

六月

调河南都指挥佥事高福于湖广都司带俸差操，坐犯奸贪罪也。

七月

甘肃副总兵都督同知马仪，奏陕西行都司都指挥使丁铎贪淫不法数事。上命锦衣卫遣官会巡按御史鞫之。

九月

黜南京刑部署郎中事员外郎张同为民，以南京吏部考其贪暴也。

成化十二年（1476 年）

二月

监察御史冯贯等以修省上言，谨条成十事以陈，有曰："今京官冗员太多，升擢太骤。乞敕吏部详定，凡幸位窃禄者悉削去，其大臣有老而无为、贪而无耻者悉行罢黜。"

四月

兵科都给事中章镒等言，有曰："分守怀来都督佥事周贤，谋勇未闻，贪黩已著，宜选谋勇兼全、威望素著者代之。"

五月

诏核辽东军储。时巡按御史潘瑄言："辽东势豪多假托输纳，夤缘作弊，以陈腐入仓充数，甚至侵欺军士月粮，仓司小吏畏威受赂无敢发者，以故边储亏损，供饷常缺，请特遣京官往究其弊。"①

巡抚河南右副都御史张瑄奏，罢贪懦官通许县知县王翰等十二人。

复怀桑伯施鉴爵，仍令于左府带俸差操。时，鉴坐赃谪贵州龙里卫立功，遇赦获免也。

---

① 明代在辽东边备建设中投入巨大，而军储之弊则直接瓦解其功效，终明之世，辽东一直为多事之地。

七月

广东按察司守备海南副使涂棐,为高州府丁忧同知王佐讦其赃私人命违法诸事。刑部奏遣主事马琴往按之,多实,棐死于狱。都指挥李祐、佥事何汉宗以勘问不明,刑部请逮治其罪。

八月

兵科都给事中章镒等劾奏,有曰:"守备天寿山都指挥佥事张瑛,守备黄花镇都指挥佥事房春,贪懦不职,俱宜黜罢。"事下,瑛、春衰老贪懦,诚如镒等所言,宜皆黜罢。

巡按浙江监察御史方昇劾,罢贪滥庸懦官处州府通判李栗等二十八人。

南京监察御史陈宣、进士董安俱守制家居,侵占乡民田产,索取财物。事未露,宣已复任,安亦授浙江余姚县知县。既而为仇家所讦,事下,刑部请差官按之得实。刑部各拟罪如律,宣、安俱坐赃除名。

九月

初,兵科劾守备怀来等处右参将都督佥事周贤贪冒宜罢。至是,右副都御史殷谦等言贤向虽私役军士垦殖田园,寻已悔误自新,兵部覆奏亦言贤累立战功且年力方强,犹可委任。上曰:"论法宜削贤参将,但既改过,姑留之。令用心操守,再犯不贷。"

十月

辽东操备都指挥指挥千百户等官李俊等五十四人以罪下狱。初,辽海等卫仓指挥等官受赂,混收粗恶豆米,会俊等查盘,亦受赂。为给事中所劾,下都察院,请行巡按御史逮俊等鞫治。

十一月

抚治荆襄等处左副都御史原杰奏,罢老懦贪婪官襄阳府推官谢孔良等五员。

巡抚贵州右佥都御史宋钦等奏,罢罢软贪暴官佥事聂蒙、昌都指挥同知唐正等九员。

提督通州等仓监察御史徐镛言京通二仓收粮事例,法令不一,军斗得以高下,其乎无赂则加多或过一斗,有赂则减少不及五升。

十二月

升户部郎中刘显为长芦都转运盐使司运使。显,在宣府管粮颇有贪名,至是骤得升用,人皆疑焉。

南京六科给事中言,有曰:"请揭榜禁约,不许公差人员于所经之处,凌虐有司,需索贿赂,而有司亦不许阿承科取。与者受者,俱以赃论。"

成化十三年（1477年）

二月

减宁王奠培、乐安王奠垒禄米。初乐安王奏宁王惨酷贪淫不轨等事，命太监罗祥、驸马都尉石璟、刑部侍郎杜铭、锦衣卫指挥赵璟往勘多实，惟不轨之事涉虚。至是，仍命皇亲文武大臣议拟各坐罪。上曰："宁王所为不法，屡降敕切责，乃不思改过，但念宗支，姑从宽典，革去禄米一半；乐安王所奏重情不实，有平伦理，革禄米三之一。"

四月

南京十三道监察御史任英等建言，有曰："乞敕南京吏部尚书崔恭会同南京都察院右都御史林聪，以各衙门属官，从公考核，果有贪暴老疾庸懦者，具奏罢免；若廉能干济学行超卓者，亦必具实奏。"

复怀柔伯施鉴爵，于左府带俸，岁给禄米本色四百石、折色六百石。鉴，初坐牧马受赇，谪贵州立功。至是，以诏例获宥。

法司拟福建建宁右卫致仕指挥同知杨泰罪坐斩。原勘官刑部主事王应奎、锦衣卫百户高崇皆受泰赂，亦下狱。崇瘐死，应奎发边卫充军，后泰以审录宥为民。

五月

内阁大学士商辂，学士万安、刘珝、刘吉言，汪直①之辈其有谋逆奸细并贪赃坏法重情。

六月

皇上谕两京人臣同加修省："惟太监汪直，缉捕杨晔、吴荣等之奸恶，高崇、王应奎等之赃贪。惟命五品以下，敕两京吏部会都察院并科道官，仿成化四年事例从公考察，在外镇守守备侯伯都督等官亦令自陈，庶奸贪怠政者知所警惧。近来御史多为罪人诬奏，被逮下狱，遂使强横得志，风宪失职，宜痛加禁革。"

九月

南京都察院奏守御南京浦子口都指挥李信，坐受所部殴杀人者赂，不发其事，罪当流减赎徒，不得管军管事，法司奏请如所拟。

---

① 明代徽商，著名海盗，曾勾结倭寇，走私贸易，骚扰沿海。嘉靖年间被诱捕处死。

十一月

革爵应城伯孙继先奏乞贷前罪，都察院具闻。上曰："继先贪暴僭妄，法所难宥，但念其祖勋劳，令冠带闲住，给禄米之半。"

十二月

英国公张懋等议："五府所属指挥千百户多承袭祖父旧职莅事，或不谙事体，或不顾礼义，贪酷罢软，军务废弛。自后有缺，乞会官佥议①，其不称者令带俸随操，能改过自新者仍得举用，且著为令。"

成化十四年（1478 年）

正月

吏部以朝觐奏罢老疾罢软贪酷及素行不谨官布政使王用、钱昕、俞铎、洪弼等二千十六员。诏老疾者致仕，罢软不谨者俱冠带闲住，贪酷者为民。

三月

中都留守司副留守赵忠先任皇陵卫指挥佥事，进表来京，与锦衣卫百户潘庸交通②，贷其金银以赂当道营升职，乃克取部下财物以偿。事觉，下都察院狱，拟罪如律例纳赎。命革忠所升职，庸降等，俱调别卫差操。

八月

钦天监监副宋徽春、官正减铭秋、官正潘泰中、官正周纶，并以收充天文生受赂。事觉，问拟为民。自后本监官犯罪应为民者悉依此例，应发戍者奏请处治。

巡按直隶监察御史范珠奏："江北水灾损伤苗稼，其间徐州尤甚，豪强兼并，贪墨横取，凡害天理而拂人心，皆足以致民之怨。"

通政使司右佥议李宽有罪，命冠带闲住。宽，提督永平蓟州等处粮草，坐使家僮与人通赂求进。事觉，宽自以不知其事，具奏服罪，既获宥。至是，给事中御史交论其平日奸贪罪状，以为不可宥，故有是命。

九月

中都署副留守赵忠受赂，事觉，罢为指挥佥事，调宣府开平卫差操。

十二月

辽府宁福乡君仪宾杨纲贷辽靖王银二百两，过期不偿，王怒杖征之。纲因与乡君谋奏王府诸不法事。诏下镇守湖广内官会巡抚等官按治，事多诬，独仪

---

① 共同商议。

② 交往，勾结。

宾刘达从父潮尝赂王，杖杀其侄妇，并王府占民田租、罚民财物数事得实。都察院以具狱覆奏，有旨：此等情犯深重，潮如律处决，纲赎罪革冠带，内使王勤解京处治。

巡抚宣府右佥都御史张颐劾奏守备马营堡都指挥李英，侵欺钱粮役军受赂等罪。都察院请下巡按御史逮治，并词所连千百户八人，俱逮之。

成化十五年（1479年）

四月

太监李荣传奉圣旨，吏部听选官李孜省升太常寺寺丞。孜省，初为布政司吏，受贿，当为民，以罪匿京，私托太监钱义梁方以符箓①进宠幸，与方等相表里为奸恶，盖始于此。

五月

内官奉旨宣谕六科十三道曰："牟俸职居风纪，大肆贪婪；马文升抚安无方，用致边患；科道官胡为互相容隐，缄默不言。可自陈状。"于是给事中李俊等二十七人、御史王浚等二十九人合词请罪，诏廷杖之，人二十。

下金吾右卫指挥经历等官郭宏等三百四十九人于刑部狱。初，兵科给事中仰昇等劾宏等贪图贿赂，假以内府差占为名，纵放军士，以致军伍虚耗，有名无实。事下，兵部尚书余子俊等请逮治之，故有是命。

六月

浙江湖州府知府李雄有罪，谪戍大同卫。雄，在官苛刻，计取民财，赃秽狼籍。时巡按御史张锐牒、按察司副使王齐按之得实。

七月

革锦衣卫带俸指挥佥事张庆，千户邵瑛、王英、赵亮，百户杨春、胡节等。以庆等纳赂牛循，营求管事，而节为循心腹用事，屡讦人阴私故也。

十月

命中都副留守孙安兼守备神策卫，指挥詹钦协理军政，龙江右卫指挥聂端理漕运。时，中都留守李谦以赃罢，巡按监察御史范珠言："凤阳，根本重地，频年旱涝。所司多奸贪坏法，乞选廉介者用之。"兵部以安等名闻，故有是命。

---

① 道教的法术，始于东汉，又称丹书。用于治病、驱邪、救灾、超度等。时宪宗追求长生不老，宠幸方士，重用真人张元吉等，给明代政治带来消极影响。

成化十六年（1480 年）

二月

户部臣奏："其北直隶府州县等官久不考察，其间贪酷害民者，宜听巡抚并差去官员考察黜罢，务使官得其人。"

七月

浙江按察司劾奏都指挥同知王正、都指挥佥事崔胤，役占军余主写文案，及纵属受赇，都察院请移文巡按御史，究治其罪。

十月

巡按直隶监察御史黄杰奏应天府府尹鲁崇志昏懦不职，池州府推官李廉目昏，东流县知县杨瓒贪污，俱乞罢之。事下，吏部覆奏廉等宜罢。崇志，大臣宜移文核实以请裁处。

十二月

河南道监察御史陈斌巡按云南，西厂缉事校尉访其枉法纳赇诸事。下锦衣卫狱鞫治，追其赃不得。久之，斌乃称寄于原籍亲识，遣官往追完之，刑部拟坐绞罪。上宥其死，发充口外军，家属随住。

成化十七年（1481 年）

正月

吏部奏罢天下朝觐并在任老疾罢软不谨贪酷等官，贵州左参政杨荣等一千九百九员。得旨，老疾者致仕，罢软不谨者冠带闲住，贪酷并为事在逃者原籍为民。

二月

守备徐州等处河南署都指挥同知王能，坐贿求选用，命罢任带俸差操。

五月

定挟诈得财罪例。有曰："两京法司并在外刑官，凡指京官并三司以下官名，及以官府使用为词诓财者，俱计赃，不分首从，悉连家属发边卫充军；原系边卫者发极边守哨，职官有犯依律议拟奏请区处，若所犯与律应仍尽本法者，罪虽遇例减等，其计赃犯该杖罪以下者仍依常例拟断，则法令归一，人易遵守。"①

---

① 官吏以官府名义，挟诈得财，俱以赃罪，严加惩处。此例不在官吏犯赃原六种情况之列。

十二月

太监覃昌传奉圣旨，改锦衣卫百户何瑾为尚宝司司丞。瑾，随太监陈善引进群小，纳赂求官而已，因得厚利又获转职也。

成化十八年（1482年）

三月

勒兵部尚书陈钺致仕，右军都督马仪南京闲住。仪奏钺巡抚辽东时奸贪欺罔，倚法弄权，克取官银，营求升职。上以议所奏钺事情本宜追究，但多经处置，亦有不实，又连及者众，免其勘问，钺、仪皆难任大臣，钺令致仕，仪闲住。

九月

宥古北口立功锦衣卫百户柴润，复原任。润，故太监昇之侄，以赃罪发古北口立功，五年未满，奏乞回京守昇坟，遂宥之。

十月

太监覃昌传奉圣旨，免南京济川卫军章瑾役，令回京。瑾，以人匠贩进宝石得官，盗关库银，家财累钜万，贿赂中官，无所不至。先坐罪充军，至是复以幸还朝，士无耻者或与之交，及藉其资助焉。

十二月

黜河南按察使陈相。巡按御史戴中劾奏："相素无清誉，晚益贪得，令其子韶冒管内新郑县户籍，欲举为周府教授，其他所行多不法者。乞罢之。"上曰："陈相冠带闲住，戴中既自劾，勿问。"

成化十九年（1483年）

正月

锦衣卫千户潘旺以勘瑞州民毛凤事被逮，东厂官校因缉其受司府赂遗，又为人请托赃至银千五百两，坐受财枉法论死例当立功五年。至是，刑部以具狱上。有旨旺情犯深重难循常例，发充广东边卫军。

二月

都察院奏："文职官有犯听许财物问发为民者，其人援有复职例。按律，官吏凡犯贪淫俱罢职役不叙，今其人犯赃虽未入已，贪污已著，概拟复职，亦非政体所宜。宜如考核，素行不谨者令冠带闲住。"上曰："居官以廉洁为本，一犯赃污，清议①所弃，况能逃于国法乎？彼听许财物与受而入已者，虽若不同，然既心许之矣，不必论其迹也。概使复职，固失之纵。若令冠带闲住，亦未足以为贪墨者之戒。必仍发为民如律意为是，法司其遵行之。"

三月

周府仪宾张瑀、黄晋卿、薛润、魏隆、周庆、梁芳，俱以贿嘱典簿②，预给禄米，领状质银于人。巡按御史按治典簿罪，因举奏瑀等，都察院请下御史逮治之。

四月

刑部枷号逃军有受其贿冒姓名代之者，为缉事旗校所发，尚书张蓥，侍郎何乔新、盛颙以失于觉察请罪。上以蓥等职典邦刑不能详审，以致冒代，既输伏，姑宥之。

罢闲佥事张宽，先以贪淫事发贵州镇远府为民，既而逃回，又诬奏抚治郧阳大理寺右少卿吴道宏挟仇诬陷及贪暴等事。上以宽忠情犯深重，谪柳州卫充军，道宏赎杖还职。

十月

定窃盗三犯罪例。以监守自盗、常人盗仓库钱粮等物，计赃至满贯者犯该斩绞罪。虽系杂犯，其情颇重。若三犯前罪，即累恶不悛之人，难依常例处治。其不满贯犯该徒流以下罪者，虽至三犯其情颇轻，特依常例处治。仍乞通行天下知之，著为令。

十二月

辽东铁岭卫军方贤乞免军役，从之。授御医，致仕。贤，骄恣贪黩，以罪谪戍，至是自陈旧为西厂百户韦英所构。

成化二十年（1484 年）

正月

吏部奏，黜浙江等十三布政司按察司南北直隶府州县来朝并在任官三千五百二十三员，贪暴知州冀贵等十八员。上命老疾者致仕，罢软不谨者冠带闲住，贪酷及为事在逃者原籍为民。

东厂行事司礼监太监尚铭有罪，黜往南京，寻遣官校追械之，还将穷治之。既而有旨，铭管理东厂不公，欺心罔上，大肆奸贪，赃滥显著，有坏成法，当

---

① 指社会舆论。
② 国子监、翰林院所设掌文牍事务之官吏。

置之死刑，姑从轻处治，不必来京，仍令押赴南京守备太监杖之百充军。① 铭，本汪直所荐，卖官鬻爵，无所不至，闻京师有富室辄以事罗致之，得重赂乃已。至是，籍其家，得货数万，辇送内府者累日不绝。

六科给事中十三道监察御史奏云："尚铭既以赃败，宜追究其通赂之人。痛加追究，庶国法昭明，朝纲振肃。"上以其无指名，怒甚，召各官于朝欲杖之，既而意解，乃命太监怀恩数其罪而责之曰："铭犯赃罪，朝廷已处治矣。在京在外官因铭势逼及请求者何限，尔等言事既无指实姓名，何可混说烦扰，且免究治，今后有再及铭事者必罪不宥。"

锦衣卫军余贵铎击登闻鼓，诉太监尚铭因索金珠宝石不得，诬其子宗源以杀人罪，用刑讯鞫，备极惨毒，又受其赂金百两银三千两及他奇宝，其下人悉获重赂，得免死充军。事下都察院，以铭已被罪去，宜令驿与其党对辩。有旨：宗源犯人命法司问结，已免死发遣，且铭赃已入官，连坐者其置勿问。"

四月

升锦衣卫百户章瑾为卫镇抚署经历司印。瑾，既夤缘免戍复卫，复以赂结用事者而得是官，经历司乃文资其署印，亦非旧例。时论骇之。

六月

分守靖州左参将都指挥佥事孟英，于武冈州集民壮操备，坐家僮受赂，知州周肃亦敛物馈送。为黎山王奏发其事，下巡按御史验问，劾英罪，都察院请下御史逮治如律。有旨：英免问，但停俸三月。

八月

太监覃昌传奉圣旨，江西庐陵县革职为民中书舍人周珽，即移文取来送御监办事。珽，罢闲，赃吏也，谒太监梁方，倾心诌附后，倚方势出入权贵之门，请托公事，又随方诣河南山西开银矿，并采办所至，得馈遗颇厚。时东厂官校缉知其不法数事，密具以闻，黜为民，乃潜匿方家，不踰半年复有此命。

河南按察司副使胡谧，按延津县典史魏通受赇，革职。通乃诬奏谧求赂不得，故为陷害，词连按察司叶淇以谧同僚不与办。下巡按御史鞫实，通坐徒仍革职，时淇已升佥都御史巡抚山西，都察院谓其诬不当罪置之。

九月

太子太傅吏部尚书兼华盖殿大学士万安等以山西、陕西荒甚，上救荒策十事，有曰："山陕文职有犯贪墨枉法谪戍者，纳米三百石赎免为民，求索为民者

---

① 东厂太监尚铭，时失宠，被罚明孝陵扫地，后充军。宪宗显然不愿意处死他，为此甚至怒责言官。

纳米二百石赎免冠带闲住，以明年五月期尽。"①

成化二十一年（1485年）

正月

浙江署都指挥佥事张灏初坐擅受民讼纳其赂遗，论徒。至是，遇赦还职，带俸差操。

二月

旗手卫军曹铭奏："午门门官内使员数繁冗，不严门禁，惟事贪求，巧立网巾煤炭名色，逼取守卫军士铜钱。本卫以一岁计之，共为钱十一万二千八十文，卫所将领顺承科敛月粮直米粜卖无余，门禁关防全不整肃。"事下，兵部请禁治之。有旨：守门内官俱处治矣。自后官军敢有似前科敛贿送侵克者，官降一级，军调边卫，仍通行各门守门、守卫、内外官军人等遵守。

四月

勒监察御史倪进贤致仕。进贤，巡按宣府，其继妻之兄闲住序班钱金，以私事往嘱计，进贤平日污行皆为所知，偶为所拒大失望，既计无所出即握其左手啮一指落之，以泄其忿。进贤乃命左右执金送都司狱。上曰："御史巡按在外，一方风纪所系。使倪进贤素行修饬，钱金岂敢挟私要请？今既形残不堪任事，可令致仕。金杖之百，发大同边方为民。"进贤，昵事当道，无复廉耻，为缙绅所鄙笑，及为御史巡按四川，赃秽狼藉。

七月

监察御史等官谢文等奏："今宜一遵旧规，必得其人，庶克有济，其总兵平江伯陈锐在运年久，贪声大著，虽有微劳，功不赎罪。乞罢黜，别行简命。"奏下，户部议谓宜如文等所言，治锐以罪。命调锐管南京中府事，已而锐乞罢，不许。

成化二十二年（1486年）

三月

分守柳庆右参将署都指挥佥事吴英，挟势索取所部财物，又纵令下人克害官军。为巡按广西监察御史程春震所劾，问拟赎徒还职闲住。至是，都察院以具狱上，上以英所为不法，命追赃完日降一级，广东边卫差操。

---

① 赃犯赎罪随情况而定，纳米支荒，亦权宜之变。

五月

翰林院侍讲尹龙有罪除名,并革其父吏部尚书尹旻太子少保,令致仕。时东厂官校发龙诸阴事,下锦衣卫狱,既而吏科给事中张雄等言龙窃弄父权,大开幸路,纳贿如市,而略无忌惮。如榆次县知县孙盛馈银三百五十两,特授沂州知州,通州指挥吴昂送银五百两,兼管九卫粮运。且尚书尹旻,猥以凡庸,惟徇溺爱之小私,不顾输忠之大节,纵子受赇而大著贪声,恣意用人而甚亏公道。近年以来,奔竞成风,以致贤否混淆,是非颠倒,欺公罔上,罪恶贯盈,物论沸腾,人心愤怨。监察御史陈孜等亦言之。上曰:"尹旻姑不逮问,三法司锦衣卫其执尹龙,并张璲、王范,于午门前拷讯明白,具实奏处。"狱上,得旨:尹旻听子纳贿,徇情升官,大坏选法,仍革太子少保,止令以尚书致仕。龙凭藉父势,交结憸邪,滥受赃私,发原籍为民。璲、范降三级,调除远方。刘绅等令各执问,侍郎耿裕等令具状以闻,裕等服罪。上责其职佐铨衡,乃旁视缄默,曲意阿从,致使升擢不公,法当逮问,姑置之,仍停俸三月。已而降璲为广东化州知州,范为云南景东卫经历,刘绅为四川汉州知州等。

六月

守备阶州指挥同知尹凤以赃罪罢,命都指挥佥事张瀚代之。

南京太常寺奉祀朱昂有罪除名,调泗州同知。至是,昂坐贪淫除名。

七月

复黄谦为太医院御医。谦,先任工部主事,坐赃免官。久之,夤缘传奉为御医,寻遇例革职为民。至是,又营求得用。

太监覃昌传奉圣旨:"近来黜退人员俱是赃罪,明白已从轻区处。今给事中张雄、刘昂、刘清不守职分,妄议朝廷得失,如侍郎谈伦侵欺官钱甚多,中外共知,雄等乃缄默不言。本当逮治,姑宥之。吏部俱降其官一级,调之边方。"于是,雄降四川乌蒙军民府经历,昂云南姚州判官,清贵州石阡府经历。

八月

监察御史吕璋等言:"刑部员外郎袁弼、监察御史张肃、给事中马龙、大理寺寺副苏秦,又皆私相比附,交通贿赂。"上以奔竞私门、营求升职、大坏士风,尽皆逮问降级。

十一月

四川按察司副使玉轼按嘉定州同知盛崇仁赃罪。崇仁逃赴京,使其弟俟驾出称冤,仗前锦衣卫执之,命刑部郎中同锦衣卫百户往会巡按御史逮轼验问,崇仁实未尝受赃,但坐诬告人罪当徒,轼以风宪官失入人罪当杖,因械至京,下刑部重鞫。得旨:准拟崇仁赎罪毕,降官二级调除边任。

十二月

监察御史程春震巡按广西岁满，代还右副都御史边镛等以例考察言："春震虽无推奸避事及赃犯等情，但行事疏略，难居风宪，当送吏部别用。"春震调四川安岳县知县。

内官熊保奉命往河南，以鸿胪寺带俸右寺丞黄钺等二十人自随，道出兴济县，怒挽船夫不足，杖皂隶一人致死，又多载私盐，强抑州县发卖，所过辄求索财货，至河南三司镇守官及王府馈遗甚厚，保得银五千三百余两、马三十三匹、骆驼一、金玉玩器书画称是，钺得银八百两，余各有所得。还京，为东厂缉事官校所奏，下锦衣卫狱，讯之具伏。刑部论保罪绞，钺徒，余悉坐罪有差。上曰："熊保擅作威福，沿途贪暴，致死人命，不畏法度，免运炭发南海，子充净军种菜，黄钺等五人拨置害人，罪恶尤甚，俱押发辽东铁岭卫充军。其余俱杖八十，发遵化厂炒铁。"是时，中官①打死人者多不偿命，后遂以为常。虽有言者，卒不听云。

天下诸司朝觐至京，敕吏部曰："兹当天下诸司朝觐之期，尔吏部即会同都察院详细询访，严加考核，其间果有操守廉洁干济勤能政务修举名实显著者，具名来闻；其有年老衰病罢软无为素行不谨贪酷殃民，及升任不协人望才力不堪繁剧者，照例具奏，朕将旌别黜调之，以示劝惩焉。"

成化二十三年（1487 年）

正月

吏部奏，黜浙江等十三布政司按察司南北直隶府州县来朝并在任官三千九百四十七员，贪酷殃民推官钮鉴、知县苏震等四十六员。上命老疾者致仕，罢软不谨者冠带闲住，贪酷者原籍为民。

四月

京营指挥使颜玉自甘肃还，因奏备边六事，有曰："甘肃等处地方延袤，其间虽有巡抚巡按官，岁惟一至，将校无所忌惮，公肆贪残，请于肃州、庄浪各设宪臣一员，俾饬兵备而禁贪墨。"

五月

调监察御史吴珍为江西永新县知县。先是，珍巡盐河东有讦其受乡人馈者，坐赃当除名，珍上章诉。上命三法司锦衣卫勘问，仍坐赃罪，既而珍诉枉不已，

---

① 中官，此处指内官、宦官。朝廷内官，贪残害人，不必偿命，而且习以为常。何以嚣张若此，值得深思。

令法司详勘以闻，乃调外任。

九月

上①即皇帝位，遂颁诏大赦天下，有曰："两京文职官员自成化十一年以后至成化二十三年九月初六日以前，其有司因考察报称贪酷黜为民者亦与冠带闲住；给事中御史职当言路，凡朝廷政事得失天下军民利病许直言无隐，文武官员贪暴奸邪者许指陈实迹纠劾，不许假以风闻，挟私妄言，违者依律治罪。"

十月

颁诏于天下，有曰："府州县官有廉能公正抚字勤劳者，巡抚巡按并布按二司官具奏旌擢。如有罢软老疾不能任事者，考察放回，致仕闲住。贪暴者拿问如律。两京国子监官并在外学官中有才识堪任风宪者，并府佐州县正员吏部照旧推举，毋得偏徇好恶，黜陟不公。"

六科十三道交章劾奏大学士尹直、吏部尚书李裕、右都御史刘敷、右副都御史丘鼐、礼部左侍郎黄景，皆与李孜省同恶相济，奸邪贪黩。

十一月

南京、陕西等道监察御史缪樗等言八事，其中，命镇守曰："守备内官征敛民财，远市珍异花鸟进贡，络绎于道。乞躬行节俭以先天下。"慎名器曰："迩者贿赂途开，廉耻道丧。乞敕吏兵二部通查中外文武大小官员，除发身正途及征战有功者，余一切革去。"

吏科左给事中宋琮等言："比因兵部尚书兼翰林院学士等官尹直等，奸贪不法，奔竞无耻。臣等科道官交论之，皇上已令尚书李裕、都御史刘敷致仕去，臣等窃以尹直及礼部左侍郎黄景，奸贪奔竞，比之李裕等为甚。"上曰："尔等言是，尹直、黄景既进用，不合公论，直令致仕，给驿还乡。"

---

① 明孝宗朱佑樘即位。

第三章

明代中期反腐编年（弘治至嘉靖年间，1488—1566年）

一、弘治年间（弘治元年至十八年，1488—1505年）

弘治元年（1488年）

正月

命考察武职镇守等官，凡有疾者、戴罪待问者、年老政声无闻者、不惬人望者，皆罢之。初，都御史边镛奏："各处参将等官，其职任与布按二司文臣相等，文有考察之例，而武臣不与。故贪暴日纵，欲令巡抚巡按每于年终，及开武臣贤否揭帖①，从兵部奏请考察。"

闰正月

都察院左都御史马文升言十五事。有曰："请令各处巡抚、巡按及布按二司官，各举所属知县，由进士举人出身任六年以上廉慎公勤、政绩昭著者，遇御史员缺与行人博士兼用，吏部仍会本院官考选，若所举不公，连坐其罪；凡贪赃官员为巡按御史、按察司官问，该为民充军而虚词撼拾②，原问官者请仍依原拟发口外及边卫，若御史、按察司官果有违法情罪，明白参奏，按察司官行巡按御史，御史罪重者，行提来京，情轻者候满到京参问；请令各巡抚等官督责布按二司分巡分守官，遍历所属，凡贪官污吏，蠹政害民，及一切事宜，于岁终本司类奏，侯考满日据此黜陟。"

升河南按察司按察使张鼎为都察院右佥都御史，巡抚直隶保定等六府。赐之敕曰："有司官廉能干济者，量加奖劝；贪酷不才者，从公黜罚。尔为宪臣，

---

① 公文。
② 摘取，选取。

受兹委托，须持廉秉公，振肃风纪，严切行事。"

命山西布政司右参议王盛总督粮储。赐之敕曰："比闻山西所属，递年拖欠粮草数多，王府及各卫所禄米俸粮拨给不足，预备仓全无蓄积，饥民无以赈济，而管粮官多有受贿，今命尔专一提督，禁革奸弊。"

三月

命前南京守备太监钱能仍南京闲住，不许来京。时南京监察御史吴泰等言能常镇守云南及守备南京，贪暴太甚。今虽休退，其求进之心未已，宜早禁而预绝之，故有是命。

五月

命刑部右侍郎彭韶巡视浙江，赐之敕曰："有司官有廉干公勤者，量加奖劝；贪酷不才及军职科敛害民者，照例革退。"

六月

左春坊左庶子兼翰林院侍读张昇因天变上言："贵戚万喜等依凭宫壸凶焰肆行，请托公府无处无之，赂入私门，无物不有。"上曰："耆旧大臣，朝廷正宜优礼。所言难凭。"

七月

罢分守开原右参将都指挥同知佟昱，不得管军管事。以巡抚辽东右副都御史徐贯言昱赃犯显著故也。

命户部左侍郎李嗣、刑部右侍郎彭韶俱兼都察院左佥都御史，清理盐法。赐之敕曰："军民职官有犯并运司各场官吏人等，有贪婪作弊者，除三品奏请，其余就便拏问如律；运司场官果有廉能守法公道行事者，亦量加奖劝。"

八月

罢五军营左掖坐营广平侯袁辂、右掖坐营都督同知白玘。先是，二营缺官，英国公张懋、襄城侯李瑾，疏举辂、玘二人堪任。至是兵科都给事中夏祚、浙江道监察御史魏璋等劾奏辂、玘，谋勇未闻，奸贪素著。

弘治二年（1489 年）

正月

申定在外正佐官互相纠举例。初，滦州知州潘龄言："在外诸司官员正佐首领虽曰同官共事而宅心行事，或有不同，正官公廉则疾佐贰之贪鄙，佐贰有守则恶正官之偏私。稍加规正辄起衅端，闻之上官不辩曲直，概以同僚不和，并行黜罢，以此廉正者灰心隐默，妄为者肆无忌惮。请自今佐贰首领官有贪暴殃民倚强恃老欺压正官者，许正官具奏黜退；正官有赃滥不法政令乖方者，许佐贰官申禀，举行各止问正犯应得罪名，若彼此皆贪因私忿致争者，方以同僚不和问断。"①

二月

监察御史陈景隆等言："四川灾荒，遣官赈济中书舍人吉人等妄言乱政，交通贿赂锦衣卫，其执并鞫之。"

三月

刘概等既就狱，具服其往来私交，妄议朝政缺失及臣僚贤否，而概又与汤鼐书假梦誉言数遗金币，事皆实。刑部因拟概比造妖言律斩，鼐风宪受财当流。上曰："刘概捏造妖言如拟处决，汤鼐风宪犯赃，发陕西肃州卫充军。"

五月

先是，监察御史何悌劾奏："巡抚云南都御史章律贪声大著，谓保袭土官惟求贿赂，奖与庶职多取谄谀②，与前布政使周正朋比为奸，视镇守太监家人纵横恬不能治，怒一人而住全卫之俸，馈一官而罚参吏之银。"上命巡按御史刘洪鞫勘，所奏多实。

七月

礼科都给事中韩重等以灾异言四事。有曰："监察御史茆钦等亦以是为言，并劾光禄寺卿胡恭贪猥侵克，乞罢其职。"

兵部主事汤冕陈言马政，有曰："养马人户富者率以赂免，惟累贫困，请如旧例。"

八月

太仆寺卿王霁言马政十事。有曰："各处孳牧新收者少物故者多，上下相蒙，彼此姑息。宜稍加优借，各州县掌印并管马官贪墨废事者，许年终奏请住俸，仍具贤否揭帖报吏部，他日据以黜陟。其寺丞中间才行超卓者，但过二考，一体旌擢，庶委任重而人知所警劝。"

刑部左侍郎兼都察院左佥都御史彭韶言六事，有曰："两浙运司官攒多有报完盐课而实串谋受贿亏欠者，自成化元年至二十三年虽经赦宥，请仍照考察事例。场官欠课至千引者，除先黜退除名者不究外，其在任改任者俱律以不谨；欠万引者，俱律以贪，其分司官三年之内各场有报完而亏欠数千者，亦以不谨

---

① 正官即主官；佐官即佐贰，知府、知州、知县的辅佐官。规定地方同僚互相监督举发，互为牵制，本应有益于吏治的好转，但此际吏治弊依然难以遏制。

② 指阿谀奉承之人。

律之，六年内各场有报完而亏欠数万者，亦以贪律之。"①

刑部左侍郎彭韶言："又如近问犯人孙泰等，事连内使刘玉，通同外戚，谋复亲藩爵位，以此贪浊之人，蟠伏宫禁，幸而事露，正宜治以重罪，以振乾纲。"

云南顺宁府蒲贼莽丘等聚众流劫乡落，至是捕获之械系至京命凌迟处死者一人、斩者六人。并发通事王璘等三人广西烟瘴地充军，以尝受贿通情也。

九月

南京监察御史徐礼等以天变言四事。有曰："南京守备成国公朱仪占役军士，南宁伯毛文勇略无闻，巡抚都御史王克复老耄贪鄙，兵部左侍郎何琮内行污浊，右侍郎吕雯、前巡抚榆林贪声大著。乞各罢黜。"

十月

先是，土官承袭多以嫡庶异姓者相乱，故必先委官核实，而夷人黠诈委者，或徇私受贿，坐是有连年争杀者。至是巡抚云南都御史等官王诏等疏陈其弊。

弘治三年（1490年）

正月

吏部会同都察院考察天下诸司官，黜左布政使李芳等二千五百四十三员，内贪酷在逃者为民。

二月

巡抚两广右都御史秦纮复劾总兵官安远侯柳景贪残不法事，诏并鞫之。

六月

秦纮之劾柳景也，事连分守雷廉、高肇，左参将王麟谓其阿附为恶，因而恣取贿赂以千数。守备指挥范忠纵其下掳掠，以致猺人为乱。下巡按御史周南核实。至是，南先以麟忠狱案来谳，都察请究治如律。得旨：麟分守一方，受贿害人；范忠扰民开衅，俱难以常法论。麟，发陕西庄浪卫立功，限满降本卫正千户带俸差操；忠，发肃州卫充军。

八月

致仕通政使司左通政徐世英卒。险邪冒进，贪不知耻，以本官致仕。

九月

兵部尚书马文升奏："乞敕内府今后不许多派物料，重困贫民，各巡抚都御

---

① 明代的盐法、马政管理严格，但是暴露的问题很多，直接危及其统治基础。

史凡被灾处所科差合停止者，与之停止，合具奏者，为之具奏。所属官有贪酷害民者，亟为罢黜；勤劳抚字者，量加旌异。"

闰九月

六科十三道交章劾奏前巡抚山东佥都御史钱钺贪昧乖缪，累劾不退。

十二月

命南京刑部右侍郎边镛太仆寺少卿王禄致仕，以科道复劾其贪污奔竞故也。

弘治四年（1491年）

三月

时法司会鞫总督两广都御史秦纮所奏安远侯柳景事，坐景监守自盗，当斩，谓纮亦不能无罪。有旨：并逮纮，鞫之。刑科左给事中赵竑等言："两广之民恶景之贪暴，服纮之廉正。今景事已实而复逮纮，则人心失望。"监察御史史简等亦以为言，不听。

五月

诏逮问山西行都司署都指挥佥事陈志，坐受军人赂。为巡按直隶御史所奏也。

六月

南京工部右侍郎黄孔昭卒。其后子俌以富贿，亦至文选郎中而竟以赃，事觉避去。

八月

两广镇守总兵官安远侯柳景既为都御史秦纮所劾，又为科道官所劾。下狱刑部，拟其罪斩。景屡奏称冤，命法司复勘。报至，从公辩问，给事中屈伸等还勘景侵欺枉法，强索银万八千四百五十余两，苏木三百担，铜钱万三千四百文，及阻坏盐法，杖杀军职诸事。诏以景贪残不法，侵索赃物数多，又挟私杖死二人，原情拟罪，宜置重典，但念其祖有劳王家，姑宥死。令带头巾闲住，赃物系赦前者免追，赦后者查数以闻。秦纮令致仕，其为景通贿者百户陈谦等二人，降小旗；吴兴福等二人及为景通买番货二人，俱发陕西凉州卫充军，家属随住。

九月

广西都司都指挥佥事王玺以索贿殴伤属官，为巡按御史所劾。命逮治之。

十月

南京监察御史朱德等上言，条陈五事，有治赃顽。

十二月

闲住安远侯柳景母孙氏奏:"景所犯赃,法司监追急迫,本家近复被火,偿纳不给,乞赐宽假。"上命所追未足者宥之。刑部尚书彭韶奏曰:"今柳景无元舅之亲,其赃贿又非负租之比,而独得宽释,是臣等守法悢于韦澳也。"① 上曰:"业已许之矣。"

弘治五年(1492年)

三月

以册立皇太子礼成诏告天下,有曰:"文职官吏人等有犯贪淫酷暴及行止有亏者,文武官吏军民人等自成化二十三年九月初六日以后有为事问发充军编发为民者,除党逆强窃盗抢夺失机人命赃私左道乱政盗关内府财物拨置王府及真犯死罪者不赦外,其余悉与宥免,文职非脱逃犯赃及行止有亏,武职非惧罪在逃败伦伤化者,俱与冠带闲住;在京在外各衙门见监囚犯有监追赃物未完者,除侵盗包揽系官钱粮及诓骗强索人财物应该还官给主者照旧监追外,其余一应赃物不多者,悉免追征。"

七月

南京监察御史张泽等以灾异言三事。有曰:"黜不职,礼部右侍郎徐琼,贪声素著,乞赐罢黜。"下所司知之。

八月

礼科给事中王纶言六事。有曰:"汰冗官,灾伤地方,人心皇皇,所赖以安集者必廉慎之官,其贪残阘茸者,不惟不能安民而反害民。乞敕抚按等官严加考察。"下所司知之。

十月

刑部尚书彭韶等以会审拟上监察御史李兴、彭程罪状。得旨:李兴致死人命数多,处斩,彭程并家属发隆庆卫充军。吏部尚书王恕上疏曰:"李兴巡按,克尽宪职,贪官污吏,闻风敛迹。若处之死,臣恐天下后世以陛下用刑任情而不任法,使御史不敢举职,贪污者皆无所惮矣。"上曰:"李兴酷刑,罪当死。汝等既累章论奏,姑从轻,杖之百,并家属发极边烟瘴地充军,今后出巡御史凡事务遵宪纲,不许任意妄为,敢有酷暴如李兴者,必诛不赦。"

---

① 韦澳,唐大和六年(832年)进士,又以弘词登科。宪宗朝宰相韦费之的儿子,却十年不仕。大中三年(849年)起,担任知制诰、翰林学士等职,正直敢为,宣宗多能听其意见。悢,不明白、糊涂之意。

十一月

户科给事中王玺奏四川事宜。有曰革贪暴。

弘治六年（1493年）

正月

吏部、都察院会同考察天下布按二司及府州县等官，年老有疾并罢软不谨贪酷才力不及者，共一千四百员。请如例罢黜并调用。尚书王恕等各开具上请，且言："府州以下官，勤慎尽职者固多，贪鄙无用者不少，贪鄙无用者留一日则民受一日之殃。"上曰："今姑从所开具者处之，并其余官员到任未及二年非老疾贪酷显著者，俱留治事。今后朝觐之年先期行文布按二司考合，属巡抚巡按考方面年终具奏行下该衙门立案，待来朝日从公详审考察。如有不公，许其伸理，其科道官必待吏部考察后，有失当者方许指名纠劾。"

三月

辽东都司都指挥同知宋溥役军士耕私田，私乘官马致死，又索贿于军士。巡按御史李善劾其罪，命逮治之。

闰五月

平江伯陈锐陈五事。有曰："在京各营号头把总等官，乃传布号令管领队伍时常操练以备他日之用者，请命兵部会同总兵官考选年力精健才识可取者留之，老疾贪婪者革退。"

通政使司右通政毛伦言："各处上纳皮张颜料及各色钱粮，必于该收衙门通赂贿始得进纳，额外之费视常数，率至再倍，以致小民受累，国课常逋，乞严加禁约，以祛奸弊。"

六月

礼科都给事中林元甫等奏："近奉旨今后朝觐之年考察，凡贪酷不职者，必严加黜退，盖以去恶不尽不足以除天下之害。今后朝觐考察中间果有黜退不公者，许其伸理。"

七月

南京太仆寺少卿吕常心言六事。有曰："激贪残，乞敕吏部将天下官员不拘品格惟贤是擢，其贪污者无得姑息。"

十二月

初，京城九门各有守卫军卒籍禁甚严，成化中门卒往往纳赂门官，因而纵免，名曰纳办月钱。

弘治七年（1494年）

三月

户科右给事中王纶言："近年在外官多有贪酷不仁，图小利而故勘平人，逞私忿而非法凌虐。"

五月

命下致仕监察御史倪进贤及闲住知府沃頍于锦衣卫狱。进贤，徽州府人，由庶吉士为御史，素无行检，按四川多纳贿，及按宣府贪纵益甚。頍，宁波人，由御史降内乡知县，性狠暴持已，亦多不谨，朝觐考黜，冠带闲住。至是，二人皆潜至京师，夤缘求复起，为科道所劾，故下狱，既而赎杖，仍命致仕闲住。

七月

谪广西奉议卫指挥佥事盖森四川茂州卫充军，以森受赂纵免所部军士十人，又役占七人故也。

八月

南京太仆寺少卿吕常言三事。有曰："戒贪残，谓官之贪残在激劝之失其道，激劝之失大略有三：立格太拘，限年太速，论赃太宽。今府州县官有政绩得显用者惟进士为然，举人次之，至岁贡吏员则虽有异政亦少见显用。礼谓七十致仕，今惟京官六十以上有在任者，若外官虽有长材洁操，亦以年老罢归。至于贪残官，情状已露，问刑者悯之，往往减从轻论。此辈得志，初无愧耻，人皆以为为善无荣，为恶无辱，所以贪残日甚。乞今后考其政绩卓异者，虽岁贡吏员，一体擢用，年过六十亦仍存留。至于贪污事发，虽进士举人亦依律重治，庶贪残可以少止。乞今后巡抚都御史务推举得人，俾之久任，如当奖异，止加爵秩，如汉增秩故事，则民瘼可苏。"章下，吏部言王府官旧不他转此例，不可纷更资格限年及贪残之弊。

南京户部员外郎牛通贪鄙无状，先承委管内府九库钱币，复求兼管皇城四门仓粮。上谓通罪律止赎杖还职，然行止有亏，不可以污仕籍，因并劾纵驭属不严之罪。上以通凶恶，威逼同僚至死情，重律轻命，不必纳赎，并妻子发四川建昌卫充军，纮罚俸两月。

十二月

巡按四川监察御史张鸾奏："在外诸司官例给马夫十户，户三丁，使之养马。比来贪冒者皆佥上户充之，巧索无厌，且纵之交通官府，甚为民蠹。"

弘治八年（1495年）

正月

巡按直隶监察御史韩福言边务五事。有曰："关津之设，所以讥察非常，盘诘奸细。比来天下之人赴京奏诉者，月无虚日，多以赂过关。"

二月

分守独石马营左参将都指挥佥事绳律以贪虐不职，为巡按御史所劾，命革去参将，带俸闲住。

三月

巡按直隶监察御史荣华奏："积年商人先诣长芦各场收买私盐，意欲贿求岐王，随从军舍夹带至仪真货卖。"户部覆奏请令沿河兵备副使等官盘诘治罪，仍著为令。

四月

升广东左布政使金泽为都察院右副都御史，巡抚江西南赣等。赐之敕曰："司卫府县官员中廉能公勤政务修举者，量加奖劝；其有隐匿贼情退缩不捕及贪酷不才者，除文职五品以上及军职具奏区处，六品以下尔即径自究治。"

七月

升江西吉安府知府顾福为河南布政司右参议，南阳抚民。赐之敕曰："敢有扰害居民者，尔即量情惩治，罪重者即将正犯械系连家小解京定发充军，杀伤人者处以极刑，若有贪暴官吏、豪横军民人等生事欺害逃民者，亦一体依律究治。"

八月

礼部尚书倪岳等奏："比者四方日报灾异，伏望皇上励躬以勤圣学，推诚以广言路，止无之赏赉，罢非时之斋醮①，停不急之工役，宽可已之征敛，黜奸贪进忠直，杜邪枉斥奔竞，广求致灾之由，以尽弭灾之实。"

工科给事中童瑞以灾异陈六事。有曰："厚纲常，谓各处流寓人民娶妻生子，买田置产，终身不回，盖由奸狡之辈虽在异乡而文引一年一换，有司贪取引钱②，一概妄给。"

内官监太监李广，以丹术符水见宠任，权倾中外。有富家子袁相赂广选为

---

① 道教的法事仪式，用于祭神、祈福等活动，有一整套程序与动作等内容。孝宗朝，依然信奉道教，故有此奏。

② 指税收。

驸马都尉。科道交章劾广罪，且请黜相。得旨：袁相黜回，驸马别选。以科道所言李广招权纳赂等事无指陈实迹，已之。

九月

南京刑部郎中喻宗府陈八事。有曰："清差役，谓河南各府州县有里甲之弊，往年都御史韩雍虑里长科派无度，命该年里甲出银收库以足一年之用，贪官乘此以十派百，任意花销，又有借差之害，乘此将殷实人户，百计侵渔。"

十一月

礼部尚书倪岳等以灾异修省，会同五府、六部、都察院等衙门条陈三十二事。有曰："宽恤追赃，两京并在外问刑衙门追赃人犯，有少银六七两以下、而监追二三年之上不得完者，有身死而仍追其子孙家属者，有军职无力运炭监久不完者。今后除还官给主者照旧监追，凡入官赃物直银一二十两以下、监追二三年以上不完者，及纳纸半年以上无征者，请俱量为宽恤，召保追纳，身死者依律勿征，军职无力运炭者照操官例纳钞。"又曰："禁革科敛，在外诸司凡遇朝觐给由公差等项不得科敛民财，来京馈送，与者受者俱坐赃论，其有无籍乡官监生人等多端骗诈者许所在官司擒挐，骗者与者俱治以重罪。"

南京监察御史朱悌等劾奏："吏部文选司郎中贡钦，招权纳贿，肆意妄行，长奔竞之风，坏铨选之法，请置于理。"上命刑部验实以闻，刑部言据所劾则钦当有罪但原无指实姓名，难于考验。得旨：钦既为言官所劾令吏部对品调外任，遂调为大名府同知。钦有小才，初为主事时颇以勤敏著称，及为郎中惟贿是图，不复顾清议。

十二月

南京礼部尚书童轩上疏言，有曰："乞敕在廷大臣各举廉明仁恕充之，而贪酷不才者置之于法。"

先是，应天府府尹冀绮与通判范昌龄忿争，为南京科道所劾。具拟赎杖送吏部查例发落。上命复职仍罚俸两月。继而科道交劾绮并及其素行贪污之状，请如例改调别任，或罢归田里。不允。

弘治九年（1496 年）

七月

命应天府府尹冀绮致仕。初，绮既被劾，有旨令自陈，绮因叙述年劳，乞赐辩明。吏科参驳，绮不肯引罪自归，遂有是命。绮贪冒无耻，其得致仕，犹为幸免。

十月

礼部尚书徐琼等奏："乞通行各处有灾地方镇巡等官，思过省愆①，罢黜贪酷官吏，备灾恤患，仍行各处巡按御史严察所部汰黜不职，毋使贻害于民。"上嘉纳之。

弘治十年（1497年）

二月

罢镇守宣府总兵官右都督马仪，以巡抚等官劾其衰老贪利也。

三月

监察御史涂昇等言弭灾八事。有曰得入官奸贪为甚。命下所司知之。

四月

南京吏部、都察院奉例考察南京五品以下官，户部带俸主事王琼等二员，俱贪淫无耻。请如例，各令致仕，冠带闲住，及降调外任。吏部覆奏，从之。

礼科左给事中叶绅等陈修省八事。有谓太监李广有大罪八，有曰首辟幸门，大肆奸贪。乞置之于法以为后戒。上曰："姑置之。"

十二月

右府右都督马仪前以被劾，回阳和卫养疾。旧属有奏其赃罪者，都察院请逮问如律，仪屡诉老病请降罚赎罪。上以仪罪犯多端，应追赃物数多，论法应逮问，但悯其老病，姑从轻，令冠带闲住，赃物免追。

弘治十一年（1498年）

五月

皇陵卫指挥佥事汪渊坐赃罪，发陕西榆林卫充军。中都留守司副留守张溥及凤阳府知府张祯等坐渊累，俱逮治之。

八月

兵部奏："大同宣府二镇，宣德以后，将官渐肆贪侈剥削军士，武备日见废弛，边将日以怠忽，益肆贪婪。乞敕天下各边总镇镇守总兵巡抚等官，令各体朝廷委任之意，洗心涤虑，竭忠报国，止贪黩之礼。其巡抚都御史尤宜振扬风纪，禁奸恤民，将领失小者以礼相规，奸贪者执法劾奏。"

---

① 反省过失。

十月

内阁大学士刘健等奏:"切见近年以来灾异频仍,此乃姑息之弊,妨蠹圣政,以致贿赂公行,赏罚失当,纪纲废弛。"上嘉纳之。

刑科都给事中张朝用等言:"内官监太监李广,招权纳贿,其门如市,广所余金帛何啻千万,要皆贪缘嗜进之徒多方馈送者,此而不惩,何以示戒?"上曰:"奔竞交结者,仍令科道官指名以闻。"

以靖宁宫灾敕谕文武群臣,有曰:"尔宜各省躬思咎,去垢涤污,殚心效力,知凡百司弊政奸贪显迹及一应军民利病,皆直切指陈,无有所隐,以助朕励精之治。"

户科都给事中鲁昂劾奏镇守宣府总兵官阮兴贿赂。

下锦衣卫指挥佥事周玉、乐工刘实等四人于锦衣卫狱。玉,以厨役为太监李广所昵,因冒袭同姓千户,寻乞升指挥佥事。实,以乐工媚事广。一时奔竞无耻者多假二人赂广以求进,至是,因科道官追劾广,并疏玉等罪状上请,故有是命。

十一月

礼科左给事中刘孟言六事。有曰:"乞敕兵部会同部院堂上并科道官,通将在京各营将官从公考察,凡有贪懦不职者即为罢黜。"下所司知之。

兵科给事中王缜言:"总制边务左都御史王钺,老奸巨猾,素无廉耻。今复纳贿,百计营求,得总制三边,言官交论,卒不能破,大奸大恶,无出其右,交结李广者亦无出其右。乞削其兵权,罢归田里。"命下其奏于所司。

都给事中张朝用、监察御史丘天祐等奉旨疏上交结李广之人:"此辈贿赂,虽有多寡,交内虽有浅深,然皆心术奸邪,伏望大奋明威,特加罪黜,以正典宪,风闻之言恐有未尽,仍乞敕司礼监发下李广贿货簿籍,容法司逐一查究。"上以所劾干碍人众,且无指陈实迹,命俱仍旧供职,簿籍亦不必追究。①

闰十一月

平江伯陈锐言:"京营把总等官职任非细,乞敕兵部会同该营总兵官从公考选,其年力精壮才识谋勇者仍留管事,老病贪婪者黜退差操。"

福建邵武府通判汤珍奏:"邵武县知县高迁贪酷害人,且未及三年,巡按御史朱文辄旌异之。"有旨令再议,刑部乃请命给事中、法司官各一员至彼审勘。

南京给事中赵钦、监察御史张璠等劾奏:"后军都督府都督佥事张海营求复任,协同守备武靖伯赵承庆贪婪无耻。请各罢黜。"上命俱留办事。

---

① 太监李广,数被劾奏,孝宗先是"姑置之",再则要求言客指纳贿之实,最终仍以涉及人众而不追究。后广惧罪自杀。

十二月

都察院覆奏府部等衙门所言故太监李广招权纳贿，赃物累钜万，计庄田盐货尤多，乞籍其所有，尽没于官。不允。

弘治十二年（1499年）

正月

吏部会都察院考察天下来朝及在任方面知府等官，疏上，贪酷及在逃者二十七员例原籍为民。

二月

户部覆奏南京吏部尚书倪岳等所言六事。有曰惩戒奸贪。

致仕南京兵部右侍郎虞瑶卒。子岳亦举进士，为刑部员外郎，比以赃除名。

三月

降贵州安庄卫带俸都指挥佥事陶英为指挥同知，以犯赃故也。

七月

兵科给事中蔚春言："在营在边有昏耄老疾贪酷无厌退而复用者，一时荐举，视为故事。"

监察御史王献臣言："近者闲住安远侯柳景乞恩朝参，惟景贪残不法，罪不容诛。今复使立朝，恐幸源一开，末流难遏，公忠廉慎者因而解体，奸贪暴虐愈加不悛，甚至缘罪被黜之徒，又皆援例求请。如此则纪纲法度，视同弥文，陟罚臧否，以为故事。伏望断以至公，收回成命，仍令闲住，庶小人警畏，而朝纲肃清矣。"礼部覆奏请如献臣所言。上曰："景既准朝参，已之。"①

八月

监察御史陈玉言："今在朝之臣廉正恬退固多，鄙薄贪饕者不少。愿察其名实而去留之，庶士习知所激劝。"下所司知之。

监察御史余濂以灾异劾奏："礼部尚书徐琼，累经弹劾，厚颜不愧；刑部尚书白昂，纳赂嘱托，奔竞尤甚；巡抚两广都御史邓廷瓒，宪体不严，贻害地方；太常寺卿崔志端，营居清职，污秽彰闻。乞并罢黜。"上命俱在留供职。

监察御史王献臣言："大臣，国家休戚所关，今两京文武大臣有才德老成谋猷谙练阅历既久操守不渝者，乞显加奖擢；有贪污不检衰老无耻累被弹劾愈加放肆者，乞通查上请，择其太甚黜之。"下所司知之。

---

① 安远侯柳景，在弘治四年（1491年）八月，被劾侵吞巨赃，杖死二人，孝宗念其祖劳，仅令追赃闲住。十二月，其赃未足者宥之。此际复职。虽前后均有谏言，终无所改变。

巡按云南监察御史谢朝宣奏:"臣闻太监吉庆到任以来,贪暴无状。"

福建邵武县知县高迁侵渔官库银五百余两,所得赂以千数。命给事中熊伟等往按,奏拟迁监守自盗追赃,发原籍为民。上以迁侵盗官钱、索取贿赂数多,难处以常例,并其家属,发广东海南卫充军。

九月

礼部奏:"周府曲江王妃父严璋,例应授兵马副指挥,但璋原任知县坐赃为民,难拟授职,请赐裁处。"上以犯在革前,姑宥之。

十月

兵科给事中艾洪奏:"礼部尚书徐琼贪鄙邪谄,乞放归田里,以励臣节。"吏部覆奏,不允。

十一月

监察御史韩春等奏:"辽东镇守太监任良总兵官李杲、巡抚都御史张玉,虎噬狼贪,或货利是殖而诛求无艺,或谋勇无闻而战守失利,或风纪不扬而政务纵弛。"命所司知之。

十二月

六科十三道既交章劾辽东守臣之不职者请各征还,不从。于是兵部尚书马文升等奏边方弊政:"都御史张玉材非抚御,不能禁革奸弊,太监任良刚愎自用,贿利是求。"

弘治十三年(1500年)

三月

罢协守松潘右参将都指挥同知周英,于原任山西都司闲住。以巡抚巡按官交劾其奸贪不职故也。

十月

南京监察御史陈顺,劾南京掌左军都督府事保定侯梁任贪声大著,请黜之,不允。

十二月

监察御史沈元等奏言:"近是以镇守等官率苟且贪婪,使边备废弛。"

吏部尚书倪岳等言:"曾经旌举官员有犯罪革职者,有旨原举官一体参究,今运使宗钺,知县陈曦、蒋昇,知州梁文盛,俱以贪酷抵罪,其原举官都御史洪钟,监察御史胡华、刘弼、王恩、刘伟,俱请连坐以罪。"得旨:华等逮问,钟令具实回奏。

弘治十四年（1501 年）

二月

初监察御史邹鲁坐罪，贬宁羌卫经历，稍迁萧山知县，性贪暴狡悍，遇事风生无所顾忌，自为御史时人皆侧目，所侵鱼科率数倍，乡民供役县中，岁满多至破家。一县不胜其毒。其后鲁竟以赦得免死。①

七月

南京吏部等衙门林瀚等以灾异陈十二事，有曰禁奸贪。

吏部覆府部等衙门所言："今后巡抚巡按举保官员，俱以旌举月日为主，若所举之官后有微疵小过，本部自当举行黜陟之典，固难追论以罪，若犯该贪淫革职重罪，仍查所犯事由，果在旌举月日以前，而事发于旌举月日之后者不拘升迁改任，仍照连坐事例降调外任。若在旌举之后犯有轻重罪名俱不坐连。"

闰七月

广东总督备倭署都指挥佥事王俊坐受财枉法，发边方立功，俟五年满日回卫带俸差操。

八月

刑科给事中徐忧言六事。有曰："杜奸贪，谓在外布按二司并府州县，各有钦给官马，每马一匹，岁征喂养鞍辔银四十两给之，于民甚便。后各官率以银入已，有占骑驿马者，有仍令马夫喂养买办者，有占上户为马夫以图供给者，至有富豪之民投充菜果等户影射徭役。乞通行禁约，违者罪之，其马价仍减其半以惠其民。"兵部覆奏，谓所言宜从。

九月

户部覆奏："乞将今后无益之事、无名之赏、游宴斋醮之费、造作不急之务，一切罢止。百尔用度，悉务从俭约。又漕运军士及各处解户远涉险阻，劳苦万端，既至京师，辄被各仓库内臣诛求贿赂，不则抑勒留难，以致运纳不敷，乞严禁约。"

弘治十五年（1502 年）

正月

知府郑礼等二人以贪纵为民。

---

① 贪吏犹然在任者有之，被贬、被免未得严惩者有之。此弘治年间反贪的另一个侧面。

四月

南京刑部主事胡世宁言时政六事。有曰："严考核，谓比来士习循内外官员，有营私纳贿者，乞敕诸司严加考察。"

五月

巡抚辽东都御史韩重劾奏："镇守太监梁玘贪暴不法，及自劾不职以来退休事。"下兵部覆奏，命给事中邹文盛及刑部郎中杨茂仁，往同巡按，审勘以闻。

内阁大学士刘建等言："近因各处灾异，近年赏不当功，罚不当罪，贪缘冒滥者，虽无寸功有求必得，奸贪怯懦者罪虽极重亦得幸免，日盛一日。"上嘉纳之。

六月

刑部尚书闵珪及都察院左都御史戴珊等以灾异言八事。有曰："慎充军，自今在外问刑衙门如遇充军人犯，务令追究赃证明白，参合律例，毋致枉滥。"又曰："杜贪婪，军职犯赃非五年能改过自新者，不许推委。"

监察御史杜旻言二事。有曰："镇守湖广永处候徐绮、镇守贵州丰润伯曹恺、守备南阳指挥刘宽等，俱以贿进。宜令有司从公推举，务惬舆论。"上请兵部覆以将官，命巡按监察御史核其不可用者罢之。

八月

征还镇守辽东太监梁玘及巡抚都御史韩重，别举堪任者代之。玘，为人贪残刚愎。

初，御用太监金辅、杨雄、樊清奉命送泾王之国长史张显、范兆祥，承奉韦瑢、张贤等，沿途多有征索，驿官不胜，至有自溺死者。命锦衣卫逮系瑢等至京鞫治之，辅等俟至京日令司礼监奏请处治，指挥贺勇等二十八人、仓州吏目韩天爵等及军余十八人，俱连逮，罪坐有差。

九月

升守备仪真指挥使张瑾为署都指挥佥事，瑾以都指挥体统行事奏言行事不便，乞升职。兵部议宜姑从其请，且请通令各处守备指挥：凡以都指挥体统行事者，自明年为始俱以三年为率，果在官贤能者许巡抚巡按官奏升方面署职，其奸贪者请罢。

吏部覆奏户科给事中吴世忠所言选巡抚、去贪酷二事。

十二月

致仕刑部尚书何乔新卒。曾擢河南按察使，所部守令有贪横病民者悉置于法。上即位，升南京刑部尚书，甫三月召为刑部尚书，久之御史邹鲁以私憾，劾乔新受贿。鲁夺俸两月，乔新亦坐是致仕。

巡抚辽东都御史韩重下狱，赎徒还职。初，重之巡抚辽东也，镇守太监梁玘，倚势为害军职，见者必先以贿乃许入，无者辄系笞之。有所差遣即使人随索其贿，闻民有良马必贱市之，多夺民田至二百八十余顷，以军余佃之，又占军余二百七十余人，纳钱而免其役。

弘治十六年（1503年）

二月

巡抚辽东都御史张鼐、巡按监察御史王献臣，交奏分守右少监刘恭贪虐罪重，请如初旨取回，不可再用。兵部覆奏谓所言宜从，上曰："恭已降级矣，其令如旧分守，不必取回。"

五月

万全都司都指挥佥事慕勋，初以宣府前卫指挥使入粟升今官，都御史刘聪越次委勋署司事，因受所属贺礼及求索赃物，百户张玉等具列其事。命给事中周玺核实还奏玉等移文虽诈而所告多实，于是革勋管军管事，带俸差操；聪坐委官失当，罚俸一月。

礼科给事中李禄等言："频年以来灾异数见，宜令自陈其在外不职者，如湖广按察司副使张琏贪淫大著，衡州府知府金祺贪酷病废，河南右参政吴愈巧取材板，广东右布政使章玄应科罚吏役，副使刘玮侵欺盐价，高州知府凌文献抵换官银，南雄知府郑炤抽税私己，广西佥事程顼管闸索钱，佥事蔡炼久著贪声，桂林知府戴恩谋占官地，云南右布政使梁芳贪婪旷职，副使曹玉剖词求贿，青州知府杜源素著贪婪。乞皆罢归，以回天意。"监察御史颜颐寿等亦以为言。得旨：两京堂上官不必自陈，熊祐等令各巡抚巡按官查勘有无实迹，明白以闻。

七月

江西按察司佥事任汉上地方事宜。有曰："若犯赃真银百两以上者，俱发边卫充军；如或公错别无入己赃者，止拟本罪。"

十一月

户科给事中刘㵆等劾奏户部尚书佀钟，纵子受赂，乞治其罪。吏科都给事中王洧、工科给事中尚衡、监察御史何琛等复相继劾之，俱不允。

十二月

监察御史萧柯复劾奏户部尚书佀钟纵子受赂之罪，命下其奏于所司。

命陕西苑马寺卿李克恭及灵武监监正李谦等俱冠带闲住，以督理马政都御史杨一清言克恭等贪纵废弛故也。

弘治十七年（1504 年）

二月

南京六科十三道官复交劾户部尚书侣钟纵子受赂之罪，乞黜之，不允。

遂安伯陈韶卒。韶，正统间袭爵，中坐赃，立功辽东，会赦复爵。

三月

镇守大同总兵官都督庄鉴有罪，谪辽东三万卫立功。鉴在大同侵盗官军马价银七百余两，信任都指挥佥事吕恺，恺复倚鉴名索诸军财物。百户侯俸发其事，鉴乃以所侵马价送恺，且以贿嘱恺使承其事，恺惧而自言。巡按监察御史卢仪等核实具奏，命恺等论如律，鉴还京逮问。至是狱具，拟监守自盗，论准徒五年立功，满日仍本府带俸。

四月

户部主事席书上疏言："乞先自两京文武大臣而下至科道等官，应自陈者自陈，应考退者考退，然后分遣大臣前去各省，考其贪酷之尤甚者一例罢黜。"命下其奏于所司。

闰四月

监察御史饶榶等以灾异上言："两京文武大臣有久漏国法致伤天和者，如英国公张懋卖营卒歇役，协同漕运参将都指挥佥事张洪贪污奔竞，礼部左侍郎王华暮夜受金而自首朝廷遣告而乞归，巡抚陕西右副都御史周李麟贪恣奔竞有失宪体。伏望皇上洞察情伪，或罢归田里，或革去见任。"下其奏于所司。

五月

吏部奏上革弊弭灾事宜。① 有曰："令在内属官有贪淫不谨、实迹人所共知者，许本衙门堂上官指名举奏，以凭罢黜；在外诸司官有贪虐害民者，许抚按官拏问如律。"命再查议停当以闻。

户部奏上革弊弭灾事宜。有曰："革冗员，近年各仓库门房添设内臣太多，贪贿之状，难以名言。"

兵部覆奏礼科都给事中李禄及监察御史饶榶所言三事。有曰："将官有缺，多以纳赂而得，及至镇所则大肆掊克，以偿前费。请痛加禁革。今后有缺，务令所司从公推举，疏名以请。"

敕吏部都察院曰："明年正旦，适当朝觐考察之期，宜预行各处巡抚巡按

---

① 天灾之后，帝王和政府部门在政治领域实行的系列应对之策，以革除弊政，消除天谴。

官,将所属司府州县等衙门官员,或才行卓异政绩彰闻,或贪酷害民老懦不职等项,逐一从公开报。尔等仍广询博访,备细参详,明白具奏黜陟。若抚按官员仍前徇情率意,开报不公,指实参究,并示黜罚。"

大理寺条上弭灾革弊事宜。有曰:"充军人犯,或中途而返,或到卫即还,皆以贿脱。及事觉,止坐本军,而受贿之人不问。今后请犯入己赃者并依律罢职。"奏下刑部都察院议,皆以为可行。

六月

兵部尚书刘大夏奏:"官马草料之费,一马或至数十金,而私拨借人,略无忌惮。又镇守守备等官恃势贪婪,无所不至。请谒者多怀赂以入权豪,而守卫不敢加诘。凡此俱乞俯赐施行,严加厘革。"

初,陕西延安府巨积仓火焚谷草四万九千余束。仓副使赵瑄因纳商人贿,多报所输数,仍嗾①巡视官军妄称灾以脱罪。

命革无名官赏并禁治贪酷官吏,从大学士李东阳奏也。

八月

大理寺卿杨守随覆奏:"本寺之职虽止于参驳,然所审罪囚每有受财私和隐匿重情者。"

九月

刑部郎中蔡栻坐受赃,枉断人家产,下锦衣卫狱。法司拟其罪发附近卫所充军。

十一月

万全都司都指挥佥事薛明发边卫立功,坐受赃枉法也。

十二月

协守贵州右参将赵晟科敛贿货及占官民园地,营造私第,擅役军卒,坠压伤死者数人。俱下湖广贵州巡按监察御史,鞠之未报。巡抚湖广都御史韩重复请差官勘问,命户科右给事中艾洪、刑部郎中褚祈往会官就治之。狱上,当晟罪斩,导之为恶者荆州左卫指挥张忠等俱边卫充军,清浪卫指挥孙仲英降三级致仕,余坐罪有差。

南京户科给事中戴铣等劾奏:"广西按察司武清、湖广左参政刘聪、四川副使陈轼、叙州府知府陈瑶,皆贪酷。俱请如例罢黜。"上曰:"朝觐考察果有不公宜科道纠举,今未经考察,铣等辄先具奏,又无指实。尔等宜照前旨,参详考语,访察实迹,务秉至公,不许偏徇枉人。"

---

① 教唆。

弘治十八年（1505年）

正月

吏部会同都察院考察天下诸司官，仪凤祯等五人俱贪酷，请如例各令致仕，冠带闲住为民及调用。

稷山王府典仗郑瑀奏沈府长史等官受赂。

二月

楚府仪宾严时肃奏请，令各处犯赃罢职等官不得优免。

四月

礼部尚书张昇等言五事。有曰："裁冗滥，谓近年添设通事过多，贪冒之徒得以滥补。"

监察御史曾大有言六事。有曰："严考察，谓同知知州知县等官朝觐考察，贪鄙著闻，侥幸苟全者请亦许科道官指实纠举。"命下其奏于所司。

监察御史张津陈四事。有曰："参众论，谓致仕尚书周经等，众皆以为贤而爵赏不加；科道官所劾知府王溥等，众皆以为贪墨而黜辱不及。乞特赐裁断。"命下其奏于所司。

六月

调卫都指挥佥事杨芳、指挥同知刘武、都指挥同知孙辅及指挥同知于泰、指挥佥事龚泰应袭子，各降祖职二级。武、辅已物故则以其横索夷贿，酿成祸患，情罪深重，虽军职典刑谪戍者之子孙例得仍袭祖职，乃议特降之，各永远不许袭补。①

罢分守通州署都指挥佥事胡震，以贪暴不法为御史刘玉所劾也。

初科道交章言："两京堂上官贤否，杂任宜加甄别，如礼部侍郎王华典、文招议太常寺卿兼学士张元祯，奸贪附势，丁忧太仆寺少卿陈大章，贪声素著，俱宜罢黜。"

八月

京师有豪家兄弟争祖职，往往重贿勘官。

九月

致仕太子少保户部尚书秦纮卒。时司牧局内官傅锁儿肆恶贪贿，都人侧目，纮劾奏之，遂正其罪。

---

① 明武宗朱厚照时已即位。

监察御史陈文试劾："户部侍郎陈清之贪浊，南京礼部尚书王宗彝之老懦等，皆宜罢黜。"上留清等供职。

十月

南京户部奏："南京各卫所岁支户口食盐，宜如例。验口纳钞，遣首领文职赴运司领回，听科道等官照名给散，革富室贪官通同包揽侵分之弊。"

给事中杨一漾劾奏太监刘琅贪恶显著，不可使守要地。上以琅既致仕，姑置之。

十一月

升西榆林卫军人袁绶应诏陈言，凡十九事，而其切于时弊边情者四事。有曰："严黜陟以警庶官，文武官员清慎者甘恬退而近于傲，贪黩者巧奔竞而近于恭。是以清慎者未蒙旌擢，贪墨者每得超升。军民受害，实由于此持用人之柄者，不可不加之意。"上下其章于所司。

御马监太监甯瑾等奏："去年，孝肃升遐恐有司香之命，乃诈称老疾，既而莅事如故，今又敢肆狂舌暗邀人心，明纳贿赂，贪佞奸回，神人共愤，伏望置瑾于法。"上曰："尔等所言良是，各官玩法妄奏，法应究问，第连及者多，姑宥之。"

十二月

南京监察御史陆昆奏，修省之道在重风纪，谨条陈八事。有曰："严纠察以励庶官，谓如郎中黄俌、张彩、黄晔、蔡弒之徒，污浊贪邪，虽皆黜罚，而南京诸司未败者尚多。其奉公守法则有郎中田岩、姚汀、张宪、唐臣、戴敏、仰儒，员外郎李承勋、胡世宁、张嵩、胡锭、顾璘、杨一钧、梁锦、王济、乔瑛、郑毅、吕夔、寺正、陈大纪，寺副张芝，司副秦文。乞量加奖励以示激劝。"下其奏于所司。

二、正德年间（正德元年至十六年，1506—1521年）

正德元年（1506年）

二月

兵部奏："近日言官交劾镇守江西太监董让废格诏书，敛怨蠹政，因并论太监刘琅之在蓟州、朱云之在山东，皆贪酷诛求，重为民患。乞究治，别选廉静者代之。"

给事中艾洪等劾将领之贪婪不职者，内则英国公张懋、新宁伯谭祐、怀宁侯孙应爵、彭城伯张信，外则宣府参将解端、李稽，各其罪状，俱乞罢黜。兵部覆奏，诏令巡按御史逮端、稽治之。

分守金腾参将卢和，性贪暴，挟索夷人金宝以万计。下巡按御史验问，俱拟斩。和所用千户李纶，坐与夷通市，所用土官镇抚谢宏、赵钺，坐强索财物，俱拟永远充军。

户部覆议都给事中邹轩等所言裕民止盗事。有曰："庄田子粒，贪暴者违例自收，盖公侯田土及牧马草场亩征银三分，令佃户自赴，有司上纳而后听业主领用，实虑管庄之人贪暴，自恣逼民逃窜也。"

四月

吏科给事中安奎劾奏："中外冗员，奔竞成风，贿赂未已，大为新政之玷。"继而诸司集议以请，有旨谓其所劾泛言无实，令奎陈状，奎具服有罪，乃宥之，仍夺其一月之俸。

五月

兵部覆议："都给事中周玺等所劾镇守山西太监陈逵、镇守辽东太监朱秀，贪饕害民，宜代。"

六月

六科给事中张良弼、十三道御史熊卓等，以灾异叠见上言八事，有曰："公赏罚，谓都督金事神英以贪冒逮问；弭盗贼，谓江西盗贼奏报不实，或贿纵真盗，诬及良民。"

七月

南京六科给事中李光翰等言："太监高凤、李荣，纳赂招权，颠倒国是，将使老臣不安其位。"

户科都给事中张文、右给事中倪议等，以灾异应诏陈言五事。有曰："山西陈逵，以贪酷留镇，民穷财尽，官多事扰。乞通查省以遵明诏。"上曰："尔曹奏事不知敬谨，所当究治既伏罪，宥之，仍罚俸各三月。"

罢分守开原参将都指挥崔鉴，以言劾其贪缘贪暴故也。

八月

刑科右给事中汤礼敬等奏："总镇两广太监韦经，行取回京，擅移文，索支官库银六百两。巡抚都御史潘蕃谕属加增，为巡按御史张津所发，请置于理，奉旨以为旧有雇募水手之例而莫之究焉。诏命一下，人心惊骇，恐朝廷之法令自此不行，天下之弊端自此日开，贪污之风自此日长。今总镇太监在治所官有廪给，其归途驿有夫船，有司望风应付，百尔无违，多索银两，亦何所用？夫前实无例，经尚妄指，以恣其贪。今以为例，自后奸贪之徒藉此而行，末流何所不至，请治经罪，追还原赃。"章下，都察院覆奏。上谓事已前决姑已，之后不为例。

九月

六科给事中徐昂、十三道御史杨仪等言："太监崔杲等，以织造奏讨盐引①，假公售私，贪求无厌，利归于已，怨归于上。乞以先帝之从谏为法，收回成命，庶法禁严明，贪婪知畏。"上曰："盐引已屡有旨给之，尔等何为互相奏扰，再言必不宥。"

南京十三道御史李熙等以灾异条陈十事。有曰："谨天戒以黜不职。吏部侍郎张元祯夤求入阁，礼部侍郎王华讳名首贿，丁忧都御史毕亨恃才贪取，俱宜罢黜。"又曰："严考课以修庶官。山西按察使李善、河南参议蔡相、贵州佥事范坪、临江府知府项经、桂林府知府邓琛、南昌府知府祝瀚，俱贪滥有声，广东参政李文安、贵州参政王琳、江西参议黄皞、湖广参议林沂，俱贪老无为。"

十月

降守备临清署都指挥佥事刘全为署指挥佥事，坐受赇及多役军丁罪也。

十一月

山西左布政使俞俊、河南右参政刘约，为言官论劾，下巡抚官核勘，无贪残实迹。吏部覆请俱留用，时议谓俊以重货赂刘瑾。

十二月

户部主事钟文杰往云南、四川清理盐课，因言盐法废弛，条陈十二事。有曰惩改拨以杜贿门。

正德二年（1507 年）

正月

升吏部郎中张志淳为太常寺少卿，提督四夷馆②。时刘瑾用事，凡迁官者皆有重贿以谢内官。武臣动以千百，而文官谢礼之厚则自志淳始。

敕召总制大同宣府偏头关等处右都御史刘宇回院掌印管事。宇，重贿刘瑾，又使子捧拜瑾为父，故得召。

---

① 明代盐商贩盐必须取得政府许可，故称之。盐引之制，一牵万利，于明代财政税收极为重要，同时盐引之贪贿，造成的危害也极为严重。
② 永乐初年所置机构，专门翻译少数民族和邻国语言。

闰正月

先是，给事中艾洪等劾太监高凤并侄锦衣卫指挥高得林，纳贿谋升。有旨准凤致仕，得林管事如旧。

二月

御史王时中巡按直隶隆庆等处，志在激扬其分守，守备等官以赃败，告系者百余人。东厂太监丘聚，附刘瑾立威，遣人廉察以闻，下镇抚司狱，痛责鞫之，谓酷刻太甚，命重枷系都察院门满一月乃奏。谪戍辽东铁岭卫，臣僚见其苦楚，虽为之伤心，然畏瑾势，卒不敢出一言以明其无罪也。

三月

右副都御史钱钺卒。性复贪鄙，往往假公。

四月

真定府通判冯锐解内厩马至兵部，敛所部财赂该吏。东厂缉获之，于是尚书阎仲宇等皆引咎。上以其疏于防检以致吏弊，罪宜究，姑宥之。

五月

升顺天府府尹余俊为南京工部右侍郎。俊，初为布政被劾时，瑾尚未显俊词，知其必秉政，赂之瑾深德焉，故卒赖其庇。

八月

升播州宣慰使杨斌为四川按察使。斌，狡横不受两司节制，阴重赂瑾，故有是命。

十二月

太监李荣传旨令礼部查宁王宸濠孝行，时值逆瑾擅权，受濠赂，故假孝行以浓赏答之。濠于是内恃瑾庇，外擅威福，放肆骄横，贪暴淫虐，莫敢谁何矣。

正德三年（1508 年）

正月

吏部会都察院考察天下来朝，并在任去任丁忧考满各司府州县等官，请如例，以老疾者致仕，罢软不谨者冠带闲住，贪酷及为事在逃者为民，才力不及者调用。

吏部左侍郎缺，自王鉴至费宏而下，会推凡八人，及户部右侍郎王琼乃已，盖琼赂瑾，必欲得此耳。

徽府世子奏土民赵朋等拖欠子粒，霸占土地。朋等亦奏世子贪暴状。诏遣司礼太监、户部刑部侍郎、锦衣卫指挥各一员，勘讯朋等，坐谪戍边卫。

二月

升光禄寺寺丞赵松为本寺少卿。时吏部无松名，松初以违限事厚赂刘瑾因徼福焉。

改南京工部右侍郎俞俊为工部右侍郎。俊，以首赂刘瑾，未期岁已三迁转矣。

三月

命吏部申明禁例，仍令抚按官询访在外官吏，贪酷者奏黜，廉能守法者旌擢之。先是有邹平县民孙淮援诏书进言："天下多贪官污吏，已犯而罢黜者以财请寄，仍得复官；贿赂公行，此弊政之大者也。乞遵高皇帝之法，警谕中外，革故鼎新，然后天下可理。"下吏部议，以为法禁固明，久而生玩，淮言不为无理，故有是命。

六月

兵科给事中潘希曾、监察御史刘子厉，奉敕查盘贵州、湖广边储，劾奏施州卫千户蒋廷玉、舒良臣受赇欱法。①

济州卫右所副千户高鉴以受贿纵守卫军降百户，调山西平虏卫。其母贾氏奏年老不能随行，乞留妇李氏侍养。上悯其情，特免鉴调卫。

大学士李东阳等奏："请于侵盗钱粮并受赇人命重情不宥外，其犯公错者罪坐本犯，经手者止坐该年迁官，去任者依律发落。"

八月

太监李荣奏："内府甲子库收贮阔白三梭布，旧赏内官内使用之，迩来内外莅其事者交通受赂，乃混同赃罚等物，以充文武官折俸，以致库藏空虚，供赏缺乏。"

九月

时按察副使李惟聪坐管屯抵罪，罚米输大同，瑾以前后诸官罚米者输不如期欲责限完报户部，请在京者自今定日期为始限一月。上固不知，而瑾实假此纳赂，后凡有误而罹其网者往往赂瑾求免，虽平时清谨者恐遭械系之苦，亦迁就以为自全之计矣。

湖广荆州府知府王绶自陈捕盗有功乞升职。绶在荆州，暴虐贪婪，结瑾为援。时都察院署其考曰："两司畏其胁制而考语欺天，百姓苦其诛求而怨声动地，最中其恶状，然亦竟不能去之也。又赂瑾得赐飞鱼服坐堂，扬扬自得。"时有工部主事冯友端，亦瑾乡人，监税于荆，贪虐类绶，荆人谓之二虎云。

---

① 亦作欱法，指枉法。

十一月

兵科给事中周钥自刎于桃源舟中。时，瑾用事，凡出使还者皆索赂，钥与淮安知府赵俊有旧，许以千金贷之，竟食其言，故钥忧愤而死。事闻，系俊至京，按治钥死状，乃坐俊罪。巡按御史赵时中以失于奏闻，亦罢为民。

十二月

巡按直隶监察御史杨武论劾玉田等县知县等官杨经等十六员，或贪滥不谨，或罢软无为，或年老有疾，又论荐保定府推官等官谢国表等十二员，廉能昭著。此虽出自瑾意，然亦颇中时弊。

正德四年（1509 年）

正月

太监刘瑾①请于陕西兴平县马嵬镇建义勇武安王庙，赐额忠义，令有司岁供祀事。瑾擅权得志，纳赂既多，侈用无度，于京师朝阳门外斥地数百顷，创建玄明宫，土木之费，至以数十钜万计，而马嵬镇则其家所在，又立此庙，盖欲以示荣宠也。

诸司官朝觐至京，畏瑾虐焰恐罹祸，各敛银赂之，每省至二万余两，往往贷于京师富家，复任之日取官库所贮倍偿之，其名为京债。上下交征，恬不为异。瑾闻之，心不自安，其党张彩乃献计差官查盘，欲以掩其迹也，于是各有司又敛银陪库，天下骚然。

黜监察御史欧阳云、工科给事中吴仪。时出差回京者必纳赂于瑾乃可免祸，往往于所至地方科索金钱。于是云、仪出差自陕回亦蹈故习，而瑾之党适有说瑾勿受出差官馈遗者。瑾遂以二人有贪声，用考察例，黜为民。

二月

升应天府府尹黄宝为都察院右副都御史，巡抚陕西等处，仍令乘传②至京领敕。凡巡抚迁转无躬领敕者，瑾欲要谢赂，故创此例。

三月

吏部言："自元年至今，差出科道部属诸官，恐有指称使用科敛民财那移库藏情弊，宜令近差查盘钱粮，御史密切访察，果有实迹，即如例罢黜，若徇私不举，一体重治。"诏是之，盖前此差出官员率有以赂瑾，瑾欲掩饰已过，故于

---

① 刘瑾，司礼监掌印太监，时人称其为"立皇帝"。时升迁者多以赂瑾。瑾及其党，无恶不作，偶以惩贪为名，是为掩饰。正德五年（1510 年）被凌迟处死。
② 乘传，指出使。迁转官吏，赴京领敕，刘瑾所创，是以索贿。

考察之际复嗾吏部为此奏云。

吏部以考察职名上，其贪者为工部郎中徐儇等二人，请贪与逃者原籍为民。

四月

是时，科道以查盘出者指瑾名聚敛，往往盈橐而归瑾，以参官多而纳贿重者为称职，否则必遭棰楚械系之毒，而降黜随之。于是缙绅自相吞噬衣冠化为豺狼矣。

五月

巡按山东御史胡节还京，度无以藉手见瑾，微露意于布按二司。先任右布政使张吉乃借修曾子庙宇银二千两贮于德州，分巡东充道佥事毛广取泰安州香钱五百两，济南道佥事侯直取德平等县银五百两，各送德州，盖以为节助也。而直又假此自取银四百两，至是监察御史张襘奉命查盘，讽济南府知府萧柯、历城县典史李征发其事，遂以上闻，且劾左布政车玺依违失举。下吏部覆议，节与吉、广，例应冠带闲住，直应为民，玺应逮问还职，襘举劾得体应奖拔。又谓吉、广赃非入已，宜薄其责。得旨：节恃势贪婪，令锦衣卫差官校械系来京，吉、广降二级，直追赃削籍，宥玺升柯，征俸各一级，襘令吏部记之待报使以闻，节竟坐谪戍陕西萧州。

六月

定西侯蒋骥卒。骥在湖广，时刘瑾势方横，尝遣人至镇，其人索贿弗与，历官中外二十余年，卒之日家无余赀。

升顺德府知府郭纮为山东布政司右参政，仍治府事。纮乞致仕，吏部称其廉平，尚可用，故有是命。

令查各营书办官①光禄寺署丞缪淮等一十一人，调补州县。初胥吏之役多纳赂权要，奏乞于各营供事称为书办官，以贱流带京职，吏部之法尽废。至是，令外补，人颇快之。

内官监太监杨镇赍官银万两，并长芦黄盐八千引，往南京易银买丝织造，乃以其银私自买盐混同装载。凡用官民船六百余艘，劫胁濒河官吏索厚赂得银至万六千二百余两，家人韦庆等所得亦几千两。刘瑾令旗尉发其事，下南京三法司逮治。命降镇为奉御南京内官监闲住，庆发辽东广宁卫充军。

以吏部尚书刘宇兼文渊阁大学士。宇，粗厉无才，其为总制时奢靡无度，赂刘瑾入掌台事，请敕箝制御史，小过辄挞，瑾以为贤，擢兵部尚书，举用将领，赃贿狼藉，迨转吏部索赂于缙绅。

---

① 负责文书的属吏。

罢辽阳副总兵孙成、开元参将马㳚，降实职一级，停其俸，回原卫闲住，以镇巡官劾其贪懦不职故也。

七月

太监刘瑾奏："旗校访核金华知府万福老疾废事，苏州知府鲍瓘、同知王霫贪得无耻，并乞罢黜。"吏部覆奏福年老无他过失宜令致仕，瓘霫赃贪宜罢为民。

命刑部左侍郎张鸾致仕，降印绶监少监李宣为奉御锦衣卫，指挥同知赵良为百户，俱南京闲住。鸾等奉命往江西勘民间所诉不法事，至是还，宣赂瑾银万两，良赂亦二千余两。瑾自觉奸赃狼藉，方欲自雪，乃以徇私纳赂擅出人罪及不参误事官员为宣等罪而降黜之，所赂银输之内承运库，江西镇守巡抚巡按及该道守巡等官俱以不能听讼结狱坐罪。

太监刘瑾奏："校尉访察江西左布政使马龙贪滥，佥事院宾轻浮，俱宜罢黜。"吏部言龙宜为民，宾宜冠带闲住。得旨从之，仍令今后有贪婪显著者吏部指名具奏，抚按官不行纠举者究治之。

九月

吏部奏："巡按山西监察御史马昊尝旌举平阳知府张忠，未几查盘御史张襘劾忠盗官银及匿赃罚银，凡八千八百余两，俱有实迹。昊妄旌荐，宜加黜谪，以为后戒。"时，昊已迁山东佥事，命以原品调外任而谪忠戍肃州，其赃银解京，平阳所盘出官银八万，发贮陕西以备边饷，襘以公于论劾，升俸一级。

罢镇守贵州总兵官怀柔伯施瓒，镇守广西副总兵张勇，俱闲住支半俸，以言官劾其通权纳贿玩寇殃民罪也。

闰九月

初有例凡军官千户以下纳级者不许管军管事，会有榆林卫百户李永定者纳级为正千户，至京见刘瑾。瑾奇其貌，于是巡抚延绥都御史徐以贞等因荐其才可用。兵部议于例虽违而人才难得，宜听之，遂升为署指挥佥事。后官至参将，然其人无他能，竟以贪酷败云。

巡按陕西御史段豸、胡瓒各劾奏："左参政童瑞、右参政彭桓、副使唐希介、先任延安府知府王彦奇、巩昌府知府唐臣，或贪或懦，俱可罢黜。"上乃令希介致仕，而留桓等。

巡按广东御史袁仕劾奏广东所属府县等官周夔等四十余员，皆贪软衰病。

十一月

苏州府知府鲍瓘坐赃罪，发抚顺千户所永远充军。瓘先知太原，慕苏富庶，因赂刘瑾得改调。吏科都给事中李宪因劾瓘赃入累万，盗贼不如，乞下诏狱究之①。

南京工部尚书俞俊乞致仕，不许。时俊窃部币重赂刘瑾，年已近八十，瑾亦厌鄙之，故援例具辞，而每对人言犹望异擢，闻者掩口。

正德五年（1510年）

二月

初少监李宣、锦衣都指挥赵良勘事江西，吉安知府任仪、袁州知府支夔白于巡按御史弓元各敛民钱厚馈之，为查盘御史沙鹏所发。时元已坐事为民，夔致仕，仪升山西右参政。有旨，谓元不能纠正，谪戍广东之南丹；仪降二级别用；夔已致仕，仍削一级；仪所馈宣白金五千，良一千，缘此自入者又不可数计，在郡耽酒不事事，赃污狼藉，为近时贪吏之尤云。

三月

兵部尚书胡汝砺卒。汝砺，敢于任事，绳下以法，颇著治迹，然急于干进，厚贿刘瑾以希汲引，瑾以同乡故甚悦之，因援以为党。

四月

初，给事中邵天和会巡按山西御史马旻及参政臧麟、佥事萧渊，查盘河东盐课，将还，畏瑾索赂，谋于运使李德仁，德仁遂敛所属银一万八千三百有奇。和、旻、麟、渊及巡盐御史周廷征、魏彦昭分取各数千，潜橐至京，寄于给事中白思诚家，而德仁自入者亦数千。为瑾缉事者所发，时和已坐事为民，乃遣给事中田汝耔往按之，具得其实。有旨：升汝耔俸一级，德仁罚米八百石，和二百，彦昭三百，旻、廷、征、麟、渊一百，思诚五十，各宥其罪。德仁、彦昭仍降二级，旻、麟、渊一级，廷、征以巡按陕西俟满日治之。

降守备潼关署都指挥佥事任玺为指挥佥事，调庄浪卫永远差操，坐盘诘有所求索也。

五月

都察院以诏赦所未及者四事上请，请旨文武官为民非赃犯者悉与冠带闲住，充军者非赃罪失机及军民非盗贼人命者悉放回原籍为民，其正犯已故家属并释之。

守备荆瞿地方都指挥佥事朱辅坐取盗赃下狱，以荆州卫都指挥佥事许凤代之。

---

① 贪官因慕苏州富庶，贿赂得调。莅任后始知赋重，仍大肆贪取。此例颇具讽刺意义。

六月

兵部以五年考选军政,请会锦衣卫掌印官考选本卫千百户以下。有旨令本卫自考选,时绾卫印者杨玉,瑾之党也,尝引例欲免考,至是遂不会兵部任意去留,阴受赂者辄署上,考其谨愿可用者以无赂或至调卫人,以故怨之。

七月

复怀柔伯施瓒俸。先是,瓒镇守贵州,以贪懦罢处南京,支半俸。至是援赦自陈,复为言官所劾,诏以瓒贪懦无显迹,既遇赦复之。

先是,巡按湖广御史郑宣、清军御史王钦事竣,将复命,惧刘瑾索厚贿。布政使陈良器为宣移借官库银二千余两,江夏县以钦原发赃罚银八百余两解送钦。会查盘御史冯颙至,事觉,仍以其银输库,颙因奏劾。时宣已调兴化推官矣,诏仍降二级;钦以未曾交受,仅停俸六月;良器三月,赃罚银解京。

巡抚大同右佥都御史张翰、巡按直隶监察御史聂瑄,各奏分守大同西路太监何名、守备大同左卫城右监丞温暹,各贪酷害人,及分守大同东路左参将王贤、守备天城指挥佥事任玺,各贪墨不职。召名、暹回京,贤、玺回原卫,俱闲住。

八月

先是,刑科给事中沈焰勘事潼关还,惧刘瑾索赂,托顺德知府郭纴为敛属县银三百两,后纴惧事露,以首于巡按御史。时焰已降湖广焰磨矣,命逮问,拟为民。诏追赃完日谪戍边卫,永远不宥,仍戒科道勘事有似此者,俱如例治之。

旗校刘昇自湖广还,以左布政涂旦、郧阳知府曹廉贪状言于瑾,下吏部劾治,遂黜为民,仍夺诰敕。

下刘瑾于狱,瑾降奉御,上犹未有意诛之,及亲籍其家,见金银累数百万,其他宝货不可胜计,又得伪玺一、牙牌五百、扇中所置刀二及衣甲弓弩之属。于是六科给事中谢讷、十三道御史贺泰等列奏瑾罪,有曰:"以焦芳、刘宇、张彩、曹元为心腹,杨玉、石文义为爪牙,孙聪、张文冕为刀笔,宇初任巡抚,瑾各赂数万。升迁官员拜谒门下仍致赂遗,谓之谢礼,否则辄加罪遣;朝觐官至京,索赂动以千数,谓之拜见礼。各官回任,倍取之民,以致民穷盗起。"①

左给事中等官张瓒等劾奏:"陕西总兵官曹雄与刘瑾交通贿赂,结为婚姻,增置挂印,总揽众权,都督毛伦纳赂冒升,并及家人陈鉴亦传升指挥。伏羌伯

---

① 刘瑾专权,官吏竞相赂之以求保或升迁,京债、谢礼、拜见礼等层出不穷。吏治腐败,已至极致。

毛锐求管漕运，纳货不赀，浙江都指挥佥事刘昶，备倭佥事魏文礼先任扬州，备倭官袁杰，凉州副总兵徐谦，俱以赇进，骄纵不法。乞执送法司，明正其罪。"雄、伦已有别旨，锐、著回京，昶、文、礼、杰、谦各回原卫闲住，鉴革职为民。

致仕太子少保吏部尚书许进卒。进退百官多徇刘瑾意，以金银赂瑾觊免后祸，又为瑾所薄曰："进此银或取诸俸钱及皂隶柴薪，其金则何从得之也？"

九月

南京十三道御史张侁等劾奏："佥都御史张襘、通政司参议张龙、尚宝司司丞屈铨、南京鸿胪寺卿赵履祥、南京大理寺少卿王彦奇、四川布政使潘楷、湖广参政尹灏、山西参议窜杲、原任湖广荆州府知府王绶，俱交结刘瑾纳贿转迁者，而致仕大学士焦芳、刘宇首先阿附，同恶相济，其罪尤著。"

斩张文冕于市。文冕，初为县学生，被黜潜至京，投刘瑾门下，遂用事冒军功授锦衣卫千户，瑾捏传旨意，多出其手，交通贿赂，气焰倾一时。

十月

治瑾党太监陶锦、监丞贾振等二十三人罪。锦、振为瑾所亲信，干进者率因以通贿，而锦不法事尤多，尝往福建查盘三司，所索馈遗以数万计。

正德六年（1511年）

正月

吏部会都察院考察天下诸司官，佥事毛广、知府董忱俱贪，按察使郑端、参政杭济、张吉，知府陈杲、曹来旬、曹琚、曹恕，俱才力不及并贪酷在逃等官，请俱如例，令老疾者致仕，罢软不谨者冠带闲住，贪酷及在逃者为民，才力不及者调用。

初，四川成都后卫指挥使陆震、播州宣慰使杨斌，常贿刘瑾。震授署都指挥佥事，斌授按察使。至是，为巡按御史俞缁奏劾，诏皆裁之，仍原职。

致仕南京国子监祭酒王敕卒。敕，以才自负而不检于行，其为祭酒时贪声尤著。

二月

巡按四川监察御史俞缁奏，四川自正德四年以来盗贼群起，贪官污吏倚法侵削，怨声啾啾，众不堪忍。

罢巡抚苏松等处都御史罗鉴、巡抚山西都御史胡瑞。时给事中李铎、御史邝约等劾奏，鉴科敛公行，馈送权要，私庇赃吏，不恤小民；瑞虽无失德而才识无闻。皆不可处重任，遂俱令致仕。

三月

罢天寿山署都指挥王寿、守备紫荆关署都指挥崔灏、守备仪真署都指挥程鹏、守备白羊口指挥使谢素，以附刘瑾且贪懦故也。

四月

降福建都司署都指挥佥事龚顺为署指挥使，调山海卫，坐赂太监陶锦科害所属也。

六月

南京十三道御史林近龙等劾奏："掌詹事府事吏部右侍郎兼翰林院学士靳贵主考会试，而家僮通贿，宜罢。"诏供职如故，贵寻奏乞放还田里，不允。

罢分守顺圣川右参将施淏、游击将军李兴，以抚按官劾其尝贿刘瑾进秩故也。

七月

山东按察司佥事杨节先为刑部员外郎差直隶决囚，索贿于顺德知府郭纤以馈刘瑾。至是，事觉，令巡按御史逮问，坐降二级别用。

降浙江都司都指挥佥事刘昶为指挥同知，坐贿逆瑾也。

八月

罢榆林参将都指挥佥事张杰，令回原卫带俸差操，以户部侍郎丛兰劾其贪残不职故也。

命湖广按察司副使胡昂冠带闲住，以御史张璇劾其贪污故也。

宥福建按察司副使张蠹罪，发为民。蠹为佥事时尝杖军人蒋逵者，死于狱。会泉州府同知于茂以他事为蠹所按谪戍，茂因奏蠹故杀平人及受贿数事，命三法司官勘问，拟蠹斩。至是，蠹奏辨且遇赦得释，以受贿例为民。

下总制都御史马中锡、惠安伯张伟、参将宋振于狱。初纪功御史吴堂劾奏都指挥桑玉受重贿逗遛纵贼，既而六科十三道交章劾中锡等。

十一月

吏部覆奏："近年刘瑾用事，贿赂公行，奔竞成风，廉耻道丧，虽经新政厘革而旧染未除。"

十二月

六科都给事中孙祯、十三道御史吴祺等以灾异修省上言时弊："武臣如镇守两广安远侯柳文，贪冒不法，平江伯陈熊虽已复爵，不堪任事，陕西等处都指挥房怀、盛瑾、徐节、李铭、杨铬，守备指挥袁杲，俱贪酷，宜革；任锦衣卫千户吕天瑞，冒功升职，挟势取财，宜削夺。"

兵部覆都给事中孙祯等劾奏："镇守河南太监廖堂、守备南京太监彭恕，大肆奸贪，乞将鹏等革职逮治。"

正德七年（1512年）

二月

提督军务都御史彭泽言十一事。有曰："今河南盗贼充斥，而军卫有司贪酷不才，横肆诛求，以驱民于盗，请令臣同抚按官查访，贪酷素著虐害军民者，照例革罢，甚者提问下兵部会议以闻。"

三月

御史徐文华劾巡抚贵州右副都御史魏英贪污，吏部请令自陈。都给事中杨褫等复言贵州道远又方多事，若俟自陈往返须数月，乞先补其阙，乃令英致仕。

五月

工科给事中潘埙言都察院右都御史王鼎屡劾而尚留，南京兵部尚书刘机已废而复用。鼎奸贪大著，机非刚正之器，皆不可复当重任。命所司知之。

山西平阳府知府张忠侵盗科罚赃至万，事败，谪戍肃州卫，遇赦奏辩，都察院以忠赃滥太甚，若准例放免，恐不足惩戒贪污。得旨仍谪戍。

闰五月

罢分守宣府顺圣川蔚州右参将马经，以怀安卫都指挥佥事陶杰代之。经，以贪为抚按官所劾也。

六月

监察御史陈祥言："右都御史王鼎屡被举劾，晏然在位，且宪纲都御史与御史得互相纠劾。今御史张璇劾鼎奸贪，如其得实则鼎当罢，若虚则璇当抵罪，而璇与鼎决不可并立也。"不听。

七月

有大通事王永者得幸，彦明赂之，尝托名永弟引入豹房见上。

八月

给事中周金劾奏都御史甯杲安杀平民冒报功，次杖杀新任知州以掩罪，贿结司空恶子以求容。

九月

巡按直隶御史顾英劾总督漕运右都御史张缙贪声颇著，下巡按御史，赵宗覆验无实，吏部请治英罪，诏夺俸二月。

十月

黜云南按察司佥事刘吉，以巡按御史张羽劾其贪暴也。

工科给事中潘埙奏："今以使臣察监司，贪酷病民者辄奏举，此弭盗之本也。虽然亦风俗有以移之，自逆瑾窃柄，人心大坏，虽号为士大夫者亦或不畏清议，以贿赂为得计，廉耻之道几不复存。宜旌举节义而又统之以纲纪，辨贤否核功罪，宰执秉持，台谏补察，则风俗庶乎其少变矣。"

十一月

召巡抚保定都御史甯杲提调天津兵备都御史陈天祥回京，以给事中潘埙、御史于鳌劾其贪暴也。

十二月

给事中田汝耔劾奏山东左布政使夏时谄媚贪饕，河南佥事孙磐刚愎无忌，莱州知府辛文渊贪暴著声。宜令冠带闲住。

罢延绥总兵官侯勋、湖广副总兵王宪，以言官劾其贪懦也。

正德八年（1513年）

正月

山东左布政使夏时引疾乞罢，许之，以给事中田汝耕劾其贪谄也。

五月

太监萧通为故太监李璋弟侄副千户李进等十七人乞升秩，既得旨，兵部言进先以贿结杨玉调卫，不宜复注锦衣卫。从之。

七月

降山西行都司都指挥佥事葛隆一级，调卫带俸，坐受赇枉法也。

九月

南京六科给事中徐文溥等，劾南京刑部尚书刘缨奸贪无厌、廉耻不存，右都御史李士实名行俱亡、风纪不振。

十二月

辛丑吏部尚书等官杨一清等奏："御史受命巡按，责在振风纪、禁贪奸，斯为尽职，否则人将指而议之，且镇守内臣纵皆安静，其随从官舍头目人等岂能尽循礼法？巡按稍加裁抑辄成大隙，至于大小官员，贪黩病民者不少，御史固当举劾，若听其摭拾，何患无辞？恐此后巡按之官，务为姑息，风纪为之扫地，各处贪污豪猾。闻某御史以镇守之奏而被逮，某御史以贪官之讦而下狱，肆行无忌，贻患地方，其所关系亦为不小。"

致仕工部右侍郎胡谅卒。居官无可称述，素以贪墨闻，纳赂致通显，屡为科道所论劾，遂勒致仕，士论薄之。

正德九年（1514年）

正月

罢应天府府丞尹梅，以南京科道官劾其贪污不职也。

吏部会都察院考察天下诸司官，运使毕玺等俱贪，请如例老疾者致仕，罢软及不谨者冠带闲住，贪酷者为民，才力不及者调用。

翰林院修撰吕楠言，陛下所当修者有六。其六曰："各镇守官贪婪者取回别用，无令侵渔，重为民困。"不报。①

监察御史施儒等言八事。有曰："优容风宪，今后巡按御史有犯，请俟巡按满日付法司究治，不宜辄遣官校械系。"不报。

监察御史李稔言："都御史纠正百僚，肃清宪度，必德望老成练达国体者斯副人望。臣观右都御史石玠，受命抚夷，依阿权势，引用奸贪，激既顺之夷，乞赐罢黜。"不报。

六月

黜监察御史成文为民。文，巡按陕西，劾按察佥事赵应龙纵子纳赂，逮系镇抚司鞫治，文尝收廪米等，亦为应龙所讦。遂并系，且命给事中刑部郎中锦衣卫千户各一人，往陕西按其事。至是，还报。诏以文职居风宪，清誉有亏，黜为民。既而镇抚司以应龙狱上，亦黜为民。

八月

命都督同知侯勋充总兵官镇守陕西。勋，初守延绥，以贪懦被劾，闲住。至是，行赂钜万于权贵，故复用。

九月

兵部议覆南京兵部尚书张潆所陈机务，且曰："外守备厅用审事，千百户二人以听词讼，招权纳贿，虽已革罢，仍乞降旨，著为令。"

十月

刑部主事李中上言："宜振纲纪，励风俗，禁贿赂。"入不报，寻降广东通衢驿驿丞。

---

① 不予批复。

十二月

给事中邢寰劾奏太常寺少卿赵继宗进非正途，不宜典祀郊庙；大理寺寺丞李廷梧、浙江副使谢琛，前以御史巡按苏松，贪污显著，俱乞罢黜。吏部议覆，诏留继宗，廷梧、琛仍俟考察。

正德十年（1515 年）

正月

大理寺寺丞李廷梧以给事中邢寰劾其巡按苏松贪婪大著，乞养病。有旨令吏部于考察时核实以闻，至是御史李玑复劾之，吏部议廷梧素行有干清议，乞令致仕。

总督御史彭泽奏："河西甘肃等处素称雄镇，顷缘将领贪婪，坐困军士，以致弛备丧师。请凡侵克粮四百石、草八千束、银二百两及诸物直二百两以上者，处斩。不及数者谪永远戍边。"兵部议覆，诏边储重事，此后有侵克者俱如例行，勿得姑息。

二月

命南京工部右侍郎俞琛致仕。南京给事中潘棠等劾深贪污，尝通属官员外郎曹山贿赂，又纵子宿娼，乞罢黜。吏部议如所言，诏深致仕，山冠带闲住。

四月

吏部会都察院考察在京五品堂上官及郎中以下职，合格之外各有降黜，御史朱志荣、张承仁等三员以贪宜为民。

巡按直隶御史谢天锡劾奏："前巡按御史张承仁纵容奸奴交通属官，每一出巡必逮昏夜而行贿赂。真定知府陆芸馈银二百余两，为书吏所发，且先巡按浙江日凡旌异一官索银三百，后为镇守太监所发，乃屈膝冀免，贪污无耻如此而可容之乎？乞正其罪。"事下刑部，请命巡抚都御史勘明以闻。先此，承仁已考察为民，芸已改调，诏皆已之。

闰四月

先是，巡关御史朱昂劾奏分守保定副总兵张勇贪酷科敛，并劾巡抚都御史张淳不能禁制。下巡按御史勘实，请亟罢淳，置勇于法，都察院覆如所拟，命革勇任闲住，淳仍留用。

五月

南京吏部会都察院考察南京太仆寺丞陈玑、主事樊城俱贪。吏部为请如例令贪者为民。

降都督同知白玉为都督佥事，都督佥事温恭为都指挥使。初房寇宣大玉充总兵，恭为副，受诸将赂金，且令家人纳粮草罔利。为缉事者所发，言官因论请置重典。诏宥之，各降一级。

六月

自在州抚住达官都指挥佥事王佐坐索赃，为巡按御史所劾，逮问赎徒还职。

七月

谪前监察御史朱志荣戍贵州。初志荣巡按广西，挟取土官财物，及受梧州知府曹琚等赂至万余两。

巡抚山东都御史赵璜奏劾守备指挥孙奎贪庸不职，恐成大患，乞革其守备，移充州兵备佥事。

十月

贵州巡按御史刘士元劾按察司佥事张腾霄，以迷失子女通贿土官，令冠带闲住。

正德十一年（1516年）

二月

复留守等卫千户高祚等二十七人，回锦衣卫供职。先是，杨玉附刘瑾考选军政，祚等行赂获留，玉败调祚别卫，至是屡陈乞，特复之。

三月

吏部奏山西左布政使倪天民、右布政使陈逵，累经巡抚科道等指劾，贪婪可据，乞罢黜。不听。

近年以来当婚封者具启郡王，非赂不行，而官司复多赇索，以致女有过三十、男有过二十而未婚者，旷怨日深，致伤风化。为今之计凡宗室男女年长者，宜令巡抚及长史等官亟为奏请婚封，有敢教诱索赂者辄重治之。

四月

吏科给事中俞泰言兵部尚书王琼贪饕无耻，请亟罢黜，以为群臣之戒。不报。

赐宁王宸濠书院名阳春，从其请也。是时，宸濠阴怀异志，厚赂中人，凡所奏请，朝入夕允，又假以大墨，诱致宾客，迹其所为。

五月

追赠故广东左布政使陈选为光禄寺卿，其为升按察使，平反死囚，轻者断遣，狱为一空；黜贪酷吏，虽势权所亲不少贷。

致仕太子太保兵部尚书刘大夏卒。其为右都御史，总督两广军务兼理巡抚，旌贤才，斥贪秽，裁冗费，更役法，上下不便者一切正之。

六月

吏部疏论："巡抚巡按官纠劾在外之官，必有奸贪显著以实具闻者，臣等即时覆奏黜之外，此风闻及卑官末流不在论列者，俱待朝觐会察之时以定。"

吏科给事中范洵疏论："陕西延安府罗玹，立志卑污，负材庸恶，先任嘉兴，贪迹大著，科道尝交章论劾。调用比至延安，贪饕如故，酷暴益甚。吏部谓玹毁誉相半，请候考察。乞将玹罢黜。"疏上，下所司知之。

七月

广西左布政使周进隆，以巡按御史朱昂劾其贪耄乞休，且欲量加职衔。吏部言进隆不为公论，所与难以加职，乃令致仕。

监察御史王金劾南京刑部右侍郎兼左佥都御史蓝章贪滥不职，吏部覆请诏留用之。

南京十三道御史潘沃等劾奏："南京刑部右侍郎兼佥都御史蓝章贪饕恣肆，且假盐利媚权势欲迁要地。乞削其官秩，以为贪污奸佞者之戒。"不报。

八月

巡按广西御史朱昂劾奏镇守两广总兵官郭勋杖杀指挥千户，赃累数万，及诸不法事。都察院覆奏昂所举劾人命赃私数多，宜下抚按官按验其状，勋贪暴责著，请召之还，更择代者。诏以地方用兵之际，勋姑免究，令用心剿贼，俟事宁之日通查功过具奏。

九月

谪山西纳级都指挥佥事王唐于边方立功，坐受赂及纵容其下侵盗草价也。

命应天府府尹王宸致仕，以抚按官言其久病贪冒也。

罢协守河州洮岷副总兵郑卿，回原卫带俸，遂革协守官，令兵备副使或守备官兼管，以户部郎中马应龙劾卿贪虐故也。

十月

六科十三道皆言："南京刑部右侍郎兼左佥都御史蓝章、顺天府尹胡韶各赃污有状，屡经论劾，乞通行罢黜。"奏入，俱留之。

十二月

升工部营缮司郎中赵经为太仆寺少卿，仍管营缮司事。经，先知濮州，贪声已著，及官工部值乾清之役，与内外权奸交通，窃官币不下数十万，盗尝夜劫其家，恣令取之，盗出不胜负戴，所遗金帛狼藉于路。

正德十二年（1517年）

正月

六科给事中黄钟、十三道御史许完等复劾考察遗漏者："如副使熊希古，佥事钱俊民，知府伍文定、张恺、徐朝元之贪，请如例罢黜降调。参议孙清、知府张龙，贪污尤非诸臣比，复蒙留用，违众容奸，纪纲大坏，宜明正其罪。"

三月

陕西行都司都指挥佥事陈源坐侵盗马价，革职为民，仍征赃入官。

南京六科给事中易瓒、十三道监察御史王崧等论劾："兵部右侍郎丁凤才无可用，工部右侍郎刘永贪滥有声，南京大理寺卿任汉贪财纳贿，乞亟为罢黜，以清仕路。"上曰："各官累有旨留用，何乃又来奏扰？本当究治，姑宥之。"

六月

整饬金腾兵备按察司副使吴潜，以贪污为抚按者所劾，令冠带闲住。

七月

初刑部主事方位以挟妓去官，至是复夤缘奏辩，事下，锦衣卫朱宁为言其枉，得旨令吏部复录用之，后为兴化府通判，以赃污被黜云。

正德十三年（1518年）

二月

致仕右副都御史魏英卒。巡抚贵州御史徐文华劾其迹著贪婪，纵子求贿，乃去职，至是卒。

三月

刑科给事中俞敦劾："巡抚四川都御史马昊，巡盐河东开门纳贿，及在四川又纵妻子罗取州县稻米，巡抚延绥都御史陈璘巡按山东荐举受贿，今复通贿属官，克削军士，皆贪滥无耻之尤者，宜亟罢黜，无贻两镇之害。"下所司知之。

四月

户科给事中李长劾："右通政张龙奸贪淫乱，冒名诓财，动以千计，松江知府吴钺操守不坚，官校所过馈遗太多。乞将龙明正典刑，钺罢归田里。"不报。

五月

工科左给事中邢寰劾："通政司右通政张龙奸险夤缘，私开骗局所得不赀，如工部营缮司吏徐汉经枉法盗官银为侦事者所发，龙乃诡言谓之纳贿求解，受银二千余两，请置于法。"不报。

七月

罢镇守河间总兵官张玺，以贪克为给事中李学等所劾，仍遣官核其罪状以闻。

吏部以给事中孙懋、俞敦，御史胡琼、卢雍、胡洁，交劾巡抚四川都御史马昊奸贪骄横，妄杀冒功，请从公论罢黜。得旨：昊累求退，已留用矣。

南京六科给事中王子谟等言丁忧都御史甯杲、通政司右通政张龙，俱奸贪无耻，乞黜逐。不报①。

九月

革分守辽阳副总兵孙文回原卫带俸，以巡按御史劾其贪儒也。

陕西汉中知府贾铨以贪污下镇巡官勘问，铨惧而逃，遂黜为民。

正德十四年（1519年）

二月

兵部尚书王琼言军职承袭之事，时军职日增，承袭者冗滥，不可爬梳。琼多受赂金，复为此议，识者憾之。

三月

给事中翟瓒劾奏南京太仆寺少卿曹仿，先为御史巡按江西，贪淫附势，无复廉耻，宜亟罢黜。

升南京监察御史潘浤为云南按察司佥事，寻以匿丧居任多受夷赂，为抚按官所劾，黜之。

五月

南京都察院右副都御史张凤卒。凤，虽有能声而贪婪特甚，为土人所奏，时刘瑾用事，因厚贿得解，乃遂亲昵，连擢用，后为御史张璇所劾去官。

六月

给事中吴兼、王子谟，御史杨百之，并劾光禄寺卿冯兰，奸贪奔竞，诟辱言官。百之又劾提督军务右都御史邓璋，机巧奸深，贪迹素著。诏皆留之。

九月

革云南都指挥同知方略原卫带俸差操，坐监临纳贿，为御史所劾也。

---

① 明武宗在位时，建豹房，尊佛教，耽于嬉游玩乐，故于朝臣奏折，常常不予批复，即"不报"或"留中"。不过，武宗有平定边陲之功。

正德十五年（1520年）

六月

吏部会都察院考察天下官员，并贪酷知州杨庆、在逃知县张惠等凡一千二百六十三人，请如例以年老有疾者致仕，罢软不谨者冠带闲住，贪酷在逃者为民，才力不及者调用。奏上已逾半年，至是始得旨从。

七月

巡按广东御史毛凤按问赃官数人久不决，时有巡检李天锡者随凤颇密，为言凤有善意，遂于公文中附进贿帖，至银子千余两。时监生书吏从旁见之，凤不得已乃置天锡于法，且奏言："风宪及法官多为贪猾之徒，投帖装诬宜即举按其罪不得，隐忍回避使奸人得计，乞下都察院榜示禁约。"

罢南京专管操江南和伯方寿祥，令回京带俸，以南京给事中王子谟等劾其贪利害人也。

革守备平房城都指挥佥事杨辅、守御广宁城都指挥佥事田云任，以贪婪废事也。

巡抚湖广都御史吴廷举劾副使黄天爵、都指挥佥事刘淳承，贪侈宜罪，诏逮诣京师治之。

八月

罢山东都司署都指挥同知尹增，以御史刘翀劾其奸贪不职也。

十月

革守备河南南阳等处都指挥佥事郑存仁，以巡按御史汪渊劾其朘削军士、私通贼贿之罪也。

十一月

执太监杜裕、少监卢明、奉用赵秀、锦衣卫都指挥薛玺、指挥陈善、监察御史张鳌山、河南右布政使林正茂等，俱下锦衣卫狱。先是，司礼太监张雄、东厂太监张锐嬖幸用事，宸濠欲结内焉，赂伶官臧贤以通张锐、商忠，少监卢明以通雄馈各万计，由是问遗相属，凡所奏求，二人必助成之。明与用秀俱办事文书房，濠每厚贿以探中朝消息。濠簿籍所记，平日馈送主名遍于中外，多者累数万，少亦不下千，李士实尝疑其太费，濠笑曰："此为我寄之库耳。"王守仁以簿籍连及者众，令焚之，永所发者仅百之一二云。

诏曰："给事中御史，职当言路，今后凡朝廷政事得失天下军民利病许直言无隐，文武官员有贪暴奸邪者务要指陈实迹纠劾，在外从巡按御史纠劾；近年各处镇守协守分守守备等官，违例奏带人众到于地方科敛财物，夺占功次，所在不才官员因而乘机指一科十，贪利成风，以致百姓受害，深可痛心；今后敢有仍前奏带人多及带军民职官锦衣卫旗校者，该科即时劾奏究治，其镇守等官中贪刻显著坏事有名者，各该巡按御史指实具奏取回；不许假以进贡为名佥取皂隶，科敛银两，扰害军民，额外进贡，一切停止。"

六科给事中张九叙等劾奏大学士梁储结附权奸，持禄固宠，巡抚顺天都御史刘达、巡抚宣大都御史甯杲凭藉奸党，贪财害民。

正德十六年（1521年）

五月

户科给事中孟奇言："辽东镇守太监于喜，前在宣府，侵盗官银，克减军饷，巡按御史张经尝具弹劾喜贿，反以事诬经。"得旨：于喜发充孝陵净军。

御史李镇劾奏南京户部尚书邓璋、光禄寺卿王绍、应天府府尹赵文奎，并昏懦贪婪，贿结权幸。

宸濠之叛，内结钱宁，宁之党，都察院经历钱岌罪恶最著，以贿幸免。

御史萧淮劾奏太监张永前在江西擅权纳贿，故纵逆党，宜逮治。得旨：永降为奉。

降都督同知白玉为都指挥同知，原卫闲住。玉纳贿附权，历升多由传，上察其奸因降罢之。

六月

兵部左侍郎杨廷仪以疾求去，许之。廷仪，大学士廷和弟也。先是，御史方凤劾其奸佞贪黩状，上以廷和故优容之，而言者不已，廷议自知不为公论所容，遂谢病去。

后军都督府经历孙玙先任山西泽州知州，倚附权幸，赃贿狼籍，抚按屡劾之，俱不问。至是，巡按御史张鹏复以为言，令逮玙，付山西巡按御史鞫之。

陕西抚按官奏劾延绥总兵戴钦、宁夏副总兵路瑛等贪纵，乞斥之以答天戒。

七月

刑科给事中刘夔请慎选守令，重惩贪墨，以新吏治。吏部议如夔奏，因言："方面官又有司之表，宜一体禁约。"得旨：在外诸司有科克害民事迹显著者，抚按官参劾重治，禁饬方面官俱如所拟。

都察院右都御史张纶等议太监张锐等罪："张锐、张雄受逆藩贿赂，乱朝廷纪纲，张忠以巡游蛊惑，冒功黩货，于经以税课逢迎，取尽锱铢，刘祥因江彬进幸，或传镇守以纳贿，或托进贡以行私。"上乃下纶等，令会官覆讯以闻。

吏科都给事中张九叙等、云南道御史李献等，以考察拾遗劾奏右都御史张纶滥司风纪，工部左侍郎童瑞、太常寺少卿黄堂、南京刑部尚书赵鉴、大理寺卿任汉、光禄寺卿王绍、太仆寺卿杨褫、太仆寺少卿李皆，贪鄙庸劣，不为公论所容，宜悉罢黜以清仕路。

巡按陕西御史曹圭以星变劾奏延绥总兵戴钦、宁夏副总兵路瑛、参将阎勋、榆林参将瞿江，贪残不法。事下，兵部覆，勋前已逮问，江、钦罪与之等，宜并逮之，瑛任未几请勘实。

兵部覆巡按御史杨铨劾奏江西镇守太监丘得诸奸利不法事，并请裁革各省镇守内臣。得旨：得已逮问，镇守内臣贪恶害民者多已更易，以后有缺，司礼监择廉慎老成者用之。

初巡视浙江佥都御史许庭光、巡按御史唐凤仪、主事江珊，俱劾奏杭州抽分太监马俊贪婪恣横，及挟敕诈取官银诸不法事。工部覆俊罪，宜下法司究问，所侵盗官银仍责之偿。得旨：令法司速俊鞫实以闻，自今抽分内臣罢勿遣。

巡按陕西监察御史王杲劾奏："总兵官赵文党附江彬，与魏彬结为姻属，纳贿邀功，罪恶显著。今江彬已诛戮，赵文、魏彬宜以前后劾尽下法司，明正其罪。"于是兵部覆奏逮文下吏，魏彬俟勘报并鞫以闻。

户科给事中易瓒等劾奏镇守两广太监王堂、河南董文、贵州王闰、分守开原太监刘岑、参将孙棠、守备南京成国公朱辅，皆贪冒幸进，请急罢黜。得旨：王闰、刘岑、朱辅俱罢还京，遣人代之。

先是，浙江道御史谢源言："国家钱谷之数尽贮太仓，今诸处皆遣官查核，太仓不宜独遣，且前提督太监刘保贪肆无忌，每月一下库，恣取官物以千百计。"

都察院言："前军都督府都督同知张玺出镇一方，贪黩无厌，科道官按其赃污并有验，虽有斩贼功级不足赎罪，请下吏问。"上从之。

九月

夺致仕浙江右参政官昶职为民，坐原任浙江科罚赃败故也。

命逮问署都指挥佥事刘镇，以御史程昌、江珊连章劾其贪暴害军故也。

初，蓟州总兵官都督马永，以部下参将烧荒失事，为江彬所挟。惧得罪，以银二千两赂之。事觉，将逮永，巡按御史田美言永一时名将，边陲倚赖，宜曲贷之。上从之，责永策励供职。

巡按广东御史程昌劾都督王英、备倭都指挥同知卢英、都指挥同知于大经，各奸贪不法。得旨：英等革职回卫闲住，大经逮问。

十一月

罢四川松潘副总兵张杰。杰以江彬为内援，大肆残墨，赃累巨万，所棰杀千户以下凡五百余人。至是，给事中熊浃奉使四川疏杰不法状，遂夺其职，边人快之。

原任兵部尚书王琼免死戍边。初，言官劾琼结纳钱宁、张锐、江彬，纳贿擅权，排陷善类。特宥琼死，发陕西庄浪卫充军。

十二月

户部议覆漕运总督陶琰等条奏漕政事："宜请核总卫管运官如有科敛军士财物至五十两以上者，问发边卫充军；不及数者照例降级。侵盗官粮至百石、银至百两以上者，问拟斩罪。若犯罪行提三次不到官者，行令该卫追赃完日申巡按御史照例拟罪发落。以后有犯，永为遵守。"

三、嘉靖年间（嘉靖元年至四十五年，1522—1566 年）

嘉靖元年（1522 年）

正月

宣府参将都勋革任回卫，巡抚李铎劾其贪懦不职故也。

浙江巡按御史何钺奏："先任浙江镇守太监刘璟、王堂、浦智，织造太监晁进，皆黩货害民，虽已罢革，未泄众愤。"都察院覆议请逮问追赃，智贪纵尤甚，宜置重典。得旨：四人业已处分，免逮治，所坐赃物如议。

原任四川巡抚胡世宁奏："分守建昌太监赵钦贪暴不法，恶党依凭煽虐，请逮治之。"兵部尚书彭泽覆如世宁奏，因请罢镇守诸内臣。得旨：钦降奉御，安置南京新房，其党雷瓒等俱下吏分守官，仍令司礼监推补。

都御史臧凤上自劾求免。初凤劾奏御史东郊，郊坐外谪，至是巡按御史马录奏受代江南访郊被劾事，皆无实。凤素贪鄙，自知公论不容，恐郊奏之，故先诬郊。今郊坐谪凤，不宜处位，故凤引咎求去，上以凤素有才望，特留之。

南京右副都御史任鉴，坐先任浙江右布政时赃迹暴露，为给事中于桂等所劾，下巡抚都御史勘鞫得枉法罪。刑部覆言，鉴罪在赦前，当免发配，其侵收官物宜如数追还。

二月

巡按陕西御史许翔凤劾奏，镇守甘肃太监王欣、赵林、陶俊、申永、孔学，科克官军月粮草束，与甘州左卫千户孙智等违法事。得旨：林充军，俊、学俱降长随，永革任回京，欣令刑部追赃银五十两，智等提问。

两广查盘御史郭楠劾总兵官抚宁侯朱麒贪懦宜黜，兵部议以广西方用兵，麒未可易，所劾事情行广西巡按御史勘实以闻。上是其议。

敕吏部："人才难得，天下有司贪酷显著者许各抚按官照旧劾奏；其余不必一一举劾。但明著考语送部以俟考察黜调，其被劾存留及案候定夺者，果能振奋一新，一体擢用。"①

兵部覆管河郎中毕济时，有曰："漕运把总率以贿得，克军逭赋，积弊难除，幸今明诏蠲免。"

四月

巡抚湖广右副都御史席书劾长沙知府宋卿贪酷害民，都察院覆奏，命抚按官勘问，仍解京治之。

监察御史张钦奏："臣见言者多荐大学士杨一清，但辅相不以才识为先而以诚实为贵。一清昔事先帝，招权纳贿，无至诚感动之实，乞敕该部再为酌处。"下所司知之。

七月

广西巡按御史张钺劾副使姚鹏赃罪，诏革职为民，仍逮问如律。

广西巡按御史张钺劾刑部尚书张子麟私交宸濠，纳其重贿。子麟诉辩称冤，并下都察院勘实。

八月

巡按广西御史张钺劾镇守两广总兵官抚宁侯朱麒贪懦不职，依凭逆瑾，亟宜罢斥，仍治其罪。兵部议革麒任，上责令自陈而以瀛等下巡按御史按问。

九月

黜守备清浪都指挥佥事琴大声原卫闲住。巡按御史唐符论大声原名大鸣，莅任以来，贪暴不法。事下兵部，覆奏黜之。

侍卫前军都督府管府事武平伯陈熹以贪肆为言官所劾，得旨革任闲住。

十二月

提督南京操江襄城伯李全礼贪纵不检，家人刘宏倚势作奸。事闻，诏逮宏，

---

① 嘉靖初年，世宗颇有一改前弊、励精图治的振兴之举，开创中兴局面。但其统治中后期，崇奉道教，严嵩专权，吏治腐败。

法司讯治充军，仍切责全礼，令带俸闲住。

嘉靖二年（1523年）

正月

分守延绥东路右参将署都指挥佥事李永定生贪暴，以功得赎，调烟瘴卫。

初，南京锦衣卫指挥使与太原指挥佥事江昌龄等共为奸利，矫诏科索诸郡县，赃至数十万。

吏部会都察院考察天下诸司官，贪酷坐事在逃为知府宋隆等四百十三人。得旨黜调如例。

刑部尚书林俊以灾异遵诏，狱囚死罪以下发遣有差，军官犯赃者复职以俸偿官。

户科给事中杜桐劾奏祭酒赵永贪佞不职宜罢，下所司知之。

闰四月

司礼监太监张佐奉敕同法司审录重囚，犯赃监追者一百三十六人，免赃发遣释放及免监照例追赃者七十五人。

五月

先是，隆平侯张玮遣祭告西岳及历代帝王陵寝，容纵家人张安科索华阴等县民财，为陕西抚按指劾。玮认罪，诏夺禄米半年，法司具狱当安边卫充军，仍请治玮罪，诏追原索赃入官。

巡按四川御史杨材、兵科给事中张原，各劾巡抚四川都御史诉庭光贪暴殃民，当罢。诏调庭光于贵州。

庆成王府镇国将军今降庶人奇㵖、辅国将军奇潆，以纳贿私选犯罪人为仪宾。命夺禄米各三之一。

六月

河南都司都指挥同知颜龄以赃败，发戍边卫。

镇守两广总兵官抚宁侯朱麒为御史，张钺、郭楠前后论其贪懦，因自劾求退。上宥之，命如旧镇守。

先是楚王为镇国将军荣潫等代奏预借湖广布政司库银，以济贫乏。已而，楚府承奉潘朝以受荣潫等贿事败。

八月

隆平侯张玮愿除禄米，以抵纳赃。

致仕应天府府尹赵文奎。初为贵州左布政使，尝勘安万钧、万镒争袭事，家人私纳万钧贿,为巡按御史陈克宅所劾。诏逮问,至是刑官覆议,上命革职闲住。

九月

发前分守怀来署都指挥佥事张永充辽东铁岭卫军。永,贿钱宁得职,宁败事发,刑官拟赎徒革职,上特命远戍。

十月

刑科左给事中汪思言右侍郎李昆贪秽蠹政,都御史林廷玉行检素亏,不宜在位,乞赐召用罢黜,下所司知之。

兵部奏:"乞行严核,命在内则京营科道并该部委官,在外则抚按清军官,各督属查补清解,有受财故纵隐匿私役者,住俸提问罚班调卫俱如例。"

兵科给事中陈时明言:"逆党廖鹏受贿。逆濠计复护卫李琮挺兵境内为彬心腹,俱罪坐。乞将鹏、琮押赴市曹,明正其罪。仍敕都察院追究纳贿舞文者,置之法。"下所司知之。

十一月

革府军前卫掌卫事武进伯朱江闲住,以贪纵为兵部所劾也。

夺湿川王府辅国将军成奎禄米三之二,革其子奉国将军聪㶏为庶人,奎专恣贪淫。故并罪之。

始太监于经占夺人田园已论罪,追赃入官,而其弟于纶复夤缘奏乞,刑部执奏,谓律凡赃枉法者入官求索者给主此定法也。纶以匹夫荧惑上听,怙终乱法,罪不可宥,请治之。

十二月

都察院右都御史俞谏等上言:"罪人王钦兄弟,既宥其死,复蠲其赃,非法也。近户部会议赈济,称太仓所贮仅七十万两,难以动支,而王钦一家应没赃银至八十余万两。与其庇此一二奸人以市私恩,孰若追以备赈用活数十百万饥民之为大德乎?乞将各犯赃银照数追完三分之二,而后发遣,庶几国法不废而奸贪可警。"科道诸臣亦以为言,俱报闻。

嘉靖三年(1524年)

正月

礼科给事中章侨条陈营务并劾坐营将官定国公徐光祚贪暴。

四月

初陕西巡按御史卢问之论前巡抚都御史文贵、佥事刘经,侵盗边银,并及都指挥吴纶、千户陈连、指挥陈玺、阎泰等。有诏，逮贵等，未至而经故法司以纶等罪状上。诏纶、玺谪永戍边，泰等论赎并追所盗赃，仍勘经有无家产并促抚臣逮贵来京问。

平虏守备署指挥杨淮以索贿捶死百户洪泰，事觉，论死。

八月

诏免大同缘事总兵官朱振赃罪，与革任副总兵林宽、都指挥关山，俱起送叙用。

九月

锦衣卫指挥张楫复请丰润县泊南庄地，户部按籍无有言楫贪求无忌，上命已之。

礼部尚书席言自言："巡抚湖广时所按长沙知府宋卿贪污杀人事，并有验，而御史按察使挟亲故徇情，尽反其词，请遣官覆按。"

嘉靖四年（1525 年）

二月

山东濮州知州金辂侵官钱物千余，弃官归京师。巡按御史劾奏之，命锦衣卫百户冯相逮辂，辂惧，以五金贿相得脱。事觉，收辂及相锦衣狱，其赃下巡按御史覆验皆实，辂坐罪谪戍边卫。

三月

山东道监察御史许中劾奏总督两广军务兵部右侍盛应期贪残当罢。

五月

大理寺少卿袁宗儒勘上湖广长沙府知府宋卿贪酷罪状，皆如巡抚都御史席书所劾，都察院覆议罪当戍边，诏如所拟。

六月

初，安庆卫指挥使崔文值宸濠之事变有保障功，升江西都指挥使。至是以赃被劾，自讼前功，乞更调以图补报。兵部覆言文罪，宜下吏按治，诏特宥之，仍令候缺推用。

宁夏总兵官种勋遣人行贿京师，为东厂所缉，锦衣卫百户李镗、御史王官受寄财物，引领过送，并已待问。刑科给事中解一贯等、浙江道御史张纬等并请穷治所馈遗之人。

总兵官种勋行赂，事连兵部尚书金献民，为给事蔡经、试御史高世魁所劾。献民因引疾乞致仕，许之，给驿还，仍令有司月给米三石，岁拨人夫四。

宁夏总兵缺，兵部拟推漕运总兵官杨宏，已得旨点用，给事中郑一鹏劾宏贪婪奔竞宜黜。章下户部言宏屡有建白，漕务修举，未宜轻弃，诏如前旨。

云南道御史赵充等上言："国家所以布大信于天下者在法令画一而已，陛下比年以来法既明而屡更。如都指挥张杰侵盗库银、总兵官赵文贪残失机，罪证已明，法所不宥矣。一则免责其偿，一则并贷其罪。且其赃银有将百万者，有二三十万者，既宥其死，并贯其赃，楚府承奉潘朝蔑视亲王，专权僭逼，已论死矣，而旋从来减。太监耿忠主守自盗，纪世盈谋产杀弟，张彦逵致死三人，罪有明条，而各蒙免死。夫法在必行，故人不敢犯，若坐赃者可以夤缘幸免，杀人者可以展转得生，则人皆效尤，何所纪极。乞仍前处分明正诸恶之罪，以彰法纪。"

七月

降养病原任兵部右侍郎李昆为湖广布政使司左参政，仍令闲住，右春坊右赞善金皋为湖广荆州府推官，皆以总兵官种勋行贿事也。

初钱宁用事，英国公张仑多以庄田投献。及宁败，产没官，仑驾言为宁所夺，乞给还。下户部议，不许。仑贪墨专利，且素行不端，无大臣体，宜敕户部另行变卖，诏如前旨。

分守浔梧等处地方左参将都指挥同知钱勋，以贪墨罢职闲住。

八月

两浙都转运盐使司运使李旸，以赃下巡按御史逮问。以巡按浙江监察御史张鹏翰劾奏故也。

九月

御史王官坐贪污诏削职为民，并夺其父进敕命。

十月

协守松藩东路左参将张光宇，以受赃下四川巡按御史逮问。

两广提督都御史盛应期，劾奏广西兵备佥事杨应凤贪污不职，得旨：令凤回籍听勘。

十二月

总督两广兵部右侍郎盛应期，先巡抚江西，都御史许中论其凌属官如仆隶，视百姓若寇仇。至是，御史郑洛书又论其历任方面，精于媚权贵，而密于行贿赂，当罢。吏部列状以请，得旨：令自陈，于是应期乃引疾求去，许之。

嘉靖五年（1526 年）

正月

吏部会都察院考察天下诸司官，以贪酷坐事任逃黜为民者五百三十五人。

给事中王科言："两司首领州县佐贰以下，率以秩卑为上官所轻弃，甚则部民得以事倾之，以故率贪冒不自顾藉。宜令所在正官各举所知，择其中廉干者稍加迁擢。"

六科给事中及十三道御史以拾遗劾张淮、翟瓒、熊相，赃迹狼藉，宜下抚按勘报。

四月

南京广西道御史仲选劾奏南京守备太监卜春、靖远伯王瑾，各贪暴不法事，宜罢。上特宥之。

南京给事中林士元御史梁世骠等奏称累劾不退，如工部左侍郎童瑞、巡抚宣府都御史李铎、总理粮储都御史陈凤梧、巡视河道都御史章拯、抚治郧阳都御史蒋曙、应天府尹王爌、顺天府丞张仲贤、巡抚宣府都御史周金、巡抚贵州都御史熊一溪、南京右通政黎奭、南京鸿胪寺卿刘乾、南京太仆寺少卿郑裕、翰林院侍讲叶桂章、司经局洗马刘朴，俱贪污不职，宜罢。上曰："人才难得，未可责备。瑞等俱留用，勉图后效。李铎、叶桂章所劾事情，行各该抚按官查勘奏闻。"

七月

南京户科给事中林士元言："今日之所黜乃半抚按之所举，如河南按察使张淮、山东副使王腾、两浙运使简沛、绍兴知府南大吉，皆累列荐剡者，曾不旋踵悉以赃败，至考其所犯，又或正在被荐之时，盖深情厚貌，抚按之所不能察，而随时变态流俗之所不能保，故以廉举者以贪败，以能荐者以奸罢，正直忠厚之人其自信之意多，而干进之心少，荐不荐非所计也。"得旨：自今抚按官所举有职业不修者，举主坐罚俸；赃私败露者，举主降级。然亦不得以惧罪故匿贤不举。

九月

巡视京营给事中王科、御史陈察，各参奏提督京营武定侯郭勋颛权罔利，侵收团营草场租银不下数万，占用军匠，科索多端，保举属官以贿为第，班军派工以贿放免，任用奸恶郭彪、郑鸾等剥军害众，怨声载途，乞夺职论罪。

十月

兵部右侍郎张璁、詹事府詹事桂萼，两论大学士费宏专擅威福，大肆奸贪。

十一月

直隶巡按御史刘隅劾奏徐州兵备副使赵春，纳贿鬻狱，听断不平。事下都察院议言隅与春互讦，似皆有因，请遣给事中一人往勘，从之。

命辽东都司命书郭继宗掌本都司事，唐府护卫百户云程管爵以赃坐罪，调卫。唐王宇温为之请免，兵部覆言法不可宥。上特允之，令免调，各罚俸一年。

嘉靖六年（1527 年）

正月

鲁迷①使者火者好把丁阿力等来贡狮子、西牛等物，且求加赏。始至，把伴送百户张连赂，鸿胪寺通事胡士绅却之，因疏火者好把丁阿力父子兄弟主仆诈称各国正使，必先与抚夷官通赂乃得入。

六月

提督陕西三边兵部尚书王宪，言边将不畏国法，专事奔竞，间多假贷金银，赂遗权贵人以求迁擢。

礼部侍郎桂萼，言边事方急，请召用王琼、王守仁以济时艰。给事中郑自璧等、御史谭赞等并疏言，琼贪污险贼，不可复用。

御史张禄劾奏宣大提督侍郎冯清，奏开中盐公肆贪饕，下侵郎中之权，阴窥商人之利，引得卖窝金钱以数万计，坐误军饷，阻坏盐法。

九月

署都察院事兵部侍郎张璁等，议覆桂萼所奏诘发奸细惩治赃官事宜："今后凡贪官冤狱仍责之法司，提问辨明，然有隐情曲法，听厂卫觉察上闻。凡盗贼奸宄仍责之厂卫，缉访捕获，然必审问明白，送法司拟罪上闻，庶于事礼为当。"上深以为然，诏如议行。

彭城卫带俸百户俞通，言兵部司官受革职舍人吴锦璋贿，语侵兵部尚书王时中。

十月

署都察院事侍郎张璁请申明宪纲，令巡按御史有所遵守，有曰："巡按御史及按察司官得互相纠举，其清军巡盐刷卷御史同在地方者，一体觉察；有司久任有殊绩者得举五品以上，贪污著者得劾，荐举毋滥；风宪之官贵厚，用法贵宽。"奏上，深善其言，令巡按御史及按察司官遵行，有违犯者必罪不贷。

初，巡按御史刘隅劾奏徐州兵备副使赵春赃私狼藉，春亦讦奏隅不法事。上命给事中张会、巡抚高友玑、巡按郭希愈即讯，言春所坐赃其有验，而告隅事多不实。诏逮春，严限追赃，从重问拟，夺俸三月。

大学士张璁言："臣先任兵部侍郎应诏陈言，留中②未下，臣心不能自已，

---

① 指土耳其。
② 将奏章置于宫禁之中而不予交办。

谨再述以闻。"上曰："卿前后所奏，皆欲革贪风以隆治道。迩来贪墨成风，外官剥下奉上，民穷则尽实由于此。都察院其严禁察访犯者，并以赃论；大臣百官表率，尤当严于自治，勿得自损名节。"

十一月

巡按贵州御史施山劾奏南京太仆寺卿熊一潢，前巡抚贵州时，赃私狼藉，且轻率寡谋，宜加谴黜。吏部覆言一潢屡被论劾，山所论赃迹尤著，不重加黜治，无以绳墨吏警将来。上曰："一潢贪秽显著，夺职未尽其辜，仍令御史按验追赃以闻。近来贪吏止于去官，何以示警？自今有犯者，吏部都察院务核实参究。"

巡按山西御史沈松论劾左布政使周炯贪污不职，诏夺其官，下御史按问追赃。

嘉靖七年（1528年）

二月

户部条上大学士杨一清所题屯政事宜，有曰："慎委任择管屯军，官廉勤者推诚任之，庸劣贪婪者亟行黜革。"

四月

吏部等衙门尚书桂萼等以修省会议条陈十二事，有曰："内外赃官所以累经罢黜而不畏者，所以犯赃非枉法虽盈千百贯而罪止罚作也。宜更为令诸凡有索无罪人财物直银五十两以上者，俱以枉法论戍边，则法行而贪官知惧矣。"

七月

巡按直隶监察御史胡效才劾天寿山太监刘岑贪黩占役，宜加戒饬。

八月

福建漳州府知府詹莹以朝觐违例科取，又曲庇赃犯知县黎艮，因而致死七人，巡按御史上其事，诏逮问。

十月

湖广巡抚朱廷声言各处土夷构讼求直者，多连年不决，开奸人诬索之门，辜远夷赴诉之念，而不才将官及勘事人员往往贪嗜夷人财物。

十一月

巡抚顺天都御史汪玉劾奏蓟镇参将马恺、杨鼎，俱掊克军士，黩货无厌，法当重治，然恺方投闲自适，鼎且坐营如故，贪墨罔禁，人将效尤。得旨：鼎、恺下巡按御史逮问。

嘉靖八年（1529 年）

正月

吏部尚书桂萼等奏原任都御史马昊贪残险谲，言官论之前后数十辈，胡世宁老成谋国，不宜误荐此人。上曰："卿等言是，马昊既屡经论劾，罢之；世宁举非其人，心实为国，其安心任事，不必介意。"

二月

武定侯郭勋，久典兵事，不法奸赃巨万。有知州金辂者，锦衣人也，坐罪充隆庆卫军，勋受其贿，遣人篡取还京，因指挥王臣不从，遂收缚臣及辂以归，臣被掠甚急，用重贿得免。上曰："勋受命提督营务，不修职业，专事诛求，威福自恣，怨声盈路，取回钦发军犯，却又饰词强辩，无人臣礼。本当究治，姑念勋戚世臣，罢其典兵及保傅官阶，令于中府带俸闲住。"

三月

刑部覆："詹事霍韬谨天戒言，官以赃败，及故禁故勘平民致死者，律当绞斩，所以惩贪酷也。后人恶其厉，己于赃罪则得赎刑，而致人死者置之不问，以致赃暴之吏得肆。"上是其言，诏今后官吏犯枉法赃者，追赃入官，仍问军发遣，不得故出以长贪风，酷刑致死人命虽因公亦照例为民，其故禁故勘者论如律。①

八月

十三道御史吴仲等言："总制三边尚书王琼凶恶奸猾，总制两广都御史林富通贿骤迁，礼部侍郎严嵩卑污谀佞，南京礼部侍郎黄绾柔媚奸贪，中允廖道南奸谀贪墨，翰林院编修金璐趋权通贿，俱宜罢黜。"得旨：王琼既屡经论劾，令致仕，别推代之。严嵩、陈祥、曾直、叶忠、彭泽如前旨，并林富、方鹏俱留用。其余吏部酌议去留具奏。人材难得，近来改选及推升官若非过恶显著，不必泛劾，庶免枉人，且伤治体。

十月

给事中陆粲论劾大学士桂萼信任医官李梦鹤，序班桂林管家吴从周，为之纳贿。事下，刑部逮梦鹤等鞫讯。

十一月

吏部都给事中刘世扬等以修省条陈八事，有曰："褒廉介以励风俗，夫廉者

---

① 嘉靖早期，总体上严以驭官，宽以治民，国势有所振兴。

蒙褒则贪者自远。臣等见户部尚书梁材、闲住都御史姚镆，天下所称极廉二布政也。伏望陛下于诸臣，或赐褒嘉，或敕起用，或追谥以一行，或削谥以诛贪，仍乞敕大臣科道各举所知廉吏，一体褒用。"上以世扬等所言徇私欺妄，世扬等引罪。诏谪世扬为江西布政司照磨，赵汉等停俸五月。

十二月

盘石卫指挥梅姚英、张鸾等守黄华寨，受牙行贿，纵令私船入海为盗，通易番货，劫掠地方，巡按浙江御史张问行以闻，法司拟等戍边。上不允，仍令巡视都御史亲诣地方勘审，从重拟罪。

嘉靖九年（1530年）

正月

罢大理寺少卿吴堂闲住，以云南巡按御史劾其先任鹤庆府知府贪纵故也。

二月

吏科都给事中夏言言："巡抚应天都御史陈祥劾奏苏州府同知徐州贪饕，具有实迹，吏部已拟罢职，而巡按御史魏有本乃荐以为贤，及有本劾祥不职，而吏部盛称其才不当轻弃，遂得调用。夫一徐州而抚按之臧否悬殊，一陈祥而御史吏部之毁誉迥别。陛下何所凭以为黜陟哉，臣窃谓州之贤否廉秽不可不核其实，请下吏部都察院核实以闻。"于是部院覆言："祥扬历有声，抚吴尤著风力，有本与之有隙，至于徐州，赃污狼藉，以致是非倒置，激扬之体夫岂宜哉。请申饬天下抚按，自今敢有私任喜怒弹劾不实者，抵罪不宥，荐举非其人者有罪必连坐之。"

四月

兵科都给事中张润身等劾奏漕运总兵官杨宏奸贪衰老，乞赐罢斥。诏宏闲住。

五月

陕西道御史郭登庸言："榆林各卫所官占种屯田，私役军卒，扣减粮廪，大为奸利，而纳级武官为尤甚。请重贪官之罚，罢入粟之例。"上深然之，命都察院通行各抚按官榜谕禁革。

掌中府事提督五军营保定侯梁永福以贪污不法，为巡视京营科道魏良弼所劾，诏革永福任，仍逮问党恶李其等。

六月

南京兵科给事中何祉条陈九事，其一谓："近日南京大小等营把总，投托多端，贿赂公行，乞令南京兵部开具各卫指挥贤能实迹类咨兵部，遇有员缺，比照运粮把总事例。"

都察院右都御史汪鋐参："陕西巡茶御史陈情荐举冗滥，背违明旨，且陕西按察使姚文渊赃迹著闻，亦复褒举，请如近日御史王宣例罢免，以为将来者戒。"诏革情职，文渊令吏部访实奏闻，寻亦黜之。

七月

南京内臣高昇以进贡鱼笋，索舟夫不遂，因置其笋止以鱼进。兵部言："迩者皇上虑此辈徇私需扰，特申省并之禁，而昇等不遵，反肆抗逆，当罪之。"诏下，南京兵部勘其贪刻实迹，奏请处治。

诏革协同镇守贵州右参将方仲、铁岭备御指挥李春美、金州备御都指挥刘尚德职，各坐贪墨故也。

先是，锦衣卫千户陈纪奉差广东，逮问陈洸，巡按御史邵幽劾其奸赃等罪。

惠安伯张伟、广宁伯刘泰，以坐营匿桩朋银事败。上责伟等自劾，且命法司讯报。上以伟、泰勋戚大臣，皆宥之，其诸犯者各如拟。

十月

南京兵部尚书王廷相言："南京龙江、大胜、新江口、浦子口、江淮五关内外守备，各差官盘诘抽分，需索为害百端，商旅甚苦之，又承委江淮浦子口内臣四员，岁支廪给银一百四十四两，又每年春秋二季差官于安庆九江等处点闸官军，作威纳贿，无所不至，深为扰害，并宜禁革。"兵部覆议，从之。

十一月

巡按直隶监察御史俞稷奏："宜禁吏受贿纵寇诈害平民者，又沿江郡邑多容留流移之民，致生奸盗，请命所司凡有产业者附籍无产业者省令回乡，违者重罪之。"

十二月

兵科都给事中张润身劾掌卫事署都指挥使骆安、指挥佥事刘宗武，奸贪不职，宜罢。诏降安指挥佥事，与宗武俱闲住。

嘉靖十年（1531 年）

三月

吏部言："人材难于求全，新者未必如旧。岂可一因论劾，轻议罢黜。自今有司官为贪酷显著者五品以上参奏，六品以下逮问如例，其余罢软不谨不及老疾等不必一概渎奏。"

诏革分守四川内官。是时，分守四川左少监阎良，贪酷不法。巡按御史丘道隆乃劾良赃罪，因请罢遣内臣以恤民。

五月

上以水灾降敕，责兵部官纵吏为奸，而武迁尤甚，间者考察在京武职司官与吏通贿变乱是非，令堂上官核实奏处。上曰："此奸贪官吏，积岁为害，宜置之法以警将来，即差官校械捕廖云龙来京讯问，江琦等先下镇抚司拷讯，各司吏典查参未及者通令自首。吏犯赃有状，内听各官参奏，外听巡按御史逮问，都察院风纪之地，有奸吏阻抑伸诉沉滞冤情者，即具名以闻，一体究治。"

闰六月

都察院历事监生詹替昷奏吏部侍郎徐缙徇私不忠，以纳贿之故骤升知府。

是时，刁风渐炽，都市无赖子，三五成群，挟时内外，阴事吓骗，重贿不得，则罗构事端奏讦之。故太监张永弟容，多行不义，军匠童源者胁贿于容。诏下法司及锦衣卫会问，上以源累肆渎奏，结党诬诈，俱难依常典，命兵部各定发极边卫分充军。其所诬构内外官员，悉置不问。

革漕运兵部都指挥使杨锐回卫，以巡按御史李循义劾其赃罪故也。

七月

礼部上言："西蜀番僧来贡人数添增太多，赏赐冒滥，请以所进方物退还。仍行巡抚官查提起送官吏，不遵旧制，交通贿赂情弊，问拟具奏。"

八月

诏革回陕西镇守太监张绅、四川镇守太监萧通，皆以贪肆为抚按官劾奏也。

革广东按察司盐法佥事王朝臣职，仍下巡按御史逮问，以抚按论其贪婪也。

九月

巡按直隶御史张寅言都御史汪鋐阴赃险卑污，亟宜罢黜。上曰："孚敬去位辅臣，鋐总宪重职，已屡有旨矣。张寅肆意劾奏，明是挟私报复，姑从轻降一级调外任。"寻谪寅山东高唐州判官。

十月

兵科给事中王瑄言："今卫所军丁动称逃亡者，其弊有七。军官受财，纵之使去，一也。"

十二月

先是，指挥杨玉以江彬逆当充永远军，其子鹏赂本卫指挥武铠等，扶同勘结，得袭父职。至是，事露。得旨：杨鹏不准替袭，武铠等法司逮治之。

初御史谢兰巡按辽东，劾奏守备都指挥马士廉贪婪不法，已奉旨革任，而巡抚都御史周叙复称士廉谋勇可用，于是兰复执所论。兵部覆言抚按官举劾抵悟，宜行访勘。

嘉靖十一年（1532年）

正月

吏部奏朝觐考察天下官员，贪酷左参政蒋山卿等二百八十二人。诏致仕闲住为民调用如例。

户部尚书许赞言："请敕各被灾地方抚按官员，严督所属，与民休息，其有贪肆显著多事扰民者，亟以不职论罢。"上即行令各该抚按官员从实举行，严加禁约，违者坐赃治罪。

吏科都给事中李凤来等以朝觐考察拾遗纠奏浙江左参政万潮、右参政万廷彩、广东副使江良材、四川副使林遂、陕西副使许路、浙江参议吴廷翰、山西佥事辛东山、知府李翔等，皆贪肆不检，乞亟罢斥。部覆拟廷彩、遂、翔留用，潮、良材、路、廷翰、东山改调。

户部覆直隶巡按御史钱学孔条奏三事。有曰："严追并以祛积弊，苏松等府钱粮豪猾侵欠者，动以万计，事发追赔百方。"

四月

兵部尚书王宪以延绥等各边有警，上言防御十事。有曰："将失士心，多由贪黩，今后犯科索役占者，不止罪谪，尽数查追以为后戒。"

六月

革镇守蓟州总兵官杨镇职，以御史孙锦等劾其贪污不法也。

嘉靖十二年（1533年）

正月

抚治郧阳都御史胡东皋劾奏管太和山左少监王敏贪婪当黜。上命敏回京，所劾事情令巡按御史核实以闻。

二月

西域夷使多贾胡每入辄挟重赀与中国市，边吏利其贿，侵索多端。

三月

吏部会同都察院考察在京五品以下官，贪，兵马副指挥牛进德等。诏降黜如例。

四月

令原任巡按直隶监察御史魏有本复职，仍夺俸半年。如有本举蓟州府同知徐州才识可用，时巡抚都御史陈祥劾州贪污状。上以抚按举劾互异，令各回籍听勘。至是，吏部言近例御史滥举一人者罪止罚俸，故有是命。

工部都水司管河署郎中刘守良参奏临清兵备副使王舜渔，民命科罚，民财徇私纳贿诸不法事。法司议覆，下抚按官从公勘奏，令守良、舜渔各还籍听勘。

时给事中饶秀为台臣所纠，乃劾御史王重贤、段汝砺、施山、郑落书、周宠、徐淮、许廷桂、万夔、张澍，各贪污阘茸，且言诸臣积弊，贿赂公行。

五月

南京吏部都察院考察庶官，贪，员外郎陈珙等，素行不谨，给事中蒋胃等。

六月

又以拾遗例劾南京刑部郎中叶良佩、高应祯，吏部署郎中况惟垣，户部员外郎杨文昇等贪污，俱宜罢黜。部覆，得旨：文昇致仕，应祯为民，良佩、惟垣冠带闲住。

嘉靖十三年（1534年）

三月

御史苏祐上纪验大同功罪，言张瓒、樊继祖等有平定功，而劾欲永等欺误贪残之罪。

四月

黜山东按察司副使郑光琬为民，光琬先任参议，贪污不职，为按臣所劾故也。

六月

巡按直隶御史朱方条陈边务六事。有曰："各边卫所官员，富者贿免，惟贫弱者任役，劳逸不均。"

九月

南京监察御史乔宇以庙灾陈言："当严贪酷之禁，贪酷之法未尝不严，而人法之人每多姑息，如赃迹败露而坐以不满贯之罪，酷暴著闻而止拟因公之条。禁之者既轻，故犯者日众也。今宜申明律令犯者勿贷，则贪酷之风庶几可息。"上嘉纳其言，命都察院从实举行。

十一月

隰川王府辅国将军成鐩上言："云中叛军之变幸获削平，然其衅端实贪酷官吏激而成之。消弭之道，莫先于清仕途诛贪酷。"吏部覆奏："今日吏弊诚有如成鐩所言者，多请移咨都察院备行，各该抚按官严令诸司府详核所属官员贤否，署考每岁终及二司官入贺者，照例密封送部具抚按考察，各属务自行体访，毋得假手雷同，所注考语必凿凿征实，如示其贪必指其通贿科罚之迹，某酷必指其非法虐害之刑，某公谨廉勤必书其奉公守法之略，其老疾罢软不及不谨必言其误事废政之由。本部仍慎稽上请以凭黜陟，如所注考词含糊两可，是非背驰者，照纠正滥举庶官例参治。"

十二月

隰川王辅府国将军成钡讦奏泽州知州钟英等赃罪，且请自今州县等官有奸贪不法者许其查举以闻。章下，都察院都御史王廷相言其所奏钟英赃罪俟核实而明黜之，以一政体。上从其言，钟英贪污事状，仍同吏部从公考察。

嘉靖十四年（1535年）

正月

吏部都察院考察天下方面官，贪酷，布政使汤淳等十一人。诏黜降调用如例。

嘉靖十五年（1536年）

正月

征镇守辽东太监王纯还京，命司礼监选老成安静者代之，以巡按御史曾铣劾其老且贪故也。

四月

兵部覆巡按贵州御史王店条陈地方事宜，有曰："武官多贪残无忌，请令抚按官分别贤否，籍报本部。"诏悉如议。

八月

命南京操江副都御史赵载回籍听勘，以巡按御史王绅劾其前任甘肃巡抚贪污故也。

十一月

宣府总兵刘渊以贪懦为御史徐九皋劾罢，升宣府副总兵署都指挥同知张镇署都督佥事代之。

嘉靖十六年（1537年）

五月

降巡按山西御史王杏为广德州判官，杏先巡按贵州，其监生书吏受赃，接管御史杨春芳发其事，下巡抚查勘具实，第遇赦宜宥免。得旨：杏以宪臣，关防不谨，致监生书吏受赇，殊为失职，既遇宥，姑降调之。

六月

吏科都给事中高擢等条陈考察三事，有曰："惩贪污，夫贪不加惩，何以劝廉？今贪吏之罚止于解官不足惩也，自今考察官以贪污去者，悉照会典内开载，不必拘以取受之赃，悉行追夺诰敕，未受封赠者追夺俸钱，以示耻辱。"吏部覆如擢等言。

九月

巡按浙江御史周汝员劾奏杭州府知府方岑贪污不职，得旨，下御史逮问。

十月

兵部覆议巡按直隶御史谢九仪论劾密云参将刘铎怯懦贪纵，得旨，刘铎革任。

嘉靖十七年（1538年）

正月

吏部会同都察院考察天下诸司官员，贪，知府方岑。各调黜有差。

六月

云南按察司佥事郭田乞休，诏升左参议致仕，以吏部覆其守官廉谨故也。

十一月

巡按直隶御史苟汝安劾知府黎晨、知县林应麒等贪酷有状，吏部议改调。上以该部覆奏含糊，下诏切责，仍令巡按御史提问具奏。

嘉靖十八年（1539年）

六月

左都御史王廷相应诏自陈曰："观今日士风臣节而知灾异之所由来矣，大率廉靖之节仅见，贪污之风大行，一得任事之权即为营私之计，贿路大开，私门货积。昔在先朝盖有贿者矣，然犹百金称多，而今则累千钜万以为常，盖有贪者矣，然犹宵行畏人，而今则张胆明目而无忌，士风之坏一至于此，真可痛也。大臣贪浊而日在高位，则小臣仿效，将无不惟利是图矣。京官贪浊而安处无患，则外官鼓动，亦无不惟利是图矣。大小效尤，内外征利，由今之道，无变其俗。今日士风殊与此异，一登仕宦之途，即存侥幸之念，谄谀贿赂，无所不为。且都御史职在纠察百僚，振肃风纪，臣叨兹任，既不能正身格物使弊绝风清，复不能不避嫌疑以抗论,请亟赐罢黜,以儆于百。"① 上不允其辞,令自后须纠正百僚,用弭天变。

黜河南按察司副使张纶、王炜,山东按察司副使孟居仁为民。令河南按察司佥事袁士奇致仕。以巡按御史朱方、王瑛劾其贪暴故也。

七月

山东道御史洪垣劾文选司郎中黄祯贪婪欺罔状。

闰七月

浙江处州府举人卢纲先以武断罔利,为乡人所讼,而巡按浙江御史周汝员、傅凤翱亦咸访治之,前后累下狱,诸所霸擅田土多见夺,以是怨其知府吴仲、孙存、张一厚,同知车露,通判宵镐等,乃诬构仲等赃罪四十余事。上览而大怒,谓各官干纪违法,黩货害民,情犯深重,诏各该巡按械系至京治之。

革工部营缮郎中王玫职为民,降调郎中车灿于外任。玫受商人贿,滥收丝麻,希冒物价,而灿监收不会科道,俱为科道官所参劾。

十月

南京吏部考察诸司庶官,贪,工部员外郎潘周锡等三人。诏黜退降调如例。

督木都御史潘鉴劾叙州府同知王尚用、马湖府同知郭珊,虚增木价,冒费官银,贪迹显著,乞按以法。诏勘问。

十一月

兵部以大同阳和等处所上首功未明,因言迩来各边奏报功次贪冒日滋,升赏无据,请申明旧制,严混报之罚。

南京兵部尚书湛若水条陈留守南京十事,下所司议覆,有曰:"宜令兵部详加核访,有贪酷害事显著者,参问罢黜。"

先是,南京广西道御史钱籍论考功郎中章衮奸贪不职状,下吏部议覆谓籍职居言路,既知衮事迹,宜即举奏,乃自闻考察黜退方行辩劾,而衮于职司重事不能严于防范,以致落职人员得以为词,其所辩劾之事,宜行查勘。得旨:籍既革职,所奏不必行勘。

十二月

礼部尚书霍韬言:"陛下南巡时,诸文臣多纳贿不法。人传文官惟袁宗儒、武官惟郭勋不受馈耳。即今讹言复播,有司因而科敛,众心凛凛,惧有他变,宜有以禁戢之。"上责其文词推调,务令察实其列以闻。韬乃言,扈从诸臣无不

---

① 从这里可以看出,当朝一则贿赂盛行,士风日坏,再者贿赂之数巨大,动辄千万,习以为常。

受馈遗①。上亦不问。

嘉靖十九年（1540年）

正月

礼部尚书严嵩屡以人言求言，上皆温旨慰留。至是，巡按云贵御史谢瑜劾奏嵩奸佞贪鄙，圣怒乞特降敕旨痛加戒谕，入不报。命嵩供职如旧。

四月

兵部以风霾奉谕会廷臣议上边事。上曰："自今武臣有失律挫威，文臣有贪暴显著者，听科道官参劾。"

十月

巡按直隶御史胡宾条陈，处海沙之寇在弛私盐担负之禁，以惠贫民，究通贼纳贿之罪，以正国纪。

十二月

巡按直隶御史童汉臣言："副使张意、知县汪旦，按臣皆论其赃，方下有司验问，而二臣乃乘时考察诡言讦奏，流传谤书，鼓惑人听，宜禁治。"诏意等从公考察，今后敢有辩诬谤成书布市者，锦衣卫捕系之。

嘉靖二十年（1541年）

正月

吏部会都察院考察天下诸司官，贪酷在逃等官府同知以下二千五百三十四员，俱如例致仕闲住为民调用有差。

六科给事中刑如默等、十三道御史陶钦夔等，考察拾遗，言布政使刘勋、查应兆，参政曹世盛、王献，副使陈玘、陈仲禄、辛东山、毛衢，参议庄一儁、王傅，佥事林希元，知府马剔、康河、张国纪、姜恩麦、孟阳，各贪污不职，乞行罢黜。

三月

升巡抚江西副都御史王暐为南京户部右侍郎，命抚治郧阳右佥都御史戴时宗回院协理，未几巡按福建御史王瑛论劾时宗贪滥不法，宜罢。诏回籍听勘。

吏科右给事中余爌劾奏吏部主事李林先为知县，久著贪声，尝与副使张意分受赃私。

---

① 文臣多纳贿不法，扈从无不受略。不管传言真假，问题确实严重，世宗竟不问。

五月

兵部都给事中高时论原任巡捕九聚参将，及坐营西宁侯宋良臣、都指挥陈锦等十九人，各贪惰不职。上曰："九聚等隳数军务，已非一日，姑革任闲住，永不叙任。自今巡视者俱已遵谕，如期按奏，亦不许徇私过当。"

七月

诏发庆成王府辅国将军表橺，与其子知炬、镇国中尉知□①禄米各一年，以贪纵不法故也。

八月

江西道监察御史叶经劾奏礼部尚书严嵩贪污显著，渎乱国典。嵩因上章辩理求去，诏此事已有旨行勘，卿宜安心供职，勿以人言为意。

九月

太子宾客吏部左侍郎兼翰林院学士张潮陈言六事，有曰："惩贪墨，凡奏办赃官必委廉正守巡官详审问断，果有亏枉必将原问官参奏拟罪方准起送改选，仍申明科罚事例严行禁约。"

十一月

巡按河南监察御史陈蕙劾奏原任开封府知府、今升陕西副使贾应春等，贪滥不职，宜罢。吏部仍拟留用，得旨：贾应春据劾，岂可仍居宪职？还开具历年考语，从公参酌以闻。

南京户科给事中王烨劾奏兵部尚书张贤、礼部尚书严嵩、兵部右侍郎兼都御史胡守中，与钜恶郭勋，阴相结纳，大肆奸欺，攒则互分贿赂，相蒙以私。

嘉靖二十一年（1542 年）

正月

先是，巡按陕西御史唐锜劾按察使刘雍、右参议乔英，各贪纵不职，行巡抚都御史赵廷瑞覆按无状，诏降锜一级，外任用。

湖广道御史俞则全劾奏兵部尚书张瓒贪婪无耻，各边将领惟贿是用，又与江彬逆党逃军张洪者，比纳其重贿。今边方多事，亟当罢黜。上以其示瓒，令自陈，已复诏瓒供职如故。

六月

直隶巡按御史舒汀劾奏提督江淮总兵官汤庆贪肆，宜罚。上以庆无入己赃，

---

① 无法辨认。

姑宥之。

七月

湖广巡按御史史褒善劾平蛮将军总兵官新宁伯谭纶，贪肆无忌，宜明正国法，籍没家产。诏行巡按御史验实以闻。

八月

吏科都给事中沈良才等劾奏大学士严嵩贪污奸韬，屡经论劾。嵩自陈乞休。不允辞。

十月

南京吏科给事中王烨等、御史陈绍等，劾奏大学士严嵩①贪婪狡狯，又加以鄙恶之子世蕃，招权纳贿，必为国祸。章下所司，嵩因辨求退。上优诏慰留，不允。

嘉靖二十二年（1543年）

正月

命提督操江右副都御史紫经冠带闲住，以南京六科给事中曾钧等劾其贪婪无艺，官民怨哗，不宜寄以江防故也。

二月

诏河南按察司提学副使焦章、管河副使高仙，俱冠带闲住。时巡按河南御史赵继本论维章、仙贪秽不检。乃令章、仙俱冠带闲住，夺该司郎中俸一月。

革宣府总兵官云冒任，以巡按御史侯度论其贪酷不法也。

五月

礼部左侍郎掌太常寺事金赟仁有罪，黜为民。赟仁与其徒太常寺寺丞陈自遏，剥克贪饕，侵用户部所给金谷。诏革赟仁职为民，发自遏永戍边卫。

黜应天府府尹洪珠冠带闲住，以贪污为直隶巡按御史江浚所论也。

八月

黜福建按察司佥事侯廷训为民。初，廷训分巡上杭，贪滥酷虐，巡按御史徐宗鲁按其事劾之。诏廷训回籍听勘，至是巡按御史高崶核上廷训诸贪虐状俱实，故黜之。

十月

南京十三道御史韩一右等劾吏部考功司郎中胡鲸、稽勋司郎中李恺，贪墨

---

① 权臣严嵩，屡被劾奏，均得留用，专权20年之久。嘉靖末被疏远、治罪，隆庆初卒。

不职，乞罢黜以重觐典。

十二月

巡按湖广御史桂荣勘上御史褒善所劾平蛮将军新宁伯谭纶罪状，诸恃势营私诛求剥削，悉有实迹，计赃以万计。上命法司逮纶按问。

嘉靖二十三年（1544年）

正月

保定巡抚丁汝夔劾奏大宁都司都指挥佥事王芝贪懦不职，诏革任回卫。

吏部会都察院考察天下官员，贪，知府杨铨酷、右参议王应诏。诏降调罢黜如例。以参议张舜元、副使李凤翔、王学孔、知府张铎、贾准、王绂，屡经论劾，赃迹显著，不准存留，令冠带闲住。

二月

巡按陕西御史伊敏生等论原任总兵官杨信选，赃私狼藉，番夷侵犯黑河而纳贿幸免，当置于理。上即命按其罪以闻。

四月

阳曲王府管理府事奉国将军知㸓，以贪纵致死其兄于非命，为抚按官所奏，诏革禄米三之一，夺其管理。

五月

给事中杨上林劾伏羌伯毛汉，所至贪墨恣肆不堪，提督漕运守巩华城丰润伯曹松，通贿营差，俱当罢斥。上以汉赃私有迹，夺其职，令巡按御史逮问，松以秋防事重姑留用。

八月

升南京应天府府尹戴儒为都察院右佥都御史，巡抚四川给事中徐养正言儒奸贪不堪重寄，命以原官致仕。

刑科给事中王交、王尧日论劾少詹事江汝璧，修撰沈坤，编修彭凤、欧阳署，员外郎高节朋，私通贿，大坏制科。上诏杖汝璧等六十，革职闲住不叙。

十月

革松潘分守副总兵李爵任，下巡按御史勘其赃罪。起先任总兵何卿代之，以巡抚都御史丘养浩论劾故也。

十二月

御史刘存德奏："明年考察京官在迩，乞特严赃吏之黜，慎不谨之科断。"上曰："考察京官朝廷重事，部院会同，务从公询访，去留允当，不许徇私偏纵。"

嘉靖二十四年（1545年）

闰正月

先是，都御史戴时宗以子湖抑夺乡人田产，为怨家所奏，有旨令回籍听勘。前福建巡按御史王瑛因劾时宗贪横宜罢。

三月

吏部会都察院考察庶官，贪，户部署郎中姜时和等三十人，诏罢黜降调如例。内户部主事寻志道、工部主事周土、御史谢瑜，令如贪酷例为民。

四月

南京吏部奏考察庶官，贪，户部主事湖洲等二人。得旨：黜降调用如例。

八月

革云南按察司副使江一桂职，仍命所司逮治之，以一桂先任广西太平府知府，赃污不职，为巡抚都御史张岳论劾故也。

九月

先是，刑科给事中王交劾奏漕运总兵官镇远侯顾寰贪污不职，受赃以万计，下巡按御史按验，不如交言，诏贯寰罪交，先以考察降调并贯之。

十月

先是，四川巡抚都御史丘养浩劾松潘副总兵李爵在镇不法状，举原任副总兵何卿代之，给事中许天伦言卿以二千金贿养浩。上怒，革卿，任命巡按御史冉崇礼详核以闻。于是崇礼具言："爵贪婪无厌，卿在松潘十有七年，全蜀赖以保障军民，至今思之，且宦久而家故贫，安所得二千金行贿？"上意乃解，卿及养浩，仍得录用。

贵州道御史周冕论劾誉黄右通政刘塾，前任文选郎中，贪污不职，宜罢。塾辩，下吏部覆验无实，得旨：塾仍留用。

十一月

革万全都司管屯署都指挥佥事王禄任，原卫带俸差操，坐赃污不法，为直隶巡按御史谷峤所论也。

嘉靖二十五年（1546年）

二月

南京兵科给事中万虞恺效奏南京原任礼部尚书改户部尚书闵楷、原任贵州巡抚今总督南京粮储都御史刘渠，贪鄙不职状。上诏罢楷、渠，谕朝辅安静行事。

五月

巡按山东御史黄绶言孟子五十八代孙世袭五经博士孟公縶，贪淫肆恶，宜罪。诏下所司验实，黜公縶为民。

六月

御史王言劾原任两广巡抚张经、顺天府府尹高擢，贪鄙不职，时经已有旨罢，命擢回籍听勘。

十月

总督陕西三边兵部右侍郎曾铣劾奏佥事毛一言管理军粮，贪鄙恣肆，部覆从不谨例罢其官。

嘉靖二十六年（1547年）

正月

吏部会同都察院考察天下诸司官，贪酷，布政使刘佐等十一人。俱如例致仕闲住为民降调有差。

二月

山东布政司胡宗明已升副都御史巡抚辽东，吏科给事中胡宾又劾其诡随贪得，漏网考察，不堪重任。上曰："朝廷选用大臣，委重廷推，胡宾见任吏科，昨科道拾遗多官会推，如何不言？及有旨升用，方称漏网，显是挟私。今后成命已下，再有抗拒者必罪不宥。"

三月

南京给事中张思诚等、御史陈松等，劾奏巡抚四川都御史张时彻、都察院副都御史今丁忧端廷赦，各贪肆有迹，宜罢。章下吏部，以二臣事涉赃私，宜令各回籍听勘。

七月

革镇守广西副总兵都指挥佥事程鉴任，闲住，以贪墨为巡按御史所论也。

八月

嘉靖中年，上深居不视朝，百司政多徇贿，兵部尚书张瓒、礼部尚书严嵩、吏部许赞，皆赃赂狼藉，为清议所斥云①。

---

① 嘉靖中后期，世宗崇道教，深居不出。权臣当道，贪贿盛行，吏治日坏。

九月

先是，礼科给事中马锡效、户部尚书王杲、巡仓御史艾朴，私受两淮运司解官黄正大赃贿，勒管库员外郎余善继。

闰九月

南京刑科给事中张思诚效奏，新升江淮巡捕总兵官周于德，素行贪鄙，难胜重任，诏革任闲住。

十二月

南京试御史吉来献论劾南京光禄寺卿项锡庸滥不职，宁国知府尹宇赃污奸谀。诏锡闲住，宇才堪任用，令效力边事，不必行勘。

嘉靖二十七年（1548年）

二月

南京吏科给事中郑维城、巡按直隶御史杨顺，各劾奏南京刑部侍郎顾遂贪鄙，当罢。诏所劾事情下南京法司勘奏。

革蓟州总兵周彻任，升密云副总兵罗希韩为署都督佥事代之，以御史吴相劾彻交夷通贿故也。

六月

国子监祭酒周文烛以给事中申价论其贪污不职，因引疾乞归，许之。

靖江王邦苧有罪，夺禄半年。兵科给事中王国桢、刑部署郎中张祉、锦衣卫副千户万文明等，承制至广西，同抚按官讯之，具得邦苧诸贪虐不法状。

九月

礼科给事中程时思奏劾新升南京刑部右侍郎魏有本庸劣贪鄙，尝为给事中胡宾、主事李时春所指摘，不宜复推用。

崇王载境奏原任陕西布政司右参政李经家居，贪横不法，乞逮治。故刑部覆，经初为西宁兵备，有贪声，兹居乡又不饬，当论。得旨：经革职为民。

巡按河南监察御史张坪举地方人才，前为民御史张光祖在举中，吏部覆光祖贪污著名，不宜得荐。坪徇私当治。得旨：调坪外任，自今凡为民闲住素行不检者，抚按官不许滥举，违者部院并科臣一体参奏。

十一月

巡按湖广御史贾大亨劾奏荆州府知府周世雍，及竹山县知县雍通，皆贪污不职，当为民。吏部覆拟闲住。上竟从大亨言，黜世雍、通俱为民，仍戒吏部于贪墨官毋得徇情曲护。

嘉靖二十八年（1549年）

正月

南京给事中雷贺等、御史张诏等，论劾礼部尚书孙承恩、兵部尚书赵廷瑞，各贪鄙不职，并宜罢黜。上谕廷、瑞勉修职业，承恩准致仕。

刑科都给事中张汝栋等陈时弊。有曰："国家置御史巡察天下，其职甚重。近日，阜城知县梅伯昂贪声素著，御史王应钟已行戒饬，伯昂辄纳贿求免，非应钟不避群言挺然论白则辇毂之下。乞敕都察院将伯昂发遣，仍行各处巡按毋避嫌疑，指实奏闻。都察院行十三道御史于内外官民章奏，果有诬枉，即为伸理，其逞虚罔上者行法司递解原问衙门，如律重治。"

二月

吏科给事中唐禹论劾南京光禄寺卿刘塾，先任文选时纳贿招权，宜罢，诏令致仕。

三月

吏科都给事中刘学易等复言时进论山东副使赵廷松奸险贪污，而巡按御史傅镇又亟称其贤能，臧否互异，乞行查勘。诏以抚按亲临一方举劾乃其专职，近各差御史滥肆论列情弊显然，吏部都察院便从公考察以闻，不必行勘。寻议上，廷松居官性稍偏执，才猷操守俱有可观，屡经抚按荐扬，时进之言未必皆实，宜令策励供职。

十一月

南京科道官郑维城、杨顺等交章论劾尚书夏邦谟谄附贪戾，新改铨曹，不协人望。章下所司，邦谟上自理并求引退，不允。

吏部条上考察事宜，有曰："来朝官假以开报贤否，恐吓僚属，为买土物者以贪论；来朝官有指称造册科敛各属者，以贪论。"

嘉靖二十九年（1550年）

正月

吏部会都察院考察天下朝觐官员，贪酷，副使胡汝辅等五员。诏致仕罢斥降调如例。

二月

延绥游击将军李嵩先以赃罪，当谪戍。御史程轨追论其高家堡斩获功，诏免发戍，革任回卫。

十月

刑部江西司郎中徐学诗上言，有曰："今大学士严嵩奸贪异常，各处巡抚总兵等官皆掊克军民，争致金宝，以充嵩之囊橐。"

嘉靖三十年（1551年）

正月

锦衣卫经历沈炼上言，言严嵩父子十大罪，有曰："纳将官之贿，开边鄙之衅；受诸王馈遗，令宗藩失职；揽吏部之权，奸赃狼藉；纵其子受财，以敛怨天下；日月搬移财货，骚动道路。"又曰："吏部尚书夏邦谟，名为公室之臣，实则私门之吏，大事面白嵩而后敢行，小事书通世蕃而后敢发，始也因贿而得官，既也因官而纳贿，遂使远近相视，习以成风，廉耻不行，盗贼多起。臣谓今之考察，不先除此三人者，虽日退贪墨之吏无庸矣。"得旨：炼先以作县坏事被调，即今考察自揣不免，乃敢出位恣肆狂言，排陷大臣，计取直名，而去锦衣卫捕系杖治之，寻发口外为民。

二月

吏部都察院以例考察庶官，贪酷，兵马指挥余杨、耿光。诏黜退降调如例。

三月

南京吏部奏考察庶官，贪，户部主事王曰然等二人。诏黜退降调如例。

四月

革隰川王俊柏管理府事。俊柏，抑勒宗人凡请名封婚禄者，必索重贿，以致宗室子女过期不获婚配名封者甚众。屡奉严旨夺禄行查执不奉诏，故有是命。

嘉靖三十一年（1552年）

正月

革辽东总兵李琦，任命宣府总兵都督佥事赵国忠代之。以御史赵孔昭劾琦贪饕不法故也。

四月

改直隶河间府知府尹耕为河南按察司兵备佥事，仍予四品服俸，令其管领民兵。于是士论哗然，给事中张万纪遂历数其狂桀不法，及守河间诸贪婪状劾奏之。上大怒，命械耕至京问该部臣，俟审鞫后并治之。

五月

黜定辽后卫左参将署都指挥佥事武勋为民，坐贪酷为巡按御史所劾也。

十月

令掌府军前卫事泰宁侯陈闲住，以给事郭钥论其贪纵，为指挥李官等所讦故也。

十一月

巡按江西御史孙慎劾奏四川巡抚戴鳌，前任江西左布政使贪污不职状，吏部覆奏鳌回籍听勘。

十二月

吏科都给事中何云雁条奏考察六事，有曰："究逃官以惩不恪，贪墨之吏计当必黜，乃恣意朘削，囊橐满盈，临期则寄文册于吏胥委而去之，又其次者或中途托疾而遥候处分，或先欺给由而预图规避。此辈只求肥家，原不爱官，若罪止议罢，是纵之使贪也。宜将在逃官行原籍抚按追赃问拟，其以托疾给由迁延者照不谨例罢斥。"又曰："禁续遗以敬官邪，来朝官方多科敛以充在京馈遗，宜申饬严禁，馈者与受馈者许缉事衙门不时访捕，一体治罪。"

嘉靖三十二年（1553年）

正月

吏部、都察院考察天下诸司官，贪，副使茅磐等四人。诏致仕黜调如例。

吏科都给事中何云雁等、四川道御史郑本立等，以考察拾遗纠劾布政使王昺、按察使杨沔、副使尹纶、韩一右、郭春震、张合、沈启、陈圭、王继芳、公跻奎，参议萧世延，佥事安如山，知府李人龙、刘存德、王廷干，各贪酷不职，宜罢。诏圭留用，昺、人龙、存德降用，沔致仕，跻奎等俱冠带闲住。

嘉靖三十三年（1554年）

正月

巡按御史闾东、徐栻、金浙，交章劾直隶安庆府推官郭来朝，弃置表文不敬，并数其任内贪暴无状。

降原任蓟州道兵备副使刘焘一级，调边方用。焘，时丁忧回籍，巡按御史蔡扬金追论其贪纵不法，当罢。部覆惜其才勇，诏俟焘服阕之日，降调边方用。

六月

兵科给事中敖正茂论劾新升南京刑部右侍郎沈应龙贪庸不职，当罢，诏令回籍听勘。

十二月

令浙江按察司副使陈宗夔、陕西左布政使孔天胤、右布政使何其高闲住，各坐贪污，为巡按御史孙慎吉登所纠也。

革河南按察司副使茅坤职闲住，以巡按御史陈善治追论其先任广西佥事时贪淫不职故也。

陕西道御史孙哀劾奏南京兵部右侍郎鲍象贤贪刻著闻，不堪留。吏部覆言，象贤历抚三镇，所在有声，今论其贪黩，未审虚实，请暂令回籍听勘。

嘉靖三十四年（1555年）

二月

革辽东镇守总兵赵国忠任，仍下按臣追赃，以巡按御史王光祖论其贪纵故也。

八月

大同总兵官韩承庆贪纵失士卒心，有健奴刘忠、韩喜者，为之掊克，诸军怨愤。上恶承庆贪虐激变，命锦衣卫逮承庆，并忠、喜等来京问，令兵部即补堪任者，不得滥用匪人，以误地方。

十二月

逮户科左给事中杨允绳，下镇抚司狱论死。降浙江道御史张巽言为河南武陟县丞，改先祥寺丞胡膏为四川重庆府通判。刑部尚书何鳌等奏，允绳坐仪伏内诉事不实绞引例发边卫充军，膏妄费受赃为民。上诏允绳依律处绞，系诏狱，仍同御史巽言杖之于廷，巽言降二级，与膏俱调外任。

革后府佥书彰武伯杨儒、襄城伯李应臣任，闲住。以科道官论具贪虐不职也。

革钜鹿王府镇国中尉观美观炱爵为庶人，发凤阳高墙禁住，坐为盗劫民财故也。

嘉靖三十五年（1556年）

正月

吏部会都察院考察天下诸司官，贪酷，副使崔官等四人。得旨：致仕黜调如例。

南京科道官朱文汉、侯东莱等，以考察论劾巡抚湖广都御史汪大受、两广都御史谈恺，各冒滥京堂，当罢。部覆大受贪污有迹，恺历官无过，不宜并斥。

得旨：大受闲住，恺留用。

三月

罢镇守陕西总兵官署都督佥事孙膑，以贪残被论故也。

四月

革山西总兵何淮任，仍下御史按问；升宁夏副总兵署都指挥佥事孙朝为署都佥事代之。以陕西巡按御史詹理论淮在扬州贪淫不法故也。

五月

夺宣府北路参将张缙职，同原任大同北路参将张勋，俱下御史问，以总督江东劾其贪肆故也。

七月

巡抚应天都御史张景贤奏，四月中福山港水兵叛降倭寇引入内地劫掠，因劾把总指挥姜旦贪残激变等罪。诏巡按御史逮旦至京问。

嘉靖三十六年（1557年）

二月

吏部会都察院考察在京官，贪，兵部主事戴仁等二人。诏黜降如例。

三月

南京吏部会同考察南京诸司官，贪，兵马指挥詹需亨。得旨：黜降如例。

刑科都给事中彭范等言："《律》：官吏受赃枉法满贯者及故禁故勘平人致死者，皆罪死，其为禁甚严。迩因法纪纵弛，有司恬不知畏，据各该抚按参奏，若遵化知县刘鸣阳、新淦知县黄仁惠、昆山知县曾梅、芜湖知县潘铨，皆贪酷异常，大为民害。若但如近日事例，止以停罢不叙为罚，是适遂彼贪淫之私，富厚之计，不足为戒。宜敕所司据律严断，务尽本法，以为贪酷之戒。仍通行抚按参劾纠举，不得徇情废法，违者事发连坐，以罪下刑部都察院会覆。"得旨：近年有司任意贪酷，抚按多不从实纠举，以致人心玩恣，民受殃害，刘鸣阳等令各巡按御史严鞫以闻。今后贪酷，有司巡按官即时参问，吏部不许概拟闲住。

嘉靖三十七年（1558年）

三月

刑科给事中吴时来、刑部主事张翀、董传策，交章论劾大学士严嵩纳贿误国。

四月

命兵部给事中郑茂往大同，勘杨顺、路楷赃罪。

六月

革辽东总兵罗文豸职，下御史问，升密云副总兵署都指挥佥事杨照为都督代之。文豸，坐贪污被劾故也。

巡抚南赣汀漳等处提督军务都御使周满以疾乞休，于是升江西左布政使宋淳为都察院右副都御史使代满任。会巡按江西御史徐绅劾奏淳贪纵不法，淳坐罢听勘，乃复起原任巡抚大同右佥都御史何思于家代之。

南京吏科给事中归大道劾奏凤阳巡抚李遂贪污，福建巡抚王询庸鄙，俱不职，当罢。得旨：俱令策励供职。

九月

兵科都给事中王文炳劾奏宣府巡抚张镐庸劣寡谋，顺天巡抚马佩贪污有迹，宜罢黜。诏张镐、马佩俱革职闲住。

巡按广西御史龚恺劾两广总兵王瑾贪耄，原任广西左布政使熊洛庸鄙，俱不职当罢。得旨：令瑾闲住，洛致仕。

十月

先是，户部右侍郎马森巡抚江西时，荐布政司宋淳才可大用。淳寻升巡抚以赃被论罢。至是，南京御史黄希宪、给事中金燕，交章论森与淳相继为布政，森去任时惧淳发其阴事，又所遗赃缎数千金，力不能自取而托淳致之，为此极力引荐，以报淳德，且塞其口。敕行事金燕乃敢挟怨妄言，不畏君命，其调外任。

嘉靖三十八年（1559年）

正月

吏部会都察院考察天下诸司官，贪，副使殷正茂等十七人。罢黜调用如例。

查理边储户科右给事中刘一麟等劾奏："原任巡抚山西今升总督湖广川贵军务兵部左侍郎王崇，克取军需，冒报功次，原任雁门道副使，今升巡抚辽东都御史路，索受贿赂，奸淫诡恶，乞亟罢斥。"章下，部覆宜令回籍闲住，诏俱夺职为民。

五月

先是，北新草场监收主事今升巩昌知府岳粹，与官攒王批、许万宝等，虚出草束四十七万余，冒领币银二万一千余。至是，主事冀国及礼科给事中李得春等言，粹等听奸人吕朝通贿，共为奸利，事有左验。得旨：岳粹、吕朝遣官校械问，余各犯在京属法司、在外属各巡按御史逮问。

七月

夺宁夏总兵官姜应熊职，付按臣逮问，以御史崔栋劾其贪纵玩寇也。

十月

查理边储工科左给事中梁梦龙参劾原任巡抚延绥都御史王轮、原任兰州管粮郎中陈灿，各贪纵不职，宜罢。诏革轮职闲住，灿为民。

嘉靖三十九年（1560年）

五月

兵部覆巡抚应天都御史翁大立条陈，守备安庆刘宪贪、仪真汪思懦，皆宜罢斥。

六月

吏部覆顺天抚按官劾庆都县知县张弛不职，请革任逮问。上以弛贪酷，其御史逮问不足示惩，令系至京鞫之，寻黜为民。

八月

诏贵州巡抚高翀、湖广巡抚陈仕贤，俱革职闲住，以吏科都给事中梁梦龙劾其贪耄不职故也。

九月

调原任巡抚延绥都御史董威为南京大理寺卿。威尝荐庆阳府知府孙绩廉明，可大用，绩寻以贪污为抚按官程辄、李秋所劾。于是给事中梁梦龙奏三臣举劾互异，请下所司核实。威在延绥赃私狼藉，士论不齿，徒以厚贿素结于严氏父子，反因调得升，倒置甚矣。

升光禄寺卿黄廷用为工部右侍郎，提督大石窝兼理车轮。未几，吏科给事中李瑜言其贪鄙无物，不堪重任。诏敕廷用闲住，而以大理寺卿刘学易代之。

十一月

革分守杭嘉湖参将杨绩、宁绍参将娄宇职。宇，仍下御史按问，俱坐贪婪被劾故也。

嘉靖四十年（1561年）

三月

巡按陕西御史李秋劾延绥总兵李辅年老贪纵，令其子可遇等冒功升级。诏革辅并三子职,付按臣逮治之。

四月

吏科给事中胡应嘉劾奏吏部文选司郎中周良寅、提督学校御史于业,贪黩异常,廉耻扫地,请并罢斥。上命锦衣卫捕良寅及业拷讯以闻,寻俱降级调外任用。

闰五月

御史张九功以旱霾陈言五事,有曰:"禁贿赂以绝侥幸,谓今行取科道有用贿八百或五百甚有增至千金者,吏部一主事有至万金者,有司每当入觐多方科敛,此皆干和致变之由,宜严禁。"

六月

诏刑部尚书冯天驭回籍闲住,以给事中侯廷柱劾其贪鄙故也。

八月

南京御史林润劾总理盐法都御史鄢懋卿贪冒五罪,需索属官馈遗巨万,罪一;受状取富民财,罪二。懋卿辩,得旨:照旧供职。

十月

工科给事中曾廷芝论劾巡抚宣府都御史迟凤翔贪污残酷,有旨,逮京讯治,起原任操江佥都御史赵孔昭代之。

直隶巡按御史黄纪劾奏黄花镇守备太监纪阳贪残不法,大坏边防。上诏锦衣卫逮阳赴京,已而阳捕至亦讦纪索贿不得挟私妄奏。上乃命并逮纪送镇抚司与阳面质,纪坐调为大理寺评事。

嘉靖四十一年(1562年)

正月

吏部会都察院考察天下诸司官,贪酷,副使李景萃等四人。得旨:致仕罢黜降调如例。

都察院左都御史潘恩等言四事,有曰:"迩来御史巡历,惟急簿书期会与迎承趋走之,以故人情纵玩,贪吏日众。今后宜令振扬纲纪,详核诸司治行,不时奏闻,毋候差满,不者回道以不职论。宪职严重,必须循理守法,纤毫无污,然后人不得而非议之。今习尚圆通俗流奢侈,御史巡历供亿馈遗之费,动以百数,甚至公受保举谢仪私索地方土物,法纪荡然。今后宜端严律己,清约率人,毋自奉,毋厚私交,仍禁革守令常例之贿,蠲无艺之供,一切羡余纸赎悉归之公币。"上以为深切时弊,令务实举行。

户科都给事中丘橓劾奏应天府尹孟淮、宁夏巡抚谢淮，前为山西布政使，与霍州知州褚相、阳城县知县卢修可，并著贪声。上从部拟，留孟淮用令，谢淮致仕，相、修可闲住。

二月

刑科给事中赵灼劾奏巡抚云南都御史蒋宗鲁贪纵不职，章下，吏部覆宗鲁颇悉夷情，不当遽罢。得旨：调外任。

五月

诏罢今年考选庶吉士。是时，仕路混浊，贿赂公行，庶吉士素号清选，至是亦兢以贿营求，贫者称贷为资，有持券入贷于司礼太监黄锦者，锦密以闻，上闻而恶之。

御史邹应龙劾奏大学士严嵩子工部侍郎严世蕃，有曰："私擅爵赏，广致贿遗，每一开选则视官之高下而低昂其值，及遇升迁则视缺之美恶而上下其价，以致选法大坏，市道公行，群丑竞趋索价。如刑部主事顼治元，以万三千金而转吏部，举人潘鸿业以二千二百金而得知州。夫以司属末职、郡邑小吏而贿以千万计则大而卿，至于交通赃贿为之关节者不下百十余人。"诏嵩致仕，世蕃充军边卫。①

六月

广东道御史郑洛劾大理寺卿万采、刑部右侍郎鄢懋卿、太常寺少卿万虞龙，皆朋比奸赃不职。得旨：采、懋卿屡被人言纳贿有迹，令闲住，降虞龙为四川按察司佥事。

十一月

勒应天府尹孟淮、南京太仆寺丞张春闲住。淮先任巡抚有贪声，春以翰林院侍读坐论改官。至是，给事中杨铨追劾二臣名行久亏，不宜复玷班行，因有是命。

斥户部偿运员外郎刘梁为民，降兵科给事中张益为建德县丞。初，益陈言漕务称偿运官需索常例而不言其人，被旨诘问始梁名以上。吏部议覆梁贪黩有迹，诏黜为民。以益初不言为私庇，降二级，调外任。

十二月

夺原任漕运把总梅三锡、指挥韩哲等八人职。时三锡、哲已升任。至是，皆以贪污，巡按御史颜鲸所劾。吏部因查其前后举劾互异，乞并戒荐者。有诏：

---

① 严嵩屡被劾，却能长期居高位。沈炼上言严氏父子十大罪，因被杖，发口外为民。诸臣交间论劾，亦未动摇其地位。但严氏的专权与傲慢，络致失势。

自今抚按奏举文武官务在公当，不得徇情滥举。

巡抚湖广都御史方廉私馈兵科给事中丘橓银五两，橓白奏之，因并论南京兵部尚书李遂、两广总兵官陈王谟、锦衣卫南司管事指挥魏大经，先后进用，俱以重贿得之，乞并罢斥。上曰："朕禁私馈，方廉乃敢故违，其冠带闲住，后有再犯者罪之。遂等吏兵二部参看以闻。"

嘉靖四十二年（1563 年）

正月

革镇守浙直总兵卢镗职，仍同原任游击王应岐，俱下御史逮问。镗初在胡宗宪军门用事，及宗宪败，镗不自安求去，时应岐已革职充军，给事中丘橓等因劾镗奸贪八罪。

二月

吏部会都察院考察诸司官，贪，户部主事路楷等三人。诏黜降如例。

三月

吏科给事中刘祐言："朝廷设守令，关系甚重，所赖以劝惩黜陟之者，宪臣之举劾耳。顷来为庶官者率巧于要誉，而忽于爱民。掌风纪者类乐于市恩而重于任怨。此风不惩，人皆效尤，何以警贪残而安黎庶？请严敕部院，申明宪纲，凡当大计之年而劾本不至者，以才力不及例处之；其荐举非人与公论矛盾者，以举劾异同例处之。被劾僚属妄起浮言，诬蔑风宪者，如律发遣。该司亦不得阻挠宪职，执泥曲全，则纠劾严而憸壬①远矣。"下都察院覆其议："请自今抚按纠举其属务协公论，勿徇私情，果有任情废法致乖风纪者，巡抚听科道官参奏，巡按听本院考察，俱从重究。"

南京吏部会同都察院考察诸司官，贪，户部郎中乔伊等二人。诏黜降致仕如例。

六月

出原任通政司右参议胡朝臣于狱，发原籍为民。初，朝臣为工部主事时督造皮甲，为工匠冒破皮铁，失于觉察，后事发，诏逮镇抚司考讯，坐以侵克工银五百四十两，论充军。至是，系狱追赃，且十余年朝臣屡上书自直法司，乃为白其枉状而贷之。

---

① 指奸佞小人。

七月

上谕大学士徐阶等曰："今人臣中欺谤者不无,而外官贪肆为尤甚。若守令忠廉则国与民两受其福,贪肆则两受其害。"

八月

都察院左都御史张永明等陈六事,有曰："励风纪,御史按治一方,务秉公持正,身先俭约,日廪五升之外秋毫无取,诸饮食供张,导从夫马,一切不以烦民乃为称职。请敕抚按廉察所属,务秉至公,有所刺举①必直书其贤不肖之实,不以短于逢迎而没其善,不以有所凭藉而纵其奸,至于贪秽尤著者许不时论列,比其复命虽有举无刺亦宜听之。"

十月

吏科都给事中赵灼等奉旨纠劾贪肆,山西右布政耿随朝,行太仆寺卿焦琏,副使刘泾,沁州知州宋珰,河东盐运副使王秩,山东右参政王春泽,副使伊介夫、唐爱,临淄知县龙垓,东昌府通判聂文光,临清州判官严杰,济宁州同知贾选,兖州府同知陈珊,各不职,宜罢。得旨:宋珰、贾选、龙垓为民,珰、垓仍行御史逮问,耿随朝等十人俱闲住,抚按官各夺俸一月。

十二月

六科都给事中等官赵灼等、十三道御史刘存义等,奉旨劾奏浙江左布政熊达、乌程知县荆文炤、杭州府同知杨坦、江西佥事王应时、参政陶大年、袁州府推官汪若泮、铅山知县陈坦、河南副使李天荣、开封知府刘鲁生、汝州知州黄宸、鄢陵知县管嘉福、西华知县随廷栋、广西太平知府费懋良、大名府知府吕孔良、苏州府同知戴仁、江阴知县高大化,各贪肆不职,宜罢。各省抚按官赵炳然、张科等失于论劾,亦宜量究。得旨:熊达等革职闲住,黄宸管嘉福为民,夺各抚按官俸一月。

嘉靖四十三年(1564年)

二月

各省抚按官奉诏纠劾藩臬有司各贪肆不职吏,贪酷知应、明德等十四人为民。

闰二月

南京给事中杨铨等、御史柴祥等,奉诏纠劾各抚按官所遗方面有司不职官

---

① 检举(奸恶),推荐(廉功)。

员、广东按察司副使周美、江西布政使司右参议陈宗虞、湖广按察司佥事孙袠、广东按察司佥事张晟、云南按察司佥事沈熙载、浙江宁波府知府雷金科、湖广长沙府知府林敬、原任山东东昌府知府陈经、四川城都府知府杨经、南康府知府于闻、江西九江府知府杨征、浙江山阴县知县林朝聘等，各贪纵不职，当罢。诏勒美致仕，宗虞及浦等冠带闲住，冕降二级，征等罢为民，桂芳及各处抚按官，各坐失察奸吏夺俸一月。

三月

吏部都给事中赵灼等、河南道御史罗元祯等，纠劾各抚按官，奉诏参劾所遗方命有司不职官员，四川左布政使亢思谦、右参政徐楚、四川按察司佥事李彦士、陕西右参政张巽言，及福建漳州府知府李光宸、建宁府同知应鑛、崇安知县王葵、乐昌知县王三聘、湖广潜江知县揭思孔、蕲水知县倪民悦等，各贪肆不职状。上从部拟，令彦士、鑛、三聘为民，思谦、巽言等冠带闲住。

四月

革镇守湖广总兵安远侯柳震任，以御史唐继禄劾其贪肆故也。

五月

革浙江总兵杨尚英职回原卫，以给事中邢守庭劾其贪纵故也。

六月

南京吏科给事中杨铨等条奏考课四事，有曰："减黜额，考察之典期于黜退奸贪而已，不在数多寡也。比者竞为劾核，所黜汰务倍往昔，非爱惜人才之意，宜稍从宽。期于当毋期于多，惟其人不惟其数。"诏悉从之。

九月

户科左给事中欧阳一敬劾奏太常寺少卿晋应槐，前为文选郎中专权植党，与稽勋郎中唐汝迪，皆贪纵不职，当罢。得旨：应槐等俱留用。

十一月

吏科都给事中赵灼条陈考察四事，定取舍有曰："周时小宰计群吏之治，以廉为本。今宜稍仿其意，于百司庶职考其操持清白者，虽过必容；贪墨有声者，虽才必黜。则廉吏劝矣。"

嘉靖四十四年（1565年）

正月

吏部会都察院考察天下诸司官，贪，佥事金定等二人。诏罢黜降调如例。

都给事中赵灼等、御史鲍承荫等，以考察拾遗论劾参政黎民表，副使喻南岳、方逢时、侯东莱，佥事任惟钧、郑述，知府杨世芳、吕天恩，各贪肆不职。民衷、天恩留用，逢时、南岳等闲住。

二月

兵科给事中赵格等劾奏，定国公徐延德受献地土，及纵奸吏求索诸违法事。得旨：世臣义当体国，延德徇私罔利，玩法害民，其革府任闲住，余刑部及巡按御史速问具奏。

五月

户部商人杨茂陈贿通太仓银库吏书，冒领漆价，事觉，查盘科道官，因劾前后监督部臣失察之罪。

六月

罢原任抚治郧阳、今升巡抚贵州右副都御史康朗闲住，以兵科给事中邢守庭劾其贪纵易节故也。

九月

巡按浙江御史黄廷聘劾镇守总兵官刘显贪淫暴横等事，诏革任听勘。

十一月

革大同总兵官姜应熊任，仍令总督军门提问具奏，以总督尚书赵炳然劾其贿房不忠故也。

十二月

云南临安府同知何启蒙、河阳县知县严杰，俱以贪酷为按臣所纠。诏俱黜为民，仍以杰下巡按御史提奏。因谕吏部都察院曰："贪官不治，百姓不安。今后犯赃数多者，俱照出例行，不许怠纵。"

革原任布政司右参政刘应箕为民。应箕，初以巡按御史黄廷聘论劾闲住，会廷聘赃败，应箕因摭廷聘阴事自辩，都御史张永明参其违例妄陈，有伤宪体，故有是命。

嘉靖四十五年（1566年）

正月

御史张槚追论陕西巡抚、今升大理寺卿张瀚，先任布政时御史潘一桂，俱贪鄙，不宜骤陟。吏部覆言，巡抚改系常调，且中所论皆风闻无事实，诏瀚遵新命供职。

二月

论户部主事王嘉言、韩珊各监兑失期罪，嘉言夺职闲住，珊降调外任。时尚书高燿等劾其怠玩旷职，因并发嘉言管银库时受人贿，擅发金价三千，故嘉言得罪独重。

三月

南京户科给事中岑用宾论劾郧阳都御史陈志，先任巡按，贪污不职，并言御史刘以节按应天、张科按浙江，各徇私纳贿，举劾失实，通乞罢职。诏罢科以闲住，因敕都察院："自后御史差满回道，务严加考察，以肃风纪。"

四月

革原任陕西巡抚都御史、今听降吴志夔职，闲住。仍命抚按官会勘其任内赃私具奏，以御史温如玉论劾也。

七月

南京吏科给事中张崇论劾奏直隶监兑户部主事庞澜，贪婪不职。诏黜澜为民，仍着令凡京官犯赃数多者如外官例提问具奏。

九月

龙门卫都指挥符祯等、宣府镇抚王昱等，各谋升调保荐等事，遣人挟重贽入京，为巡城御史王宗载逻得之，并获其诸纳贿作奸私券。诏下祯等各按臣逮讯，仍命厂卫及五城御史严捕在京一切诓骗奸徒，不许姑息。

夺南京礼部尚书尹台职为民，以御史王同道劾其贪鄙不职故也。

十月

兵科左给事中冯成能论劾太常寺少卿罗良、职方司郎中姜廷瑶、湖广右参政朱征，各贪肆不职状。诏罢征闲住，良、廷瑶俱留用。

闰十月

初衍圣公孔尚贤入族人孔弘廊贿，保为曲阜知县。弘廊贪甚，诸宗恶之。至是，以私怨发其从兄弘贫奸利事，弘贫亦发其纳贿求保状等不法数事。巡按御史韩君恩坐弘贫谪戍，而参尚贤弘廊素行不法，当并罚，因言："曲阜知县例使公府保举，故有行货滥举之病。今宜于保举时令会同族属择可者四人，送兖州府试以理事治民策论，仍取二人送抚按覆试奏请铨补。"上从其议，黜弘廊，切责尚贤骄纵不法之罪。

十一月

都察院右都御史王廷等陈言六事，有曰："慎选授。御史职司风宪，请行部院将行取官员多方体访，慎加遴选，既选之后仍限以讲读律令及历代名臣奏议，满岁复考称职者实授，不称者黜之。慎分巡。御史以纠举为职，凡原藉与历甚寓居之所，宪纲例宜回避，自御史闻人铨以宝应知县行取不数年而提督南畿学校，自是袭以为常，然铨竟以此败。宜申明宪纲悉如旧例，他如按察司分巡及提学副使佥事等俱一体回避。慎举劾。举劾乃黜陟攸系，必公必慎，乃是勤惩将合已而后举，则才謟者或售其奸将忤已而必纠，则忠朴者遂没其善甚或劾称奸淫而拟改教，论以贪污而拟调官，或以初任而辄举，或以去任而足数，事甚悖也。自今凡所举劾，务求至当，其有卖直市恩情状败露者，俟回道之日听臣等考察。"

革广东领兵副使王化职为民，仍下巡按御史逮问。化初为平远令捕贼有功。抚按俱荐其才略，数月间累升前职。至是，巡抚吴伯朋又劾其贪黩异常，故有是命。

十二月

直隶巡按御史孙丕杨劾奏新升苑马寺卿凤阳府知府宿应麟、新升广西副使扬州府知府张正位，各贪黩不职。诏罢应麟为民，仍下巡按御史逮问，正位闲住。

第四章

明代中后期反腐编年（隆庆至万历年间，1567—1620年）

一、隆庆年间（隆庆元年至六年，1567—1572年）

上①即皇帝位，赦有曰："在外两司有司官贪酷恣肆，皆由巡按御史不能正身格物及举劾不公所致，其御史失职又由都察院徇情将考核视为虚文所致。今后御史出差回道，都察院务要秉公持正严行考核，如或隐护，该科即行纠劾，该科如敢扶同，事发，一体重究。今后抚按官劾到官员但有犯该赃私人命者，吏部务行提问追赃偿命，不许概拟为民闲住，所追赃银，巡按御史年终各另奏解户部以资边饷，不许混入岁解赃罚数内。"

隆庆元年（1567年）

正月

吏部奏考察庶官，贪，兵马指挥陈天寿等十人。得旨：老疾致仕，贪为民，罢软不谨冠带闲住，浮躁不及降一级，调外任。

原任刑部侍郎鄢懋卿有罪，发边卫充军。初，懋卿与大理寺卿万采皆谄附严世蕃，奸赃狼藉，尝以巡盐都御史遍历郡县，所至供亿骚扰及横索，有司馈遗无算，贪黩恣肆，士大夫为之侧目。世蕃败，有司籍其家，世蕃尝寄采数万金，懋卿复给取采金二万。采抵罪，词连懋卿，有司验问，颇有踪迹，懋卿竟坐充军。

二月

内官监太监李芳劾奏原任工部尚书革职闲住徐杲与监正王儒等六人，前修

---

① 本节指明穆宗朱载垕。

理芦沟桥，侵盗官银万计。得旨：命锦衣卫执杲等，送法司鞫问，刑部拟如律追赃发遣。

科给事中王禥劾户部主事邵元哲贪滥不职，而考察时考功郎中武金以门生故曲庇之，遂获幸免，请按其罪。吏部议元哲以任事蒙怨，非有赃迹。有旨：俱令仍旧供职。

三月

南京吏部都察院会同考察庶官，贪酷，工部员外郎刘安节等三人。诏罢黜降调致仕俱如例。

巡按四川御史李廷龙劾右参政魏文焕、佥事傅思明、萧九成，俱贪滥不职，吏部议思明闲住，九成降调，文焕回籍听勘。

六月

巡抚都御史谢登之、巡按御史董尧封，追论湖广按察使王道行、徐州兵备副使徐节，前为苏州府知府，贪滥不职状。有旨：各回籍听勘。

吏科给事中王治劾奏总督蓟辽保定军务都御史刘焘、总督南京粮储副都御史曾于拱，各贪不职。吏部议焘任边方数年，有修设调度功，宜留用，拱如治言当罢。得旨：焘策励供职，于拱闲住。

七月

巡按直隶御史艾可久论劾礼部左侍郎潘晟、南赣兵部右侍郎吴百朋，各贪冒不职状。晟上辩，乞休。上以其所论无事实，留待讲读如故。

黜广西按察司佥事章汝槐为民，坐贪酷，为巡按御史朱炳如所劾也。

九月

敕原任贵州左参议杨美益闲住，同仁府知府孙序为民，各坐贪墨，为抚按官所劾也。

刑科给事中王之垣、工科给事中王禥各上言：近来有司泥于诏书枉法诓骗之文，不论轻重一切禁锢，请下法司详定申明之。刑部覆言："枉法受财，必须得枉法者方以枉法论而不宥，诸如求索之类及坐赃。准枉法论者即当宥免，止称诓骗必在京潜住，大肆奸恶，赃及千百以上者，乃以诓骗论而不宥，诸如在外诈欺局扣之类，情与赃不甚重者即当宥免。"诏诓骗财系指称官员名目各衙门打点使用者，内外俱不赦。① 余如拟。

罢分守台金严参将李超、浙江都司佥书军政冯经超。仍下巡按御史提问，以原任总督侍郎刘畿劾其贪纵不法故也。

---

① 这里区分了枉法受财与诓骗受财，及其不同的惩处尺度。

罢马兰谷参将孙昂，下巡按御史提问，以赏军吏科给事中郑大经劾其贪暴不职也。

令福建都转运盐使司年老运使何思赞致仕，升汀州府知府曹光代之。勒河南按察司佥事杨彬、福建按察司佥事徐梓闲住，坐贪墨，为抚按所纠也。

十月

巡按陕西御史房楠核上原任巩昌府推官王莅臣受赃状，刑部以莅臣所犯赃非在库者，宜如恩诏免。上以贪官诏所不宥，如律坐罪。

隆庆二年（1568年）

正月

直隶巡按御史顾廷对条陈六事，有曰："治贪墨。近来贪墨，有司虽有提问追赃之例，而罚止纳赎，所追不及什二，俾得餍饱以去，故贪者不止。宜及诸司朝觐时申明国初贪吏之律，察其赃迹尤著者一二辈执赴法司，从重究治。"

贪官止于罢黜诚不足示惩，今次考察诸司赃迹著者，部院列其罪状奏请处治，其余下所司议闻。

吏部、都察院考察方面官，贪，副使张天复等。得旨：罢斥致仕降调俱如例。吏部又言："贪吏剥民肥己，罪止罢黜，不足示惩，故言官陈其弊，而皇上特降明旨。臣等详核论奏如副使张天复等、知县汪尧仁等，赃迹尤著，宜令所司逮问如法，以为贪墨之戒。"①

四月

革甘肃总兵刘承业任，及原任凉州副总兵张㴐，参将朱清、朱勋等，俱下御史问。以总督王崇古奏其赃罪不职也。

巡抚宁夏都御史朱笈条陈边事，有言边将多贪婪怯懦避罪冒功，宜慎加选择。

五月

锦衣卫经历牛应龙等，以其父前考察为民，请比例移封。吏部言："若赃污等罪即遇赦宥仍行追夺者，所以严赃吏之禁。夫已授封者尚得追夺，况未授封者乎？自今内外官员有应封赠而其父以贪酷为民者，听本部斟酌奏请，许以原职冠带闲住，其后虽有封典不得概及，以滋冒滥。"得旨：贪酷为民者无论考察问革，皆不准封赠，其以他事为民者非遇大庆覃恩亦不许。

---

① 对贪吏，或如例降调，或罚以纳赎。言官认为这是"贪者不止"的主要原因。

七月

都察院左都御史王廷遂发给事中张齐奸利事，言齐前奉命赏军宣大时有盐商杨四和者，故与齐父栋相善，入其贿数千金。上以齐既受财枉法，令锦衣卫逮齐父子及诸内有名者，送镇抚司鞫实以闻。

福建巡抚都御史涂泽民、巡按御史王宗载，劾奏行都司佥书署都指挥佥事傅应嘉，贿纵海贼吴平，罪当斩。上命即其处会官斩之。

八月

清理屯盐右佥都御史庞尚鹏，劾奏淮扬巡盐御史孙以仁侵匿盐银千余两。得旨：风宪官身自犯赃，何以纠正官邪，禁革奸弊以仁？姑先夺职听勘，自今御史差满当严加考察，毋得概令回道管事。

少保兼太子太保礼部尚书武英殿大学士张居正上曰："敕下吏部慎选良吏，惟以守己端洁、实心爱民者，乃与上者称职，不次擢用。若但善事上官、干理簿书而无实政及于百姓者，虽有才能干局止与中考。其犯赃私枉法贪污显著者不必引例发遣，但将所犯赃私严限追并押发各边，自行输纳完日发回原籍为民，不但惩贪亦可为实边之一助。"上曰："览卿奏皆深切时务，具见谋国忠恳，该部院看议以闻。"

隆庆三年（1569 年）

正月

工科左给事中管大勋条陈查盘节慎库五事，有曰："该部各工厂必有司官一人督察工程验收物料，凡所据以综核而出纳者，惟印信①实收也。今司官往往专委卫所等官代收物料，听其纳贿作奸，遂使实收为一弊。"

二月

考察在京不职官，贪，经历周铉等八人。得旨：各致仕闲住降调如例。

巡抚直隶御史张启元劾凤阳守备太监赵芬贪残骄僭，大坏法守。兵部覆芬近以病免，盖自审为公论不容，请下御史先系治芬党，仍会同抚臣熟议守备宜存宜革状以闻，报可。

考察南京不职官，贪，上元县知县袁伯雅等二人。黜降如例。

三月

勒原任总理盐屯右佥都御史凌儒冠带闲住，儒以考察自陈，吏部因追论其

---

① 政府部门的公私印章之总称。

知县行取时贪,遂坐斥。

四月

释原任户科左给事中张齐为民,仍行原籍追赃。

五月

都察院覆吏科都给事中郑大经条陈二事,有曰:"犯赃提问官员刻期勘结,使法在必行,毋容侥幸。"

九月

刑科右给事中许天琦奏今刑狱之滥其源有六,有曰以赃罚为名,多受民词而阴济其贪。

十月

工科给事中陈吾德条陈广中善后事宜,有曰:"明赏罚,往岁总兵官汤克宽,纵贼纳贿,宜速正典刑。"上皆从之,克宽功罪下所司议处。

隆庆四年(1570年)

二月

兵部议覆巡按福建监察御史蒙诏条陈广东善后事宜。有曰:"严军法以振纪纲,一切通贼纳贿者必诛无赦,仍亟行巡按御史将见问闽广失机受赃官,明正其罪,以彰法纪。"

三月

宁夏副总兵张德以赃革任。

七月

黜福建都司佥书署都指挥佥事曹南金为民,坐为人通贿请求,为兵备副使柴来所发也。

都察院覆大学士陈以勤条陈处赃例,有曰:"令各抚按官精核司府以下,严禁贪墨,犯者即逮问,参奏如法。吏部于见劾贪官,更加裁酌,赃系入已者追出,济边受赇枉法者依律例问遣,毋得庇护。"上曰:"禁贪屡有明旨,各抚按官未见遵奉,纵怠殊甚,兹所议俱如拟,移从实举行,有徇情庇护者部院劾治。"

江西布政司参政张凤来初为福建海道副使,以事忤抚臣涂泽民,劾其赃罪,下抚按官勘验无实,诏复其官。

罢提督神枢营都察院左都御史兼兵部左侍郎刘焘,以兵科都给事中温纯发其通书赂故也。

隆庆五年（1571年）

正月

下贪酷异常知府徐必进等二十五人，御史按问追赃。

九月

黜原任南京国子监祭酒姜宝为民，令诚意伯刘世延、原任南京刑部尚书孙植闲住，世延仍夺俸半年，复原任。南京国子监助教郑如瑾，官初给事中王祯之论宝也止言其徇情乱法，而不及受赃。及是，南京法司希大学士高拱指坐宝赃千金，而为如瑾辨雪，故有是命。

十一月

发原任宁夏西路左参将绥德卫指挥佥事高如桂，及镇抚张一正，充边卫永远军，以犯赃故也。

隆庆六年（1572年）

正月

吏部言："今外官贤否必据抚按举劾，而迩来抚按诸臣往往任意重轻，自相矛盾，或论其操守之贩坏，或论其性气之乖方，乃拟曰致仕。既非老疾安得致仕乎？或论其赃私狼藉，或有证据，或论其榜掠杀人数多各有姓名，乃拟曰降调。夫既贪既酷则安得降调而已乎？或论其行止之不端，或论其昏庸之特甚，乃拟曰改教。夫既不谨罢软则安得改教而已乎？宜令都察院行各抚按官以后纠劾庶僚，凡如前所拟必直列其状，应提问者不得止论罢官，已降调者不得再论。"得旨：今后各抚按官纠劾务遵近例，据实分别，吏部再加裁酌定拟去留，有不合格例轻重失伦者治罪。

三月

户科给事中曹大野论大学士高拱大不忠十事，其有曰："昔日严嵩止其子世蕃贪财纳贿，今拱乃亲开贿赂之门，如副使董文采馈以六百金即升为河南参政，吏部侍郎张四维馈以八百金即取为东宫侍班官，其他暮夜千金之馈，难以尽数。故拱家新郑屡被盗劫，不下数十万金，赃迹大露，人所共知，此其因权纳贿不忠八也。"上责大野妄言，命调外任。

四月

巡按直隶御史姚光泮劾奏原任翰林院编修曹大章、原任苑马寺卿韩子允，诈取平民财物万余，应天府府丞丘有崮入其重贿，赃迹颇著，宜究治如法。吏部请革有嵩职为民,并大章、子允俱行南京法司逮治具奏。

五月

革镇篁①参将汤世杰、贵州都司署都指挥佥事王月任,下都匀卫指挥周天麒等御史问,以巡抚阮文中劾其赃污不职也。

革陕西参将钱炳任,闲住,下西安前卫指挥同知殷诰御史问,以抚臣劾其赃污也。

法司奏上将官金科、朱珏、王如龙等狱,言其用贿营求,事无左验,贪恣侵剥,罪不容诛,请下福建巡按御史再讯,从重拟罪以闻。

六月

巡按山西御史桂天祥劾西路管粮通判尹祺,以贪例为民。②

七月

勒锦衣卫佥书指挥佥事陈尧相、南镇抚司佥书指挥使孟大臣、指挥同知郭东州,各闲住,兵部因其自陈各覆其贪肆也。

八月

刑科左给事中宗弘暹劾原任吏部左侍郎魏学曾起官署郎,不数年升巡抚,又未几改入铨曹③,皆近年迁擢所未有者,乃恣意贪饕,以朝廷官爵为奇货,公行贿赂,曲庇私人。上命调学曾南京。

勒茨沟营守备卢彻闲住,按臣王元宾劾其庸贪也。

九月

原任四川右布政使方攸绩、成都府知府顾褒革任听勘,巡抚刘斯洁参二臣贪肆,例当为民。吏部言绩前任有冰檗④之称,褒到任有青天之颂,今臧否悬殊,必体勘明实方服其心。

河南佥事夏易、陕西佥事范爱众,以贪酷例,勒为民。

十月

兵科给事中李熙陈阜财五事,有曰:"贪墨之吏以富民为奇货,诛求朘削,靡所不至,廉吏又矫枉过正,摧抑之困辱之,或罹小罪必重坐以破其家,明知含冤必故入以倾其产,诳索百端,赃赎比追无已,坐罪未明身已毙。"

勒广东高肇参将马良汇回卫差操。良汇,虚冒军数,侵克兵粮,原议提问

---

① 地名,在今湖南省凤凰县。
② 时明神宗朱翊钧已即位。
③ 主管选拔官员的部门或长官。
④ 意指处境艰辛。

后勘古田功次，良汇部下功一百一十名，以功赎罪，仍追赃焉。

革湖广随州知州周行为民，行巡按御史提问。上因谕吏部曰："近来查勘官员，久不奏报，贪吏无所惩戒，亏枉久不获伸，抚按官所干何事？便令上紧完报，不得推诿故纵。"

十一月

吏部奏："被论官员革职提问者，所以严奸恶之防；回籍听勘者，所以求是非之实。如近岁五河县知县张宪翔横被污蔑，于时立限催勘，毫无干涉，今宪翔见任御史償运有声，窃计被勘官员如宪翔者恐亦不少，各该抚按公然废阁，贪吏无所惩戒，亏枉久不获伸。诚如圣谕，乞通行各该抚按衙门，不拘京官外官，凡奉旨听勘并提问未完者，分委廉干官员审究明白，册送部院该科查考，不得仍前推诿纵容。"

勒甘州左副总兵王孟夏闲住，孟夏自陈，兵部覆其贪懦也。

十二月

都察院奏陕西西安府知府邵畯挟索有据，以遇恩诏免罪，仍行巡按御史追赃。

兵科右给事中张楚城言南京礼部尚书秦鸣雷贪秽，不宜留，吏部言鸣雷处分后未闻别过，似难轻弃。

革松棚路游击薛经任，行巡按御史提问，按臣卢明章劾其贪纵也。

勒原任浙江左布政使姚世熙闲住，吏部以世熙奸贪无忌，降调未尽其辜，覆令冠带闲住。

二、万历年间（万历元年至四十八年，1573—1620年）

万历元年（1573年）

正月

勒陕西左布政使冯舜渔回籍听勘，御史萧廪荐舜渔廉，拟升延绥巡抚，而按臣陈文焕劾舜渔贪。吏部以为一人之身，廉贪迥异，必体勘明白，方服其心。

二月

革辽东副总兵赵完任，行巡按御史提问。先是，王杲入犯，完观望逗遛，坐革职级，戴罪杀贼，而贪肆愈甚，惧巡抚张学颜参究，使其弟察赍三百金并貂裘首饰投送学颜家。学颜发其事，章下兵部，请革任提问。

兵部奏兵科左给事中蔡汝贤等参题赵完庸懦、贪婪、贿赂三罪，当究，仍乞敕各镇督抚诸臣边将，有公肆克剥，潜通贿赂如完者，即时参奏。

勒大同总兵官左都督马芳闲住。芳惧阅视不免，行贿武库司郎中林绍怀、隆兵备参议吴哲，及阅视侍郎吴百朋。百朋发其事，请提问兵部，以芳久在边方颇著劳绩，今当晚暮，曲赐优容。

六月

革原任振武营游击张爵任，提问巡按御史卢明章劾其贪肆也。

巡视工程户科左给事中刘浑成疏参昭陵提督太监王爵，率领棍徒采打指挥白贲，及爵平日贪婪之状。诏下法司，夺贲俸半年，爵竟免究。

七月

吏科都给事中刘不息参听勘巡抚刘应箕不宜揭辩，言孙鏒受耳目重寄，得以风闻言事，况与应箕同处地方，其见闻必真，应箕宜闭门省过，付是非于公论，乞照贪例革职。

九月

革广西副使金柱任，听勘。柱，先任潮州兵巡佥事，按臣杨一桂劾其贪纵也。

十月

都察院奏："应天巡抚所上王应桂等爰书奉诏，张佳胤原奏安庆军变繇王应桂，克减军粮所致。今却隐原奏重情，止以别项赃私，朦胧轻重，好生纵容卖法，着再从公据实问拟具奏。"

住广东海防道按察使陈奎俸，令戴罪管事，潮州府同知陈学麟与奎同族，以贪横阻挠，为提督殷正茂所劾。吏部拟革学麟职勘问。上因罪奎私庇同乡贪吏，养寇殃民，而责正茂不行参论，乃处奎，候擒获诸良宝事宁之日，具奏定夺。

万历二年（1574年）

四月

刑部覆南京监察御史王宣化参应天府推官周恪，将犯人胡三兴淹禁不决、接受吴瀹重赂等情，合行南京刑部提问。

六月

南吏科给事中史朝铉劾守备太监申信，先年差往湖广督发辽庶人，起解高墙，强取籍没银两六千以充囊橐。顷在南京暴戾贪残，擅添各门局等官，贿赂公行。乞亟赐罢斥，严行勘问赃罪。报闻。

九月

巡按直隶御史陈文燧奏代府待袭太平王鼎铉贪横不法，谋夺嫡嗣，请术人陈九仓镇压世子，又因陈九仓挟索并害九仓，乞行勘究。章下所司。

巡按浙江御史萧廪奏："余姚进士胡膏，先任光禄寺寺丞，擅将子鹅抵作老鹅，冒支官银四百两，被巡视户科给事中杨允绳参劾。膏反诬允绳谤讪玄修，拟绞处决，膏随升徽州府同知，阴通贿赂，考察不谨，回籍广置产业。拟绞籍没家产，追过一万一千有奇，余请蠲免。"章下所司。

福建原任运使李廷观赴部调用，按察司莫如善照旧致仕，以抚按会勘其受贿情虚也。

十一月

巡按御史复请贪官赵文华侵冒边饷十余万，沈永言侵欺蜡茶等银三万余两，姑为缓追。

闰十二月

巡按辽东御史郭思极勘过户部郎中王念赃私贪例，革职为民。上谓："王念侵盗如何都开摊各库役领下？郭思极前劾王念赃罪甚重，今又朦胧回护，轻拟革职，且不究王念。着提去与各犯面证明白，从公再问。"

万历三年（1575 年）

正月

原任宁夏总兵牛秉忠以实职都指挥佥事降三级，以贪残被论劾故。

原任宁夏参将榆林卫都指挥同知孙朝栋，以赃论发边立功。

兵科给事中劾奏都察院右佥都御史陈省通贿状。

三月

户部尚书王国光以言官纠拾再疏乞罢。上曰："卿以稽核钱粮追并赃吏，为众所嫉，朕所知也，其安意供职。"

五月

有假新选州同诓借商人银八百两者，事觉，吏科给事中李盛春疏言："棍徒结伙诓害，放债重贪，宜行厂卫严加访缉。因言开纳事例，除冠带荣身无关民社者可也，若有司佐幕分牧之官能为民害者，宜悉行。停止为贪官图选有司之禁，一夫一皂皆民财力，宜通行抚按衙门，严禁三司首领州县佐贰官，不许擅自抬轿，违者据法重处。州县佐贰官果有贪污不职，正官不行开报，州县正官果有贪污不职，知府不行开报者，抚按官宜仿古连坐之法，参论罢黜。见在有司果与地方相安可堪久任者，宜照例题请加衔。州县佐贰杂职贪酷害民者，照例尽法追赃问遣。果有材能超卓者，照例不拘资格，一体荐扬。"

六月

吏部题："民生休戚，关吏治之臧否。吏治臧否，在抚按之激扬。抚按于地方官员贤能无论大小，俱得荐扬，贪酷者六品以下径得拏问，权至重也。"奉旨："今后抚按官务要精核，有司但系实心爱民，及贪酷坏法的不问甲科岁贡出身，一体荐举论劾。如有沿习旧套，偏重甲科及徇私滥举、植党市恩的，尔部并都察院查照旧例，著实参奏。"

七月

巡按山西御史崔廷试参山西镇守总兵官刘国贪淫骄纵状，宜革任回卫差操。

巡抚山东都御史李世达劾济南知府隗邦衡诸贪刻状，且言邦衡羽翼甚众，臣固知之而官箴大坏，难以容隐。上夺邦衡职，曰："抚按官以察吏安民为职，有司官贪酷害民，法应纠劾。彼有何羽翼，敢挠公法，兹皆不畏朝廷而畏赃官之语。今后有如此者，令吏部都察院将抚按官一并查究。"

八月

故延绥巡抚右佥都御史充军张子立男张少简，奏为父乞复原职，许之。仍命今后但系充军及以贪赃为民犯该追夺除名的，虽遇恩例复职，并不许陈乞封赠，给与恤典。

湖广按臣向程参黄梅知县张维翰违例科派，以致部民殴辱乞要，坐赃罢黜。

九月

吏部右侍郎何维柏条上八事，有曰："严追治以警贪酷。凡守令赃私显著者，将所犯赃私追并押发各边自行输纳，完日回籍为民，而官吏因受人才及法外用刑增减人重罪至罪死者，坐以死罪，庶诛求息而刑罚可平。"

十月

两广提督殷正茂论参将梁守愚泄漏军机受财卖贼状，奉旨：梁守愚革任提问。

户科都给事中光懋、吏科给事中李盛春，俱疏论原任南京国子监祭酒姜宝受贿有状，抚臣不当妄荐，疏下吏部。

吏部覆直隶巡按陈文衡论劾冀北兵备右参议张希稷，照不及例降调。奉旨：陈文衡所论张希稷俱贪酷事迹，如何又说重加降调？凡官员才力不及的，方行改调。若贪酷者得调，何以示惩？张希稷革任，著巡抚衙门从实查勘具奏。今后，各抚按官有论劾不合的，尔部里务见行事例，一并参究。

万历四年（1576年）

正月

罢松潘副总兵沈鲸，行御史提问。鲸，贪横有声，为蜀抚所劾故也。

诏甘肃道副使钱进学，以原职调用。先是，巡按陕西御史耿鸣世劾进学贪状，下吏部勘，卒如御史议，以不谨闲住。上谓："进学赃私通无下落，抚按官或据风闻，既奉旨查勘。今后务虚心问拟具奏，不许偏执成说，及以出身资格任意低昂致枉公论。"

礼科等科以考成抚按未完，疏纠六十九人。上以未完者多追赃官吏，并侵欠钱粮，事情重大，如再迟违，该科其尽法参处。

三月

吏科都给事陈三谟，以河南巡按刘尧卿所劾睢陈、兵备计坤亨，淫刑纳贿，大坏官常，而觐照不谨，例闲住。因查万历三年十月内巡按宣大御史陈文衡，疏劾参议张希稷，止于降调，蒙旨革任，命抚臣勘实以闻，则轻处坤亨，似难为监司贪酷者戒。下吏部议允坤亨革职提问。上以尧卿举劾违例，命外调。

四月

下四川松潘兵备副使林应节于理，以其淫贪残，为巡按御史郭庄所劾也。

五月

削凉州卫掌印指挥戴世勋籍，以百户蔡明冒袭受贿不举故也。

七月

命夺方山王府辅国中尉新垤禄米之半，仪宾栗汉臣下御史讯。先是，新垤以犯盗参罚，至是复窝寄潞城王府仪宾栗汉臣盗赃，抚按崔镛等以闻，故有是遣。

总督陕西右都御史石茂华劾游击帅范贪污不职，罢之。

十月

以巡按陕西御史刘光国劾黜宁夏贪残参将赵九思。

先是，山东抚按劾奏昌邑知县孙鸣凤赃私狼藉。上语辅臣张居正以鸣凤贪鄙恶且笑之，居正对曰："今皇上励精，臣等仰体德，意以节俭率百僚，法度亦稍振举，维是有司贪风未息，欲天下太平须安百姓，欲安百姓须有司廉平。"①

---

① 神宗在位48年，是明代在位时间最长的皇帝。即位之初，由张居正主持政务，亲政后也励精图治，经济发展，出现中兴局面。中后期则荒于政事，社会矛盾尖锐，成为明王朝走向衰落的转折点。

十一月

谕都察院："今仕路难清，贪风未泯，朝觐考察官有遣人来京预图打点者，五城御史缉事衙门其访擒以闻，在京各官亦务禁止宴会，勤修职业，风示四方，若沉湎纵肆，不守官箴，参来重治。"

十二月

下广宁前屯游击王国瑞于巡按御史讯，以纵寇殃民贪污不职也。

削云南佥事吴教傅籍为民，仍追赃。

万历五年（1577年）

正月

上命罢奖赏，廉能者纪录擢用，贪酷者行按臣提问追赃具奏。

四月

命分巡河南道佥事李之茂革任听勘，以巡抚劾其贪黩也。

降原任江西布政使张柱一级调用，以抚按勘赃无实，部议量处也。

六月

吏科给事中李学一言云贵两广州县宜多选甲科。部覆："人才甲乙不甚相远，云贵两广地方辽阔，各官声闻未易上，通使抚按官加意考核，贪肆者尽法汰斥，贤能者破格旌扬，则举贡之中争相淬励，岂患无才足堪任？请申饬抚按多方廉察但实心爱民者，不问资格即与优荐，不肖者不时参处，本部仍将远方官员加意查访，但有纵肆奸贪而抚按不以上闻，及抚按论列而司道近注互异者，查系指名参究。"

九月

兵科都给事中裴应章论劾贵州总兵吴国贪庸欺纵十大罪，得旨：吴国既有罪状，该抚按知之，其革国任，按臣勘实以闻。

十二月

南京户科给事中傅作舟等论劾南京吏部尚书潘晟、南京都察院右佥都御史张岳，以晟为其乡人兵部郎中吕若愚，岳为其乡人刑部郎中包大爟互相属托，党庇轻处，宜罢斥，以为大臣徇私者之戒。御史陈堂又极论晟结恩报怨，及在礼部干请诸贪鄙状。上令晟、岳策励供职，已而若愚亦革职闲住。

万历六年（1578年）

正月

免追赃释放俞世清等六十二人，监候查勘。另结杨保等四人，仍监追徐应骐等八人发遣,四川盗库犯人沈鲸边卫永远充军,副使林应节以受馈送追赃,完日发原籍为民,以彼中巡按论劾也。

二月

吏部覆:"巡按广东御史龚懋贤、江西御史李学诗,各疏严惩贪吏,以安民生。夫贪赃之吏,多出有材。方其新任,逞能炫奇,巧取名誉,上官不廉其实,一加奖荐,遂肆行无忌,铺户供应苦赔,词讼折赎太滥,指称公费半入私囊,守巡畏其中伤,若罔闻知,而巡按恐有操切之议,不尽搏击漏网者多。今后访有贪酷大著,提问从重归结,至罢官回籍,并听抚按详察以治其尤。"上曰:"屡旨惩贪进廉,以饬吏安民,乃抚按官不着实举行,及奉旨驳问,便说朝廷用法太严,人不能堪。今后抚按官都着严察奸贪,访有实迹的,不论官职崇卑出身资格,即便参奏,拏问治罪。然不许因而报复仇怨。"

三月

户部覆南京户科给事中傅作舟奏拟为四款,有曰戒取索以杜贪残。

九月

原任山海关参将王有臣,先是被论赃私。至是,总督梁梦龙覆勘,止谓性气乖戾,丛怨招尤,赃私别无证据。

十二月

工科给事中刘中立、云南道御史茹宗舜,各疏论劾京营戎政兵部右侍郎孟重贪庸状,已而重疏辩,乞休,不允。

万历七年(1579年)

正月

命究追近侍杨成、张用等诓骗盐商赃物。

贵州总兵吴国,以贪纵欺冒被劾革职。

二月

命革宣府游兵营游击李廷相,究赃问拟如律。

三月

改侵盗腹里钱粮加侵盗边海钱粮一倍者,罪照边海事例,着为令。旧例盗粮四百石、银二百两者,罪论斩。此在沿边沿海行之,盖以边海钱粮比腹里较重也。都御史胡执礼见腹里侵盗者多欲以此例行之,时部覆以为太严,议盗粮八百石、银四百两者罪如之,仍责限一年完赃者,准改戍,过限不完者处决,余赃拘亲属追赔。①

五月

总督粮储南京户部右侍郎程嗣功，因吏科给事中杨言论其贪庸不职，辩冤乞休，不许。

浙江巡按御史劾知县王亮采及林纭、董盛等一十三人，计赃论罪各有差，部覆得旨：王亮采革职为民，林纭远戍，董盛等拟徒发落。

六月

都察院参详江西赣州府推官潘应诏贿赂，潜通索取无忌，拟徒追赃革职，得旨依拟。

永明县知县苏以达，以贪黩赃私，拟徒革职。

工部营缮司员外刘秉商接管山台木厂，有铺户裴铭投帖进贿，冀遂侵欺，秉商拘获参究。事闻，命吏部纪录叙用，以示奖励。

七月

工部题："本部通惠河道等差共十一员，钱粮多寡不同，均为紧要职事，宜加考核，其应考各官公廉勤慎者为称职，移咨吏部优录，平常无过者准复职叙用，如有怠玩贪纵不职者，除平时体访参究外，至差完回部之日从公考核，照罢软不及不谨等例分别降斥。"

八月

光禄少卿岳相以原品改调南京御史，刘致中劾其贪残不职，应夺。部覆，谓其偏执招尤，但年力尚堪策励，故有是命。

九月

兵科给事中赵世勋劾右府掌府事定国公徐文璧，需索属官，私设文簿，名曰堂食钱，又名红纸钱，请严行禁革，以儆枭贪。得旨：以勋旧，仍其职，惟厘革夙弊，为后日规。

巡抚都御史贾应元奏劾大同后卫都指挥同知吕凤鸣科敛军钱，计赃以枉法，论远戍。

十月

总督两广侍郎刘尧海上言："迩来贼盗繁兴，皆由官箴不饬，上下相仿，贿赂公行。查问刑条例，凡卫所职官卖放正军，包揽月粮至二十石以上者，罢职发边卫守御。凡沿边地方总副参游守备都司卫所官员，但有科敛及扣减

---

① 沿边沿海，地位重要，故侵盗其钱粮者罪重。此处将侵盗内地钱粮达到侵盗沿海钱粮一倍者，按后者事例惩处，加重了对内地侵盗钱粮者的处罚力度。

入已赃私至二百两以上者，发边卫永远充军。四百两以上者斩首示众。事例一体通行沿海地方，以后总参等官有犯此赃数者，俱照例究处。"兵部覆奏，允其议。

十一月

宽奠参将徐国辅革任，行巡按御严提究问，以贪黩起衅，致夷人怀愤抢窃，为督抚梁梦龙所论劾也。

万历八年（1580年）

正月

苏州卫管镇抚司指挥宋木，因常州府发来勘产追赃犯人管封周，以贿脱逃。御史田乐上其事。上怒敕加究处，并罪本道参政徐用简疏纵降治。

三月

治惠潮失贼误师罪，副将晏继芳等以退缩发遣，守备周汝敬等以受贿逗遛处决，潮州府同知杨廷勋以缺乏军需行巡按提问。

闰四月

南科臣傅作舟疏纠工部主事黄金色、司务雷汝恒，贪饕冒昧，制钱抵假，致钱法壅滞。金色、汝恒亦各疏辩，既而部覆，谓其染指滋弊，宜照贪例夺职编氓。

五月

江南副总兵杨文犯赃，谪戍边卫。

七月

治山西绛县知县王思治，以赎徒削籍，因科罚淫刑贪酷有声故也。

八月

夺南京工部主事丁惟诚职听勘，惟诚差委芜湖，以贪著回部。尚书沈应时失于考核，科臣万象春疏纠应时，因及惟诚衰庸贪昧状，故有此旨。

十月

南京户科给事中王蔚论劾南工部主事陈春，差往仪真贪纵状，因及户部主事蔡惟亨，旧差九江贪秽状。上命锦衣卫逮春，而革惟亨职为民。

十一月

革宣府管粮郎中吕子桂、易州管粮员外秦邦彦任，听勘。科臣郝维乔劾其贪肆也。

革陕西副使王宇薛纶任，听勘。以刑科给事中张鼎思论其纳贿容奸故也。

十二月

戒有司积谷备赈，不得指名科罚，以充贪吏囊橐，违者参治。

夺原任陕西参议何汝成职，闲住。以给事中史继辰论劾其贪故也。

工科给事中傅来鹏条上四事，有曰："严法制以遏贪黩。贪纵有司自知，赃私狼藉，多纳交紧关衙门书属，抚按司府曲为庇护，致举劾不公，不肖者皆得幸免。宜严加申禁，犯者必惩，以兴吏治。"

陕西道御史孙旬疏论抚臣张卤，数其四罪，有曰："厚贿以赂势要，动取赎锾千金，攫充私橐，是冒衣冠而躬市井之行也。"卤亦有疏乞罢，且辩其诬。上令之策励供职。

万历九年（1581年）

正月

巡按直隶御史刘光国会勘原任易州粮储员外秦邦彦管粮，重入轻出，召买侵克，乞提问追究。得旨：秦邦彦照贪例革职为民，巡按御史提问具奏。

三月

都察院覆："题辽东抚按周咏，于应昌会勘刘台赃罪，言台赃私狼藉，遗羞风宪，乞行江西抚按严提归结。既而，江西巡抚王宗载、巡按陈世宝复会奏，台谗言乱政，且合门济恶，应拟边远充军，原领诰敕应追夺类缴。"有旨，如拟台既以疏攻辅臣得罪，一时诸臣承望风，旨故再得重谴云。

巡按江西陈世宝疏言犯官邓子龙赃罪，应徒赎革任。上曰："子龙既智勇可用，无重情，着纳赎还职，遇缺推用。"

四月

先是，巡按广东梅淳劾王朝兴赃迹甚多。至是，奏拟赎徒发原籍为民。上曰："王朝兴原劾赃私甚多，及勘问，通无下落，止将一二轻赃坐罪。若非先劾不实，必是后勘循情，王朝兴姑依拟前。"有旨："各巡抚官，访有所属官员恶迹，或被告讦，即便严提干证面质，果有实迹，方行论劾。近来各官通不遵行，始则轻行论劾以著风力，终则模糊问拟，以致公道不明，罪有枉纵。今后再有这等，吏部、都察院从公查参处治。"

六月

吏科给事中张世则参陕西巡抚李尧德贪鄙废弛，乞赐罢斥。既而尧德疏辩，事皆风闻。诏尧德回籍，听彼处按臣勘奏。

兵科给事中万象春劾延绥巡抚宋守约，克减台工，私通厚赂诸不法状，乞行罢斥。上令守约回籍听勘。

十月

发凤翔知县王明汲充军，以按臣龚懋赏劾其累赃几至八百、刑毙至于六命故也。

命各省直抚按论劾府佐县正官员，如本系贪污及年力衰庸不得轻拟改教，以致学政不兴，贻坏士习，从陕西巡按龚懋贤题请也。

万历十年（1582年）

正月

革河南参议周有光职为民，仍下陕西巡按御史问，坐先任宁夏兵粮道贪恣不简，为三边总督高文荐所劾奏云。

南京吏部尚书何宽乞罢，不允。先是，南京江西道御史李士达参论原任刑部郎中邵城等，受贿鬻法，词连宽。宽疏辩，因请罢。部覆宽剔历中外，素有声称，且邵城经宽察处，则心迹自明。上令供职如故。

二月

原任吏科给事中张世则讦奏吏部尚书王国光，鬻官黩货，赃私狼藉，乞行罢斥。国光疏辩谓："世则以外转故挟私论臣，且所指通贿贾名儒等见在可质。"上谕留国光，而怒世则挟诬，以原职降一级，调外任。

革云南新兴州贪知州张于京职为民。

革甘肃总兵雷龙回卫，阅科田大年参其贪也。

三月

革浙江贪都司吴宪职，仍下巡按御史问。

四月

辅臣张居正等请存问①原任少师大学士徐阶，言阶当严氏乱政之后，矫枉以正澄浊，为清惩贪墨以安民生，定经制以核边费，扶植公论奖引才贤，一时称为治平，皆其力也。

革广东考察听降贪副使张尧年职为民，被黜知府张敷潜下巡按勘。

革四川贪右布政使刘经纬职闲住，以前任参政被劾故。

夺广东惠州参将季金、真定延绥游击路登云、赵武职，各以贪纵为抚按所劾也。

---

① （上级对下级）慰劳。

五月

追广东保昌县贪知县邓元坤赃为民。

六月

黜湖广长沙府贪酷通判时瑞、岳州府平江县贪知县朱嘉猷，各为民。

免云南巡抚赃罚银一千一百两有奇，为前任巡抚饶仁侃候代日所欠，巡抚刘世曾奏罢之。

革浙江总兵官吴国任，两番倡乱国未展一筹而贪残无比，言者劾之，故罢。

七月

吏部覆吏科给事中尹瑾等、河南道御史陈功等，各以朝觐考察条陈六事，有曰惩贪酷以儆官邪。

夺两淮贪运使陈楠职为民，下巡按逮问。

十月

云南道御史杨寅秋纠吏部尚书王国光六罪，有曰："擅支工部银一万两，修理火房；覆用贪副使韩应元、不谨知府薛纶受其厚贿。"上大怒，诏王国光："欺君蔑法，念系大臣，姑落职冠带闲住。"

十一月

黜阳和兵备右参政蔡应阳，以阅边给事中田大年劾其赃迹已著也。

十二月

户科给事中王继光参工部尚书曾省吾十罪，有曰接受贿赂，沮坏盐法。上勒之致仕。

陕西巡按吴定劾为民肃州兵备佥事李茼向贪酷，仍提问；分巡陇右道佥事徐学诗不谨，闲住。

山东道御史江东之劾锦衣卫指挥同知徐爵，以犯罪逃军，夤缘冯保门下，滥叨武职，擅入禁庭，为谋叵测，应亟行窜逐，以清宫府，因并论吏部尚书梁梦龙，用银三万两托爵贿保谋补铨缺，受命公朝，拜恩私室，清明之世，岂容有此举动？上下爵，诏狱严讯，送刑部拟斩。梦龙疏辩，令供职。已而御史邓炼、赵楷各有言，遂令致仕。

先是，直隶巡按王国疏论逆珰冯保，专权纳贿，即辅臣张居正病故，保全徐爵索其家，名琴七张、夜明珠九颗、珍珠帘五副、金三万两、银十万两，因劾吏部左侍郎王篆送保玉带十束、银二万两，谋掌都察院，并乞罢斥，以儆官邪。篆疏辩乞罢，有旨调南京别衙门用。已而御史李廷彦复追数其贪纵不法诸事，上令冠带闲住。

万历十一年（1583 年）

正月

御史黄钟劾湖广巡抚陈省重贿居正，又为之防护，其家设兵数百，岁给饷数千。上命夺陈省职为民。

吏部会同都察院考察天下诸司官，贪为广东副使唐可封等，得旨：黜调如例。

御史张应诏列故大学士张居正家奴游七十罪，千户范登、道士胡守元等诸奸党，纳贿济恶。得旨：范登等俱送镇抚司打问追赃。

御史魏允贞劾兵部尚书吴兑附高拱、张居正，馈冯保金一千两，署名摽封，宛然尚在。又装送兵器火器赂俺答，乞正兑欺肆之罪。章下所司。

刑科给事中冯露、御史韩国桢，各疏劾总督三边兵部左侍郎高文荐，言文荐附逆保馈遗无算，娶王篆侍妾之妹，交通纳贿，妄传靖虏卫产金，索取未遂辄行加粮，致回酋聚众据黄河。贪鄙若此，岂堪重镇之任？得旨：文荐革任闲住。

工科给事中傅来鹏劾操江佥都御史吕藿，言藿前掌选纳贿鬻官，又常倾害推官赵世卿等，宜加显斥。得旨：吕藿革任闲住。

二月

刑科给事中田畴言：“逆犯范登，贪肆异常，阿附邪臣如宣大巡抚贾应元，大坏盐法；文选郎中蒋遵箴，藉登私宅，纳贿卖官；御史于鲸、顾尔行，皆听嘱托受贿。乞将四臣一体罢黜，以清仕路。”吏部覆蒋、遵、箴降三级，调外任。顾尔行，降远方杂职。于鲸，闲住。应元，以他赃另勘。

南京河南道御史方万山劾光禄寺少卿王蔚、傅作舟，鬻权纳贿诸不法事，得旨：王蔚、傅作舟以原官降一级，调外任用。

户科给事中王继光劾兵部尚书吴兑，交结逆保，多受将领馈遗。侍郎贾应元，先开府时太平王被参，以停封为辞致该府馈银九千，仍勒送万金，方许请封，而罢追赃及赂游七冯保诸不法状。上令行彼处巡按御史勘应元受代府赃数，而置吴兑不问。

五月

南京给事中冯景隆言：“迩来有司贪墨，土司承袭，必重勒货贿。”

革总兵官麻锦任，下巡按御史勘奏，以御史陈性学劾其贪淫酷暴也。

七月

革左军都督府都督佥事黄应甲任，以其贪妒残怯，为兵科张鼎思所纠也。

八月

兵部覆广西巡按御史马呈图疏言粤西土司各保界宇，并无侵犯，中有彼此仇杀，多系地方官贪残喜功所致也。

九月

黜蓟辽总督周咏为民，以勘刘台赃，扶同虚捏，为给事中戴光启所劾也。

十月

吏科给事中邹元标疏陈五事，有曰："肃宪纪。台中奉差诸臣，不患无才，患身不正而威令日弛也。回院考察惟以砥节者为上，操守端则宪纪肃，宪纪肃则群吏畏慑，贪黩者且闻风而靡矣。"上是其言。

都察院覆给事中邹元标疏肃宪纪、饬抚臣二事，言诸差按臣务激浊扬清，以肃吏治；赃罚银两除解部备赈外，不得私自取用，亦不许妄行馈遗。

户科给事中王三宅劾南京户部侍郎王缉贪黩不法，得旨：王缉着冠带闲住。

十一月

甘肃巡抚王琔劾先任西宁道副使岳凌霜贪纵残虐，吏部覆凌霜自任副使多称其贤，行巡按御史查勘具奏。

兵科给事中黄道瞻劾南京兵部尚书刘尧诲，年已衰暮，而行又贪污，宜行罢斥。

十二月

都察院左副都御史丘橓以风纪不振条陈数事："一曰考绩，谓各官考满，岂都称职？宜择不职之尤者，注劣考以抑之；一曰请托，谓持斧之使未出都门，而密嘱之姓名贿买之简札已接踵矣。堂堂豸冠，岂可听人颐指？一曰访察，谓二司考语必托之有司，有司亦皆托之有司美语密达，彼此交通，是非倒置；一曰举劾，谓庸劣去任者，登白简百足之风，无一不在优荐；一曰提问，谓纠治贪残，止有提问一节，乃或批驳以相延，或朦胧以竟免；一曰拘资格，谓有司举荐先尽甲科，而纠劾则先尽举监，不问贤否，而先计出身之途。"上可其奏，令著实举行。

革浙江总兵官胡守仁任，以其贪险凶暴，为兵科给事中张鼎思所劾也。

万历十二年（1584年）

二月

都察院覆萧彦条议："墨吏害民，罪赎科罚贿赂其显者也，而钱粮之加耗，里甲之支应，则人人被毒，其抚按参论贪酷等官，巡按即当勘结。如官已离任，一行原任巡按究问。"

江西道试御史李载阳参南京尚宝司卿林应训，原任南京御史时曲事要津，潜通厚贿，并数其罪恶显著者五事。诏削应训籍。

吏部覆丘橓摘陈一二贤否等事，得旨：在外贪肆官员抚按官，遵照屡旨，着实参来，在京大小臣工，各要砥砺，禁绝馈遗。

以凶险贪暴挟众抗旨，革新会王睦㮰为庶人，发高墙禁住。

三月

左副都御史丘橓条陈三款："颇闻各省大吏恣肆如故，有司贪残如故，百姓愁苦如故，四方馈遗相望于辇毂如故。"

四月

都察院覆李江参贪肆武官，纵军鼓噪，命巡按勘问以闻。

五月

先是，浙江巡按御史范鸣谦劾温州府知府李际寅贪酷状。旨下御史问，因公科敛，所属财物计赃，以枉法论发充军。至是，都察院覆："际寅犯在革前，相应遵诏宥免。第所引官吏受财枉法之例，而所犯则系因公科敛之赃，似与例意有间。缘因公科敛罪止于徒，而赃多情重者恐无以示惩，故问刑者往往引前例发遣。乞纂入问刑条例，以惩贪墨。"得旨：际寅追赃完日为民，贪官赃多情重者，刑部拟条例以闻。于是刑部言："赃至五百两以上者即引枉法例充军，若止因公科敛，第依律议以杂犯绞罪准徒，抚按论劾人亦不得苛求诬枉。"

兵部覆直隶巡按陈性学参总兵麻锦贪婪残暴，宜罪如律。

九月

云南道御史叶承遇参福建提学邹迪光，原任黄州府，赃私，令湖广抚按官从公勘问以闻。

十一月

吏科给事中齐世臣等条上五事，有曰："核纠察之实，如指其贪，即取一不义足矣，不必尽括无影之赃；指其酷，即杀一不辜足矣，不必概举有罪之鬼。"

十二月

夺延安府贪同知石巍、真宁县贪知县刘衢职为民，下巡按提问。

户部尚书王遴条奏，有曰："惩贪墨，贪墨有巧有拙。拙者济之以酷，败露稍易；巧者如府官则批词讼于府，首领州县佐贰州县官批之佐贰首领无贪之名，收贪之利，既取之民以肥己，又取于民以媚人，巧之为害尤甚。自外官入京者一事而言，例有馈，名曰公礼①，三四十年前多不过五钱，近乃有二两三两，不知谓例者起自何时，公然入己，恬不知愧。"上嘉纳之。

万历十三年（1585年）

正月

命福建抚按即讯原任总兵王尚文，按臣杨四知纠其贪也。

诏重惩贪吏，严禁馈遗，从部覆户部尚书王遴之议也。

先是，陕西西安府同知江中晓坐监仓，多收斛②面，为抚臣张师载所发，事在隆庆二年，已升南户部郎矣。至是，始正其罪，追赃为民。又以原籍勘问减拟赃数，都察院赵锦因参巡按御史赫瀛及按察使朱孟震。有旨：夺孟震俸二月。

三月

抚治郧阳都御史毛纲奏劾荆州府知府郝汝松赃贿巨万，皆于藉江陵故相及诸宗室取之。得旨：下抚按官逮讯。

四月

敕六部都察院曰："天下有司官多贪赃坏法，酷害百姓，今后宜慎加选用，都察院便移文申饬，务修实政。"

五月

黜通判杨廷楠、张子孝、杨万言、知州邝祖禹、知县杨谔、谢鲍、赵光启等为民，坐贪也。

七月

逮沈汝梁于诏狱，论戍。汝梁，南御史巡视下江，以馈遗为名，尽取所部赎锾入京。

十二月

湖广道御史徐大化言："今年复当天下诸司入觐之期，有谓当宴赏卓异，挐问贪酷者。今闻各省以卓异举者几八十人矣，昔隆庆间湖广按察使杨彩不举卓异乎？而后以墨闻南昌知府。丁应璧不举卓异乎？而后以不及论其不相应。然近日刘冠南以贪黩逮，止于降调。夫贪黩秽行也，降调薄罚也，以秽行而得薄罚，其故可知。臣愚以为罢之，便御史王之栋建议亦本此意。"上曰："朕方甄别吏治，故赏廉黜贪，以示劝惩。前已有旨，部院其据实奏请，临期朕自主张。"

---

① 公礼，原指官方的礼节，后来逐渐成为公开的贿赂行为。
② 容量单位，一斛本为十斗，明代则为五斗。

万历十四年（1586年）

正月

吏部等衙门题考察贪酷知府等官，张珩等共十四员，行各该衙门严行提问。

革龙虎左卫指挥佥事鲍举、广洋卫署都指挥佥事赵云龙任，以兵部题参贪纵不简也。

吏部将考察各官，徐时可等一十八员复加评品分别以听。上裁俱依拟其赃私数多，仍行巡按提问。

万历十五年（1587年）

五月

发遣贪官万泉县知县符嘉训、永宁知州李钛，仍谕以后抚按官论劾赃多官员，务究问的确成招定罪，照例奏请，不许轻率含糊。如复命之时不及究问，止行参提，听后官问结具奏。如抚按官违旨，尔部中及该科指名查参，亦不许容隐。

六月

追犯人余志道陈其第赃，仍发回原籍为民。志道，坐因公擅私科敛其策，坐监守自盗也。

七月

周府海阳王府狂男子朝唯诣阙上十事，字画差讹，句语难读，以意会之，有曰清仕路欲杜贿赂之门也。上虚怀纳言，悉与题覆。

陕西巡按御史姚三让勘问过襄城知县邓硕辅赃罪。上以硕辅原参赃八百余两，勘问止招十分之一，有无徇情容纵，下都察院覆命该抚按再问具奏。

八月

吏部遵敕题："清吏要在惩贪，惩贪要在核实，以后举劾专责抚按，司道不得依违致乖公论。"

都察院遵敕题申饬抚按专督监司事宜，得旨："今后抚按官务责成司道甄别，有司即以开报当否，定其优劣。如有曲庇赃吏，避怨市恩者，不时参治，有司荐后犯赃，都察院及该科将原荐官一并查参。"

兵部题："水旱频仍，颁敕赈饥。文职之贪墨当惩，而武职更甚，小民之冤抑当伸，而军中亦然，宜行申饬查访优恤。"得旨：武官贪墨当惩，军士冤苦可悯。所奏深切时弊，依拟着实行。

十一月

河南抚按衷贞吉等参永城知县赵廷璧，重征里甲，诏追赃为民。

刑科给事中唐尧钦言："惩贪宜严，劾勘宜详。抚按官不得藉口长厚曲庇养奸。"上以惩贪已有新例，及谕旨严饬不啻数四，未见贪风尽息，止因抚按官咨访不确，论劾未当。今后务遵屡旨，着实举行，不许苟且塞责，科道官务用心体访，从公纠劾。

万历十六年（1588年）

正月

饶平令文体循以贪悍斥为民，仍行提问，从御史蔡梦说劾也。

二月

刑部题："万全知县符嘉训，初被抚臣劾其赃至五百两以上，应遣。后按臣问拟赃不及数，应徒。"上怒其后先异同，姑不究，而嘉训仍遣。

七月

吏部覆议南科臣徐常吉劾副使房寰贪肆，其实才守无玷，第负气太高，执法太峻，宜调用以示裁抑。

吏部覆四川道御史崔景荣条议诸款，内有惩钻刺之吏以塞弊端，辨任使之吏以别人品。上谕近来贪污，有司不修职业，惟恃钻求，虐害下民，逢迎上司。抚按系朕耳目，全不究举，雷同罔上，姑且不究，再违重治。

十一月

刑部覆议张鲸、刘守有、邢尚智赃罪，尚智论死，守有斥，鲸被切责，仍令策励供事。吏科给事中张应登再疏论之，不听。

十二月

吏科给事中李沂劾东厂太监张鲸，倚势乘宠，招权纳贿，罪恶万状，屡经科道指摘。上怒下镇抚司即讯，同日刑科给事中唐尧钦亦有疏击鲸，而得从宽政姑置不究。

南刑部主事刘以焕革职听勘，以御史陈扬善劾其受贿枉断李铛一事也。

太和县知县潘应期革职提问，从御史苏酇劾其投贿求脱也。

万历十七年（1589年）

正月

吏部都察院考察方面官，贪，广东副使易可久等。得旨：为民闲住致仕降调俱如例。

三月

南京吏科给事中杜华先劾宣府巡抚许守谦贪鄙不职，吏部言谦边才当惜，旨从部。

四月

四川总兵官李应祥虚冒营粮，为巡按御史傅霈面诘，行贿千金乞免，霈发之。旨夺祥而旌霈。

八月

巡仓御史荆州俊参劾监督主事王显先贪秽狼藉，革显先职。

十一月

吏科都给事中陈与郊等参劾广东参政徐应奎、佥事许国瓒，隐庇徐闻县极贪知县陆荣，所当议处。得旨：如拟并申饬司道官不得容庇贪肆。

南京吏科给事中杜华先论劾应天府府丞周希旦，贪而衰老，乞赐罢斥。诏希旦致仕。

十二月

江西道御史荆州俊劾管工部营缮司事太仆寺少卿徐泰时，受贿匿商，阻挠木税。旨令泰时回籍听勘。

万历十八年（1590年）

三月

广东徐闻县知县陆策犯赃，抚按交章论劾，吏科以参政徐应奉等册报不实。得旨，应奉等降一级调用。

四月

先是，福建道御史钱一本论劾原任巡按江西御史祝大舟，贪赃不法，奉旨扭解来京究问。大舟亦将一本先任庐陵知县贪赃不法事奏辩，并下法司。于是都御史吴时来等言："都察院乃纲纪百僚之地，御史乃执法风宪之官。今一本论大舟丁忧闻报两日票取三千金，彼事无质证即镇抚司打问，安能尽吐情实？乞持遣执法风力官前往江西勘实具奏，庶公道既昭，纲纪以肃。"得旨：钱一本奏内原说有祝大舟支取赃银案卷，著刑部便差官前去守取来京，地方官不许遗漏容隐。

七月

刑部奏原任御史祝大舟犯赃，情真，命照例追赃发遣。

八月

巡按云南御史杨绍程参黔国公沐昌祚贪纵不法诸状，部议请上裁夺，令罚禄米半年，原参人犯巡按官提问。

十一月

御史郭实论浙江按察使龚勉、湖广副使蒋希孔，各贪鄙不职，均应汰斥。上命照旧供职。

十二月

礼部覆御史何选奏言黔国公沐昌祚贪淫不法，上令就彼读书习礼，免其起送。

万历十九年（1591年）

正月

大理寺卿卢维祯题参府军前卫左千户李鸾受银十二两，以刘保等冒补逃故军名；羽林前卫指挥同知夏恺擅役军人等二十名，燕山右卫左千户胡志受新运军人张栾银三钱，听依雇人替验；李鸾依官受财枉法照例发边方立功；夏恺、胡志照例运灰赎罪，刘保张栾等依例。

岳池知县叶中彦因征收取耗羡，以赎谷扣工食，问徒追赃，回籍为民。

三月

山东观城县知县乔昆、广东大埔县知县杨文炳，俱以贪被告，抚按官奏题追赃，革职为民。

闰三月

以辽东抚按官参备御王宗尧失事，行贿求免，宜革任提问。参议傅霖力却夜馈，丕振风裁，委应纪录。

以巡关御史张鹤鸣劾参将袁日章贪肆衰迟，提调张洙昏愚不简，俱革任回卫。

陕西庆阳府通判陶万象以被劾问勘，事情虽半影，而所坐有索火耗短马价受节仪三事，着追赃完日为民。

上谕科道曰："迩来风尚贿嘱，事尚趋赴，内之效外，外之借内，甚无公直，好生欺蔽。尔等食何之爵？受何之禄？至于长奸酿乱而傍观避祸，无斥奸去逆之忠，职任何在？本部该拿问重治，姑且从轻，各罚俸一年。"

广东新会县知县苏眉山以贪问徒，现在追赃未完，香山县典史陈大章假借按臣同乡，私令家人收其银五百两，欲与行贿。为按臣程达奏行江西巡按提问正罪，部覆从之。

四月

先是，闲住郎中公一扬假名建白，纳贿干进，为辅臣王锡爵所奏。上令革职为民，严提究问。

以镇朔卫副千户桑国琛侵匿柴炭银一百两，致累印官，着追赃遣戍，仍革职为民。

南京刑部主事汤显祖，因星变陈言劾吏科给事中杨文举经理荒政受贿多赃，诏切责之。

五月

户科给事中陈尚象参吏部主事周应鳌贪污，不宜入铨。部覆调南京别衙门用。

六月

合江知县张良遇侵欺弓兵工食，命追赃完日革职为民。

七月

桐柏县知县刘弘祚、太和县知县潘应期，俱以论赃，革职为民。

八月

巡按辽东御史胡克俭审问犯官李惟蕚、高应登、王俊，并赃引例之罪。时李惟蕚等罪，止分银赃，非满贯，左都御史李世达为之驳回，台臣刘怀恕、科臣吴之佳，亦各以赃罪不协，律例未明。

科臣杨文举奉命发币救荒，贪肆不简，为汤显祖、李用中论劾，南道臣章守诚复纠其公论不容者十事，部覆以闻，上命降极边杂职。

汉中府褒城县知县邓硕辅被论赃私八百两，勘问止二百四十两。上令照原参赃数，应问充军。抚按覆问，至是会题邓硕辅原参多赃，强半在陈守节、陶大义买求之数，问官勘问屡更。

九月

追原任长垣县知县高知止赃，赎完日回籍为民。

追辽海卫指挥同知何清侵欺赃银，发边方立功。

南京户科给事中吴之鹏劾南京大理寺卿陈文烛收徐绳勋赃私，章下吏部都察院。

吏科都给事中钟羽正劾礼部侍郎韩世能之眊鄙、总督蓟辽蹇达之贪懦，均当罢斥。章下吏部。

十月

寿州霍丘县甘廷谏以赃私革职为民，从御史高举请也。

阅视山西张贞观条议，有曰："以交际太滥要折纳米豆以杜冒支，此惟在上司洁己奉公，不在法善与不善，仍照旧例银谷分纳，余俱宜依议。"

追浙江淳安县龚釜赃，完日发遣。

十一月

兵部右侍郎陈有年、左副都御史傅孟春，各以湖广衡州府同知沈鈇参论原任抚臣秦燿支银分送，各疏称辩，并乞罢斥。上曰："指馈饰赃，贪官通弊，各着依旧供职。"

刑部左侍郎邵陛以兵科给事中刘为楫劾其贪墨，上疏奏辩。上着依旧供职。

十二月

追千总叶国祯、戴世臣、李舟赃，发边卫充军，总督魏学曾劾其卖放军人，盗支粮饷也。

吏科给事中舒弘绪劾尚书张国彦，倾险贪戾，市井无赖，宜罢斥，以为大臣险邪之戒。不听。

部覆王世扬疏荐河西佥事朱朝聘应吏部纪录，参将孙朝梁等应荐用，操守刘国祯贪纵应革任。从之。

礼部以大计届期，乞举行宴赏清廉，拏问贪酷，以重劝惩，仍令各抚按巡历去处不许各官私迎送。

万历二十年（1592 年）

正月

革神机副将任大同佐击方希贤任，以贪肆不简，为巡视科道官罗栋等论劾也。

户科左给事中孟养浩劾副都御史傅孟春贪鄙，宜罢，侍郎韩世能被言不去非大臣崇廉耻之意，宜致仕。章下吏部。

四川渠县知县冯旸因公擅科敛淫刑监毙者九十人，为御史李化龙论劾，诏追赃发遣如例。

巡关御史刘会劾原任总兵官张爵占役冒粮肆横不法，宜追赃降祖职二级，兵部覆请，从之。

五月

万全都司掌印张崇德以病废事，调任。宣府守备范尚忠、杨礼、李国忠以贪纵不职革，尚忠仍下御史提问。

九月

先是，御史樊玉衡劾奏总督戎政李言恭，役占官军，贪索常例，宜选边方威名总兵代之。

论四川威茂参将边之垣侵冒罪，徒四年，追赃发边方立功，指挥使李长庚等下巡按御史问。

十一月

吏科给事中杨廷兰疏论太仆寺少卿张文熙，曩按越中叛军之变，闭门不出，太常寺少卿朱来远作令贿谋吏部典选①，卖官鬻爵，宜亟罢斥，以清仕路，章下所司。

十二月

吏部覆南京广东道御史陈所问疏论南京户部尚书张孟男，操行贪鄙。

万历二十一年（1593 年）

六月

御史徐兆魁劾保定总兵尹秉衡赃私狼藉，秉衡疏辩，御史杨宏科申劾之，下兵部看奏。

七月

上谕："近来各官矫饰清名，暗行贪肆，各堂上官并抚按官着实稽察参奏，并清查吏胥奸弊，不许容隐。违者科道纠劾重治。"因科臣赵完璧星变陈言及此也。

都察院覆浙江巡按彭应参问过原任临安县知县郑日近科罚，赃迹已明，徒赎。

九月

刑部尚书孙丕扬条陈省刑约束等四条。上下诏褒之曰："卿等言是，朝廷设官养民岂容贪酷吏，各该抚按官通行出榜禁约，以后复命考满日严查有无违禁，以论贤否，不得朦胧姑息。"

刑部看过原任新昌县知县宋尧化赃私，追完发原籍为民。

都察院覆浙江巡按彭应参问过处州府龙泉县知县谢桂芳贪酷，追赃完日，发原籍为民。

都察院覆湖广巡按问过长沙府善化县贪滥知县陈一鉴，追赃完日为民。

---

① 选拔授职。

十月

都察院覆福建抚按问过尤溪县不法知县黄思谏，追赃为民。

十一月

兵科右给事中吴应明言杨应龙残杀多命，纵恣欺罔，贿赂公行，此其罪已不容诛矣。

闰十一月

都察院覆问过管理夏镇署郎中事主事余继善、庆阳府同知宁夏理刑王道，俱追赃为民。

兵部题参辽东镇守总兵杨绍勋懦怯贪婪，革任回卫。

都察院题覆湖广襄阳宣城县知县景世芳贪污，追赃为民。

初内犯冯海、何江、崔天禄盗兵仗局贮库铜钱，计价银一千一十八两，刑部议依盗内府财物者，皆斩律系杂犯准徒五年，照例免徒，送司礼监发充净军。上怒曰："律云三十贯，冯海等赃至盗千，加斩何枉？此必司官受贿徇私，堂上官姑宥，调该司官外任。"

十二月

勘问过山东东昌府临清州知州王立道，追赃为民。

万历二十二年（1594 年）

二月

川知县赵家相以贪酷拟徒改遣戍，敕各抚按勿事姑息，以贻民害。

三月

允南京御史林培请着各抚按于被灾等处有司贤能者留，贪残者黜。

五月

都给事中林材以蓟辽总督劾使臣贪纵，本河南巡抚举劾，有司本二票不对具疏参奏，大学士赵志皋、张位惶悚谢罪。上以阁务繁冗，偶失无过，但改正行。

总督顾养谦参革沈阳庸劣都司刘秉节、清河贪纵守备郎名忠，部覆如议。

六月

太监张诚籍没故相张居正家赀，其子敬修自经死，因奏知府郝如松疏纵。上疑汝松受贿，下诚等提问，刑科给事中刘尚志言累囚无行贿以求死之理，守臣亦无纳贿以纵死之情,乞宥汝松。① 不报。

上以行人司宪,奉使朝鲜,贪纵辱命,削职追赃。

十月

夺云南姚安军民府知府陶绅职,追赃完日为民。

万历二十三年(1595年)

正月

四川道监察御史綦才奏三事,有曰:"今刘綎以贿闻矣,五侯贵显末路难期,臣愿救李氏自为计而刘綎赃私狼籍,是宜亟行罢斥,以示贪戒。"又惩贿曰:"臣闻官之失德宠赂章也,许茂橓多赍珠宝,公行贿赂,一经投获,竟从未减,此风一倡,自后爵以贿进,罪以贿免,复何忌惮?臣谓许茂橓仍应提问,以示行贿之戒。"

二月

吏科林材疏论成宪刘元震、冯梦祯儒臣贪鄙,随降级调外任,科道吴文梓、崔景荣等合疏救之,南御史张蒲等复抗言申救,不报。

三月

工部议覆□②安府管河同知唐民敏,因勘徐州管河州判彭鹤侵克河工岁修银一百八十两,以至牛市口溃决。

五月

兵部覆宣大总督萧大亨参论总兵张世爵贪倨状,请罢其职,另推以代,报可。

六月

革福建参将王有麟职,以需索部内赃败故。

南京兵科给事中卢大中,以地方失盗参劾巡逻坐营官张天秩革任。因言武臣敢于坏法乱纪者,以革其管事而不革其职衔。今日革之明日即钻求进用,随革随补,故套牢不可破,请自今而后武臣犯赃者比照文职终身不叙。兵部覆奏,诏悉如议。

革备倭副总兵杨文任,以御史俞价论其贪暴故也。

七月

上谕内阁:"朕屡旨惩贪戒污,通未见改,图御史论蒋时馨鬻官受贿,不啻

---

① 张居正逝后惨遭抄家,对此,黄仁宇认为,其生前力行的反贪和赋税改革冲击了皇权,得罪了权贵阶层(《万历十五年》,中华书局2007年版)。

② 字迹不清。

数千金。朕又览丕扬本全无指实，铨司吏弊多端，廉竭者固有，贪婪者不无。卿等可传示该部，今后务各精白乃心。"是日，大学士赵志皋等上言，御史赵文炳论郎中蒋时馨受贿至数千金。

福建漳州府通判王遵路犯赃，追赎为民。

八月

直隶崇明县知县杨大成犯赃，论赎为民。

革居庸路副总兵蒋助职，以御史马文卿论其贪肆也。

九月

革浙江分守温处参将高可学、分守台金严参将黄嘉谋、直隶沙川堡把总陈其学任，皆以贪纵不法故也。

十月

革中都留守杨光梦职，以赃败故。

江西袁州府推官顾九德犯赃，追赎为民。

十一月

工科给事中毛一公言："南兵既撤，不须更募，当急练土著以代之，而练土著须用廉将，当重惩贪污者以振之。"兵部覆，报可。

万历二十四年（1596年）

三月

吏部等衙门尚书等官孙丕扬等，题勘明原任戎政侍郎塞达受贿事迹，奉旨：著在籍听候起用。

刑部题霍文炳赃拘追完，余俟另进。奉旨：进完银两物件，内库查收，并严追未完交进。

八月

兵部覆，兵科署科事刑科左给事中徐成楚，题参白羊城守备张永龄、广东琼崖参将周易，皆以行贿营升，并及原任职方司郎中贾维钥、钥舅张子忠受嘱等情。

山西巡抚魏允贞追论贪肆监司薛亨多赃，革职闲住。

闰八月

先是，行人司宪奉使朝鲜颇滥受赃物，有左验。至是，上命刑部追比折纳银两解进。

户部侍郎周思敬乞罢，不敢以不肖之身累两京，法司及众辅诸臣以重其罪。

盖陈烴参思敬姑息，以赵学仕多赃而止引余银一千一百余两，侵水脚银三千两，且曲为之解。

九月

云南巡按李炳奏左布政使杨芳，却丽江府土官知府护印，听袭土舍木青贿银一千两，乞赐表异以风群吏。章下吏部。

保定巡抚李盛春奏内臣王虎骄横受贿，恐酿边关大害。疏入，留中①。

十月

兵科署科事给事中刘道亨参奏户部四川司员外林世吉、户部广东司主事潘守正、工部司务黄崇学、刑部河南司主事曾可东贪纵。章下吏部议复。

巡视太仓银库吏科给事中等官张正学等，参奏户部员外林世吉、郎中何瑛贪冒不谨，章下吏部议复。

革江西左布政张世则职闲住，以吏科给事中刘道亨再论贪肆故也。

十一月

纪录云南布政杨芳却发重贿。

万历二十五年（1597年）

二月

先是，原任太常卿徐元春致书辅臣赵志皋，以千金贿求起用。至是，御史况上进发其事，志皋奏辩此事在三年前，欲举发以谊属通家姑为隐忍，当即将书斥还，因乞赐罢，以息人言。得旨：心迹既明，勿以浮言介意。

直隶巡按蒋汝瑚奏册使杨方亨满载迁延，乞搜赃正法，仍正石星欺罔之罪。不报。

三月

户科给事中程绍劾两广总督陈大科贪纵，乞赐显斥，不报。

六月

甘肃巡抚田乐言，凉州卫掌印指挥徐国卿侵盗金，通判赵之牧发其状，乞下巡按严究之，不报。

革蓟镇副总兵李芳春，保定游击王之卿，守备戚潤、朱寿、龙桂提调焦时雍任。潤、桂仍下巡关御史问，以贪懦被劾故也。

---

① 万历中期开始，朝臣奏折被留中、不报或寝之的情况颇多。皇帝怠政，致中央机构近乎瘫痪，由此，《明神宗实录》亦有"明之亡，实亡于神宗"之叹。

七月

予原任太常寺卿徐元春祭葬已，礼部言元春行贿败节，不宜滥恩，乞收回成命，以示干进之戒。

下吏部参看司经局洗马邹德溥。先是，霍文炳有没官宅一区内埋银二万五千余两，德溥门生王良材侦得其实以告德溥，遂相与僦房而分之。至是，东厂以闻，御史况上进疏论请速行罢斥。部覆得旨，邹德溥隐匿官赃，玷辱清班，革去冠带为民，永不叙用，法司仍严追赃如数解进。

金华府人赵汝宾援纳吏役，值同郡贡生赵之宾挂选病故，名籍颇相类，而舞文积书姜应周遂与汝宾谋贿，冒贡生名，伪造文牒，请人赴试，已选晋江簿。及谒部，为铨郎发觉，事下刑部，部议二犯俱斩。从之。

万历二十六年（1598年）

四月

改铜仁土司为铜仁县，以土官李永授贪酷殃民，罪既贯盈，势难久贷，从抚按议也。

五月

命逮云南参政李先著来京究问，以本省巡抚陈用宾、巡按张应扬交章劾其背旨误机纳贿纵贼也。

七月

罢南京祭酒冯梦祯、两广总督陈大科，回籍听勘。先是，南京户部主事欧阳东凤奏劾梦祯、大科诸贪状。故有是命。

九月

山东巡抚尹应元奏太监陈增，违旨欺君，奸贪网利，赃私贯盈不法二十事。有旨，切责应元，罢吴宗尧职为民。郝敬上言，上怒其抗旨党庇，夺俸一年，并夺应元俸半年。

广西巡按龚文选劾府江兵备林廷升诸贪状，宜革任闲住，而以苍梧道副使张文燿代之。章下吏部。

逮原任益都知县吴宗尧锦衣卫讯问，以太监陈增奏宗尧阻挠矿务。有旨：吴宗尧侵欺加派银两数多，妄捏虚词，饰贪邀誉，降革未尽其辜，着锦衣卫便差官尉拿解来京究问，陈增着遵新旨，策励供职。

十月

御史刘景辰奏言："顷知县吴宗尧讦奏内官陈增贪残，皇上置增不问而切责宗尧。既而抚臣尹应元疏至，皇上亦置增不问而夺斥宗尧。及增疏再至，宗尧遂蒙逮。皇上之待外臣一至此极乎？"科臣侯庆远等亦以为言，不报。

永寿王府辅国中尉奏长安知县沈听之贪酷蔑法，凌虐宗室诸状。奉旨：沈听之擅监宗人，放纵无忌，贪酷异常，赃私狼藉，著锦衣卫扭解来京究问。

万历二十七年（1599年）

正月

兵部赞画主事丁应泰疏论总督邢玠等，赂倭卖国。上寝其奏不下。

三月

四川指挥李光祚以受贿通夷，命巡按御史提问具奏。

山东鱼台知县尹就汤、福建诏安知县夏宏，以贿吏陆嗣成、高维忠等，伪造荐章。事觉，就汤、宏除名，嗣成、维忠枷号发遣。

闰四月

东征把总梁天胤侵盗兵饷，命严提追赃。

都察院左都御史温纯等疏请申饬宪纲。有曰重激扬，"谓激扬之失，荐刺滥也。以后抚按遵奉明旨，如限荐举。其绩效未著，议论未定者，勿轻荐以袭软熟之风。凡类报荐牍，但直书廉勤公慎等语，方面以上堪大用者，仍书某任某事，有已试之效数语于后，一切绮语谀词如天日山岳金玉冰浆等喻尽行洗去，以清吏治。"有曰肃宪体，"谓宪体之褒，起于滥用赃罚，间有造请删改以图掩饰，则自以伪示之，是在巡按正本清源，一切繁缛仪文尽行禁革，使所动支皆可入册登报，清风劲节，俨然为百吏师，庶几台端吐气，宪度惟贞。"有曰抑趋承，"以后抚按严禁各属馈遗，毋私授受，以肃体统。监司郡守能举发属官违例馈赂者，即题请纪录。"有曰禁酷滥，"谓风宪之官，当存心忠厚，载在宪纲，今后御史出巡先须以身率下，毋得擅动惨刑。凡有司等官有用酷刑残害无辜者，查实重参；纵庇者，考察日以不职论。"议上，留中。

五月

兵部覆太仆寺少卿陈应芳条陈马政八议。有曰："查得民间寄养马匹最称苦累，缘交兑之际营军索贿，抑勒多端，宜严行禁革。外来马户随到查收，免其守候，至于倒死马匹，例追赃银，计年递加，仍著为令。"

户科左给事中李应策言："近日派买珠宝杂料，召商估直，比旧价有增五六倍，甚至有二十倍者。都市喧传谓奸商魏良佐等贿郎中孙鋐等，突增异价，乞行勘估价旧卷，及严查有无受贿情弊。"

六月

五军营左副将施朝卿行贿钻升，事觉，问戍广东雷州卫。朝卿托故挨延三载不赴戍所，兵部参其藐法抗违，请依律改戍，克期发遣，从之。

八月

先是，缉获杨应龙投贿人犯，内有赵春台，系辅臣赵志皋族人。科臣桂有根因疏劾志皋，且言应龙系重庆时以数千金遗志皋得脱，今复受应龙行贿。志皋因上疏力辩且乞廷鞫以昭极冤，上曰："卿事朕多年，老戚清亮，朕素鉴知，浮言诬诋，不必深辩。赵春台所司究问自明，何烦廷鞫，宜安心调摄以需痊可辅理。"

十月

天津游击周永祐以赃私夺职，行御史提问具奏。

十二月

户科都给事中李应策发河南开封府祥符县知县王兴馈遗状。上谓兴盗国剥民，行巡按御史提问追赃，李应策以发奸纪录。

万历二十八年（1600年）

三月

山西巡抚魏永贞为场课亏缩，群奸坐耗，参原奏吴应麒、吴有成等奸贪无艺，盗攘国课，半充私橐，查卖过盐价银二万七千五百有奇，止解一万三千余两，使国家冒牟利之名而群奸乐富厚之实，所当究追，仍以盐政归之御史，按额解进，以助大工。不报。

四月

户部主事刘光祚为运官抗旨凌铄官民，参指挥路必道高光浙派华亭漕粮共勒索米数千石、银二千余两，乞严究追赃。不报。

户部尚书陈蕖参税监委官程守训拘持大户，挟诈汪文耀等赃私数万，内监陈保等时差虐民毙伤梁肇机等五十余命，伏乞正程守训、陈保不赦之辜，严敕各差内官尽驱流棍。不报。

五月

直隶巡按牛应元奏有白棍程守训假称武英殿中书到处藉旨，吓诈多赃，横肆无忌，地方惊危，乞置重典。不报。

户部题苏松监税主事刘光裕参指挥路必迫等，横肆勒索，纵军鼓噪，玩法凌官，本当革运提问，但领运在途钱粮，经手不便更易，乞行漕运衙门俟粮完之日，并本内有名旗军严提追赃，以肃漕纪。从之。

直隶巡按陈煃为大奸挟旨行私，结党肆骗，忿恨沸起，赃罪贯盈，参程守训等，不报。

六月

直隶巡按应朝卿参程守训虐害多人，赃私山积，乞严行逮问，速籍原赃，尽剪恶党。不报。

工科左给事中张问达上言厘正三事，有曰："严贪酷之罪以惩臣恶，如各内臣名下程守训、陈保等，狐假虎威，溪壑难盈，至棰杀命官沉人师徒，毁庐掘坟，万人痛愤，死有余辜。"不报。

都察院题犯官马卿驯先以侵欺拟成，继以赃完改拟边方立功五年，满日回卫，带俸差操。从之。

七月

巡按湖广王立贤疏奏税监陈奉贪纵暴虐，激变地方，诸不法状。不报。

九月

吏部尚书李戴等会覆南京刑部主事欧阳东凤，论勘两广总督陈大科贪纵不职。章下，勒大科致仕。

万历二十九年（1601年）

正月

吏部、都察院考察方面官，贪，知府卢泮等。得旨：革职闲住致仕降调俱如例。

四月

川湖总督李化龙言："近得家书，陈璘、刘綎二纵兵先后差官至臣家，刘綎所致谢银一千两，金一百两，玉带一束，祭礼银二百两，臣母怒来逐之，其人不得已去，仍至按臣崔景荣家，景荣之父骂而逐之。乞下兵部议处，以戒奸贪。"景荣亦上疏言："綎差人赍银六百两、金五十两、玉带一束送至臣家，臣父挥之门外。"兵部言綎宜计赃问遣，但征播有功，姑照前议革任永不叙用，其所用开金银等物行江西抚按照数追出，以助大工。化龙、景荣特加纪录。从之。

六月

湖广武汉等府州县耆老李之用等，言冯应京之忠节，陈奉之贪墨，皆不可枚举，乞宥应京而重处奉。不报。

八月

刑科右给事中陈维春言税使陈使、陈奉，凌逼亲藩，以恶言侮襄王妃，吓诈重贿，及前后赃银十五万，盗匿税银，不计其数，乞追赃正法，并将参随沈事问等按究如律。不报。

九月

严旨申饬，严贪官问遣之例，重道府连坐之条，遵行一年可救民间无名之供二十余万。

万历三十年（1602年）

正月

礼科给事中白瑜条上八议，户部尚书陈蕖覆内四款，有曰："征实赃以警贪肆，令各巡按于提问贪赃官吏，分省大小，每年定额追解赃银。"疏入，不报。

闰二月

赵嘉庆、秦希武等以贪追赃发配。

三月

户科给事中宋一韩疏言，广东巡抚御史李时华所劾税监李凤赃私狼藉，悖逆挑祸，宜亟撤回京治罪。不报。

吏部尚书李戴等言："臣司属所尝按治者孙心葵等，以受财论死，姚继圣等以受财置狱，已经御史奏闻，乃诸奸事发即逃，令人不得致诘。"诏嘉纳之。

五月

管海盖参将事都司金书黑际光以贪纵革任，行御史提问，从辽东抚按论劾也。

六月

户部覆议右给事中白瑜条陈巡视银库六款，有曰清库役以禁盗窃，尽革夹带贿买关节之弊。诏依拟行。

中都留守司金书韩有光，以贪被论不候旨私逃。上命革其职，抚按官严行提问具奏。

广东守备马如电革任，追赃为民，参将刘宗汉等各戴罪立功，参政盛万年等各夺俸有差，以海贼流劫失事也。

十月

原任副总兵谷遂以贪酷提问，从宣大总督杨时宁劾也。

十一月

兵部覆，顺天巡抚刘四科劾戴致益贪庸，应革任回卫。

万历三十一年（1603 年）

五月

刑部以监守自盗，拟犯人李端、赵贵边方立功五年。以有禄人受财枉法律，拟李灿然遣戍，兰崇文、严允魁、彭福各徒罪。

刑部追进羽林前卫经历李端等赃银四百余两。

刑部以侵费官银永戍指挥毛承恩，追其赃，仍究经承掌印官吏通同罪。

中都留守金书韩有光赃败私逃，疑知府金时舒所揭，中途相遇，持挺殴伤时舒左臂。淮抚拟有光造意应绞，下部知之。

先是，兵巡上川东道参政张文耀发守备周以德投贿，抚按会劾兵部覆议，下以德巡按究问，既而勘播功册内注以德免提复职听推。

八月

山东税监陈增进漏税罚赎罗绢银六百七十两三钱，追进赃银三百两，抽买马骡十七匹头。又进矿金一百七十四两，银六千四百六十两，俱奉旨收进。

万历三十二年（1604 年）

闰九月

兵科给事中孙善继题辽左群奸互构，税监①庇恶匿赃。

万历三十三年（1605 年）

正月

革辽东备御王完尧、李可遵任，宗尧，行巡按御史提问具奏，仍命以后武职犯赃，参提者不营求荐录。

吏部会同都察院考察在京五品以下官，贪酷，兵部主事丁应泰等十人，留中。

二月

广东巡按御史林东汉言："税棍裴宗翰以道士投充内监，李凤委官索诈诸商

---

① 税监、矿监，均由宦官充任，他们以征税、开矿为名，大肆掠夺，由此造成了万历中期以来的各地反税监反矿监的斗争。

民，异宝重赂不可数计。近为流棍赵应魁所倾，凤拘宗翰拷问，勒取千金，搜其住室宝货等物甚多。"不报。

南京吏部会同南京都察院考察南京五品以下官，贪，应天府照磨李锐等二人。留中。

革四川漳腊游击余世威等任，行巡按御史提问，以贪纵激变为总督王象乾所劾奏也。

三月

宣大巡按汤兆京，论劾参政郭士吉诸贪横不法状，下吏部覆议，以士吉素负才名，姑照不及例降三级调用。

革前蓟镇镇虏关参将刘翰缵任，回卫继业听调，行巡按御史提问，以贪庸不职为科道抚按官所论劾也。

七月

革陕西旧洮州守备陈桢任，行巡按御史提问拟罪，以贪庸废弛为督抚所劾奏也。

十月

刑科言云南抚按陈用宾、沈正隆揭称税监杨荣，积岁贪残。疏入，不报。

南京吏科给事中陈嘉训疏论拾遗候代浙江巡抚尹应元，及福建巡抚徐学聚，各贪秽暴横状。上以其波及无干，命供职如故。

万历三十四年（1606年）

正月

户科给事中汪若霖言："贪酷有司，赃至千计，冤命罪率从轻论，非法绣衣直指之，使风行雷动。"不报。

二月

福建道御史陈宗契疏劾应天巡抚周孔教贪庸，宜夺。不报，孔教上疏乞休，诏留之。

浙江道御史宋焘疏劾锦衣卫掌卫事左都督王之祯贪横不法，下部院议覆。

五月

河南鹿邑知县杨应魁贪酷异常，为部民所告，巡按王业弘得实以闻，诏捕治之。

六月

革新平参将王士弘职，锢其终身，以督臣疏参士弘贪婪开衅、临警规避故也。

七月

罢少傅兼太子太傅吏部尚书建极殿大学士沈一贯，及太子太保吏部尚书文华殿大学士沈鲤。各赐路费彩段，差官护送驰驿，降南京吏科给事中。陈嘉训三级调外任，夺南京福建道御史孙居相俸一年。先是，六月壬戌，嘉训居相，交章言一贯奸贪诸状。一贯上疏详辩且言臣求去。

八月

吏科都给事中陈治则言："贪酷吏怨声载道，并得漏网亦有外已露章，而内如充耳。请自今所黜方面及贪酷吏，有出于抚按所报之外者，计多寡连坐，而凡经抚按论摘者，吏部不得姑容，经部院纠处者，抚按不得荐列。"不报。

九月

浙江道御史何尔健疏劾户部郎中周之翰贪纵不职，命回籍听勘。

十月

先是，川湖贵督臣王象乾参论贵州安疆臣仇害五旬兵科右给事中吕邦耀，因劾贵州巡抚郭子章受疆臣私贿，纵奸长恶。至是，子章上疏陈辩。上慰留之。

十一月

革宁远参将杨晖、辽东都司高铨等职。晖，行巡按御史提问，铨回籍。以督臣疏劾贪庸故也。

十二月

罢革甘镇镇海堡游击张韬模回卫，以其贪懦不任职，起原任参将祁德代之。

万历三十五年（1607年）

正月

吏部以考察，坐贪者二人：陕西右参政李徽猷、汉阳知府王宗本，凡诸府佐令长以贪论者五十六人。

二月

纠拾有司四川潼州知州蒋家相，照贪例为民。

湖广巡按史学迁论溆浦知县朱之聘贪酷投贿事，溆浦固难治，之聘为县民所告，方行会审，而阴遣人投三百金巡按家中，故巡按发之。

河南郾城县民王就见奏知县杨师震贪虐。

刑部审实钻买举人监生乔可望等追赃，枷号发遣。

六月

吏科给事中姚士慎请清贿仕以励士风，不报。

七月

兵部题宁夏游击王大玺、固原总兵邓凤、榆林参将刘泗、延绥游击刘国祯、灵州参将梁富国，皆以科敛赃私，俱革职回卫。而王大玺行巡按提问。邓凤、梁富国，永锢原籍。从御史王基洪劾也。

兵部题参河州降用副总兵姚德明、归德游击张云汉、碾白游击武朝恩、高台游击达奇勋、北川守备刘克敌、兰州都司陈卿等，皆贪鄙不堪，俱革任回卫。姚德明、张云汉永锢原籍。从御史王基洪劾也。

八月

兵部题参建昌游击董尧民、三屯游击宗应魁、大毛山守备刘裕民贪懦，俱革任回籍，从御史吴崇礼劾也。

直隶巡按乔允升，劾宣府中路参将贾应隆、山西行都司李明宣、滴水崖守备陈尧年、助马堡守备张魁，各贪庸，革职回卫。张魁，行巡按提问。

山西巡按康丕扬劾北楼口守备徐时聘、延绥游击赵永思，贪虐不法，俱革职回卫。又劾平遥知县陈所学，革职提问。

十一月

直隶巡按黄吉士勘砀山知县高瀚，以贪酷革职为民。

山东温如璋劾高唐知州黄应台贪酷。

两广总督戴燿劾雷州卫指挥佥事赵梦凤贪婪不法，行巡按提问。

刑部覆论安丘王府庶人宗山、思轩等结党剽掠，获赃有据，并宜重拟。

十二月

狭州知州王世熙、郾城知县杨师震追赃为民，从河南巡按王业弘劾也。

万历三十六年（1608年）

八月

吏部文选司署郎中事主事毛一瓒，奏辩科臣彭惟成论劾徇私灭法等状，乞查勘纳贿附权二事，一雪其冤。章下吏部。

十月

兵部尚书萧大亨疏辩科臣张凤彩赃私，恳乞行勘。旨免勘。

十二月

大学士李廷机特辩受云南巡抚陈用宾贿情。上曰："卿正直公清，朕所素亮，岂有受贿之理，不必以此介意。"

万历三十七年（1609年）

正月

兵科给事中胡嘉栋参奏灰石厂主事刘汝佳、节慎库主事陈国是、石窝郎中侯加采、宝源局郎中戴新，各贪婪有据，及支算不明。

二月

云南道御史郑继芳劾奏工科给事中王元翰贪婪不法盗库，赃私至累数十万元。翰奏辩，于是刘文炳、王绍徽等十余疏并攻之，一时称快。而南京给事中金士衡等、御史刘兰等，乃合词为之申救。

三月

南京刑科给事主刘时俊以守备抚宁侯朱继勋贪肆无忌，罢之。

吏部侍郎萧云举条言铨政，有曰惜人才、奖恬退、惩贪伪。

四月

营缮所正宋凤、丙子库大使赵应魁、节慎库大使宋清，并侵牟商匠得实。上以各犯侵克钱粮数至万千，乃犹以常例为言，是何法纪？著从重问拟，赃银严追济工。

兵科给事中胡嘉栋劾奏福建总兵万邦孚、广东总兵孔宪卿，贪黩有据，罢之。

六月

南京户科给事中邓云霄上言："铨巡之法久隳，所参论部司倪思蕙、马大儒、杨材、耿廷柏等，明明鹭爵无异，鸿都巡按康丕扬、周懋相等，久玷乘骢，总宪詹沂不能纠察，台臣贪鄙无状也。"

七月

革永腾参将朱鹤龄任，陇把守备鲁重礼行巡按提问。先是，陇川宣抚多安民背汉投缅，以寡谋启衅，责令戴罪抚处。至是，按臣周懋相复言重礼等贪残不简，故重治之。

湖广巡抚张问达劾布政邹学柱贪婪状，着革职。

以直隶巡按吴亮劾奏南兵游击江万仞、井坪参将高应节，各贪无状，俱着革任提问。

吏科都给事中曹于汴等疏申饬计典，吏部覆上之。上曰："考察大典，须公平明慎方可振肃吏治，如旌廉惩贪，严杜贿属，尤为要务，依议俱着实行。"

八月

上以康宁钻冒，校尉横肆贪暴，辄自奔逃，法纪何在？命会抚按官严提追赃，拟罪具奏。

十月

南京河南道御史张邦俊疏申严计典，有曰惩贪酷以儆官邪。

十一月

南京巡仓御史张养正参奏户部照磨曹守纯，营监仓粮，持筹越俎，狼贪无厌。上命革任，严行查勘。已而南京户部尚书郑继之复劾，其脱逃吏部言守纯在逃，贪婪果真，请革职为民。

十二月

工部屯田司郎中邵辅忠参论李三才，大奸似忠，大诈似直，而为贪险假横之人，曷言其贪，鲁保大坏盐法，王万金进陈平之计，以白金六万、黄金千两、珠宝玩器不可胜数，通黄正宾行间，遂得贵。

巡按御史金明时劾蓟镇总兵王国栋贪肆不法，章下兵部。

万历三十八年（1610年）

正月

吏部会同都察院考察方面有司官员，其贪酷官员，松江府同知马负图等。上令革职，各该巡按御史提问追赃，拟罪具奏。

巡按直隶监察御史金明时劾奏蓟镇总兵王国栋科敛取盈，赃过狼藉。部覆，得旨：革任回籍。

二月

辽东巡按熊廷弼参自在知州万爱民贪酷异常，部覆，得旨：行巡按御史提问如律。

闰三月

湖广醴陵知县诸元道擅自科敛，为巡按御史史弼劾奏，逮问计赃罪如律。

巡大同都察院右副都御史霍鹏以方闻母病，又被人言，乞罢黜。以南京礼科给事中晏文辉纠其贪鄙也，部覆暂回籍听用。

盖州备御李杰革任，仍行抚按查勘，以御史王孟震劾其贪淫也。

四月

委署临元中军游击叶定远受贿，匿谋擅调。巡抚周嘉谟廉得其情，与云南巡按邓渼先后参劾。至是，部覆叶定远革任，行巡按御史逮问。

户科给事中王绍徽因齐鲁燕赵旱灾，条上十一议。有曰慎选有司，惩贪苛以惠民。疏入，不报。

五月

礼科给事中周永春疏请令贪抚李三才解任听勘，以息纷争。不报。

七月

广西抚按奏劾南太参将贾祥，部覆言祥大罪有三，而需索赃过不与焉。姑革任回卫，永不叙用。

直隶巡按苏惟霖参奉差礼部员外王光经，戕杀无辜，行取台州府推官黄景星，贪殴驿吏。得旨：杀人殴官，甚非法纪，着该部参看以闻。

万历三十九年（1611年）

四月

浙江巡按监察御史郑继芳上言："先是王元翰以贪被论，攻者十一，救者十九，同谋力救之人，为解脱诬陷之计。"

五月

诏吏部百官既考察停当，年老有疾并老疾者勒令致仕，贪酷为民。

户科给事中韩光祐论锦衣都督王之祯，狡狯险毒，赃私狼狈，被论有年，俨然盘据。不报。

七月

革徽州府知府邬元会闲住，按臣张惟任劾其贪秽狼藉，内称吴养春①者世霸黄山，富倾侯国。

万历四十年（1612年）

正月

给事中徐绍吉疏参御马监太监邢洪。先是，洪奏称油行来德润为该监写字勇士，疏求豁免，既获旨，绍吉言洪贪德润原，贿以万贯。

五月

革广东清远县知县孙一仁、吴川知县李文渊，各为民，追赃，因本省巡按以贪奏也。

六月

革河南开封府通判王有春职，仍行巡按御史提问具奏，以抚按参其贪婪潜

---

① 明代徽商，富甲一方。后天启年间，魏忠贤以吴养春为富不仁、贪赃获利为名，制造了"黄山大狱"，将其害得财尽人亡。成为晚明最大的冤案之一。

逃也。

覆河南都司张世勋，以贪纵革任。

七月

以贪肆革太平路参将黄正职，仍下法司问。

覆山西副总兵孙继业，以贪革任。

十一月

吏部尚书赵焕，以御史李若星论李同芳鄙秽不堪，开府为伊男编修李胤昌以五千金贿文选郎中徐可，求得者上疏自劾乞罢。得旨：即出供职，不准辞。

御史薛贞上言六曹利弊，如太仓之出纳则若包赔而短额饷，仓司之余米当视多寡以为升迁，宗藩之名封每以贿赂。

闰十一月

刑科给事中郭尚宾上言，有法司所当兢修者曰狱情贿嘱之宜禁。

十二月

给事中姚永济上言："我朝旧典，官吏犯赃满贯以上戍遣。皇上御历以来，如陈三谟、秦燿、沈汝梁、祝大舟辈，皆以赃败，例拟法至肃也，乃迩来贪黩横行，夤缘成习。伏乞敕下部院，果贪横无赖，人神共愤者，摘出一二人，立送法司追赃，发遣在外者，行抚按依律重处。此后凡犯贪等，俱书名书数，照实开闻，不得视为常谈，含糊混报。"

御史凌汉翀疏称举人刘琛钻买房考，行人李一公中二十五名，朱良材贿买同经曹煋中四十一名，富监王廷鼎、乔之申等，或三千金或五百金，贿买进士王象春。请敕下三法司会问。科臣李奇珍亦参顺天乡试四十七名举人张世伟贿通象春幸中本房，礼部请并究处。有旨：著法司并问。

御史刘策言吏治之治，一在在惩贪，一在旌廉。

万历四十一年（1613年）

正月

吏部奏严贪墨之禁。时考察朝觐官员，有言北直隶、河南、山东等处州县粮羡至十取二三者，面质司府各官亦不为讳。于是，乞敕抚按严行禁谕。

三月

革辽阳副总兵郎名忠、抚顺守备郭彦光、董勋、苏民牧等任。名忠、彦光仍行巡按御史逮治，以按臣张五典劾其奸贪残虐故也。

巡按山西御史毕懋康，以庸劣贪婪劾延绥副总兵王学书、安边参将姜弼、保宁参将刘恩、固原游击赵率、教都司佥书朱腾擢、武堡守备盛以彰、双山守备李承业，并命夺其职。

五月

巡按两淮御史徐缙芳，赃至钜万，为工科给事中刘文炳所劾。上命巡按御史逮治。

七月

南京陕西道御史赵绂劾奏浙江巡抚高举贪戾顽钝，宜亟斥以救民命，以清仕路。举引疾去，举素以贿闻，因有索于副使郑栋不应，栋知不免发其私。吏部以僚属讦害，有伤法纪，遂黜栋留举。至是，绂悉列其不法状，时论快之。

万历四十二年（1614年）

五月

工科给事中刘文炳疏劾两淮巡盐御史徐缙芳纳贿秽迹，赃私计数十万。不报。

七月

诏百户苏应诰等侵欺进办公用银两，着法司严究追赃。

诏山东东昌府通判柯时遇追赃遣戍。先是，巡按冯嘉会奏劾侵欺税银千余两，刑部覆奏，故有是命。

万历四十三年（1615年）

二月

兵部题覆开原副总兵李效忠杀人投贿，大干法纪，应将效忠革职，仍行巡按提问。

三月

甘肃巡抚荆州俊劾庄浪兵备参政杜诗纵容奸贪，指挥罗光荣等索货卖法。诗应降级，光荣等应行巡按御史提问。

户科给事中官应震、礼科给事中姚永济等劾内官监王朝用，历年盗卖内库银朱铅铜等物，赃既败露，律有常刑，各应究拟。不报。

八月

福王请将贪恶承奉副樊用显斥，以快人心，上可其奏。

十一月

大理寺问过辇金通贿犯人宗世禄充军，得旨依拟。

刑部据直隶抚按会题覆参内使沈继，先希图小利听群奸指使，矫旨乘传，赃私满载。按臣依律议拟具奏。

十二月

下兵马欧之相于法司。上以欧之相有地方之责不能禁戢，乃敢受贿行私，故诘责之。

万历四十四年（1616年）

四月

工科给事中刘文炳劾奏两淮巡盐御史徐缙芳贪秽状。上命抚按勘问以实闻，诏削籍为民。

十二月

陕西韩王府承奉张国辅贪饕悖戾，抚臣李起元上其事请行勘问。

万历四十六年（1618年）

正月

提问慕田峪守备李国华，以按臣劾其贪婪也。

四月

金山参将岳惟忠革任，以应天抚按劾其贪婪不职也。

五月

谪戍钦州守备张兆鹤，以督臣劾其贪肆也。

九月

直隶巡按龙遇奇参劾河南商水知县王揆畴，贿护私盐，乞从降处。从之。

万历四十七年（1619年）

正月

辽东巡抚周永春劾贪庸游击万中选、李大成罢职，从之。

兵科给事中赵兴邦奏锦衣卫舍人刘然，骚扰驿递，沿边需索，至经豁二十五处，索贿三百余金。伏乞敕下顺天抚臣速行勘鞫，计所索诈赃银如律治罪，以抚臣刘曰梧觉察故也。

二月

以考察贪酷罢童世彦、段钦等，夺职为民，其余降黜有差。

山东道御史沈珣言，巡抚浙江刘一焜窃讲学之名，为藏奸之薮，胪列赃迹十款以闻，不报。

五月

两广总督许弘纲、广东巡按御史王命璿，交章劾总兵麻镇贪婪无厌，物议沸腾，胪列赃迹一十三款以闻。下其章于兵部。

巡视南京营礼科给事中宴文辉等劾右府佥书乔承恩，以贪罢职。

巡抚江西都察院右佥都御史包见捷、巡按御史张铨，交章劾万安守备白继高贪鄙异常，章下兵部。

七月

山西道御史冯嘉会言，开原失陷皆繇署道推官郑之范平时贪暴，素失民心，临敌仓惶，抱头鼠窜。不报。

湖广道御史刘有源言，吏部文选司员外署选事谢升，招权纳贿，胪列赃私，称长安有"谢升管一选、归家有十万"之谣。升亦疏辩，乞行严勘，果否有据，愿甘寸斩以谢有源。俱不报。

经略杨镐奏，开原失陷起于署道推官郑之范贪婪异常，致失军心，据该城官生军民告揭赃私巨万，法应逮问。

九月

贪将陈伦伏诛。初，伦为标下左翼营游击，盗军饷三千二百四十两，经臣熊廷弼廉得其实，遂斩以徇。奉旨："辽左向来法纪纵弛，武备衰废，熊廷弼诛贪斩懦，具见军令严明不负委，以后将领务各上紧整顿兵马，杀贼立功，毋得仍前贪懦，自取罪戾。"

十月

巡抚宣府右佥都御史张经世言九边大坏，皆缘贪将侵削军粮，以致营伍日趋单弱，乞严惩贪，以伸国法。章下兵部。

四川道御史姚祚端言南京礼科给事中宴文辉，制行贪秽，列赃迹一十五款以闻。不报。

十二月

罢广西思恩参将赵庭、都司佥书张九法，从巡抚林欲厦奏劾贪残也。

万历四十八年（1620 年）

五月

阅视边务吏科给事中姚宗文，劾宁夏镇援辽游击卢养材怯懦贪残，既有失误军机之条，又有枉杀贪淫之罪，所当提问正法。

第五章

明末反腐编年（泰昌至崇祯年间，1620—1644 年）

一、泰昌、天启年间（泰昌元年至天启七年，1620—1627 年）

泰昌元年，即万历四十八年（1620 年）

八月

御史王槐秀参福建巡抚王士昌贪肆不检，亟宜罢斥。奉旨留用。

蓟镇大同宣府贪懦将官马如绣、张可大、王承恩革任回卫，从巡按御史萧毅中请也。

革蓟镇大水峪游击李元勋回卫，山西巡抚陈所学劾其贪也。

兵部劾贪弁冲和所千户李乔芳、广州右卫指挥佥事江瑛、建昌卫指挥方泰，应依律提问。

吏科给事中范济世上惩贪言："近法度废坠，其病根在藉口怜才，使吞舟漏网。如郑之范，以贪令及于宽政迨守开原，复卖放军士，致陷重城。贪人见利，不惜人命，不惜国家。臣读律至官吏受财枉法，赃至八十贯遣戍，故勘平人致死者斩。今之求多者太约乡科岁贡耳，一犯甲科二字，监司已预为之地，即赃私狼狈，仅仅于降调。彼何惮而不恣肆？臣请自今已后，有御史参人赃至五百两者，或打死人至五命者，本下科臣抄参，吏部行巡按御史提问。"

上①谕内阁："李进忠、田诏等，皆系盗库首犯，赃明证确，自干宪典，岂谓株连，务得本犯与刘逊、姚进忠等以正国法，而勿使渠魁贿嘱当事，播弄脱罪，波及无辜。"

---

① 明光宗朱常洛在位仅一月而亡，此际明熹宗朱由校继位。

十月

吏部尚书周嘉谟等言："今天下民困极矣，始因矿税之剥削。"得旨：近来吏治日偷，全是激扬无法，即严行抚按官，申饬各道府官有司有贪墨异尝的，访确参奏追赃正罪，其开报举劾等事，都依议著实举行。

十一月

罢湖广镇参将续蒙勋回卫，以巡按广东御史王命璇劾其贪秽也。

湖广道御史方震孺言："百姓之日穷也，以天下贪吏多而惩贪之法弛也。然则廉吏安可为，贪吏安可不为也。窃谓激浊扬清洵今日第一义，乞内责铨司①，外责抚按，不问资格，不立限期，特擢一二极清，立逮一二极贪者，以示劝惩。"报闻。

巡按山东御史陈于庭劾都司军政佥书彭云翮等，巡按四川御史吴之皞劾松潘游击刘体乾等。疏各指其贪酷，部覆皆令革任回卫。

十二月

罢福建巡抚王士昌、大同巡抚胡来朝。先是，御史王槐秀、张慎言及给事中孙杰、霍守典等，交章言士昌赃私狼籍，流毒地方。疏下，部覆命士昌解任回籍，来朝候病痊推补。

经略②辽东袁应泰以诛贪将何光先，候尚方裁决。督抚按臣亦相继以追赃正法，请部覆。

上览户部请币之奏曰："辽饷缺乏，屡次请发币金，累年发过辽饷，军士未沾实惠，皆贪将污吏侵克肥己，以致不敷应用。"

天启元年（1621年）

正月

革宁夏总兵都督佥事王汝金，坐营陈应武职，行巡按御史提问追赃。时有诏令各镇召买兵马赴辽，汝金谓应武所募率疲弱不堪，领兵曹登衢等发其侵克罪状，经略袁应泰以闻，乞从重究处。兵部具覆从之。

礼科给事中周士朴言："净身男子之激变也，王添爵等以受贿而开乱。今陵军之挟赏也，刘尚忠等以求贿而倡乱，均不容于尧舜之世。乞敕法司，正二宦之罪。"刑科给事中熊德阳亦以为言，得旨，所奏已知悉。

---

① 主管选授官职的衙署。
② 特设军事官职，掌军政事务，其职高于总督。

二月

削援辽总兵杨宗业职，行监军御史提问追赃，以经督抚按交章劾其贪黩也。

河南道御史袁化中列为八渐，其有贿赂渐彰，因参吏部郎中崔渭盐、法道袁世振等，贪贿罪状，俱可其奏。

山西道御史李九官，论原任吏部文选司主事、今升佥事田仰，吏部考功司郎中蒋一鹏，诸贪横状。章下该部。

革奉集征夷营总兵李秉诚任，行巡按御史查勘问拟，以部覆按臣陈王庭参其贪婪淫纵也。

宣大总督崔景荣、蓟辽总督文球、两广总督许弘纲、凤阳巡抚王纪、应天巡抚胡应台、浙江巡抚苏茂相、福建巡抚王士昌，各以军政论劾贪劣诸弁。兵部先后覆请铁骑右营游击王平、雷廉，副总兵杨应春，俱提问。黄花镇参将吕光炫、延绥左营游击麻继志等俱革职。

革大同左卫协守副总兵周有道、大同镇城坐营都司张应辰、管屯都司陈元庆、德州春班游击陶永光、保安新城守备郭登等回卫，巡按御史萧毅中劾其贪纵也。

革辽东都司张昌胤职，提问追赃，中右所游击李应，诏右屯城备御杨应宗回卫，以巡按御史陈王庭参其侵克营私也。

三月

兵部覆云南巡抚沈儆炌、贵州巡抚李橒、广西巡按潘一柱，各疏参本省贪弁原任云南永腾游击吴德行、原任贵州龙新参将龙万化、贵州都司掌印今取援辽参将王兴业、贵州军门标下坐营都司许敬、所分守浔梧游击将军傅汝霖，俱革职回卫。

四月

礼科给事中周朝瑞，论刑部江西司员外徐大化历任贪纵罪状，诏付部院。

通政使司右参议吴殿邦极言李三才奸贪不可用，命部院从公议覆。

山西道御史毕佐周言，有曰："望皇上敕兵部杜书役索贿之弊。"报闻。

河南道御史张捷言，有曰："至如吏兵二部作弊要钱，牢不可破。刘綎死事疆场，忠魂久郁，其子鬻数宅，秦氏千里裹粮，急纾国难，行月之给索贿至千金。王威领敕闻勒索至八十金，一涉武臣便作贿薮，若是豪杰忠勇之士，欲不灰心不可得也。愿大小诸臣共痛除之。"报闻。

五月

山西道御史侯恂，疏论巡抚保定右佥都御史胡思伸贪鄙老耄。

辽东巡抚王化贞言奴得辽阳财贿如山，皆运还旧寨。

六月

谕吏部、都察院："朕惟朝廷设官分职，原以为民。近来有司官不知爱养百姓，贪暴相济，借公便私。今后抚按官考定所属司府州县官员，开注贤否，荐劾奖戒，只以操守完亏职业修废有益地方百姓与否，款列实迹，不得采听虚声涂饰骈语。廉能卓异超擢，贪酷逮问追赃，不得拘泥官资，处置异同，致无惩劝。"

御史侯恂言："国法日轻，人心日玩，刘应元、李延祚、仇震之钻书也，营缺营地，不闻究问，则缘贿赂以进身，托权要以媒官者，真得计矣。"报闻。

八月

吏科都给事中薛凤翔以考绩届期条上数款，有曰惩贪当重其法。同时掌河南道御史刘兰亦疏条吏治四弊，其有曰墨，命通行申饬。

九月

户科给事中阮大铖以行取奉旨下部因陈末议，有曰操守宜核，"谓贪廉两字，舜跖①大关，惟言清行浊、盗名欺世之流，残剥脂膏，广猎称誉，决不可取其虚气魄伪声名。"命所司议覆。

十二月

援辽浙江参将袁应兆领援兵七十余名，贿逃二千余名，始就天津招补凑数。每名许安家银五两不与，至玉田县新兵索安家与旧兵哄，旧兵格杀新兵十余人，攻掠民房百余间。得旨：袁应兆押兵鼓哗罪将谁诿，但已约束前行，著用心管领，俟到再议。

天启二年（1622年）

正月

吏部会都察院考察天下诸司官员，张云翼及两淮盐法道按察使袁世振、四川副使徐逢聘，俱贪。降调各有差。

吏部参贪酷提问官山西兴县知县毛柏南、直吴县知县袁熙臣、山东汶上县知县辛我德、湖广新宁县张尔恕、陕西河州知州许伯鹏；贪官应勘，四川右参政徐逢聘、两淮盐法道袁世振；贪官应提问，河南原武县知县张廷桂、山东平度州知州于连跃、禹城县知县王好贤、陕西宁羌州知州阎庚、江西德安县知县倪有孚、湖广衡州府通州陈允问。

---

① 虞舜和盗跖，意指圣人和恶人。

三月

大学士掌兵部事孙承宗疏言，辽左破坏皆因国法废弛，误事之臣不可不问，如四川招兵科道明时举、李达狼贪。得旨：年来法纪宽纵，怠玩成风，明时举、李达著彼处巡按挐解来京究问。

四月

原任涠州游击今升金台严参将陈文炀革任提问，广东巡按御史王尊德劾其赃私狼藉也。

五月

原任宁夏都司佥书今升神木游击高崇义、原任宁夏屯田守备今升陕西都司佥书李云，俱革任回卫，巡抚王之采劾其贪鄙也。

刑科给事中傅櫆劾太常寺少卿管国子监司业事董其昌，居乡贪纵，居官放诞，不宜在师表之地。上以其昌，先帝讲官，遗诏召用，不得苛求。

六月

吏部尚书张问达以边方冲地宜重守令，覆列五款。有曰审贪廉敏钝强弱以为铨除。

革四川贪弁松潘副总兵顾凤翔回卫。

户科都给事中周希令奉旨会议陈当断三事，有曰，一劾辅臣沈㴶聚亡命五百人，贿进将官至一百七十员。疏入，报已有旨。

革宣府下西路参将孙秉乾回卫，直隶巡按李九官劾其贪险也。

十月

御史杨维垣参兵部员外郎顾大章在刑部时受贿鬻狱，大章疏辩，维垣复指大章受熊廷弼①四万金，且以鬻狱多赃，乞追助饷。上谓赃至四万，岂无确据可凭？止以意见悬断，令部院查明确奏。维垣劾大章受廷弼金，欲为出脱，非有左验也，然大章之祸实始于此。

十一月

御史刘廷宣奉旨回奏言："臣所论列者赃迹皆昭昭在人耳目，抚按稍加廉访即可得其主名，使臣直指一则侵抚按之权，一则伤乡绅之体，臣不敢开端。"上命抚按官严查具奏。

十二月

兵科给事中魏照乘复疏劾何栋如，及买马诸弁万邦孚等。上命何栋如著彼处抚按官提至山海关质明追赃，万邦孚等著作速查明具奏。

---

① 明末名将，万历末经略辽东，整肃军令，巩固边防。天启年间，被冤杀。

天启三年（1623年）

正月

延绥巡抚佘自强，疏纠原任宁塞营参将、今升西宁副总兵苟伏威，贪纵无忌，命抚按严提追赃。

广东道御史刘廷宣以按奏陛辞，上言五事，有励廉耻曰："情面太重，法纪太轻，酿成顽钝之习，自非大奋乾纲，择一二贪婪无耻之尤，盗饷卖粮有误军国大计者严处。"章下所司。

二月

考察在京庶官，贪，兵马副指挥林守庇等一十八人。得旨：各革职闲住降调如例。

考察南京庶官，贪，北城兵马指挥杨樟等二人。革职闲住致仕降调如例。

三月

宣府东路游击刘灏、大同新平堡参将任自谦，俱革职追赃。

革原任西宁副总兵高秋、陕西行都司掌印都司张鸣鹗，仍行巡按御史提问追赃。

四月

治援黔将领贪懦之罪，副总兵金汝佐以逗留削职戴罪立功，参将祁继祖以婪纵革任，提问追赃。

革通州参将刘尔化、孟兆职任，提问追赃，巡按御史倪应眷劾其剥军自肥也。

革原任浙江总镇坐营孙锡爵，及升任浙江都司李甘来职，永不叙用，仍将锡爵提问追赃，以巡按浙江张素养劾其贪纵不职也。

五月

原任广东西山参将赵先革职追赃，以广东巡按御史周用宾纠其庸懦贪婪也。

革援黔都司黄运清职，行贵州巡按问罪追赃，以御史侯恂劾其贪残枭恶也。

革红水营游击胡国贤任，仍提问追赃，以陕西巡按高推劾其剥削有据庸懦无奇也。

八月

巡抚河南右佥都御史冯嘉会，疏纠援黔南征都司汪负龙、张尧年、通判张维岳、守备周嘉兆、援辽游击彭国器、张洪业、千总夏镐等，兵过两河，挟骗驿递折乾马匹草料，每站至七八十两，打抢居民，强夺酒食，拷辱士女诸贪横不法状。

贵州都司金书黄运清以解围叙功，新抚臣王三善劾其贪残不法，纵所部军士搜取乡绅富户，一概攫夺，又匿所支领仓米，纵军士鼓噪，每米一升动勒黄金数两，城中珍奇段疋、少女名姝，尽为运清及其部下所掠，士民争欲食其肉，杀以济贪，罪不容死，拟追赃二十万以济黔饷。

十月

陕西巡抚孙居相劾河州营参将严奇武贪婪激变，革任提问追赃。

蓟辽总督王象乾，荐举副将等官张体乾等劾游击韩国民、守备刘士杰，部覆体乾等附簿纪录，国民、士杰革任，抚按提问追赃。

革德州参将栾维城、黄甫营参将洪世臣、威远游击张尔奇、登州游击蔡同春、河间游击甘胤、兖州游击王化溥，各回卫，化溥仍提问追赃，以各督抚疏纠也。

户部覆招练道刘国缙侵冒赈银，革职提问，仍究侵领，各犯按律追赃。

十一月

革援黔副总兵金汝佐职，提问追赃，以按臣侯恂纠其不律也。

天启四年（1624年）

三月

河南道御史熊则祯言时事，因纠吏部郎中张国绅赃污。不报，再纠之，仍不报。

吏部覆吏科都给事中阮大铖疏，重惩贪。凡抚按论劾各官赃私，见任追之，本任未任追之。

吏部尚书赵南星："臣等以为，不若追贪官之赃为便，今世道衰颓，士风浊秽，贪官甚多，有一人而至十数万者，何不追之以助军饷？"

十一月

御史马鸣世条奏："计吏先论其守，惩贪务澄其源。所闻皆愁叹之声，说者谓军兴加派天灾流行实重之困，而不知贪官污吏借征收以填溪壑，敲骨剥髓使之至于此极也。且贪以济贪，上下相蒙，日甚一日。"

天启五年（1625年）

正月

吏部等衙门会同考察天下方面有司等官，分别应去应处开具职名，贪为四川按察司副使侯国等。得旨：革职闲住致仕降调如例。

吏部题考察贪酷官应拏问者，四川佥事徐清等、浙江宁海知县鲍观光等一十四员。上命见在应朝的，著锦衣卫拏送法司问，其余各该巡按御史严行提问具奏，追赃助边，不得容纵。

革五军七营副总兵管练勇参将事罗星、神枢五营佐击许立德等回卫，星贪污，立德久病，为巡视京营兵科给事中胡永顺等所劾也。

二月

盔甲厂工部主事门洞开疏参本部郎中徐在中，买铜克银数万，又扣硝黄等商价，赃私狼藉，命革职听勘。

徐良彦贪险有名，岂堪重任，著降三级调外任用。

原任署镇篔参将援黔游击邹之宠等革任回卫，湖广巡按杨新期劾其贪黩也。

三月

刑部疏奏问过犯官陶朗，先侵盗饷银四十万二千七百二十七两，监候追赃。得旨：著该部上紧立限严追其各犯未还银两，并著该抚按作速追完具奏。

巡按甘肃御史刘其志疏言："安民者吏，饬吏者法。今计典澄汰之后，墨吏夺职追赃法綦严矣，而实实追完者有几？请自今未结之赃，不须复问其他，清此本原，治乃可饬，则惩贪之法宜确也，廉能异等赐宴优擢法綦崇矣。请自今巡抚京堂悬缺择外藩之最著最久者，与内吏兼推使重内轻外之习，一洗其肺肠，则奖廉之法宜实也。"上嘉纳之，令该部著实举行。

下游士任镇抚司，并孟淑孔严行究问，盗饷奸细情节照原参数目追赃。

刑部侍郎饶伸奏挈问贪官鲍观光等于城隍庙，问过各犯极口辩冤，乞发各该抚按御史究赃回奏。得旨：抚按参劾即系实证，何必又行彼勘结，还著该部照依原参款件追赃，以济军需。

上传刑部陶朗先追赃时日已久，如何不见奏报。上传锦衣卫游士任究问原参赃银，并胡维宁窝匿人家姓名如何不见具奏。

革见任忠顺营都司安从孔原任，定州营游击、今升西路甘州副总兵汪济民，俱回卫。以直隶巡按宋师襄论劾贪弁也。

刑科都给事中周之纲疏言吏部原考察贪酷等官，均宜行原籍提追，不可任其延缓，而四川佥事徐清尤贪毒异常，宜尽没所有入官。得旨：各省直拏问贪官，立限追赃，徐清贪淫尤甚，著行该抚按严加穷究。

上传游士任等："侵冒饷银既已问明，著送刑部拟罪追赃。"

五月

刑科给事中霍维华言刑法失平者三事，有曰："张我续贪淫酷诈，宜处而未即处；赵彦纵子通贿，不当留而留。"上谓张我续、赵彦已有旨。

御史李应公疏纠陕西巡抚右佥都御史宋槃，命策励供职。御史袁鲸再纠，并及南太仆寺卿刘宪宠贪秽状。上令宋槃致仕，刘宪宠夺职。

督理川贵粮饷御史丘兆麟，疏荐原任总督两广何士晋。得旨：何士晋贪污著闻，削夺未尽其辜，丘兆麟反覆称扬耳目之臣闻见岂宜如此，姑不究其督饷事宜，著归仍回道管事。

刑科给事中潘士闻言："封疆之事坏于债帅，债帅①之弊起自贪缘。所愿当事诸臣，尽破积习，务使贿赂之门杜而后幸进之门塞。至一切名色加衔杂流材官等冗员，尽为裁革，武弁犯赃指摘有据者，仍行请旨逮问追赃，惩前毖后，治一儆百。"上命著实振饬行。

革陕西肃州游击管参将事吴永胤、兴武营都司佥事管游击事李成龙、原任芦沟堡守备今升宁夏游击朱国梁回卫，仍提问追赃。

六月

御史卓迈以门户劾太仆寺少卿孟习孔、南京太仆寺卿赵健、并陕西巡抚翟凤翀。得旨：孟习孔贪横党邪，赵健昏闇媚奸，有玷京卿，都著冠带闲住。

御史梁炳疏纠贪竞邪臣尚宝司司丞孙善继、刑部员外李腾蛟、南京礼部尚书董其昌，伏乞分别处治。得旨：董其昌夙望何得轻诋，孙善继、李腾蛟著该部看议来说。

御史马逢皋条陈朝政四事，有曰："精核吏治宜著惩贪之令，佐贰首领以贪败者罪堂官。"章下该部。

兵科给事中吴国华疏："自辽左发难，召募烦兴，加派遍于域中，官负奉公之显名，民受剥削之实患。如以经营方始入孔尚啬，则彼徐清等五十二员，赃私至五十余万粒。诚敕部院晓谕候铨诸臣，务崇俭素，勿尚华奢，更敕五城御史，严禁债保人等举放官债，不得过五十两，违者入官，债主保人悉照大明律治罪，则防贪于未萌，视追赃于既往。"得旨：严追贪赃，力挽士侈，皆安民至论，该部即与覆行。

户科给事中薛国观再疏参游士任、中军胡维宁，侵盗饷银外仍有不法六事。得旨：游士任、胡惟宁查照会典万历年间事例，凡侵欺边海钱粮千两以上者斩，著尽数追赃，从重拟罪，以彰法纪，不得轻纵。

御史周维持疏纠文选司官刘行义，与其同官王任杰，大开贿门，赃私狼籍。

---

① 唐代宗始，政治腐败，任命之帅必因重贿，若财力不足，则以借贷行贿，升职之后搜刮以还，故后世称之。

得旨：刘行义革职听勘，王任杰姑著闲住。

七月

下原任御史方震孺于刑部，追赃拟罪。

户部参送南京龙江左卫指挥王业等，挂欠京粮通粮运粮总计将近一万七千石，刑部覆奏乞先拘各弁到官，立限追比全完销欠，有贪顽捱久自干法纪者按律治罪。

命镇抚司严追杨涟等赃，不得徇情宽纵。

命镇抚司严追袁化中等赃。

八月

真定守备吴士弘、插箭岭守备李壮图，各革职，命该抚按提问追赃，以户科给事中薛国观言其倚张凤翔亲昵营咨剥军也。

兵科给事中陈维新力纠大将马世龙贪横罪状，且荐旧道臣韩原善。上命兵部酌议具覆。

御史安伸疏陈时务，创吏贪有曰："数年以来，官以贿迁。朝有幸位，世无净土，一旦圣明天开，法纪雷震，谁能复逸于法者，讵知贪人败类，公道难容。而贪人善钻，诡谋易逞，如徐缙芳、袁世振等数万赃私，了无结局。"得旨：马世龙已准策励，不必苛求。当今民穷财尽，又值旱涝相循，全在抚按督率有司，及时安抚。贪浊成风，久而难变，内外亟图砥砺，朕亦乐与维新。徐缙芳、袁世振赃私数多，如何尚未结局？著该抚按严追助工。

兵科都给事中罗尚忠疏参大将马世龙骄贪罪状，且言枢辅信非其人，所伤实多，为今之计惟惩贪将以正法纪，核兵数以杜侵冒。上曰："枢辅既已汰兵清饷，必有一番振刷，以固封疆。马世龙奉旨策励，姑看新图，以责后效。"

北镇抚司追过袁化中等赃银五千余两，仍有旨，务在速完，限五日一回奏。

命镇抚司严比追顾大章赃，不得宽纵。

九月

南京江西道御史徐复阳疏参兵部侍郎岳元声、原任北新关郎中陈于尧、扬州钞关郎中强思、川东道副使余新民。得旨：岳元声贪迹素著，屡挂弹章，著削籍为民，仍追夺诰命。于尧、强思、余新民，著吏部从重议处。

吏部题铨曹积弊日久。得旨：铨曹吏书作弊，神人共愤，蔡汝钦等着拏究照数追赃，其原领钦赈官吏侵银一万两，着行山东抚按勒限追完具奏。

革四川雅黎游击陈谟，行巡按御史提问追赃，四川总督朱燮元参其贪暴也。

左都御史王绍徽条上宪纲要务十款，有曰严拏贪官。得旨："这十款皆宪纲急务，区画详悉。具见苦心，便责成巡方御史着实举行，嘱托公事，律有明条，风纪之司，倍宜申饬。考贪风未息，追赃宜严，巡按官体访得实，即行奏请提问。其地方人才须访真正品行，不许徇情滥荐，考成一事，更为切要。至于巡方之吏，全以躬行节俭为先，若糜费厉民，登临恣意，多官护从，饮食若流，岂称宪职？便着堂上官严加考核，仍听不时纠参，务使风纪振肃，以副朕澄清世道之意。"

十一月

先是，平辽总兵毛文龙陈海上情弊六款，内言游击朱家龙在海外带去银两，及在登冒支饷银共二万六千两，贿嘱在登乡绅营升旅顺副总臣差官调之以追其饷。奉旨：招商而登府胥吏借盘诘以需索，百计阻挠，致众商裹足。

南京浙江道试御史李时馨疏参川湖总督张我续，侵盗饷银。得旨：张我续已有屡旨，速勘具奏。

罢巡抚宁夏右佥都御史郭之琮，降南京大理寺寺丞王命新三级，调外任。吏部尚书李宗延覆御史余城参疏，以命新贪横、之琮庸劣也。

北镇抚司上夏之令狱辞。得旨：夏之令不惟辩言乱政，几误封疆，且巡城时赃私狼藉，着严究追赃具奏。

四川道御史王时英疏参浙江巡抚刘可法、吏部郎中唐晖、工部侍郎胡世赏。得旨：刘可法厚结赵南星躐升浙抚，唐晖贪婪不简，倚仗门户，取铨如寄，俱着削籍为民当差，仍追夺诰命。胡世赏著冠带闲住。

刑部上何栋如狱辞，言栋如赃私已完，乞照原拟遣戍。

吏部题聂心汤降赵州知州。得旨：聂心汤贪秽著闻，著削籍为民，追夺诰命。

十二月

四川道御史倪文焕疏参吏部尚书李宗延、刑部侍郎朱世守为东林渠魁①，太常寺少卿金世俊为左光斗、魏大中私人，前任吏部，卖官受贿，赃迹有据。江西按察使米万钟，出淮抚李三才门下，且与盗伐陵树赵刚为至亲，蓟州道右参议王继谟为王之采私党，贪婪素著。乞俱罢斥。得旨：朱世守已有旨，金世俊为左光斗、魏大中私人，卖官赃迹有据，赵刚盗伐皇陵神树，已经处分。宋万钟系刚至亲，又出李三才门下，王继谟为工之采私党，贪婪素著，都著削了籍为民当差，仍追夺诰命，金世俊行彼处抚按提问，追赃以助大工。

东厂缉获盗米仓役梁逢恩等。得旨：仓粮，军国所关。主事李柱明乃敢恣意贪饕，监守自盗，好生可恶，著锦衣卫都拏付镇抚司严刑究问，追赃具奏。

---

① 首领。

天启六年（1626年）

二月

兵科都给事中罗尚忠等，纠拾南京协同守备东宁伯焦梦熊、锦衣卫都督同知邢元吉、原任南澳副总兵黎国炳、延绥总兵宋伟、山西总兵吴重阳、延绥副总兵赵大胤、川贵总督标下副总兵蒋吉嗣、原任延绥入卫游击柳国镇、福建南路参将刘应宠、原任山东都司廖栋、福建泉南游击车应山、原任巡捕提督徐永胤、两广总督旗鼓刘宇。诏以邢元吉贪纵不职，削籍夺诰命，仍下法司提追，其余分别处治。

三月

先是，户科给事中郭兴治追论原任御史方震孺按辽不职状，逮付法司，拟戍终身，追赃银四百一十五两。后蒙旨驳正，令从重。

四月

江西巡抚郭尚宾疏覆勘过汪文言株累各官：黄龙光赃银二千两，拟附近卫所充军终身；施天德赃银三千两，已故邓渼及邹维琏用贿求升计所与财，坐赃论徒二年半，徐良彦交结文言杖七十。

巡按直隶御史徐吉疏言顾大章赃银已经设法追完一万七千五百两，其未完一万三百六十五两六钱，亦勘有田房杂物等项变卖凑完。得旨：着追完以助大工。

锦衣卫逮到缪昌期，命镇抚司严刑究问；千百户毛文明等受贿容犯官坐轿，沿途须索甚非法纪，着锦衣卫审实参奏以凭处分。

镇抚司以周宗建等所招赃数具奏。得旨：周宗建赃私狼藉，如何止招五千二百两？缪昌期止招一千两，还著尽数穷追。官旗王道行等招出需索本犯及生交等项银一千四百二十余两，其骚扰驿递多赃，尚未招认，还著立限严追以助大工。①

下原任御史李应昇镇抚司，严究追赃。

吏部题陆文选司员外李白春为稽勋司郎中。得旨：李白春作令贪婪，不得考选倒身门户。纳贿招权，丑声载道，久属漏纲，岂容复滥，着削籍为民，仍追夺诰命。

大理寺正许志吉参南京御史张继孟，上命削夺，即着南京法司提问，追赃

---

① 天启年间，政治混乱，冤案不断，而被冤杀者不仅家破人亡，而且还被"立限追赃"。因此，毅宗即位初，有言官将追赃列为天下六大苦之一。

以助大工。

五月

镇抚司许显纯疏言周顺昌招赃二千两。得旨：周顺昌招出赃银，不言何人付授，含糊未明，还著审确严追。

六月

北镇抚司严追黄遵素赃银二千八百两。

南京掌道御史游风翔疏陈，有曰扩仁恩以免严赃。

南京陕西道御史刘之凤差满，赴京考察。得旨：刘之凤贪险不正，南北昭彰，著冠带闲住。

巡视库藏给事中苏兆先缉获揽头周应时匿焰硝总计四万二千六百斤。乞敕下法司究赃正法。得旨：焰硝系军国急需，五年不解，堆放道房，是何法纪？揽头周应时著送法司究赃治罪，仍行该抚按将逃回解役胡朝进提解来京严究，并查印信真假，以正三尺。

闰六月

锦衣卫缉获张元专雕各衙门印信，货卖与人，获利不计其数，下三法司究赃正罪。

逮原任应天巡抚周起元至，下镇抚司狱。随奉旨：周起元受杨姜多贿，阻挠上供袍服，今已擎到，著送镇抚司照李实原参指称铸钱冒破十余万两赃私，勒限追完以助大工。

浙江巡抚潘汝祯追罪抚陶朗先赃银二万三千四百一十六两，起解。得旨：陶朗先赃私数多，止进二万三千四百有奇，何得终局？还著详比严追如数解进。

御史卢承钦追纠去辅冯铨纳贿。

山西道御史高弘图奏，原任陕西巡抚乔应甲，初持正论，雅负清流，败于抚秦，贪声大著。得旨："乔应甲生平自负，乃抚秦贪迹大著，言清行浊，宪体扫地，何以风示百官？据言官参论，如出一口，即行陕西巡按从实勘明具奏，以凭处分，不得徇情隐匿。"

御史袁鲸再疏纠冢臣王绍徽，与乔应甲声气同出处同，一内一外，呼吸相通，且绍徽为咸宁人，而独不知其贪？岂利令智昏耶？因列绍徽纳贿鬻官秽状。得旨：据奏王绍徽赃私狼藉，著冠带闲住。

直隶巡抚杨春茂追过原任御史方大任赃一千一百五十一两，解助大工。

衍圣公孔胤植劾奏曲阜知县孔闻简赃私诸不法事。上以先圣后裔苛索伤体，仍著严究。

浙江巡按刘之待奏追过陶朗先、魏大中赃。得旨：付大工，仍令严追未完，不得徇情隐匿。

应天巡抚毛一鹭奏原任御史方大任追赃拟徒。

刑部署部事右侍郎曹思诚等，会审锦衣卫都督同知邢元吉赃私遣戍。上命追赃完日具奏。

巡抚凤阳户部左侍郎苏茂相奏，追疏理盐法道袁世振赃银，先后俱足，报闻。

八月

发周府仪封王恭枂于凤阳高墙，以窝盗分赃也。

革宣武营游击段国祯任，提问追赃，以蓟辽总督阎鸣泰参其贪狡也。

九月

镇守山海太监陶文参中协属西游兵营都司张孔教，及石塘路右车营千总田应春，贪冒克削。上命督抚按关诸臣严究，追赃正法，以肃军伍。

工科给事中王梦尹参登州管饷都司毛应时、韩文翼，侵克饷银，陈奇圣、李大珊冒领船价。得旨：毛应时、韩文翼，著行抚按衙门严究追赃充饷；其陈奇圣、李大珊冒领造船银两，久不完销，并行追究。

周起元卒于狱，赃著抚按严追。

十月

削南京御史徐复阳籍为民。时南京操江右佥都御史署都察院事胡东渐题复阳接管京营，上谓复阳居官贿闻，黜之。

十二月

革浙江南洋游击张震任回卫，巡按御史田珍参其贪纵也。

初魏忠贤缉获包揽京营弓箭钱粮犯人汪宗禹等，供称泰宁侯陈良弼得贿一千六百两，内分五百送恭顺侯吴汝胤，原任工部虞衡司郎中今升宁国知府王公弼得贿一千五百两，督造主事万燝得贿三百两，椽房积书李果斋、谢少宇等得银各不等。诏付刑部拟罪。得旨：这有名受赃各犯，都著严行追比。万燝虽故，移文原籍，著落家属，照数追纳，王公弼行抚按查奏。

湖广巡抚李栖凤奏追杨涟赃一万四千两，梅之焕八百两，命照数查收，仍严追未完再报。

天启七年（1627 年）

正月

镇抚司具丘志充、王家栋狱。赃银九千一百三十两，命勒限严追，以助大工。

刑部尚书薛贞覆福建巡按御史周昌晋疏言："原任两淮巡盐御史徐缙芳，赃银四万四千三百七十六两，其下完石等原招赃银开坐各犯名下，听两淮奏报。徐缙芳与举人张汾名下只供二万七千余两，今已追完一万二千一百四十两，按臣查照律例，坐拟徐缙芳以受财枉法遣戍，张汾以说事过钱配赎相应。"得旨：徐缙芳、张汾等一案，赃银未完尚多，著速行福建、淮扬该抚按照依御史卢承钦催疏，分别查明数目，严行追比完解以助大工，毋得再为延缓。俟各赃追完之日，依拟发落。

刑部尚书薛贞覆原任甘肃巡抚李若星，以重贿赂赵南星得巡抚，拟戍。奉旨：李若星著该抚按责一百板，发遣回奏。

四月

西司房提督左都督吴尧年、理刑千户齐光裕，居官受贿，俱削职为民。

镇抚司鞫问王之采赃银八千两，命速追以助大工。

刑部尚书薛贞具原任保定巡抚程正已狱词，言正已贿嘱赵南星，得巡抚。

王之采死于狱，其赃银八千两仍着抚按提家属严追。

吏部尚书周应秋覆科臣陈维新言："原任南京御史王允成依傍东林，贪险有据，乞如科臣议，行该抚按提问追赃。"

七月

追朱大泾等赃银三千七百八十两，邢元吉八千四百八十九两，官秉彝等二百五十六两。

八月

追万燝赃银三百两。

十一月

户部四川司郎中、贵州布政司右参议刘应过言天下六大苦，有诸臣追赃。上①然之；命逮死各臣赃银尽免之，释其家属。

上林苑监典簿樊维城直纠诸臣最著之赃，如田吉、田尔耕、吴淳夫及兵部郎中王登三、吏科都给事中陈尔翼等；报闻。

---

① 时明熹宗朱由检已即位。

二、崇祯年间（崇祯元年至十七年，1628—1644 年）

崇祯元年（1628 年）

五月

工部尚书刘廷元罢，以李长庚为工部尚书。御史任赞化劾廷元"挺击"时，力主"风癫"；廷元居京师，招纳权贿，久有秽声。至是，始罢。

七月

户科给事中韩一良上言："皇上平台召对，有'文官不爱钱'① 之语；然今何处非用钱之地，何官非爱钱之人。皇上亦知文官不得不爱钱乎？向以钱进，今安得不以钱偿！内外升选，俱以贿成，而吏部之始进可知也；科道亦以此得之、馆选亦以此得之，而新进之末路可知也。今言蠹民者，动归咎于守令不廉；不知州县亦安得廉！俸薪几何？上司督取，不曰'无碍官银'，则曰'未完抵赎'；要路过客，动有书仪；一遇考满朝觐，辇金满车，犹忧谴责：此金非天降、非地出，而欲守令之廉得乎？今日之势，欲求人之独为君子，已必不能惟大为创；逮其赃甚者，使天下之臣视钱为污、惧钱为祸，庶几'不受钱'之风可睹矣。"次日，召廷臣于平台，命韩一良诵前奏，嘉奖之；遂超擢一良为右佥都御史。

崇祯二年（1629 年）

九月

顺天府尹刘宗周言，有曰："顷者严赃吏之诛，自执政以下坐重典者十余人，可谓得救时之权；然贪风不尽息也。贪风之不息，由于导之者未尽善也。"其后国事决裂，尽如宗周言。

---

① "文官不爱钱"在明末成了莫大的讽刺，就连得到褒奖与晋职的韩一良，也宁愿丢掉来之不易的官职，而不愿去得罪行贿之人。

崇祯八年（1635 年）

六月

兵科给事中宋学显、御史张缵曾各劾大学士温体仁贪擅，并及王应熊。先是，杨一鹏议移镇，应熊以为不必；故学显劾之。

九月

逮总理河道工部尚书刘荣嗣。初，荣嗣以黄水济宿迁之运；既凿，而黄河故道朝暮迁徙，不可以舟。于是南京刑科给事中曹景参劾之，被逮。中河工部郎中胡琏坐赃多论死，始首事侵费俱不由琏；人颇惜之。

附　录

一、《大明律》关于官吏受赃之法规条例[①]

1. 官吏受财

凡官吏受财者，计赃科断，无禄人各减一等，官追夺除名，吏罢役，俱不叙。说事过钱者，有禄人减，受钱人一等，无禄人减二等，罪止杖一百，各迁徙。有赃者计赃从重论。

有禄人

枉法赃，各主者通算全科。谓受有事人财而曲法处断者，如受十人财，一时事发，通算作一处全科其罪。

  一贯以下杖七十
  一贯之上至五贯杖八十
  一十贯杖九十
  一十五贯杖一百
  二十贯杖六十徒一年
  二十五贯杖七十徒一年半
  三十贯杖八十徒二年
  三十五贯杖九十徒二年半
  四十贯杖一百徒三年
  四十五贯杖一百流二千里
  五十贯杖一百流二千五百里
  五十五贯杖一百流三千里
  八十贯绞

[①] 《大明律集解附例》卷23《刑律·受赃》。

不枉法赃，各主者通算折半科罪。谓虽受有事人财判断不为曲法者，如受十人财，一时事发，通算作一处折半科罪。

  一贯以下杖六十

  一贯之上至一十贯杖七十

  二十贯杖八十

  三十贯杖九十

  四十贯杖一百

  五十贯杖六十徒一年

  六十贯杖七十徒一年半

  七十贯杖八十徒二年

  八十贯杖九十徒二年半

  九十贯杖一百徒三年

  一百贯杖一百流二千里

  一百一十贯杖一百流二千五百里

  一百二十贯罪止杖一百流三千里

无禄人

  枉法一百二十贯绞

  不枉法一百二十贯之上罪止杖一百流三千里

条例

文职官吏、监生、知印、承差受财枉法至满贯绞罪者，发附近卫所充军。

凡在官人役取受有事人财，律无正条者，果于法有枉纵，俱以枉法计赃科罪，若尸亲、邻证等项，不系在官人役，取受有事人财，各依本等律条科断，不在枉法之律。

2. 坐赃致罪

凡官吏人等，非因事受财坐赃致罪各主者，通算折半科罪，与者减五等。谓如被人盗财或殴伤，若陪偿及医药之外因而受财之类，各主者并通算折半科罪，为两相和同取与，故出钱人减受钱人罪五等。又如擅科敛财物，或多收少征钱粮，虽不入己，或造作虚费人工物料之类，凡罪由此赃者皆名为坐赃致罪。

  一贯以下笞二十

  一贯之上至一十贯笞三十

  二十贯笞四十

  三十贯笞五十

  四十贯杖六十

五十贯杖七十

六十贯杖八十

七十贯杖九十

八十贯杖一百

一百贯杖六十徒一年

二百贯杖七十徒一年半

三百贯杖八十徒二年

四百贯杖九十徒二年半

五百贯之上罪止杖一百徒三年

备考

官吏坐赃若不入已者拟还职役。

出钱人有规避事重者从重论。

3. 事后受财

凡有事先不许财,事过之后而受财事若枉断者,准枉法论事,不枉断者准不枉法论。

4. 有事以财请求

凡诸人有事以财行求得枉法者,计所与财坐赃论,若有避难就易所枉重者从重论,其官吏刁蹬用琼森事逼抑取受者,出钱人不坐。

5. 在官求索借贷人财物

凡监临官吏①挟势及豪强之人求索借贷所部内财物者,并计赃,准不枉法论,强者准枉法论,财物给主。若将自己物货散与部民,及低价买物多取价利者,并计余利,准不枉法论,强者准枉法论。物货价钱并入官给主。若于所部内买物不即支价,及借衣服器玩之属各经一月不还者,并坐赃论。若私借用所部内马牛驼骡驴及车船碾磨店舍之类,各验日计雇赁钱,亦坐赃论,追钱给主。若接受所部内馈送土宜礼物,受者答四十,与者减一等。若因事而受者计赃以不枉法论,其经过去处供馈饮食及亲故馈送者不在此限。其出使人于所差去处求索借贷卖买多取价利,及受馈送者,并与监临官吏罪同。若去官而受旧部内财物,及求索借贷之属,各减在官时三等。

条例

文武职官索取土官夷人猺獞财物,犯该徒三年以上者,俱发边卫充军。

凡辽东、宣府、大同、延绥、宁夏、甘肃、固原,并偏头等关,直隶、蓟

---

① 指负有监察临视责任之官吏。

州、密云等处各沿边地方，各该镇守总兵、副参、游击、守备、都司、卫所等官，但有科敛军人财物及扣减月粮计入己，赃至三十两以上降一级带俸差操，百两以上降一级改调烟瘴地面带俸差操，二百两以上照前调发充军，三百两以上亦照前调发永远充军。其沿海地方有犯亦照前例科断，应改调及充军者俱发边远卫分。

云贵、两广、四川、湖广等处流官擅自科敛土官财物，佥取兵夫征价入己，强将货物发卖，多取价利，各赃至满贯，犯该徒三年以上者，问发附近卫所充军。若买卖不曾用强及赃数未满者，照行止有亏事例问革。其科敛财物明白公用，佥取兵夫不曾征价者，照常发落。

6. 家人求索

凡监临官吏家人于所部内取受求索借贷财物，及役使部民，若买卖多取价利之类，各减本官罪二等，若本官知情与同罪，不知者不坐。

7. 风宪官吏犯赃

凡风宪官吏①受财，及于所按治去处求索借贷人财物，若卖买多取价利及受馈送之类，各加其余官吏，罪二等。

备考

风宪官吏家人犯赃，亦减本官所加之罪二等论。

8. 因公擅科敛

凡有司官吏人等，非奉上司明文因公擅自科敛所属财物，及管军官吏总旗小旗科敛军人钱粮赏赐者，杖六十，赃重者坐赃论，入己者并计赃以枉法论。其非因公务科敛人财物入己者，计赃以不枉法论，若馈送人者虽不入己罪亦如之。

条例

在京在外衙门不许分外罚取纸札笔墨银朱器皿钱谷银两等项，违者计赃论罪。若有指称修理不分有无罪，犯用强科罪，米谷至五十石、银至二十两以上、绢帛贵细之物直银二十两以上者，事发问罪起送吏部降一级用。

9. 私收公侯财物

凡内外各卫指挥千户百户镇抚并总旗小旗等，不得于私下或明白接受公侯所与宝钞金银段疋衣服粮米钱物。若受者，军官杖一百罢职，发边远充军；总旗小旗罪同。再犯，处死。公侯与者，初犯再犯免罪附过，三犯准免死一次，若奉命征讨，与者受者不在此限。

---

① 监察执行法纪的官吏，即御史，又称耳目之官。

又按此条言公侯而不及伯者举重也,至不言军人则微之耳。

10. 克留盗赃

凡巡捕官已获盗贼克留赃物不解官者,笞四十,入己者计赃以不枉法论,仍将其赃并论盗罪;若军人弓兵有犯者,计赃虽多,罪止杖八十。

11. 官吏听许财物

凡官吏听许财物,虽未接受,事若枉者准枉法论;事不枉者准不枉法论,各减一等,所枉重者各从重论。

二、《大诰》四编之赃犯及其相关规定①

1. 《御制大诰》

（1）张梦弼私递赃私第十五

通政司经历张梦弼,子在朝,父在乡,父子同谋,夤缘朝官,拘为党比,私递赃私,坐名前去山西沁水县追取。其本县官朱坦等,不于本家追取,一概以为营计,科敛吾民,扰动一县,代奸陪赃。其县官及张经历父子,果可释乎?

（2）问赃缘由第二十七

如六部有犯赃罪,必究赃自何而至。若布政司贿于部,则拘布政司至,问斯赃尔自何得,必指于府。府亦拘至,问赃何来,必指于州。州亦拘至,必指于县。县亦拘至,必指于民。至此之际,害民之奸,岂可隐乎?其令斯出,诸法司必如朕命,奸臣何逃之有哉。呜呼!君子见而其政尤勤,小人见而非心必省。

（3）行人受赃第三十五

行人受命而出,或捧制书,或寻常差使,或催督六部、都察院公事,所在受赃者,问赃自何而来,必供诸司所与。擒至诸司,问此贿赂钱物从何而至,必供取之于民。其害民之奸,岂可隐乎?当此之时,除民人被其威逼科敛不罪外,官吏与者、受者罪同。

2. 《大诰续编》

（1）韩铎等造罪第二十四

总计韩铎等取受赃钞,除隐匿入己外,实供招到官,共该三万三百五十贯,木炭八十一万斤。

侍郎韩铎　八千九百贯。

---

① 依据四库系列本。

侍郎李祯　五千七百五十官。

郎中侯恒礼　七百贯。

郎中陈恭　一千三百五十贯。

员外郎陈侃　二千四百贯。

员外郎郝彬　四百贯。

员外郎王大用　三千贯。

主事郭昇　二千三百贯。

主事张凤　二千贯。

主事鲁瞻　三百贯。

主事邵炳　四百贯。

司务宋原　二千贯。

给事中哈安　七百贯。

给事中杨霖　一百五十贯。

（2）朝臣蹈恶第五十

六部、六科给事中、承敕郎、参军、仓场卫分，日逐随朝，朕之所言，目击耳闻。弃人于市，有同僚，有异司、异府、异场、异科，各各不等衙门，此非一二人耳，各人身亲见之，其尸未移，各人继踵而为非。今将人名题于首，犯注于足，智人观之。

吏部主事萧惟一　劫索本部官银三百两。

雁扬卫知事王贞　为优给故官舍人，克落钞一千二百贯。

六科给事中并承敕郎，尚宝司，各卫知事，交结朋党，互相蒙蔽，盗出银钞衣服。

给事中言信　盗出入己钞六万三千五百贯，衣服三十二件。

卢敏　分钞二万九千贯，纻丝裙护一件。

王庭　分钞三万贯，袄子二件。

李悦　分钞一万贯，袄子二件。

孙询　分钞二万五千贯，袄子二件。

张德规　分钞五千贯，袄子三件。

刘士贞　分钞一万一千贯，袄子一件。

张悦　分钞八百贯。

董思敬　分钞一千贯。

沈炜　分钞五百贯。

杨苑　分钞一千二百贯。

俞诚　分钞八百贯。

张绶　分钞一千三百五十贯。

杨宾　分钞三百五十贯，缎子一匹。

倪浚　分钞九百五十贯，缎子一匹。

栾执中　分钞一千四百五十贯。

吴亨　分钞七百贯。

魏庭宝　分钞一千六百贯。

田礼　分钞五千二百五十贯。

王列　分钞七百贯。

王荣祖　分钞一千五百五十贯。

任企宗　分钞五百贯。

刘存礼　分钞八百一十贯。

钱德仁　分钞五百贯。

许讷　分钞一千四百贯。

常铭　分钞五百贯。

张谊　分钞五百贯。

张谊　分钞一千二百一十贯。

徐焕　分钞四千贯。

王鹤　分钞六百五十贯。

杜鲁　分钞一千五百五十贯。

贺裕　分钞四百贯。

杨永　分钞五千二百贯。

刘士原　分钞四百贯。

崔振　分钞一千二百一十贯。

张文甫　分钞四百贯。

陈廉　分钞四百贯。

羊廷显　分钞一千一百五十贯，圆领一件。

刘谧　分钞一千二百贯。

王鹏　分钞七百二十贯。

路轨　分钞七百贯。

马翱　分钞五千贯。

彭子敬　分钞一千贯。

陶镕　分钞五百贯。

李让　分钞五百贯。

焦愉　分钞三百贯。

靳俊　分钞四百贯。

孙敬　分钞四百贯。

周仲义　分钞四百贯。

王玘　分钞四百贯。

孙勗　分钞五百五十贯。

许文辉　分钞一千贯。

张文中　分钞五百五十贯。

和雍　分钞一千二百七十贯。

胡肃　分钞九百贯。

康宁　分钞八百五十贯。

伍子开　分钞六百贯。

黄顺理　分钞六百贯。

赵壁　分钞一千一百贯。

哈安　分钞一千五百八十五贯。

孟达善　分钞一千五百一十贯。

张均礼　分钞五百贯。

黄普　分钞九百五十贯。

参军　王斌　分钞二千贯。

史玄龄　分钞八百贯。

承敕郎　为追问秋粮事，节次将犯人江仲庸等招状改抹作弊，及通同言信等私置人匠食钱则例簿，于尚宝司用印，诬证受赃。

殷裕　分受钞一千二百十三贯。

萧韶　分受钞一千二百十三贯。

黄耕　分受钞六百五十贯。

谢文　分受钞六百五十贯。

承敕庶吉士廖孟瞻　分受钞四百五十贯。

金吾前卫知事侯学举　分钞六百贯。

尚宝司少卿姜徐关　分钞三百五十贯。

尚宝司丞安寿　分钞三百五十贯。

龙骧知事彭景中　分钞一千八百贯。

龙江卫知事汪傒任　分钞一千八百贯。

锦衣卫知事陈叔铭　分钞四千贯。

府军右卫知事李润　分钞四百贯。

江阴卫知事吴中　分钞七千贯。

前军都督府经历陈仔　分钞四百贯。

都事刘仲宁　分钞四百贯。

后军都督府都事杜清　分钞五百贯。

虎贲左卫知事赵信　分钞二千贯。

广武卫知事王清　分钞五千贯。

兴武卫知事王规　分钞五百贯。

羽林左卫知事蔡均　分钞四百贯。

龙江抽分场副使李兴　通同工部侍郎韩铎等，盗卖芦柴二万八千束。

金吾前卫千百户纸德等四员　通同钞库官孙安等，将太平进到折收秋粮一万贯，存留在外，虚出实收。各门印押长单，与纳户收照。

监察御史武希颜　为丁祭赴太学斋宿，却与刑部主事许桐及监生高霖等三名饮酒。

监生陈孜　为差往长洲县查踏水灾，于僧寺造册，恃势争房，将名藏主拷打身死。

虎贲右卫吏魏叔温　将兵部节次发下军人王成等七十四名，已编队伍，却受谢从义等钞一百三十五贯卖放。

留守左卫吏李仲恭　故行刁蹬水军，不支三个月粮，却于粮榜上朦胧开写具奏。

广洋卫百户洪福　为差往华亭县抄扎犯人家财，却通同害民猾吏，著犯人招指良民，致伤人命。

留守右卫百户吴祥、李英　为监工将囄人买到石头，私下货卖。

呜呼！此辈皆系洪武十八年新诛奸恶贪婪之后，人人不畏其法，仍继踵而为非。吁！可谓之难教者欤，难禁者欤。

(3) 克减赈济第六十

河南水灾，连并三年，民患水甚。二次敕驸马都尉李祺、梅殷赈民于灾处，赈济终岁不闻卖弃儿女。洪武十八年灾，敕户部差行人赍钞诣河南，会布政司、按察司、当该府州县赈如前例。赈后未及终岁，朕闻之，民有卖儿女者，陈州民亦有易其妻者。呜呼哀哉！海内之乱，朕凭诸英俊，委命大将军中山武宁王、开平忠武王等躬擐甲胄，不五年而偃兵。纪年洪武，今十有九年矣，岁不能任贤，以致水灾之济不周，致陈民卖妻，郑民卖子，原武之民艰甚。呜呼！兵凶事也，尚可平之，奸贪小人，甚若凶器。五教不循，五刑弗惧，无如郑州知州康伯泰，原武县丞柴琳，各将赈民钱入己。康伯泰一千一百贯，柴琳二百贯，布政使杨贵七百贯，参政张宣四千贯，王达八百贯，按察司知事谢毅五百贯，开封府同知耿士能五百贯，典吏王敏一千五百贯，钧州判官弘彬一千五百贯，襄城县主薄杜云昇一千五百贯，布政司令史张英一千五百贯，张岩五百贯。贪匿之后，天寒地冻，其严凝之气御非其宜，则有堕指裂肤。其灾民腹饥，被体之衣且薄，更兼日无可炊之粮，老幼艰辛，未免号呼于天。其贪婪之徒，岂不天讨有罪乎？其郑川知州康伯泰，原武县丞柴琳，布政司参政张宣，开封府同知耿士能，钧州判官弘彬，襄城县主薄杜云昇等，坐视民患，略无惭色，由是捕鞫之，情理昭然。除参政张宣等功臣之子免死充军外，其有司官吏，宜其然而死乎？

（4）吏卒赃私第七十二

吏卒赃私，岂能尽革？然囊古至于近代，吏卒人等虽要赃私，取于末节，纲纪大法，未尝敢坏。所以纲纪大法，罪之轻重，招词卷宗，疑词不异，卷宗分明，年月次序，日期题判，不紊粘联，使稽无遗失之患，刷无倒判之奸。此等大纲大纪既立，赃贪于末节，虽盈满贯，岂不容诛？是诰再三，岂止刑而说？一切钱粮金帛诸等事务，当体前说焉，智人觉之。

3.《御制大诰三编》

（1）臣民倚法为奸第一

今将各各所犯条列于后，观者戒之。犯贿赂等罪，被处死者如下①：

建昌县知县徐颐　　凌迟示众。

松江府知府李子安　　凌迟示众。

甘泉县知县郑礼南等　　处死。

开州同知郭惟一　　枭令示众。

定陶县知县刘正　　处死。

莱阳县丞徐坦　　凌迟示众。

溧水县主簿范允　　枭首。

---

① 仅列其中贪贿之官，具体贪腐内容与数量已省略。

(2) 进士监生不悛第二

四犯

死罪

进士：

王本道　任刑部主事。一次淹禁无招粮长身死，戴徒罪还职；一次受赃一百贯，戴绞罪还职；一次水灾受钞五十贯，一次受赃六十贯，禁死原告，处决。

三犯

死

进士：

罗师贡　任监察御史。一次为水受赃，戴流罪还职；一次为水灾受赃一百贯，戴绞罪还职；一次受赃，故出邀截实封李典史死罪，处决。

刘辐　任光禄司署丞。一次为水灾受赃四十七贯五百文，戴流罪还职；一次为水灾受赃一百十七贯，戴绞罪还职；一次克落官钞九十三贯，剁指书写。

二犯

死罪

进士：

张翠　任监察御史。一次为受赃十贯，出人死罪，戴砌城安置罪还职；一次为受赃二百十贯，戴绞罪还职。

李哲　任监察御史。一次为水灾受钞五十贯，衣服二件，戴流罪还职；一次为变乱成法，戴斩罪还职。

黄健　任户部主事。一次为水灾受钞三十五贯，青纻丝一匹，戴流罪还职；一次为水灾受钞九十贯，戴绞罪还职。

徐诚　任刑部主事。一次为水灾受钞三十七贯五百文，毡衫一领，戴徒罪还职；一次为水灾受银一十两，计前赃戴绞罪还职。

庞守文　任刑部主事。一次为受赃五十贯，朦胧奏准，戴斩罪还职；一次为受赃九十贯，戴绞罪还职。

李巽　任工部主事。一次为水灾受钞四十贯，戴徒罪还职；一次为受赃五百五十贯，戴绞罪还职。

凌辂　任汉阳府知府。一次为水灾受鹅酒并钞十贯，戴徒罪充书吏；一次为搜求楚王细事，杖一百，戴死罪还职。

孙翯　任嘉定县丞。一次为水灾受钞二十贯，银五两，戴流罪由给事中改除今职；一次为水灾受钞五百六十七贯五百文，绿纻丝一段，该绞追赃。

向宝　任兵部员外。一次为水灾受银五两，又教秦升妄奏，戴流罪还职；一次为水灾受钞五百六十七贯五百文，绿纻丝一段，该绞追赃。

蔡玄　任给事中。一次为水灾受钞四十贯，衣服一件，戴流罪降长洲县丞；一次为空押差批受钞四百贯，戴绞罪降除两淮盐仓副使。

张山　见役浙江书吏。一次为水灾受赃五十贯，戴流罪还职；一次为水灾受钞四十贯，二乔画一轴，计前赃戴绞罪降充书吏。

叶耀　见役浙江书吏。一次为水灾受赃五十贯，戴流罪还职；一次为水灾受钞四十贯，醉杨妃画一轴，计前赃戴绞罪充书吏。

庞清　任扬州府试知府。一次水灾受赃四十贯，戴徒罪降充书吏今任；一次为钦差旗军将带该吏赴京，强行夺回，戴斩罪还职。

王朴　任监察御史。一次为水灾受赃一百贯，戴绞罪还职；一次为奸顽诽谤不办事，处决。

辛民　任工部主事。为水灾受钞二十贯，银五两，戴徒罪还职；一次为受买炭等钞五百五十贯，该斩追赃。

徐彦和　任监察御史。一次为水灾受赃，戴罪丞还职；一次为故禁平人致死，处决。

张矗　任吴江知县。一次为水灾受钞六十贯，绵布一匹，靴一双，戴流罪还职；一次为阻当耆宿拿人赴京，戴斩罪还职。

周从善　任吴江县丞。一次为水灾受钞五十贯，戴流罪还职；一次为阻当耆宿拿人赴京，戴斩罪还职。

赵泰　任阜平县丞。一次为水灾受银三十两，钞二百五十贯，衣服四件，戴绞罪还职；一次为水灾受钞三百四十贯，银五十两，罗布六匹，就任追赃戴罪。

监生：

田斌　任监察御史。一次为脱放逃囚，受赃一百三十贯，绢十匹，戴绞罪由亳县主簿改除今职；一次为受赃八十贯，减轻陈至善罪名，戴斩罪还职。

塞煜　任太平府经历。一次为水灾受钞三十贯，银二两，戴徒罪读书今任；一次为受赃擅自巧立受给名色，罪该枭令。

钟道玄　任监察御史。一次为听宋正心设计，逼令曹英等招承，戴一百安置罪还职；一次为受赃八十贯，减轻陈至善等罪名，戴斩罪还职。

王克顺　任监察御史。一次为先踏水灾，受钞八十贯，戴流罪还职；一次为受钞八十贯，减轻人罪，该斩。

黄克庸　任江浦县丞。一次为科敛受钞五十贯，戴流罪还职；一次为受钞一百一十贯，该绞。

流罪
进士：
李伯冲　任旌德县典史主簿。一次为水灾受钞三十贯，戴徒罪还职；一次为监支月粮受钞四十八贯，戴流罪还职。
万质　任监察御史。一次为巡按失职，戴一百安置罪还职；一次为受赃四十五贯，陷害军官，戴一百安置罪还职。
胡宁　任刑部主事。一次为禁死无招粮长，戴徒罪还职；一次为受赃五十贯，故禁平人致死，为从减等，戴流罪还职。
高冲　任刑部主事。一次为禁死无招粮长，戴徒罪还职；一次为受赃五十贯，故禁平人致死，为从减等，戴流罪还职。
监生：
盛如英　任安乡县丞。一次为举保人材不当，戴杖罪还职；一次为科敛钞三百贯，戴流罪还职。

一犯
死罪
进士：
徐敏　任万宁县丞。为解课受钞一百一十贯，戴绞罪还职。
魏惟古　任吏科给事中。为水灾受钞一百贯并衣服等物，戴绞罪还职。
王牧　任沙河县丞。为水灾受钞六十贯，银十两，戴绞罪还职。
陈绶　任刑部主事。为水灾受银十五两，钞二十五贯，青纻丝一匹，戴绞罪还职。
彭庆　任工部郎中。为水灾受钞八十两，戴绞罪还职。
田忠　任兵科给事中。为水灾受钞八十贯，戴绞罪还职。
董薛　任兵部主事。为选武官受赃一百五十贯作弊，戴死罪还职。
樊士信　任兵部主事。为水灾受钞一百贯，戴绞罪还职。
王进　任刑部主事。为受钞五十贯，朦胧奏准，戴斩罪还职。
林同　任刑部主事。为受钞五十贯，朦胧奏准，戴斩罪还职。
邓伟奇　任刑部主事。为受钞五十贯，朦胧奏准，戴斩罪还职。
顾諰　任工部员外郎。为水灾受钞六十五贯，银五两，皂羊皮靴一双，绿绫围褡一领，戴绞罪还职。

杨居正　任监察御史。为不公等事，受钞三百贯，戴绞罪还职。

卓闰　为踏水灾受钞三十七贯五百文，银七两五钱，木绵衣服一件，免死发金齿充军。

海永清　为踏水灾受钞三十七贯五百文，银七两五钱，木绵衣服一件，免死发金齿充军。

袁宗弼　任昌平县丞，为水灾受钞八十贯，戴绞罪还职。

陈至善　任来安县丞。为科敛民钱，邀截实封，该斩禁固书写。

石岳　任麻城县丞。为秋粮受钞八百六十八贯，戴绞罪还职。

陈迪　任刑科给事中。为受解钞人钞一百五十贯，该斩追赃。

王恪　任繁峙县丞。为水灾受钞八十贯，戴绞罪还职。

张翀　任太康县丞。为克落赈济钞五百贯，戴斩罪还职。

杨新　任祀县丞。为克落赈济钞三百五十贯，戴斩罪还职。

鲁望　任陵水县丞。为修船等事受钞一百贯，戴绞罪还职。

陈迪　任刑部主事。为先接受粮长鹅酒，漏泄事情，戴斩罪还职。

姚复　任工部郎中。为受盗卖官炭钞四百五十贯，追赃。

高起　任工部员外郎。为受盗卖官炭钞四百贯，追赃。

张善同　任茶陵县丞。为分课程钞三百贯，戴斩罪还职。

陈善生　任光禄司监事。为水灾节次受钞九十五贯，戴绞罪还职。

李忠　任寿阳县知县。为解课盗用钞五百贯，该斩追赃。

钱巽　任电白县丞。为造课程册受银七两，钞五十五贯，戴绞罪还职。

庞安　任刑部主事。为受钞八十贯，戴绞罪还职。

余玱　任金华府通判。为水灾受钞八十贯，戴绞罪还职。

陈基　任徽州府推官。为受钞九十贯，故出人罪，戴绞罪还职。

刘观　任太谷县丞。为水灾受钞六十五贯，银五两，皂羊皮靴一双，红绞围褡一领，戴绞罪还职。

高成　任阳江县知县。为解课科钞九十贯入己，戴绞罪还职。

鲁瞻　任工部主事。为卖放人匠，受钞四百二十贯，戴绞罪还职。

谢谦　任益都县丞。为受钞七十贯，擅接无勘合行移，戴凌迟罪还职。

监生：

张友端　任宿松县知县。为受钞一百贯，圆领二件，戴绞罪还职。

李登　任宿松县主簿。为分受官价钞六十五贯，戴斩罪还职。

高巍　为水灾受钞三百二十贯，戴绞罪发江西按察司书吏。

陈德宣　任新喻县丞。为城砖事受钞一百二十贯，戴绞罪还职。

傅温　任泰州知州。为伸诉事受钞五十贯，银十两，戴绞罪还职。

胡桐　任阳城县主簿。为受钞一百三十贯，戴绞罪还职。

郭选　任刑部司务。为受叶通钞五十贯，朦胧具奏免刺砌城，戴斩罪还职。

陈庆　任翼城县知县。为水灾受钞一百二十五贯，戴绞罪还职。

汪铨　任绛县知县。为水灾受钞一百五十贯，戴绞罪还职。

张焕　为差往山西盘粮。受钞一百六十贯，银十两，绢六匹，戴绞罪追赃。

俞文　任安邑县主簿。为因公擅科绵布一百六十六匹，受钞七十贯，戴绞罪还职。

彭寿　任林县知县。为水灾受钞一百二十五贯，戴绞罪还职。

兀俊民　任断事官。为受钞九十贯，故出人罪，戴绞罪还职。

邓继先　任建德县主簿。为受刘兰友等钞二百贯，戴绞罪还职。

曾观生　任都昌县丞。为娶妻等事受赃一百六十贯，戴绞罪还职。

林谦禄　任丰县主簿。为解课等事受赃二百贯，又行宿娼，戴绞罪还职。

张福生　任宜兴县丞。为受钞五百贯，不行追赃，戴绞罪还职。

黄宗名　任宁都县丞。为分受银二十两，放保极刑老吏，戴绞罪还职。

李海　任束鹿县丞。为解课科钞一百十贯入己，戴绞罪还职。

李亨　任沾化县主簿。为分受课钞八十贯，戴斩罪还职。

申莹　任万泉县主簿。为受钞一百贯，脱放民害，戴绞罪还职。

胡子巽　任合肥县丞。为秋粮事受钞一百十贯，戴绞罪还职。

刘志聪　任桃源县主簿。为受钞六十贯，捏合检尸，朦胧具启，戴斩罪还职。

陈必文　任阳春县丞。为解课受钞七十五贯，银五两，戴绞罪还职。

袁子玉　任开建县丞。为解课受钞九十贯，戴绞罪还职。

尹玄　任断事官。为受指挥何聚钞六十贯，银十三两，戴绞罪还职。

王玙　任南城县丞。为分受赃银七十四两，戴斩罪还职。

郭真　为复踏水灾受钞一百贯，圆领衫二件，戴绞罪还职。

刘溥　任桐城县主簿。为秋粮分受钞一百五十贯，戴绞罪还职。

杜用　任曹县知县，为卖放积年民害等事，受钞一百五十贯及阻当耆民赴京奏事，处斩。

李瀹　任曹县主簿。为受钞四百四十九贯，银四十五两，绢三十匹，出人罪名，处绞。

尹福护　任仪真县丞。为受赃三十贯,枉问军职,戴斩罪还职。
田畴　任海门县知县。为受周宽等钞二百九十五贯,戴绞罪还职。

徒流罪
进士:
黄德安　任监察御史。为受赃五十贯,故出人罪,戴流罪还职。
胡本　任宜君县丞。为水灾受钞五十贯,戴流罪还职。
任励　任刑部主事。为水灾受钞六十贯,戴流罪还职。
刘文贵　为水灾受钞三十贯,银四两,戴流罪不职。
李子清　任吉水县丞。为追赃受钞五十贯,银五两,戴流罪还职。
郝知微　任诸城县丞。为水灾受钞六十贯,戴流罪还职。
仇益　任监察御史。为水灾受钞一百贯并衣物,均分入己,戴流罪还职。
厉宗义　任刑部主事。为相囚受钞五十贯,戴流罪还职。
张敏　任监察御史。为水灾受钞七十五贯,戴流罪还职。
许灵　任延津县丞。为马草科钞五十贯,戴流罪还职。
聂以大　任监察御史。为水灾受钞五十五贯,戴流罪还职。
杨志铭　任户部主事。为水灾受钞四十五贯,免杖流发金齿充军。
阎察　任监察御史。为受赃故出人死罪,戴流罪还职。
宋点　任监察御史。为受赃故出人死罪,戴流罪还职。
熊政隆　任宁化县丞。为水灾受钞六十贯,戴流罪还职。
宋仁桂　为踏水灾受钞五十贯,免杖流发金齿充军。
甘友信　为踏水灾受钞六十贯,免杖流发云南充军。
赵刚　任华亭县丞。为水灾受钞四十贯,衣服一件,戴流罪还职。
卫俊明　任监察御史。为水灾受钞四十五贯,免杖流发金齿充军。
张轨　任户部主事。为水灾受钞六十贯,戴流罪还职。
王顺德　任光禄司署丞。为水灾受钞七十五贯,毡衫衣靴等物,戴流罪还职。
张义　任光禄司监事。为水灾受钞五十贯,戴罪发充监生。
程以善　任监察御史。为水灾受钞五十贯,戴流罪还职。
张敏德　任监察御史。为水灾受钞五十贯,戴流罪职。
彭仁俊　任户部主事。为水灾受钞五十贯,银二两五钱,戴流罪还职。
沈志远　任监察御史。为水灾受钞五十贯,银二两五钱,戴流罪还职。
陈洵仁　任刑科给事中。为水灾受钞六十贯,绵布一匹,靴一双,戴流罪还职。

周成　任监察御史。为水灾受钞三十贯，银四两，戴流罪还职。

谢思义　任监察御史。为水灾受钞六十贯，戴流罪还职。

姚傅　任监察院御史。受钞四十贯，衣服二件，靴一双，戴流罪还职。

曾玉　任兴业县丞。为解课受钞七十贯，戴流罪还职。

黄敬中　任龙泉县丞。为城砖事受钞七十贯，戴流罪还职。

周月华　任灵宝县丞。为水灾受钞五十贯，该流罪，又为伊父结交官吏，抄扎发楚雄充军。

朱瞻　任承敕郎，为水灾受钞三十贯，银五两，戴流罪还职。

项复　任承敕郎，为水灾受钞五十贯，衣服一件，靴一双，戴流罪还职。

周弼　任监察御史。为监支军粮受钞五十贯，戴流罪还职。

蔡瑛　任户部主事。为监支马料受钞五十贯，戴流罪还职。

李浚　任兰溪县知县。为私盐事受钞七十五贯，戴流罪还职。

徐宗武　任密县丞。为水灾受钞七十五贯，戴流罪还职。

姚文琪　任刑部主事。为相囚尸受钞六十贯，戴徒罪还职。

程顗　任开城县丞。为水灾受钞五十贯，戴徒罪还职。

谭子英　任工部主事。为水灾受钞五十贯，戴徒罪还职。

韩毅　任平山县丞。为水灾受钞四十贯，绢三丈，戴徒罪还职。

张莹　任贺县丞。为水灾受钞四十贯，绢三丈，戴徒罪还职。

丁麟　任监察御史。为水灾受钞二十贯，银五两，靴一双，戴徒罪还职。

齐肃　任监察史。为水灾受钞十五贯，绵布一匹，戴徒罪还职。

黄维清　任九江府知府。为水灾受钞十五贯，绵布一匹，戴徒罪还职。

张和　任监察御史，为水灾受钞三十贯，戴徒罪还职。

陈益　任监察御史，为水灾受缎绢绵衣服等物，戴徒罪还职。

刘宗海　任监察御史，为水灾受钞二十五贯，纻丝一匹，戴徒罪还职。

王逊　任上高县丞，为水灾受钞二十五贯，纻丝一匹，戴徒罪还职。

王瓛　任容县丞，为受买求照覰钞四十贯，银三两，戴徒罪还职。

金惟一　任监察御史，为水灾受钞四十贯，戴徒罪发充书吏。

周原　任辰州府推官，受买求宽钞三十贯，戴徒罪还职。

陈顺　任顺昌县丞，为散笔科钞一百贯入己，徒罪还职。

陈顺成　任监察御史，为受钞五十贯，枷死囚人六名，戴徒罪还职。

王恒　任监察御史。为水灾受钞四十贯，戴徒罪还职。

监生：

刘文暎　任武宁县丞。为查城砖分受钞七十八贯，戴流罪还职。

张渊　任监察御史。为先踏水灾受钞八十贯，戴流罪还职。

虞震　为踏水灾受钞八十贯，戴流罪读书。

杨熊　任监察御史。为先踏水灾受钞一百五十贯，纻丝一匹半，戴流罪还职。

武用文　为踏水灾受钞八十贯，戴流罪读书。

吴范　为踏水灾受钞八十贯，戴流罪读书。

吴德贵　任临安县丞。为踏水灾受钞八十贯，戴流罪还职。

刘福　任黄县知县。先为水灾受钞八十贯，戴流罪还职。

张文中　任东平州同知。先为水灾受钞八十贯，戴流罪还职。

连洪　任清平县知县。先为水灾受钞八十贯，戴流罪还职。

仝润　任垣曲县知县。先为水灾受钞八十贯，戴流罪还职。

田振　任乐安县丞，先为水灾受钞四十贯，银二两半，戴徒罪还职。

龙存仁　任福宁县知县。先为水灾受钞六十贯，银四两，戴流罪还职。

徐泰　任孟津县知县。先为水灾受钞八十贯，戴流罪还职。

顾一举　任句容县主簿。为水灾科钞五十贯入己，戴流罪还职。

陈嘉言　任唐县知县。先为水灾受钞八十贯，戴流罪还职。

王悫　任浑源州同知。先为水灾受钞六十贯，银四两，杖一百流三千里砌城。

楚惟善　任扬州府推官。为受钞五十贯，同谋药死人，免杖流工役。

常庆　任泰州判官。为受钞五十贯，将被药死人扶同检尸，免杖流砌城。

欧阳岳　任黄岩县知县。先为水灾受钞八十贯，戴流罪职。

张复礼　任溧水县知县。为受钞五十贯，免杖流砌城。

刘宪　任刑部员外郎。为受钞五十贯，将囚锁开放，镯脚本部书写。

赵安养　任崇阳县丞。为受钞五十贯，故纵逃军，戴流罪还职。

孙励　任夏津县主簿。为受钞六十贯，买免运豆，戴流罪还职。

李益　任静乐县主簿。为闭纳秋粮受钞六十贯，戴流罪还职。

陈凤　任雄县丞。为科敛里长钞六十贯，戴流罪还职。

孙让　任黎城县丞。为闭粮受钞七十五贯，戴流罪还职。

刘辟　任兰溪县主簿。为告私盐受钞七十五贯，戴流罪还职。

李震　任山阴县丞。为那移官钱，戴流罪还职。

彭惟中　任临清县知县。先为水灾受纻丝一匹，钞一百贯，戴流罪还职。

崔郁　任安邑县知县。先为水灾受钞一百贯，纻丝一匹，戴流罪还职。

黄燧　任卫辉府同知。为先踏水灾受钞一百十六贯，戴流罪还职。

贺逊　任工部司务。为卖放人匠受钞七十贯，戴流罪还职。

萧嗣源　任邵武府通判。先为水灾受钞七十五贯，戴徒罪还职。

李平　任陕州同知。先为水灾受钞三十五贯，纻丝一匹，戴徒罪还职。

曹恒　为踏水灾受要粮长衣服妄奏，戴徒罪读书。

金铸　为踏水灾受钞三十贯，银二两，戴徒罪读书。

王着　为踏水灾受钞三十五贯，银二两五钱，戴徒读书。

钱宗　为踏水灾受钞三十五贯，银二两五钱，戴徒罪读书。

田礼　为踏水灾受钞三十五贯，银二两五钱，戴徒罪读书。

吴德渊　为踏水灾受钞三十五贯，戴徒罪读书。

苟平　为踏水灾受钞二十贯，银三两，帽一顶，戴徒罪读书。

温铎　为踏水灾受钞三十五贯，戴徒罪读书。

张经　为踏水灾受钞三十五贯，戴徒罪读书。

李义　为踏水灾受钞五十贯，靴一双，戴徒罪读书。

景源　为踏水灾受钞四十贯，戴徒罪读书。

刘永　为踏水灾受钞四十贯，戴徒罪读书。

熊弼　为踏水灾受钞三十四贯，戴徒罪读书。

龙佐　为踏水灾受钞三十五贯，银二两五钱，戴徒罪读书。

商善　任沂水县丞。为踏水灾受银五两，戴徒罪还职。

杨逵　任曲周县主簿。为水灾受银五两，戴徒罪还职。

卢英　任礼科给事中。为先踏水灾受钞四十贯，银二两五钱，绦一条，戴徒罪还职。

张泽　任监察御史。为先踏水灾受钞三十贯，银五两，衣服一领，戴徒罪还职。

黄绍祖　任刑部郎中。先为水灾受钞五十贯，布衫一领，绦一条，戴徒罪还职。

王全　任断事官。先为水灾受钞六十贯，戴徒罪还职。

袁岳　任袁州府推官。先为水灾受银五两，戴徒罪还职。

白涓　任定襄县知县。先为水灾受银五两，戴徒罪还职。

丁湘　任锦衣卫知事。先为水受钞四十贯，衣服一件，戴徒罪还职。

刘俊　为踏水灾受要衣服等物，戴徒罪读书。

宛贤　任广昌县丞。为受宽限钞三十贯，盘缠钞九十贯，戴徒罪还职。

蒙逊　任浦江县知县，先为水灾受钞五十贯，银二两五钱，衣服等物，戴徒罪还职。

习文真　任遂安县知县。先为水灾受钞五十五贯，银四两，戴徒罪还职。

彭子安　任永康县知县。先为水灾受钞六十五贯，银二两五钱，戴徒罪还职。

马伯驯　任成武县知县，先为水灾受银四两，钞五贯，戴徒罪还职。

楚温　为踏水灾受钞三十四贯，戴徒罪发充书吏。

黄祯　为踏水灾受钞三十贯，银二两，戴徒罪读书。

邓思恭　为踏水灾受钞三十贯，银二两，戴徒罪读书。

马宗鲁　为踏水灾受钞三十五贯，戴徒罪读书。

龚文志　为踏水灾受钞五十贯，戴徒罪发充书吏。

孙景贤　为踏水灾受钞五十贯，戴徒罪发充书吏。

高升　为踏水灾受钞四十贯，戴徒罪读书。

王会同　为踏水灾受钞四十贯，戴徒罪读书。

程鹏　为踏水灾受钞四十贯，戴徒罪读书。

牛麟　为踏水灾受钞四十贯，戴徒罪读书。

毕昱　为踏水灾受钞四十贯，戴徒罪除苏州府权通判。

苏清　为踏水灾受钞四十贯，戴徒罪除泗州权同知。

潘奎　为踏水灾受钞四十贯，戴徒罪读书。

王宁　为踏水灾受钞五十贯，戴徒罪读书。

赵通　为踏水灾受钞五十贯，戴徒罪读书。

王谦　为踏水灾受钞五十贯，戴徒罪读书。

高鼎　任密云县知县。为水灾受钞五十贯，戴徒罪还职。

王讷　为踏水灾受钞五十贯，戴徒罪除广南府通判。

刘嘉　为踏水灾受钞四十贯，戴徒罪除越州同知。

徐德芳　为踏水灾受钞三十七贯五百文，戴徒罪读书。

李华　任福安县知县。先为水灾受钞四十二贯五百文，戴徒罪读书。

姚福贵　任鄮都县知县。先为水灾受钞三十七贯五百文，戴徒罪读书。

于渊　为踏水灾受钞三十贯，戴徒罪读书。

崔通　为踏水灾受钞三十贯，戴徒罪读书。

邓廷秀　为踏水灾受钞三十贯，戴徒罪除云南黑盐井提举。

穆通　为踏水灾受钞五十贯，戴徒罪除顺德府推官。

马骥　为踏水灾受钞二十贯，戴徒罪发充书吏。

陈顺民　为踏水灾受钞五十贯，戴徒罪除岢岚州同知。
张克允　为踏水灾受钞四十贯，戴徒罪除开封府经历。
袁亨　为踏水灾受钞三十贯，戴徒罪除松江府经历。
张逊　为踏水灾受钞四十贯，戴徒罪听差。
乔干　为踏水灾受钞四十贯，戴徒罪读书。
杨允　为踏水灾受钞、布衣服等物，戴徒罪发充书吏。
马祥　为踏水灾受钞、布衣服等物，戴徒罪发充书吏。
崔灿　为踏水灾受钞、布衣服等物，戴徒罪发充书吏。
王视远　为踏水灾受钞、布衣服等物，戴徒罪发充书吏。
吕宗敬　为踏水灾受钞三十贯，戴徒罪除苏州府推官。
王观　为踏水灾受钞三十贯，戴徒罪除苏州府知府。
李俊　为踏水灾受钞三十贯，戴徒罪发充苏州府吏。
吕昭　为踏水灾受钞四十贯，戴徒罪除临安府同知。
张彬　为踏水灾受钞二十贯，银三两，帽一顶，戴徒罪读书。
董珆　为踏水灾受钞三十五贯，戴徒罪读书。
王洪　为踏水灾受钞三十二贯五百文，戴徒罪读书。
陈政　为水灾受钞四十贯，戴徒罪读书。
徐冕　为踏水灾受钞四十贯，戴徒罪读书。
王亨　为踏水灾受钞二十贯，免杖徒准工。
秦昭　为踏水灾受钞二十贯，免杖徒工役。
粟如才　为踏水灾受钞三十贯，戴徒罪读书。
尹旻焕　为踏水灾受钞三十二贯五百文，戴徒罪读书。
杨煦　为踏水灾受钞三十二贯五百文，戴徒罪读书。
王希文　为踏水灾受钞三十二贯五百文，戴徒罪读书。
陈礼　为踏水灾受钞三十二贯五百文，戴徒罪读书。
丘思齐　为踏水灾受钞三十贯，靴一双，衣服二件，戴徒罪读书。
李宏　为踏水灾受钞二十贯，衣服一件，戴徒罪读书。
康本　为踏水灾受钞五十贯，戴徒罪读书。
徐嵓　为踏水灾受钞三十一贯五百文，戴徒罪读书。
张翥　为踏水灾受钞三十二贯五百文，戴徒罪读书。
沈常　为踏水灾受钞二十二贯五百文，戴徒罪读书。
李翿　为踏水灾受钞三十贯，衣服二件，靴一双，戴徒罪读书。
王旷　为踏水灾受钞三十贯，衣服二件，靴一双，戴徒罪除苏州府经历。

王政　为踏水灾受钞十贯，圆领一件，戴徒罪读书。

郭诩　为踏水灾受钞三十贯，衣服二件，靴一双，戴徒罪读书。

龚克威　为踏水灾受钞三十贯，通鉴四本，网巾一个，袜一双，戴徒罪读书。

马骥　为踏水灾受钞三十贯，书四本，网巾一个，袜一双，戴徒罪读书。

吴鹏　为踏水灾受钞三十贯，靴衣等物，戴徒罪读书。

袁敬先　为踏水灾受钞三十贯，靴一双，衣服二件，戴徒罪读书。

李默　为踏水灾受钞四十贯，戴徒罪读书。

白怀素　为踏水灾受钞十贯，具奏不实，戴徒罪读书。

李煦　任曲沃县主簿。为秋粮科钞入己五十贯，戴徒罪还职。

刘凤　任祁阳县知县。为水灾受钞四十贯，靴绦等物，该徒。

江秉彝　任辰州府同知。为水灾受钞六十五贯，银二两五钱，该徒。

贾彬　为踏水灾受钞五十贯，免杖徒工役。

杖罪

进士：

张端　为踏水灾受鹅酒等物，戴杖八十罪发充书吏。

监生：

冯端　为争占房屋。戴杖八十罪读书。

张显　为争占房屋。戴杖八十罪读书。

呜呼！进士、监生本志士之学，人各聪明，及其管事也，贪婪奸顽之心并作。朕尝忧念，以为惜哉，遂于大班中，竭气语谕之再三，必欲诸进士、监生立志成人。特以目前居官有效者，指示而激劝之。如通政使蔡瑄，左通政茹瑺，户部侍郎杨靖，工部侍郎秦逵，皆同时由进士、监生而登显职，各官乃能率职以称朕心。其操也，恪遵先圣先贤之道，故能伸于群职之上，惟夙夜在公而已。所以其家税粮不供，差徭不役，有司吏卒无有登门者。其各家祖父伯叔年高者，朝涉田园以为乐，抚儿孙以为欢。或有居市者，随其所以而遂其情，上无差科之扰，下无邻里相欺之患。如此指示谕之，终不能化，王本道等三百六十四名，愈见奸贪，终不从命，三犯四犯而致杀身者三人，二犯而诽谤杀身又三人，姑容戴罪在职者三十人，一犯戴罪者三百二十八人。呜呼！志人君子，观此可不为之戒乎！劝乎！

（3）沽名肆贪第四

布政司官、府、州、县官为非者，莫甚于常州府同知王复春，青州府知府陈希文。且如同知王复春，先任宜兴县主簿，言常州府官差人下县及乡，扰害官民，诉甚有理，朕即命礼部差人赍朕制谕及酒醴以劳，即升常州府同知。不半年余，本官奸宄并出，亲自下乡，临民科扰。青州府知府陈希文，本官先任安庆府怀宁县丞，深知指挥毕寅系是昔乱保民寨主，其寅无厌之心，广侵民地。寅闻民已告，赴县意在嘱托。希文欲图贿赂，执大义以斥之，想必有赂，不期赂未至。府官不才，已受寅之嘱托。府官代寅嘱希文，希文不满，固执大义以责之。朕闻之，遣使以劳，敕谕励焉。至朝，即升青州府知府。到任之后不逾年，差皂隶着令临朐等三县，需索糯米、蒸笼、鞍轿、靿鞢等物。此物皆非各县官吏已有之物，设使必欲应答，民受科矣。若此不已，上下交征，民无宁息。以此观之，前者阳为君子，阴为小人。青州事觉，其罪安可逃乎！所以枷项，诸衙门封记，差人互递有司，遍历九州之邑，已而复罪。所在官者熟读而戒慎之，毋蹈前非。

4.《大诰武臣》

（1）耿良肆贪害民第三

耿良，着他做广西都指挥。自他做都指挥时，与布政司官、府、州、县官交结，生事作为，百般科敛，将百姓每害得荒了，以致连年啸聚不已。及他事发，差人拿问，共计二十八招，都是害军害民的歹勾当。因此上，取回他来打杀了。及打杀了他，广西的百姓都安然无事，也不反了。这般看来呵，那是百姓每要反，则是被他逼凌得没奈何了，所以如此。这等害人的人，若不罪他呵，天也不肯。今将所犯略节，条陈于后：①

骗要黄知府银六百两、金一百两入己；

克落军人月盐钞三千三百八十一贯入己；

为起盖谯楼，科钞一万三千贯、银一千八百两入己；

强将民人杜道荫秋粮三百五十石搬运回家；

拘收指挥韩观出征所得水黄牛六百五十四头、马七匹入己；

私役军丁，栽种苜蓿，喂养自己马疋；

教唆军人告南宁卫王指挥，索要本官玉条环等物入己；

脱放犯奸百户邢文，受要本人黄狞年一只；

卖放偷官盐所吏刘彦章；

将追到犯人佘仲玉银六十两、钞四十九贯、铜钱三万六千文入己。

---

① 仅录其事涉贪贿之内容条款。

（2）储钦等擅收军役第七

淮安卫指挥储钦，贪受赃钞，将应提积年害民人等二百六名收充军役；全州千户所千户乔义，受银六十四两、钞二十贯，将害民吏宾真等受充军役；温州卫指挥焦益，受银八两，将闲吏林道玉收充军役；太仓卫指挥康鉴、陈铭、卜荣、叶山，受要赃钞，容留皂隶汤回、仓脚夫钱官真等，补军役。这等吏员皂隶人等，都是积年在乡交结有司，把持官府，说事过钱，酷害百姓之徒。朝廷本欲除去这等恶人，着那好百姓每得安，指挥储钦等却俱各贪受赃私，容留在卫，将朝廷法度坏了。这等人容在下面，你怕他有甚么好勾当。他在乡既害百姓，在卫必然害军，官人每也好歹被他连累坏了。其储钦发去云南；乔义、焦益发大宁充军；康鉴、陈铭、卜荣、叶山发广西拿象。看来今日他每这等遭贬呵，何不当初依本分，守着本等职事，好房子下坐着，关着俸米吃，却不快活么道！他却务要这般撒泼做呵，不知他心里果然是如何？

（3）科敛害军第九

大同前卫百户李隆，为要买马，科军人孙德等钞四百四十九贯、布四疋、银四两入己；镇南卫百户杨厅保科各军钞五贯入己，百户赵忠科各军米一十六石、钞七十五贯入己；叙南卫指挥夏晟，科各军茜草一百斤做人事送人，又每旗科钉三千个打船做买卖；宁海卫千户张麟、潘德，为改造枪甲，科各军钞八十七贯，各分入己；金吾后卫百户于保，为屯种买牛，科各军钞七十五贯五百文入己；金山卫百户张敬，为买墙板，科各军钞三十贯入己；莱州卫百户孙骥，为画图本，科各军钞二十六贯入己；河南卫百户侯显，为盖自己房屋，科各军钞八十贯入己。这火官人如此科敛害军。那小军每一月止关得一担儿仓米，若是丈夫每不在家里，他妇人家自去关呵，除了几升做脚钱，那害人的仓官又斛面上打减了几升，待到家里，发过来呵，止有七八斗儿米。他全家儿大大小小要饭吃，要衣裳穿，他那里再得闲钱与人。这千百户每，直这等无仁心，他关了许多俸钱，倒又去科敛害军。科这穷军每的钞，回家去买酒买肉吃呵，便如将他身上的血来吃吃一般。吃了这等东西，有甚么长进，神天也如何肯。而今都发去边远充军了，看他去做军时，果实过得不过活得。

（4）图财杀人第十三

昌国卫千户傅旺并男傅良，同千户余亨、包荣、罗金，镇抚杨忠、王胜等，贪图财利，将者额杀死。者额是云南的土官，有缘故上，发他全家在昌国住坐。其千户傅旺等见他有家私，如常去问他借金银。借了几遍了，者额不肯。他因此上怀恨者额，与千户余亨等商量，使令军人杜和、燕帖木告他谋反，领军人刘可观等去他家里，将者额杀死。抢他四皮箱金子，两皮箱银子，三皮箱钞并一应家私。又拿他八个人，诬赖他为首，将凌迟了，共杀讫八十六人。事发，千户傅旺等都将凌迟处死。这件事若果实是他谋反了，拿枪拿刀，出来对阵，这等呵，遮莫杀了他多少人，怕怎地！他而今却也无形无迹，又把做他告的，告得是，也合动文书，奏得朝廷知道，如何敢便杀他许多人，他却图谋他家私。敢这等大胆做，神天如何容得他？便做眼前不发露，久后里天灾人祸不在他自家身上，也在他子孙身上见。

（5）冒支官绢第十五

府军右卫千户朱德，府军前卫千户许寿、左弼，龙骧卫千户戴楫、镇抚丘鲁，金吾后卫千户李茂，羽林右卫千户王寅，鹰扬卫百户甄祥、朱寿，府军后卫百户居义，龙虎卫百户周驴，武德卫百户张弘，虎贲左卫镇抚弓显，府军左卫镇抚严整等，俱为关支军人冬衣绢匹，通同承运库官黄伯学等，冒支出官绢二千五百九十匹，各分入己。事发，都着他戴罪出征。这许多绢都是百姓每供将来的，百姓每多少艰难，才做成得一匹。又多少艰难，才运得到京城，收在库里。如何敢自家轻用了，不是他每平白地里多有功的，也如何敢轻与。关出许多去，都将妄费用了。这是天财，如何容易消受得。

（6）克落粮盐第十六

襄阳卫千户孙齐，克落各军月粮三百石入己；千户周铭，克落军人盐钞二百贯入己；镇南卫百户周原德，克落军人月盐三十三斤入己；福州左卫百户刘义，克落军人盐钞二十二贯五百文入己；台州卫镇抚钱兴，克落军粮三百七十八石入己；绍兴卫百户王伯当，克落军人盐钞九贯八百文入己；定辽卫百户靳允恭，克落军粮一十八石入己；应天卫百户袁思诚，克落军人屯种稻谷一十石、小麦一十五石入己；沂州卫百户王仁美，克落军人盐钞四十贯入己；永州卫百户毛思盟，克落军人盐钞二十贯入己；仪真卫百户刘仲贤，克落赏军苏木二十二斤入己；平阳卫百户何敬，克落军人赏赐钞一百贯入己。事发，都贬去边远充军。那小军每每月关的粮，及关得些儿赏赐，全家儿都望着他。做官的不能抚恤他，倒又去克落了他的东西，也将心去度量一度量，果实过得去不过得去。这等无仁心的人，你怕他得长久，子孙出来怕会长进。

（7）卖放胡党第十七

凡抄札胡党及提取害民官吏人等，都差军官军人前去。为甚么不差别人，止差军官军人？每日差一个行人出去，有司打送，动辄数百贯钞，这等人，白身在草窠里出来，又无功劳，他却便得了许多东西，因此上都差军官军人，便他得了些东西，也是出过气力的人，却不强似与那白身无功劳的人。其宁都卫指挥邢旺、汪海，千户严福等，不体这意思，又去作弊，接受胡党家人李应名等五名钞八百五十贯、银六十两、金十两,却将各人卖放,着伴当陈彦一送去通济门去讫。水军卫镇抚张龙,接受胡党陈永等五百贯、银二十两,将各人户下人口脱放。当初着他抄札胡党时,则要抄得精细,不走了人,其余家财不问多少都将与他。他却作弊,将罪人卖放,把法度坏了。这等不知恩的人,若不罪他呵,那撒泼的怎地怕。

(8) 卖放军人第十八

应天卫百户韦真,接受军人叶德骥纻丝骥银四两、钞二十贯、袄子一件,将本军脱放;兴化卫镇抚陈林,接受军人王受钞五十一贯,将本军脱放;太原左卫百户刘云,接受军人薛尚文、荆希成等银四十两、钞四十贯,将各军脱放;锦衣卫百户裴兴,接受力士蒋次五等八名钞九十贯、夏布五匹,将各人脱放。事发,都发去边远充军。而今做指挥、做千百户的,你怕是他一个人的功劳,都是众军每做成与他的。若无了军呵,便做是一个好男子,也阵上浑当得几个人住,当不住可便输了。不知他却如何只要贪财,把军都卖了。被财利迷了他心,一来把军法坏了,二来身子也不顾了。这等愚夫,若不治他呵,久后里怎地好。

(9) 纵贼出没第十九

真定卫百户张颜,领军缉捕赃人四达子,他骑的马被贼人抢去,却使人将米二石前去与他赎回。宝庆卫千户沈真,他先做长沙卫百户时,有僧人杨云峰,系是前元间儿国公差人打探消息的人,他明知本僧系是奸细,不行捉拿,却与交结来往。振武卫指挥夏兴、百户朱才,有打猎军人温大等一十名被贼人拿去,他不行领军追赶,纵贼劫掠。这几个都是在外守御的官人,他平日不肯操练军士,关防的见识也全无,只是贪财苦军。及有贼人来往劫杀,他不领军追捕,倒去与他交结来往。这等无知愚夫,若在外面长远呵,不将大事坏了,所以张颜、沈真都将杀了。其指挥夏兴、百户朱才,且饶他死,发去驯象卫充军,若是再这等呵,必然不放过他。

(10) 监工卖囚第二十六

留守中卫千户郭成,差他监领囚人砌城。他接受囚人舒余庆等钞三百贯,将他卖放回家,却将钞六十一贯,去土工宋官保处买到死尸一个,顶做舒余庆相视埋了。事发,免死发金齿充军。他为贪财了,将有罪的人卖放,却将一个千户的名分弄坏了。有这等薄福的小人。

(11) 生事害民第二十八

杭州右卫指挥陈祥,他领军出海捕倭,与令史魏克铭商量,以批引为名,将捕鱼船只阻当,多般刁蹬,取要钞贯方肯放他来往,共取受钞一千二十一贯入己。后有军人王蛮子,去都司告令史魏克铭系是积年民害,他又着千户陶真将原告赶回。事发,贬去金齿充军。海边百姓常被倭贼害得没奈何,他做守御巡捕的,绝不见他报些功劳来,则在那里生事害民,又将害民的猾吏隐藏在卫,商量作弊。他也不思量保守名分,则一味泼做,直至而今做坏了才罢。

(12)说事过钱第三十二

成都前卫千户胡中,四川布政司为盐法事将客人叶惟茂等监问,他与蒋指挥家人蒋均俊通同前去胡参议处,求浼从轻发落,过付钱钞,就内抽减钞三百二十贯、银四十两、纻丝一匹、盐一引入己;又接受客人张潮英等银十两,钞十五贯。着他在外厢守御,他本等的事都不整理,却去交结有司,说事过钱。这等不才的,如何不罪他。